Die Anwendungsbereiche von CISG und PR CESL im Vergleich

Studien zum vergleichenden und internationalen Recht - Comparative and International Law Studies

Herausgeber: Bernd von Hoffmann†, Erik Jayme
und Heinz-Peter Mansel

Band 196

PETER LANG

Daniel Brauner

Die Anwendungsbereiche von CISG und PR CESL im Vergleich

PETER LANG

Bibliografische Information der Deutschen Nationalbibliothek
Die Deutsche Nationalbibliothek verzeichnet diese Publikation in der Deutschen Nationalbibliografie; detaillierte bibliografische Daten sind im Internet über http://dnb.d-nb.de abrufbar.

Zugl.: Hamburg, Bucerius Law School, Diss., 2017

H 360
ISSN 0930-4746
ISBN 978-3-631-77045-0 (Print)
E-ISBN 978-3-631-77046-7 (E-PDF)
E-ISBN 978-3-631-77047-4 (EPUB)
E-ISBN 978-3-631-77048-1 (MOBI)
DOI 10.3726/b14774

Peter Lang – Berlin · Bern · Bruxelles · New York · Oxford · Warszawa · Wien

Dieses Buch wurde vor Erscheinen peer reviewed.

www.peterlang.com

Vorwort

Die vorliegende Arbeit wurde von der Bucerius Law School, Hochschule für Rechtswissenschaft, im Frühjahrstrimester 2016 als Dissertation angenommen. Tag der mündlichen Prüfung war der 20. November 2017. Für die Veröffentlichung wurden Rechtsprechung und Literatur bis Juni 2018 berücksichtigt.

Besonderer Dank gebührt meinem Doktorvater, Herrn Prof. Dr. Karsten Thorn, LL.M., für die umfassende Betreuung. Herrn Prof. Dr. Matthias Jacobs danke ich für die zeitnahe Erstellung des Zweitgutachtens.

Von Herzen möchte ich mich bei meiner Familie bedanken. Ohne Eure Unterstützung wäre dieses Vorhaben – und so vieles andere – nicht möglich gewesen.

Schließlich danke ich auch allen, die mich ebenfalls auf meinem Weg begleitet haben (und begleiten).

Danke!

Inhaltsverzeichnis

Literaturverzeichnis

Alpa, Guido / *Conte*, Giuseppe / *Perfetti*, Ubaldo / *Graf von Westphalen*, Friedrich (Hrsg.): The Proposed Common European Sales Law – the Lawyers' View, München 2013,
zitiert als: *Autor*, in: PR CESL – the Lawyers' View.

Ayad, Patrick / *Schnell*, Sebastian: Gemeinsames Europäisches Kaufrecht – für Unternehmen attraktiv?, BB 2012, S. 1487–1495.

Bamberger, Heinz Georg / *Roth*, Herbert (Hrsg.): Kommentar zum Bürgerlichen Gesetzbuch, Bd. 3, 3. Aufl., München 2012,
zitiert als: Bamberger/Roth-*Bearb.*

von Bar, Christian / *Clive*, Eric / *Schulte-Nölke*, Hans (Hrsg.): Principles, Definitions and Model Rules of European Private Law: Draft Common Frame of Reference (DCFR), München 2009,
zitiert als: *v. Bar/Clive/Schulte-Nölke*, DCFR.

Bianca, Cesare Massimo / *Bonell*, Michael Joachim: Commentary on the International Sales Law, Mailand 1987,
zitiert als: Bianca/Bonell-*Bearb.*

Brand, Torsten: EU-Kommission schlägt europäisches Kaufrecht vor, DRiZ 2011, S. 359.

Bridge, Michael: The International Sale of Goods, 2. Aufl., Oxford [u.a.] 2007,
zitiert als: *Bridge*, Sale of Goods.

Bumke, Christian / *Röthel*, Anne (Hrsg.): Privates Recht, Tübingen 2012,
zitiert als: *Autor*, in: Privates Recht.

Bundesrechtsanwaltskammer: Stellungnahme gegenüber dem Bundesministerium der Justiz zu dem Vorschlag der Europäischen Kommission vom 11. Oktober 2011 für eine Verordnung des Europäischen Parlaments und des Rates über ein Gemeinsames Europäisches Kaufrecht, IHR 2012, S. 53–58.

von Caemmerer, Ernst: Die Haager Konferenz über die internationale Vereinheitlichung des Kaufrechts vom 2. bis 25. April 1964, RabelsZ 29 (1965), S. 101–145.

Calliess, Christian / *Ruffert*, Matthias (Hrsg.): EUV / AEUV – Das Verfassungsrecht der Europäischen Union mit Europäischer Grundrechtecharta, 5. Aufl., München 2016,
zitiert als: Calliess/Ruffert-*Bearb.*

Diedrich, Frank: Anwendung der „Vorschaltlösung“ im Internationalen Kaufrecht, RIW 1993, S. 758–760.

Eidenmüller, Horst / *Jansen*, Nils / *Kieninger*, Eva-Maria / *Wagner*, Gerhard / *Zimmermann*, Reinhard: Der Vorschlag für eine Verordnung über ein Gemeinsames Europäisches Kaufrecht, JZ 2012, S. 269–289.

Erman, Walter (Begr.): Bürgerliches Gesetzbuch, 15. Aufl., Köln 2017,
zitiert als: Erman-*Bearb.*

Ferrari, Franco / *Kieninger*, Eva-Maria / *Mankowski*, Peter / *Otte*, Karsten / *Saenger*, Ingo / *Schulze*, Götz / *Staudinger*, Ansgar: Internationales Vertragsrecht, 3. Aufl., München 2018,
zitiert als: Ferrari [*et al.*]-*Bearb.*, Intl. Vertragsrecht.

ders.: Form und UN-Kaufrecht, IHR 2004, S. 1–6.

ders.: Short notes on the impact of the Article 95 reservation on the occasion of *Prime Start Ltd. v. Maher Forest Products Ltd. et al.*, 17 July 2006 (IHR 2006, 259), IHR 2006, S. 248–252.

ders.: What sources of law for contracts for the international sale of goods? Why one has to look beyond the CISG, IHR 2006, S. 1–20.

Fogt, Morten: Einheitlicher Vertrag oder Aufspaltung gemäß Art. 3 Abs. 2 CISG bei einem Mietkauf, IPRax 2003, S. 364–369.

Fornasier, Matteo: „28." versus „2. Regime" – Kollisionsrechtliche Aspekte eines optionalen europäischen Vertragsrechts, RabelsZ 76 (2012), S. 401–442.

Gebauer, Martin (Hrsg.): Gemeinsames Europäisches Kaufrecht – Anwendungsbereich und kollisionsrechtliche Einbettung, München 2013,
zitiert als: *Autor*, in: Gemeinsames Europäisches Kaufrecht.

Geimer, Reinhold: Internationales Zivilprozessrecht, 7. Aufl., Köln 2015,
zitiert als: *Geimer*, IZPR.

Grabitz, Eberhard (Begr.) / *Hilf*, Meinhard / *Nettesheim*, Martin (Hrsg.): Das Recht der Europäischen Union, München, Stand: Juli 2017 (62. Erg.-Lfg.),
zitiert als: Grabitz/Hilf/Nettesheim-*Bearb.*

von der Groeben, Hans / *Schwarze*, Jürgen / *Hatje*, Armin: Europäisches Unionsrecht, 7. Aufl., Baden-Baden 2015,
zitiert als: von der Groeben/Schwarze/Hatje-*Bearb.*

Groß, Christian: Zustimmung des Parlaments zum Kommissionsvorschlag für ein Europäisches Kaufrecht, EuZW 2014, S. 204.

Hallstein, Walter: Angleichung des Privat- und Prozessrechts in der Europäischen Wirtschaftsgemeinschaft, RabelsZ 28 (1964), S. 211–231.

Hellwege, Phillip: Die Geltungsbereiche des UN-Kaufrechts und des Gemeinsamen Europäischen Kaufrechts im Vergleich, IHR 2012, S. 180–186.

Herber, Rolf: Die Arbeiten des Ausschusses der Vereinten Nationen für internationales Handelsrecht (UNCITRAL), RIW 1974, S. 577–584.

ders.: Die Arbeiten des Ausschusses der Vereinten Nationen für internationales Handelsrecht (UNCITRAL), RIW 1976, S. 125–133.

ders.: Die Arbeiten des Ausschusses der Vereinten Nationen für internationales Handelsrecht (UNCITRAL), RIW 1977, S. 314–320.

ders.: Das VN-Übereinkommen über internationale Kaufverträge, RIW 1980, S. 601–608.

Hesselink, Martijn: How to Opt into the Common European Sales Law? Brief Comments on the Commission's Proposal for a Regulation, ERPL 20 (2012), S. 195–212.

Honnold, John: Documentary History of the Uniform Law for International Sales, Deventer 1989,
zitiert als: *Honnold*, History.

ders. / Flechtner, Harry: Uniform Law for International Sales under the 1980 United Nations Convention, 4. Aufl., Austin [u.a.] 2009,
zitiert als: *Honnold/Flechtner*, CISG.

Honsell, Heinrich (Hrsg.): Kommentar zum UN-Kaufrecht, 2. Aufl., Berlin / Heidelberg 2010,
zitiert als: Honsell-*Bearb.*

Huber, Peter / *Mullis*, Alastair: The CISG – A new textbook for students and practitioners, München 2007,
zitiert als: *Huber/Mullis*, CISG.

Huber, Ulrich: Der UNCITRAL-Entwurf eines Übereinkommens über Internationale Warenkaufverträge, RabelsZ 43 (1979), S. 413–526.

Kröll, Stefan / *Mistelis*, Loukas / *Viscasillas*, Pilar Perales (Hrsg.): UN Convention on Contracts for the International Sale of Goods (CISG), München 2011,
zitiert als: Kröll/Mistelis/Viscasillas-*Bearb.*

Lando, Ole / *Beale*, Hugh (Hrsg.): Principles of European Contract Law, Parts I and II, Den Haag [u.a.] 2000,
zitiert als: *Lando/Beale*, PECL I & II.

Lando, Ole / *Clive*, Eric / *Prüm*, André / *Zimmermann*, Reinhard: Principles of European Contract Law, Part III, Den Haag [u.a.] 2003,
zitiert als: *Lando/Clive/Prüm/Zimmermann*, PECL III.

Leible, Stefan: Von einem Berg sowie Mäusen und anderen Tieren – Das optionale Instrument ante portas, EuZW 2011, S. 809–810.

Loacker, Leander: Unnötige Qual der Wahl des Gemeinsamen Europäischen Kaufrechts – Zum geplanten territorialen Anwendungsbereich der Kaufrechtsverordnung und seiner Interaktion mit dem Kollisionsrecht, EuZW 2014, S. 888–893.

Magnus, Ulrich (Hrsg.): CISG vs. Regional Sales Law Unification – With a Focus on the New Common European Sales Law, München 2012,
zitiert als: *Autor*, in: CISG vs. Regional Sales Law.

ders.: UN-Kaufrecht – Konsolidierung und Ausbau nach innen und gleichzeitig Erodierung von außen? – Aktuelles zum CISG, ZEuP 2015, S. 159–180.

Mankowski, Peter: Der Vorschlag für ein Gemeinsames Europäisches Kaufrecht (CESL), IHR 2012, S. 1–3.

ders.: CESL – who needs it?, IHR 2012, S. 45–53.

ders.: Der Vorschlag für ein Gemeinsames Europäisches Kaufrecht (CESL) und das Internationale Privatrecht, RIW 2012, S. 97–105.

Mansel, Heinz-Peter: Der Verordnungsvorschlag für ein Gemeinsames Europäisches Kaufrecht – Teil I, WM 2012, S. 1253–1267.

ders.: Der Verordnungsvorschlag für ein Gemeinsames Europäisches Kaufrecht – Teil II, WM 2012, S. 1309–1322.

Max Planck Institute for Comparative and Private International Law: Policy Options for Progress Towards a European Contract Law – Comments on the issues raised in the Green Paper from the Commission of 1 July 2010, COM(2010) 348 final, RabelsZ 75 (2011), S. 371–438.

Ostendorf, Patrick / *Neumann*, Nils / *Ventsch*, Verena: Möglichkeiten und Grenzen von Haftungsbeschränkungen in internationalen Lieferverträgen zwischen Unternehmern, IHR 2006, S. 21–25.

ders.: Geplanter neuer Rechtsrahmen für Online-Warenhandel und Bereitstellung digitaler Inhalte im Europäischen Binnenmarkt, ZRP 2016, S. 69–72.

Palandt, Otto (Begr.): Bürgerliches Gesetzbuch, 77. Aufl., München 2018,
zitiert als: Palandt-*Bearb.*

Piltz, Burghard: Neue Entwicklungen im UN-Kaufrecht, NJW 2005, S. 2126–2131.

ders.: Neue Entwicklungen im UN-Kaufrecht, NJW 2007, S. 2159–2163.

ders.: Neue Entwicklungen im UN-Kaufrecht, NJW 2009, S. 2258–2264.

ders.: Neue Entwicklungen im UN-Kaufrecht, NJW 2011, S. 2261–2266.

ders.: Neue Entwicklungen im UN-Kaufrecht, NJW 2013, S. 2567–2572.

Rabel, Ernst: Das Recht des Warenkaufs, Bd. 1, Berlin 1936,
zitiert als: *Rabel*, Warenkauf I.

ders.: Das Recht des Warenkaufs, Bd. 2, Berlin / Tübingen 1958,
zitiert als: *Rabel*, Warenkauf II.

ders.: Mitteilung Internationales Institut für die Vereinheitlichung des Privatrechts in Rom, RabelsZ 3 (1929), S. 402–406.

ders.: Der Entwurf eines einheitlichen Kaufgesetzes, RabelsZ 9 (1935), S. 1–79.

ders.: Der Entwurf eines einheitlichen Kaufgesetzes, RabelsZ 9 (1935), S. 339–363.

ders.: Die Haager Konferenz über die Vereinheitlichung des Kaufrechts, RabelsZ 17 (1952), S. 212–224.

Rauscher, Thomas (Hrsg.): Europäisches Zivilprozess- und Kollisionsrecht, Bd. I, 4. Aufl., Köln 2016,
zitiert als: Rauscher-*Bearb.*, EuZPR/EuIPR.

Reifner, Claire: Stillschweigender Ausschluss des UN-Kaufrechts im Prozess?, IHR 2001, S. 52–58.

Remien, Oliver / *Herrler*, Sebastian / *Limmer*, Peter (Hrsg.): Gemeinsames Europäisches Kaufrecht für die EU? – Analyse des Vorschlags der Europäischen Kommission für ein optionales Europäisches Vertragsrecht vom 11. Oktober 2011, München 2012,
zitiert als: *Autor*, in: Gemeinsames Europäisches Kaufrecht für die EU?

Riese, Otto: Der Entwurf zur internationalen Vereinheitlichung des Kaufrechts, RabelsZ 22 (1957), S. 16–116.

ders.: Die Haager Konferenz über die internationale Vereinheitlichung des Kaufrechts vom 2. bis 25. April 1964, RabelsZ 29 (1965), S. 1–100.

Säcker, Franz Jürgen / *Rixecker*, Roland / *Oetker*, Hartmut / *Limperg*, Bettina (Hrsg.): Münchener Kommentar zum Bürgerlichen Gesetzbuch, Bd. 3, 7. Aufl., München 2016,
zitiert als: MüKoBGB-*Bearb.*

Schlechtriem, Peter: Einheitliches UN-Kaufrecht, Tübingen 1981,
zitiert als: *Schlechtriem*, UN-Kaufrecht.

ders. / *Schwenzer*, Ingeborg: Kommentar zum einheitlichen UN-Kaufrecht – CISG, 6. Aufl., München 2013,
zitiert als: Schlechtriem/Schwenzer-*Bearb.*

Schmidt, Karsten (Hrsg.): Münchener Kommentar zum Handelsgesetzbuch, Bd. 6, 3 Aufl., München 2013,
zitiert als: MüKoHGB-*Bearb.*

Schmidt-Kessel, Martin (Hrsg.): Der Entwurf für ein Gemeinsames Europäisches Kaufrecht – Kommentar, München 2014,
zitiert als: Schmidt-Kessel-*Bearb.*

Schmitt, Hansjörg: „Intangible Goods“ in Online-Kaufverträgen und der Anwendungsbereich des CISG, CR 2001, S. 145–155

Schroeter, Ulrich: UN-Kaufrecht und Europäisches Gemeinschaftsrecht – Verhältnis und Wechselwirkungen, München 2005,
zitiert als: *Schroeter*, CISG und Gemeinschaftsrecht.

ders.: Die Anwendbarkeit des UN-Kaufrechts auf grenzüberschreitende Versteigerungen und Internet-Auktionen, ZEuP 2004, S. 20–35.

Schulze, Reiner (Hrsg.): Common European Sales Law (CESL) - Commentary, Baden-Baden [u.a.] 2012,
zitiert als: Schulze-*Bearb.*

Schwarze, Jürgen / *Becker*, Ulrich / *Hatje*, Armin / *Schoo*, Johann (Hrsg.): EU-Kommentar, 3. Aufl., Baden-Baden 2012,
zitiert als: Schwarze [*et al.*]-*Bearb.*

Schwenzer, Ingeborg / *Kee*, Christopher: Countertrade and the CISG, IHR 2009, S. 229–233.

Soergel, Hans Theodor (Begr.) / *Siebert*, Wolfgang (Hrsg.): Bürgerliches Gesetzbuch mit Einführungsgesetz und Nebengesetzen, Bd. 13, 13. Aufl., Stuttgart [u.a.] 2000,
zitiert als: Soergel-*Bearb.*

Stadler, Astrid: Anwendungsvoraussetzungen und Anwendungsbereich des *Common European Sales Law*, AcP 212 (2012), S. 473–501.

Staudenmayer, Dirk: Der Kommissionsvorschlag für eine Verordnung zum Gemeinsamen Europäischen Kaufrecht, NJW 2012, S. 3491–3498.

Staudinger, Julius von (Begr.) / *Magnus*, Ulrich (Hrsg.): Kommentar zum Bürgerlichen Gesetzbuch mit Einführungsgesetz und Nebengesetzen, Neubearb. 2013, Berlin 2013,
zitiert als: Staudinger-*Bearb.*

Tamm, Marina: Das Gemeinsame Europäische Kaufrecht als optionales Instrument - eine kritische Analyse zur Binnenmarktharmonisierungskompetenz der Kommission, VuR 2012, S. 3–12.

Torsello, Marco: Common Features of Uniform Commercial Law Conventions, München 2004,
zitiert als: *Torsello*, Common Features.

ders.: Reservations to international uniform commercial law Conventions, ULR 2000, S. 85–120.

United Nations: United Nations Conference on Contracts for the International Sale of Goods - Official Records, New York 1991,
zitiert als: Sekretariatskommentar.

Wagner, Gerhard / *Zimmermann*, Reinhard: Vorwort: Sondertagung der Zivilrechtslehrervereinigung zum Vorschlag für ein *Common European Sales Law*, AcP 212 (2012), S. 467–472.

ders.: Transaktionskostensenkung durch Europäisches Kaufrecht? - Der Blue Button klemmt, ZEuP 2012, S. 455–460.

Wendland, Matthias: Ein neues europäisches Vertragsrecht für den Online-Handel? – Die Richtlinienvorschläge der Kommission zu vertragsrechtlichen Aspekten der Bereitstellung digitaler Inhalte und des Online-Warenhandels, EuZW 2016, S. 126–131.

Graf von Westphalen, Friedrich: Verbraucherleasing und das Europäische Kaufrecht, BB 2012, S. 1495–1501.

Zenefels, Alexander: Die digitalen Inhalte im neuen Gemeinsamen Europäischen Kaufrecht, K&R 2012, S. 463–469.

Entscheidungsverzeichnis

Gericht	Datum	Aktenzeichen	Fundstelle
EuGH	05.02.1963	C-26/62	NJW 1963, 974 ff.
	15.07.1964	C-6/64	NJW 1964, 2371 f.
	06.10.1976	C-12/76	NJW 1977, 491 ff.
	28.09.1999	C-440/97	NJW 2000, 719 ff.
	19.09.2002	C-114/00	BeckRS 2004, 74159
	12.12.2002	C-5/01	BeckRS 2004, 77493
	20.01.2005	C-464/01	NJW 2005, 653 ff.
	25.02.2010	C-381/08	EuZW 2010, 301 ff.
BGH	25.09.1991	VIII ZR 209/90	NJW 1992, 619 ff.
	04.12.1996	VIII ZR 306/95	NJW-RR 1997, 690 ff.
	12.02.1998	I ZR 5/96	NJW 1998, 3205 f.
	25.11.1998	VIII ZR 259/97	NJW 1999, 1259 ff.
	19.01.2000	VIII ZR 275/98	NJW-RR 2000, 1002 ff.
	31.10.2001	VIII ZR 60/01	NJW 2002, 370 f.
	02.10.2002	VIII ZR 163/01	IHR 2003, 28 ff.
	30.04.2003	III ZR 237/02	NJW-RR 2003, 1582 ff.
	27.06.2007	X ZR 15/05	NJW 2007, 3501 ff.
	16.06.2009	VIII ZR 108/07	IHR 2010, 103 ff.
	11.05.2010	VIII ZR 212/07	IHR 2010, 216 f.
	28.05.2014	VIII ZR 410/12	NJW-RR 2014, 1202 ff.
	24.09.2014	VIII ZR 394/12	IHR 2014, 8 ff.
	16.10.2015	V ZR 120/14	NJW 2016, 409 ff.
OLG Dresden	11.06.2007	3 U 336/07	IHR 2008, 162 ff.
OLG Düsseldorf	11.07.1996	6 U 152/95	NJW-RR 1997, 822 f.
	19.06.2002	15 U 211/01	IHR 2003, 121 ff.
	21.04.2004	15 U 88/03	IHR 2005, 24 ff.
	09.07.2010	17 U 132/08	IHR 2011, 116 ff.
	23.03.2011	15 U 18/10	IHR 2012, 237 ff.
OLG Frankfurt a.M.	30.08.2000	9 U 13/00	RIW 2001, 383 f.
OLG Hamburg	25.01.2008	12 U 39/00	IHR 2008, 98 ff.
	19.12.2012	6 Sch 18/12	IHR 2014, 12 ff.

OLG Hamm	02.04.2009	28 U 107/08	IHR 2010, 59 ff.
	30.11.2010	19 U 147/09	IHR 2012, 186 ff.
	12.09.2011	2 U 15/11	IHR 2012, 241 ff.
OLG Jena	26.05.1998	8 U 1667/97	IHR 2000, 25 ff.
OLG Karlsruhe	10.12.2003	7 U 40/02	IHR 2004, 62 ff.
	20.07.2004	17 U 136/03	IHR 2004, 246 ff.
	12.06.2008	19 U 5/08	IHR 2008, 194 ff.
OLG Koblenz	17.09.1993	2 U 1230/91	RIW 1993, 934 ff.
OLG Köln	13.11.2000	16 U 45/00	OLGR 2001, 155 f.
	28.05.2001	16 U 1/01	IHR 2002, 21 ff.
	12.01.2007	19 U 11/07	IHR 2007, 200 ff.
	24.04.2013	16 U 106/12	IHR 2015, 60 ff.
OLG München	03.12.1999	23 U 4446/99	IHR 2001, 25 f.
	19.10.2006	23 U 2421/05	IHR 2007, 30 ff.
	14.01.2009	20 U 3863/08	IHR 2009, 201 ff.
OLG Naumburg	13.02.2013	12 U 153/12	IHR 2013, 158 ff.
OLG Oldenburg	20.12.2007	8 U 138/07	IHR 2008, 112 ff.
OLG Rostock	10.10.2001	6 U 126/00	IHR 2003, 17 ff.
OLG Saarbrücken	14.02.2001	1 U 324/99	IHR 2001, 64 f.
	12.05.2010	8 U 75/09	IHR 2010, 202 ff.
	30.05.2011	4 Sch 3/10	IHR 2013, 19 ff.
OLG Schleswig	29.10.2002	3 U 54/01	IHR 2003, 67 ff.
	24.10.2008	14 U 4/08	IHR 2009, 243 ff.
OLG Stuttgart	28.02.2000	5 U 118/99	IHR 2001, 65 ff.
	31.03.2008	6 U 220/07	IHR 2008, 102 ff.
	18.04.2011	5 U 199/10	IHR 2011, 236 ff.
OLG Zweibrücken	26.07.2002	2 U 27/01	IHR 2002, 67 ff.

Abkürzungsverzeichnis

a.A.	andere Ansicht / am Anfang
a.E.	am Ende
a.M.	am Main
ABl.	Amtsblatt
abgedr.	abgedruckt
Abs.	Absatz
AcP	Archiv für die civilistische Praxis (1.1818 ff.)
AEUV	Vertrag über die Arbeitsweise der Europäischen Union
AGB	Allgemeine Geschäftsbedingung/en
Alt.	Alternative
Anh.	Anhang
arg.	argumentum
Art. / Artt.	Artikel
Aufl.	Auflage
AWD	Außenwirtschaftsdienst des Betriebs-Beraters, Recht der Internationalen Wirtschaft (4.1958–20.1974; vorher und nachher RIW)
BB	Betriebs-Berater (1.1946 ff.)
Bd.	Band
Bearb.	Bearbeiter/in
BeckRS	Beck-Rechtsprechung
BGB	Bürgerliches Gesetzbuch
BGBl.	Bundesgesetzblatt
Begr.	Begründer
BR	Bundesrat
BT	Bundestag
bzw.	beziehungsweise
B2B	Business-to-Business
B2C	Business-to-Consumer
CESL	Common European Sales Law
CISG	Convention on Contracts for the International Sale of Goods
COM	Commission
CR	Computer und Recht (1.1985 ff.)
DCESL	Draft European Sales Law
DCFR	Draft Common Frame of Reference

ders. / dies.	derselbe / dieselbe
d.h.	das heißt
Doc.	Document
DRiZ	Deutsche Richterzeitung (1.1909–27.1935; 28.1950 ff.)
Drucks.	Drucksache
ebda.	ebenda
EG	Europäische Gemeinschaft
endg.	endgültig
EP	Europäisches Parlament
Erg.-Lfg.	Ergänzungslieferung
ERPL	European Review of Private Law (1.1993 ff.)
Erwgr.	Erwägungsgrund/-gründe
et al.	et alii/ae/a
EU	Europäische Union
EUV	Vertrag über die Europäische Union
EuZW	Europäische Zeitschrift für Wirtschaftsrecht (1.1990 ff.)
EWG	Europäische Wirtschaftsgemeinschaft
EWR	Europäischer Wirtschaftsraum
EWSA	Europäischer Wirtschafts- und Sozialausschuss
EXW	Ex Works
f.	folgende/r
ff.	Folgende
Fn.	Fußnote/n
FOB	Free On Board
GG	Grundgesetz
ggf.	gegebenenfalls
Hrsg.	Herausgeber
i.E.	im Ergebnis
IHR	Internationales Handelsrecht (1.1999 ff.)
Incoterms	International Commercial Terms
inkl.	inklusive
insb.	insbesondere
intl.	international/e/r/s
IPEX	Interparliamentary EU Information Exchange
IPR	Internationales Privatrecht
IPRax	Praxis des Internationalen Privat- und Verfahrensrechts (1.1981 ff.)

JZ	Juristenzeitung (6.1951 ff.; vorher Süddeutsche Juristen-Zeitung: 1.1946–5.1950)
KMU	kleines oder mittleres Unternehmen
KOM	Kommission
K&R	Kommunikation und Recht (1.1998 ff.)
lit. / litt.	litera
Ltd.	Limited
Mio.	Million/en
m.w.Nachw.	mit weiteren Nachweisen
Neubearb.	Neubearbeitung
NJW	Neue Juristische Wochenschrift (1.1947/48 ff.)
Nr. / Nrn.	Nummer/n
OLGR	OLG-Report
PECL	Principles of European Contract Law
PICC	Principles of International Commercial Contracts
PR CESL	Proposal for a Regulation of the European Parliament and of the Council on a Common European Sales Law
PRES	Presse
RabelsZ	Rabels Zeitschrift für ausländisches und internationales Privatrecht (1.1927 ff.)
RGBl.	Reichsgesetzblatt
RIW	Recht der Internationalen Wirtschaft, Außenwirtschaftsdienst des Betriebs-Beraters (1.1954/55-3.1957; 21.1975 ff.; vorher AWD)
Rn.	Randnummer
Rspr.	Rechtsprechung
S.	Seite/n
sog.	sogenannte/r/s
st.Rspr.	ständige Rechtsprechung
u.a.	unter anderem/n
UAbs.	Unterabsatz
ULF	Convention relating to a Uniform Law on the Formation of Contracts for the International Sale of Goods
ULIS	Convention relating to a Uniform Law on the International Sale of Goods
ULR	Uniform Law Review (1.1990 ff.)
UN	United Nations
UNCITRAL	United Nations Commission on International Trade Law

UNCITRAL YB	United Nations Commission on International Trade Law Yearbook (1.1968 ff.)
UNIDROIT	International Institute for the Unification of Private Law
v.	von
v.a.	vor allem
vgl.	vergleiche
VO	Verordnung
vs.	versus
VuR	Verbraucher und Recht (1.1986 ff.)
z.B.	zum Beispiel
ZEuP	Zeitschrift für Europäisches Privatrecht (1.1993 ff.)
ZRP	Zeitschrift für Rechtspolitik

A. Einführung

I. Aktuelle Entwicklung

Bald sieben Jahre ist es nunmehr her, da die Europäische Kommission am 11. Oktober 2011 ein Gemeinsames Europäisches Kaufrecht vorschlug.[1] Ihr Verordnungsentwurf wurde trefflich als „Meilenstein" in der Entwicklung des europäischen Vertragsrechts bezeichnet.[2] Es handelte sich um nicht weniger als den Versuch, eine der traditionellen Kernmaterien des Privatrechts auf europäischer Ebene zu kodifizieren.[3] Bereits zuvor hatten Expertengruppen zwar Referenztexte erarbeitet, etwa die Principles of European Contract Law (PECL),[4] die UNIDROIT Principles of International Commercial Contracts (PICC)[5] und den Draft Common Frame of Reference (DCFR).[6] Als sog. wissenschaftliches Recht[7] hatten diese aber keine legislative Wirkung.[8] Vielmehr dienten sie lediglich als Regelungsmodell für nationale und den europäischen Gesetzgeber.[9] Mit dem PR CESL wagte sich die Kommission zudem über ihren bislang verfolgten

---

1 Vorschlag für eine Verordnung des Europäischen Parlaments und des Rates über ein Gemeinsames Europäisches Kaufrecht, KOM(2011) 635 endg.; englische Fassung: Proposal for a Regulation of the European Parliament and of the Council on a Common European Sales Law, COM(2011) 635 final. Im Folgenden wird der Verordnungsvorschlag nach seinem englischen Titel mit dem Akronym PR CESL bezeichnet; dies folgt u.a. *Eidenmüller* [*et al.*], JZ 2012, 269 (dort Fn. 1).

2 *Eidenmüller* [*et al.*], JZ 2012, 269; vgl. auch *Lando*, in: Gemeinsames Europäisches Kaufrecht für die EU?, S. 15 (Rn. 1): „an important step forward"; *Magnus*, in: CISG vs. Regional Sales Law, S. 97, 101: „great step"; *Maier-Reimer*, in: PR CESL – the Lawyers' View, S. 79, 81: „essential step"; *Staudenmayer*, NJW 2011, 3491, 3498: „Quantensprung".

3 Vgl. *Eidenmüller* [*et al.*], JZ 2012, 269.

4 *Lando/Beale*, PECL I & II; *Lando/Clive/Prüm/Zimmermann*, PECL III; vgl. auch *Wagner/Zimmermann*, AcP 212 (2012), 467: „Pioniercharakter".

5 Die aktuellen PICC von 2010 sind abrufbar unter http://www.unidroit.org/english/principles/contracts/principles2010/integralversionprinciples2010-e.pdf.

6 *V. Bar/Clive/Schulte-Nölke*, DCFR.

7 Näher zu diesem Begriff *Riesenhuber*, in: Privates Recht, S. 49, 50 ff.

8 Vgl. auch *Wagner/Zimmermann*, AcP 212 (2012), 467: „nicht-legislative Kodifikationen".

9 Vgl. *Eidenmüller* [*et al.*], JZ 2012, 269.

Ansatz hinaus, nur spezielle Teilbereiche des Vertragsrechts mittels Richtlinien zu harmonisieren.[10]

Bereits in ihrer Mitteilung zum PR CESL[11] räumte die Kommission allerdings ein, „dass dem Konzept der Vollharmonisierung im Bereich des Verbraucher- und Vertragsrechts politische Grenzen gesetzt sind."[12] Dennoch kündigte sie an, „rechtzeitig zum 20jährigen Jubiläum des Binnenmarkts" – also noch im Jahr 2012 – eine „rasche Einigung" über den PR CESL herbeizuführen,[13] wohl auch als Zeichen einer Europäischen Einheit.[14] Diese Ankündigung erwies sich indes als viel zu optimistisch. Nicht nur zahlreiche Mitgliedstaaten kritisierten den vorgelegten Entwurf.[15] Auch die weiteren Beteiligten im Gesetzgebungsverfahren reagierten skeptisch. Insbesondere das Europäische Parlament befasste sich überhaupt erst Anfang 2014 mit dem PR CESL – und unterbreitete gleich 264 Änderungsvorschläge.[16] Hinzu kam eine außerordentlich rege öffentliche und wissenschaftliche Diskussion. Kaum ein anderer Verordnungsentwurf dürfte „je vergleichbare Debatten auf so breiter Front ausgelöst" haben.[17] Neben diversen Stellungnahmen interessierter Institutionen, einer Vielzahl von Monographien und unzähligen Beiträgen in einschlägigen Fachzeitschriften wurden sogar zwei Kommentierungen veröffentlicht.[18] Auch in der wissenschaftlichen Auseinandersetzung überwog jedoch die Kritik am PR CESL.[19]

---

10 Eine Zusammenstellung relevanter Richtlinien bietet die Mitteilung der Kommission an den Rat und das Europäische Parlament zum Europäischen Vertragsrecht, KOM(2001) 398 endg., Anh. I (S. 23 ff.).

11 Mitteilung der Kommission an das Europäische Parlament, den Rat, den Europäischen Wirtschafts- und Sozialausschuss und den Ausschuss der Regionen: Ein Gemeinsames Europäisches Kaufrecht zur Erleichterung grenzübergreifender Geschäfte im Binnenmarkt, KOM(2011) 636 endg.

12 KOM(2011) 636 endg., S. 5 (unter 1.1).

13 KOM(2011) 636 endg., S. 13 (unter 3.).

14 Vgl. *Mansel*, WM 2012, 1253, 1254.

15 Vgl. auch *Ostendorf*, ZRP 2016, 69: „geballte[r] Widerstand".

16 Siehe zu den Reaktionen noch im Einzelnen B. II. 6.

17 *Gebauer*, in: Gemeinsames Europäisches Kaufrecht, Vorwort.

18 *Schmidt-Kessel*, Martin (Hrsg.): Der Entwurf für ein Gemeinsames Europäisches Kaufrecht – Kommentar, München 2014; *Schulze*, Reiner (Hrsg.): Common European Sales Law (CESL) – Commentary, Baden-Baden [u.a.] 2012.

19 Vgl. auch *Mansel*, WM 2012, 1309, 1322; *Eidenmüller* [*et al.*], JZ 2012, 269: „ernüchternd".

Vor diesem Hintergrund kündigte die Kommission schließlich in ihrem Arbeitsprogramm für 2015 an, den Verordnungsentwurf zu ändern, „um das Potential des elektronischen Handels im digitalen Binnenmarkt voll zur Entfaltung zu bringen“.[20] Das Ergebnis dieser Revision sind nunmehr zwei Richtlinienentwürfe,[21] die gegenüber dem PR CESL nicht nur aufgrund ihrer Rechtsnatur (Richtlinie statt Verordnung) einen Rückschritt bedeuten. Auch der Anwendungs- und der Regelungsbereich wurden erheblich eingeschränkt.[22] Die Kritiker des PR CESL werden sich bestätigt fühlen.[23]

Aufgegeben hat die Kommission ihr Vorhaben eines Gemeinsamen Europäischen Kaufrechts freilich nicht, zumal nachdem ihre damalige Vizepräsidentin *Reding* die anstehende Vorlage des PR CESL noch als „moment of truth“, als Stunde der Wahrheit für das europäische Vertragsrecht bezeichnet hatte.[24] Vorerst musste die Kommission lediglich erkennen, dass ihr „Wille zum Erfolg größer [war] als der Wille, eine inhaltlich reife Vorlage zur Abstimmung zu stellen“.[25] Sie wird aber weiterhin eine systematische Kodifizierung auch der Kernmaterien des Privatrechts anstreben. Der PR CESL ist insofern zumindest ein weiterer „Baustein“ auf dem Weg zu einem Europäischen Zivilgesetzbuch – das erkennen selbst dessen Kritiker an.[26]

Somit ist der Verordnungsentwurf weder vergebens noch ist die um ihn geführte Diskussion beendet. Im Gegenteil: Er bildet den Ausgangspunkt für künftige Regelungsvorschläge der Kommission auf dem Gebiet des Kaufrechts. Bereits deshalb lohnt eine Auseinandersetzung mit dem PR CESL nach wie vor.

---

20 Mitteilung der Kommission an das Europäische Parlament, den Rat, den Europäischen Wirtschafts- und Sozialausschuss und den Ausschuss der Regionen: Arbeitsprogramm der Kommission 2015 – Ein neuer Start, KOM (2014) 910 endg., Anhang II (dort Nr. 60).

21 Vorschlag für eine Richtlinie des Europäischen Parlaments und des Rates über bestimmte vertragsrechtliche Aspekte der Bereitstellung digitaler Inhalte, KOM(2015) 634 endg.; Vorschlag für eine Richtlinie des Europäischen Parlaments und des Rates über bestimmte vertragsrechtliche Aspekte des Online-Warenhandels und anderer Formen des Fernabsatzes von Waren, KOM(2015) 635 endg.

22 Näher dazu *Wendland*, EuZW 2016, 126 ff.; *Ostendorf*, ZRP 2016, 69 ff.

23 Beispielhaft genannt seien nur *Mankowski*, IHR 2012, 45 ff.; *Mansel*, WM 2012, 1253 ff.; *ders.*, WM 2012, 1309 ff.; *Eidenmüller* [*et al.*], JZ 2012, 269 ff.

24 *Reding*, The Next Steps Towards a European Contract Law for Businesses and Consumers, Keynote Speech am 3. Juni 2011 in Leuven, abrufbar unter http://europa.eu/rapid/press-release_SPEECH-11-411_en.htm?locale=en.

25 *Mansel*, WM 2012, 1253, 1255.

26 Vgl. *Mansel*, WM 2012, 1253, 1254; *Eidenmüller* [*et al.*], JZ 2012, 269.

II. Gegenstand der Untersuchung

Die konzeptionelle Besonderheit des Verordnungsentwurfs liegt darin, dass die Kommission den eigentlichen, immerhin 186 Artikel umfassenden Text des Gemeinsamen Europäischen Kaufrechts nicht im normativen Teil des PR CESL verortet hat, sondern in einem Anhang zur Verordnung.[27] Das bedeutet aber nicht *per se*, dass das DCESL keine Verbindlichkeit und unmittelbare Geltung in den Mitgliedstaaten beansprucht (vgl. Art. 288 Abs. 2 Satz 2 AEUV[28]).[29] Auch der Anhang ist Teil des Verordnungsentwurfs, und die Qualifikation eines Rechtsinstruments als Verordnung im Sinne des Art. 288 Abs. 2 Satz 1 AEUV setzt nicht die Bezeichnung als „Verordnung" voraus. Maßgeblich ist vielmehr, dass sich aus dem Rechtsakt und seiner Zielsetzung ein allgemeiner Geltungsanspruch ergibt.[30] Dies ist beim DCESL der Fall.

Allerdings hat die Kommission dem DCESL fakultativen Charakter verliehen. Es kann innerhalb des Anwendungsbereichs des PR CESL auf einen Vertrag nur dann Anwendung finden, wenn die Parteien dies vereinbart haben (Artt. 3, 8 Abs. 1 Satz 1 PR CESL). Erforderlich ist demnach eine positive Entscheidung der Parteien zugunsten des DCESL (*opt in*).[31]

Freilich existiert mit dem UN-Kaufrecht[32] bereits ein optionales Rechtsinstrument für den internationalen Warenkauf.[33] Im Unterschied zum PR CESL ermöglicht das CISG jedoch ein *opt out*: Innerhalb seines Anwendungsbereichs gilt es grundsätzlich vorrangig gegenüber den unvereinheitlichten Vorschriften

---

27 Ebenso wie der PR CESL (siehe Fn. 1) wird im Folgenden auch der Entwurf („Draft") des Gemeinsamen Europäischen Kaufrechts nach seinem englischen Titel mit dem Akronym DCESL bezeichnet; auch dies folgt u.a. *Eidenmüller* [*et al.*], JZ 2012, 269 (dort Fn. 1); kritisch zur Verlagerung des DCESL in einen Anhang *Stadler*, AcP 212 (2012), 473, 474 f. (dort Fn. 7); vgl. auch *Ayad/Schnell*, BB 2012, 1487: „insgesamt etwas umständlich und […] stellenweise unübersichtlich".

28 Konsolidierte Fassung des Vertrags über die Arbeitsweise der Europäischen Union, ABl. EU 2010 Nr. C 83, S. 47.

29 Vgl. hierzu und zum Folgenden *Mansel*, WM 2012, 1253, 1255 f.

30 Vgl. nur Calliess/Ruffert-*Ruffert*, Art. 288 AEUV Rn. 18, mit zahlreichen Nachweisen zur Rechtsprechung des EuGH.

31 Vgl. auch *Ayad/Schnell*, BB 2012, 1487, 1488.

32 Übereinkommen der Vereinten Nationen über Verträge über den internationalen Warenkauf vom 11. April 1980, BGBl. 1989 II, S. 586. Auch das UN-Kaufrecht wird im Folgenden nach seinem englischen Titel (United Nations Convention on Contracts for the International Sale of Goods) mit CISG bezeichnet.

33 Vgl. auch *Magnus*, in: CISG vs. Regional Sales Law, S. 97: „there is a rival already there".

der Vertragsstaaten (*lex specialis*).[34] Die Parteien können seine Anwendung aber ausschließen (vgl. Art. 6 CISG).[35] In der Praxis machen sie von dieser Möglichkeit nach wie vor überwiegend Gebrauch.[36]

Sofern die Kommission auch künftige Entwürfe eines europäischen Kaufrechts fakultativ ausgestaltet, etwa weil dessen verbindliche Kodifikation per Verordnung politisch (noch) nicht durchsetzbar ist, muss sie dabei berücksichtigen, dass ein optionales europäisches Rechtsinstrument in Konkurrenz zum CISG treten würde. Im Hinblick darauf müssten die Parteien nicht mehr nur die Frage nach einem *opt out* beantworten. Bestehen sie nicht grundsätzlich auf die Anwendung eines nationalen (unvereinheitlichten) Rechts, müssten sie zudem klären, ob nicht statt des CISG das europäische Kaufrecht gelten soll.[37] Für ihre Entscheidung wäre neben allgemeinen Faktoren wie der jeweiligen Verhandlungsstärke in rechtlicher Hinsicht vor allem maßgeblich, welches Instrument ihnen im Einzelfall geeigneter erscheint. Der Erfolg eines optionalen europäischen Kaufrechts hinge somit wesentlich von seinem Verhältnis zum CISG ab.

Einem Vergleich der materiellrechtlichen Vorschriften[38] muss jedoch ein Vergleich der Anwendbarkeit vorausgehen. Nur wenn sowohl der Anwendungsbereich des CISG als auch derjenige eines europäischen Kaufrechts eröffnet ist, können die Parteien zwischen beiden Rechtsinstrumenten wählen. In der wissenschaftlichen Diskussion zum PR CESL wurde dessen Anwendungsbereich aber bislang nur oberflächlich demjenigen des CISG gegenübergestellt.[39] Einen genaueren Vergleich leistet diese Untersuchung.

III. Relevanz

Trotz der grundlegenden Änderung des PR CESL behält dessen Anwendbarkeitsvergleich mit dem CISG mehr als eine rechtshistorische Bedeutung. Auch in Bezug auf künftige Entwürfe, mit denen sich die Kommission über die jüngst

---

34 Vgl. Schlechtriem/Schwenzer-*Ferrari*, Vor Artt. 1–6 Rn. 24 f.

35 Vgl. auch *Ayad/Schnell*, BB 2012, 1487, 1488.

36 Vgl. die „ernüchternde“ Bilanz von *Mankowski*, IHR 2012, 45, 47 ff.; vgl. auch *Moser*, in: Gemeinsames Europäisches Kaufrecht für die EU?, S. 7, 13 (Rn. 34): „Regelfall“; a.A. *Magnus*, in: CISG vs. Regional Sales Law, S. 1, 2: „practical relevance can hardly be doubted“.

37 Vgl. auch *Hellwege*, IHR 2012, 180, 181; zweifelnd *Mankowski*, IHR 2012, 45, 50: „Erkenntnisinteresse ist der Praxis fremd“.

38 Dazu *Magnus*, in: CISG vs. Regional Sales Law, S. 97, 114 ff.

39 Vgl. z.B. *Hellwege*, IHR 2012, 180.

vorgelegten Richtlinien hinaus wieder einer umfassenderen Kodifikation des Kaufrechts nähern möchte, wird sich die Frage stellen, wie deren Anwendungsbereich ausgestaltet sein soll. Dann kann die Kommission an die zum PR CESL gewonnenen Erkenntnisse anknüpfen. Eine isolierte Auseinandersetzung mit dessen Anwendungsbereich griffe aber zu kurz. Vielmehr bedarf es zusätzlich eines Vergleichs zum CISG, um auch praktische Erfahrungen mit bestimmten Regelungen und Regelungstechniken berücksichtigen zu können. Die Kommission wird insbesondere dann nicht um einen Anwendbarkeitsvergleich mit dem CISG umhinkommen, wenn sie auch künftige Entwürfe fakultativ ausgestaltet. Eine Wahlmöglichkeit zwischen dem CISG und einem optionalen europäischen Kaufrecht sollte der europäische Gesetzgeber jedenfalls nicht schaffen, ohne – ausgehend vom PR CESL – die Schnittmenge beider Rechtsinstrumente zu kennen.

IV. Vorgehen

Dem Anwendbarkeitsvergleich vorangestellt ist ein Überblick zur Entstehung des CISG und des PR CESL (dazu B.). Historische Erwägungen können bei der Gegenüberstellung der jeweils einschlägigen Vorschriften nicht nur hilfreich, sondern unentbehrlich sein, um Auslegungsfragen zu beantworten. Dies gilt vor allem für den PR CESL. Dessen Erwägungsgründe geben nur bedingt Aufschluss über spezifische Rechtsfragen.[40] Sie betreffen auch allein den PR CESL, nicht hingegen das im Anhang verortete DCESL. Die Kommission bietet also selbst kaum Auslegungshilfe, etwa in Gestalt einer offiziellen Kommentierung ähnlich dem Sekretariatskommentar zum CISG.[41]

Des Weiteren wird der fakultative Charakter beider Rechtsinstrumente näher erläutert (dazu C.). Er löst überhaupt erst das Bedürfnis nach einem Anwendbarkeitsvergleich aus. Dieser erfolgt sodann und lässt sich grob in eine Gegenüberstellung des zeitlichen, des räumlichen, des persönlichen und des sachlichen Anwendungsbereichs unterteilen (dazu D.). Die jeweiligen Zwischenergebnisse werden abschließend noch einmal zusammengefasst (dazu E.).

---

40 Vgl. hierzu und zum Folgenden auch *Eidenmüller* [*et al.*], JZ 2012, 269, 271.

41 Commentary on the Draft Convention on Contracts for the International Sale of Goods prepared by the Secretariat, UN DOC. A/CONF. 97/5. Der Sekretariatskommentar behandelt freilich eine Fassung von 1979, die nicht stets identisch mit der endgültigen Fassung des CISG ist.

V. Eingrenzung

Im Rahmen des Vergleichs der Anwendungsbereiche von CISG und PR CESL werden die Gemeinsamkeiten herausgearbeitet und Unterschiede aufgezeigt. Es liegt nahe, dass das bereits seit über 26 Jahren in Kraft befindliche CISG dabei stets den Ausgangspunkt bildet. Ihm werden jeweils die entsprechenden Regelungen des PR CESL gegenübergestellt. Der Verordnungsentwurf enthält naturgemäß andere Regelungen und Regelungstechniken als das CISG. Ein Vergleich identischer Anwendungsbereiche erübrigte sich auch. Das bedeutet allerdings, dass die zum CISG dargestellten Aspekte nicht notwendig auch im Rahmen des PR CESL relevant sind. Umgekehrt stellen sich ggf. Fragen zum Verordnungsentwurf, die für das CISG keine Rolle spielen. Auch solche Aspekte, die nur den Anwendungsbereich eines der beiden Rechtsinstrumente betreffen, werden aber berücksichtigt. So können neben der Schnittmenge auch die individuellen Teilmengen bestimmt werden. Das CISG bildet demnach zwar den Ausgangspunkt, aber nicht den Maßstab des Anwendbarkeitsvergleichs.

Die maßgebliche Fassung des PR CESL ist diejenige vom 11. Oktober 2011.[42] Das Parlament hat nach seiner ersten Lesung zwar zahlreiche Änderungen vorgeschlagen, welche die Kommission noch am 20. Mai 2014 überwiegend angenommen hat.[43] Diese betrafen auch den Anwendungsbereich. Sie sind aber nach der Revision des Verordnungsentwurfs entweder in den nunmehr vorgelegten Richtlinienentwürfen umgesetzt oder obsolet geworden. Für den PR CESL kam es auf die Reaktion der Kommission ohnehin nicht an. Der Verordnungsentwurf durchlief das ordentliche Gesetzgebungsverfahren, sodass allein der Rat für die Billigung der Änderungsvorschläge zuständig gewesen wäre (vgl. Art. 294 Abs. 3–6 AEUV). Allein die Fassung des PR CESL vom 11. Oktober 2011 wurde jedoch als offizielles KOM-Dokument veröffentlicht.

Neben historischen[44] können auch systematische Erwägungen hilfreich sein, um Auslegungsfragen zu beantworten. Daher sind bisweilen auch die materiellrechtlichen Vorschriften sowie andere Sprachfassungen zu berücksichtigen. Dies gilt für beide Rechtsinstrumente gleichermaßen. In Bezug auf den PR CESL können zudem andere europäische Rechtsakte herangezogen werden, sofern sie ähnliche Regelungen enthalten und dasselbe Rechtsgebiet betreffen, wie etwa die

42 KOM(2011) 635 endg.

43 Siehe dazu noch B. II. 6.

44 Siehe soeben IV.

Verbraucherrechte-Richtlinie.[45] Ebenso können die bereits erwähnten Referenztexte[46] herangezogen werden, auf denen zahlreiche Vorschriften des PR CESL beruhen,[47] vor allem der DCFR.[48]

Ein Rückgriff auf andere europäische Rechtsakte und Referenztexte ist nicht durch Art. 4 Abs. 2 DCESL ausgeschlossen.[49] Danach sind zwar Rechtsfragen, die zum Regelungsbereich des Verordnungsentwurfs gehören, aber darin nicht ausdrücklich geregelt sind (sog. interne Lücken), „ohne Rückgriff auf das einzelstaatliche Recht" zu beantworten, welches in Ermangelung eines *opt in* anwendbar wäre, bzw. ohne Rückgriff „auf jedes andere Recht" (vgl. auch Erwgr. (29) Satz 3, 4 PR CESL).[50] Die Kommission „verdammt"[51] also den Rechtsanwender zu einer autonomen Auslegung nach Art. 4 Abs. 1 DCESL. Die Regelung in Art. 4 Abs. 2 DCESL verbietet aber lediglich einen Rückgriff auf unvereinheitlichtes nationales Recht. Eine autonome Auslegung erfordert hingegen gerade auch eine Berücksichtigung des übrigen Unionsrechts. Dies bestätigt auch Erwgr. (29) Satz 2 PR CESL. Danach sollte der PR CESL „autonom im Einklang mit den etablierten Auslegungsgrundsätzen des Unionsrechts" ausgelegt werden. Als Bestandteil des gemeinschaftlichen Besitzstands der EU (Acquis Communautaire) können somit auch die genannten weiteren Erkenntnisquellen zur Auslegung des PR CESL herangezogen werden.[52]

---

45 Richtlinie 2011/83/EU des Europäischen Parlaments und des Rates vom 25. Oktober 2011 über die Rechte der Verbraucher, zur Abänderung der Richtlinie 93/12/EWG des Rates und der Richtlinie 1999/44/EG des Europäischen Parlaments und des Rates sowie zur Aufhebung der Richtlinie 85/577EWG des Rates und der Richtlinie 97/7/EG des Europäischen Parlaments und des Rates, ABl. EU 2011 Nr. L 304, S. 64; vgl. auch *Eidenmüller* [*et al.*], JZ 2012, 269, 276: „terminologisch [...] abgestimmt"; vgl. hierzu und zum Folgenden Schmidt-Kessel-*ders.*, Art. 2 Rn. 7.

46 Siehe I.

47 Vgl. auch *Eidenmüller* [*et al.*], JZ 2012, 269, 270.

48 Insofern kritisch *Mansel*, WM 2012, 1309, 1322: „Forschungsergebnis einer privaten Gruppe ohne demokratische Legitimation".

49 Näher hierzu und zum Folgenden *Magnus*, in: CISG vs. Regional Sales Law, S. 97, 103 ff.; vgl. auch *Moser*, in: Gemeinsames Europäisches Kaufrecht für die EU?, S. 7, 13 (Rn. 31).

50 Zu externen und internen Lücken des DCESL sowie deren Schließung *Mansel*, WM 2012, 1253, 1265 ff.; *Stadler*, AcP 212 (2012), 473, 498 ff.

51 *Mansel*, WM 2012, 1253, 1267.

52 Vgl. auch *Mansel*, WM 2012, 1253, 1267 m.w.Nachw.

VI. Abgrenzung

Der Anwendbarkeitsvergleich erfolgt aus Sicht des deutschen Rechtsanwenders bzw. als Teil der in der Bundesrepublik geführten wissenschaftlichen Diskussion. Ein entsprechender Vergleich aus Sicht anderer EU-Mitgliedstaaten, die zugleich Vertragsstaaten des CISG sind, ist gewiss ebenso von Bedeutung. Die dabei erlangten Erkenntnisse könnten wiederum ihrerseits gegenübergestellt werden. Einen solchen Weitblick sollte auch die Kommission bei der Ausgestaltung künftiger Entwürfe haben. Diese Untersuchung beschränkt sich aber weitestgehend auf deutsche Quellen. Ihr ohnehin bereits umfangreicher Gegenstand geriete sonst zu weit. Die weiteren Schritte hin zu einem internationalen Anwendbarkeitsvergleich müssen daher an anderer Stelle erfolgen.

Zudem bedeutet eine Gegenüberstellung des zeitlichen, des räumlichen, des persönlichen und des sachlichen Anwendungsbereichs,[53] dass die jeweils einschlägigen Vorschriften des CISG und des PR CESL nicht nach Art einer Kommentierung „Artikel für Artikel“ dargestellt werden können. Auch eine abschließende Beantwortung aller sich stellenden Rechtsfragen ginge über das Ziel hinaus, die Gemeinsamkeiten beider Rechtsinstrumente herauszuarbeiten und Unterschiede aufzuzeigen.[54] Freilich werden Auslegungsprobleme thematisiert und verschiedene Ansichten hierzu kritisch gewürdigt. Dadurch lässt sich etwa bestimmen, welche Schwierigkeiten in Bezug auf den Anwendungsbereich des CISG ebenso in Bezug auf den PR CESL drohten. Bereits bestehende Lösungen für das CISG könnten dann ggf. bei künftigen Entwürfen eines europäischen Kaufrechts Berücksichtigung finden.

Im Hinblick auf künftige Entwürfe mag schließlich auch eine rechtspolitische Würdigung des Anwendungsbereichs des PR CESL naheliegen. Dazu gehörte vor allem die Frage, ob der Verordnungsentwurf die selbst gesetzten Ziele erreichen konnte und welche Änderungen ggf. erforderlich wären.[55] Auch eine rechtspolitische Würdigung ginge jedoch über das Ziel des Anwendbarkeitsvergleichs hinaus. Freilich wird an geeigneten Stellen auf Kritik aus der wissenschaftlichen Diskussion hinzuweisen sein.

---

53 Siehe IV.

54 Siehe soeben V.

55 Ausführlich dazu u.a. *Moser*, in: Gemeinsames Europäisches Kaufrecht für die EU?, S. 7 ff.; *Basedow*, in: Gemeinsames Europäisches Kaufrecht, S. 3, 11 f.; *Magnus*, in: CISG vs. Regional Sales Law, S. 97, 120 ff.; *Mankowski*, IHR 2012, 45 ff.; *Eidenmüller* [*et al.*], JZ 2012, 269, 273 ff., 285 ff.; *Maier-Reimer*, in: PR CESL – the Lawyers' View, S. 79 ff.; *Lando*, in: Gemeinsames Europäisches Kaufrecht für die EU?, S. 18 f. (Rn. 24 ff.).

B. Entstehung

Die Entstehung des CISG (dazu **I.**) und des PR CESL (dazu **II.**) ist vielerorts bereits umfassend dokumentiert.[56] Für die hiesige Untersuchung genügt es daher, jeweils nur die wesentlichen Etappen zu skizzieren. Bzgl. des CISG wird allerdings gerade auch die Rolle der EU-Mitgliedstaaten in den Blick genommen; dies vor dem Hintergrund, dass es sich beim PR CESL um den Entwurf eines europäischen Kaufrechts handelt.

VI. CISG

Das CISG ist das Ergebnis eines über fünfzigjährigen Prozesses der Rechtsvereinheitlichung, der seinen Ursprung bereits in den 1920er Jahren hatte:[57]

1. Die Vorarbeiten von UNIDROIT

Am 3. September 1926 beschloss der Völkerbund die Gründung eines Internationalen Instituts für die Vereinheitlichung des Privatrechts (UNIDROIT) mit Sitz in Rom, das am 30. Mai 1928 seine Arbeit aufnahm.[58] Ebenfalls 1926 gegründet wurde das Berliner Kaiser-Wilhelm-Institut für ausländisches und internationales Privatrecht. Dessen Direktor, *Ernst Rabel*, regte erfolgreich an, dass sich UNIDROIT von Beginn an auch mit dem Warenkaufrecht befasste.[59] Insofern gilt *Rabel* als Initiator der Harmonisierung auf dem Gebiet des internationalen Kaufrechts.[60] Bereits Anfang 1929 übermittelte er UNIDROIT einen vorläufigen

---

56 Vgl. für das CISG nur Schlechtriem/Schwenzer-*Schwenzer*, Einleitung, I. (S. 25 ff.); Staudinger-*Magnus*, Einleitung, Rn. 19 ff.; vgl. für den PR CESL nur *Eidenmüller* [*et al.*], JZ 2012, 269, 270 f. m.w.Nachw.

57 Zu noch früheren Bedürfnissen nach einer Rechtsvereinheitlichung auf dem Gebiet des grenzübergreifenden Warenverkehrs, v.a. infolge der Industrialisierung, Kröll/Mistelis/Viscasillas-*dies.*, Introduction Rn. 3 f.

58 Vgl. hierzu und zum Folgenden Schlechtriem/Schwenzer-*Schwenzer*, Einleitung, I. (S. 25).

59 Vgl. *Rabel*, RabelsZ 9 (1935), 1; Honsell-*Siehr*, Präambel Rn. 1.

60 Vgl. Schlechtriem/Schwenzer-*Schwenzer*, Einleitung, I. (S. 25); *Huber/Mullis*, CISG, § 1 I. 1. (S. 2); vgl. auch *Magnus*, in: CISG vs. Regional Sales Law, S. 1: „father of all international sales unification".

Bericht.[61] Noch im selben Jahr vervollständigte er seine rechtsvergleichenden Arbeiten im sog. Blauen Bericht.[62]

Ein gutes Jahr später beauftragte UNIDROIT ein Komitee aus Vertretern der englischen, französischen, skandinavischen und deutschen Rechtsordnungen, darunter auch *Rabel*, mit der Ausarbeitung eines einheitlichen Kaufrechts.[63] Ein erster Entwurf basierte denn auch auf *Rabels* Vorarbeiten und wurde 1935 veröffentlicht.[64] Der Völkerbund holte hierzu Stellungnahmen seiner Mitgliedstaaten ein, die UNIDROIT in einem zweiten Entwurf von 1939 berücksichtigte.[65]

2. Die Haager Kaufgesetze[66]

Der Zweite Weltkrieg unterbrach zunächst die Harmonisierungsbemühungen. Für den 1. bis 10. November 1951 berief dann allerdings die niederländische Regierung eine Haager Konferenz über die Vereinheitlichung des Kaufrechts ein. Diese griff den UNIDROIT-Entwurf von 1939 auf und setzte einen Ausschuss zu dessen Überarbeitung ein.[67] Bis 1956 entstand ein erster Entwurf mit materiellen Vorschriften zu einem einheitlichen Kaufgesetz.[68] Auch UNIDROIT selbst hatte seine Arbeit fortgesetzt und sich insbesondere auf Aspekte im Zusammenhang mit dem Vertragsschluss konzentriert. Einen entsprechenden Entwurf stellte

---

61 Mitteilung des Instituts, RabelsZ 3 (1929), 402, 405 f.

62 Rapport sur le droit comparé en matière de vente par l'"Institut für Ausländisches und Internationales Privatrecht" de Berlin, abgedr. u.a. in *Rabel*, Gesammelte Aufsätze Bd. 3, 381 ff.

63 Vgl. hierzu und zum Folgenden Schlechtriem/Schwenzer-*Schlechtriem*, Einleitung, I. (S. 25); *Huber/Mullis*, CISG, § 1 I. 1. (S. 2). Näher zur Arbeit des Komitees *Rabel*, RabelsZ 9 (1935), 1 ff.

64 *Rabel*, RabelsZ 9 (1935), 1, 8 ff. sowie 339 ff.

65 Projet d'une loi uniforme sur la vente internationale des objets mobiliers corporels et Rapport, deuxième rédaction, abgedr. mit deutscher Übersetzung u.a. in *Rabel*, Warenkauf II, S. 395 ff. Näher zur Entstehung dieses Entwurfs *Rabel*, RabelsZ 17 (1952), 212.

66 Die Bezeichnung folgt u.a. Schlechtriem/Schwenzer-*Schwenzer*, Einleitung, I. (S. 25 f.).

67 Näher dazu, v.a. zu den überarbeitungsbedürftigen Punkten, *Rabel*, RabelsZ 17 (1952), 212 ff.

68 Projet d'une loi uniforme sur la vente internationale des objets mobiliers corporels, abgedr. mit deutscher Übersetzung u.a. als Anhang zur Kommentierung von *Riese*, RabelsZ 22 (1957), 16 ff., 124 ff.

UNIDROIT 1958 fertig und übersandte ihn der niederländischen Regierung.[69] Beide Entwürfe wurden wiederum den Mitgliedstaaten zur Stellungnahme zugeleitet. Einen entsprechend überarbeiteten Entwurf legte der Haager Kaufrechtsausschuss 1963 vor.[70]

Dieser bildete die Grundlage für die im April 1964 stattfindende Haager Konferenz über die internationale Vereinheitlichung des Kaufrechts. Hieran nahm erstmals auch die Europäische Wirtschaftsgemeinschaft (EWG) als solche teil.[71] Die EWG war 1957 von den Benelux-Staaten, der Bundesrepublik, Frankreich und Italien gegründet worden. Sie hatte ihre rechtsvereinheitlichende Tätigkeit zunächst auf das öffentliche Wirtschaftsrecht beschränkt und Anfang der 1960er Jahre auch auf das Privatrecht erweitert.[72] Die seinerzeit noch restriktiven Kompetenzvorschriften des EWG-Vertrags ließen jedoch eine eigene Harmonisierung auf dem Gebiet des internationalen Kaufrechts nicht ohne Weiteres zu. Sie verblieb daher einstweilen in der Verantwortung der Mitgliedstaaten. Dementsprechend war die EWG bei der Haager Konferenz lediglich durch Beobachter vertreten.

Die Konferenz mündete in der Verabschiedung zweier Übereinkommen, der sog. Haager Kaufgesetze.[73] Die EWG-Mitgliedstaaten verständigten sich zunächst auf deren gemeinsame Ratifizierung.[74] Denn auch wenn die Haager Kaufgesetze weltweit zur Verfügung standen, boten sie zugleich die Möglichkeit einer

---

69 Projet de loi uniforme sur la formation des contrats de vente internationale des objets mobiliers corporels et Rapport, abgedr. u.a. als Anhang bei *v. Caemmerer*, RabelsZ 29 (1965), 101. Näher hierzu und zum Folgenden ebda.; *Riese*, RabelsZ 29 (1965), 1, 7 f.

70 Projet d'une loi uniforme sur la vente internationale des objets mobiliers corporels, texte des articles modifiérs selon des propositions de la Commission Spéciale en 1963, abgedr. mit deutscher Übersetzung bei *Mertens/Rehbinder*, Intl. Kaufrecht, Anh. 1 (S. 349 ff.).

71 Vgl. hierzu und zum Folgenden *Schroeter*, CISG und Gemeinschaftsrecht, § 2 Rn. 2 f.

72 Näher dazu *Hallstein*, RabelsZ 28 (1964), 211 ff.

73 Einheitliches Gesetz über den Abschluss internationaler Kaufverträge, Einheitliches Gesetz über den internationalen Kauf beweglicher Sachen; englische Fassungen: Convention relating to a Uniform Law on the Formation of Contracts for the International Sale of Goods, Convention relating to a Uniform Law on the International Sale of Goods. Im Folgenden werden die Haager Kaufgesetze nach ihren englischen Titeln mit den Akronymen ULF bzw. ULIS bezeichnet; dies folgt u.a. Kröll/Mistelis/Viscasillas-*dies.*, Introduction Rn. 5.

74 Vgl. hierzu und zum Folgenden *Schroeter*, CISG und Gemeinschaftsrecht, § 2 Rn. 4 ff.

Harmonisierung innerhalb der EWG. Vor allem aufgrund der gemeinsamen Ratifizierung durch die EWG-Mitgliedstaaten traten die Haager Kaufgesetze schließlich am 18. bzw. 23. August 1972 völkerrechtlich in Kraft. In der Bundesrepublik traten sie am 16. April 1974 in Kraft.[75]

Das Ziel, mit den Haager Kaufgesetzen eine globale Vereinheitlichung des Warenkaufrechts zu erreichen, wurde indes verfehlt.[76] Bereits eine einheitliche Ratifikation durch alle EWG-Mitgliedstaaten gelang nicht. In Frankreich, immerhin Unterzeichnerstaat, scheiterte sie an der fehlenden Zustimmung des Parlaments. Irland und Dänemark, seit 1973 EWG-Mitglieder, lehnten eine Ratifikation von vornherein ab. Im Übrigen erklärte jeder ratifizierende EWG-Mitgliedstaat zumindest einen der zahlreichen Vorbehalte, welche die Übereinkommen ermöglichten. Dies verhinderte ihre einheitliche Anwendung in der EWG. Großbritannien, ebenfalls seit 1973 EWG-Mitglied, erklärte etwa den Vorbehalt gemäß Art. V ULIS und setzte damit für die Anwendung des ULIS ein *opt in* der Parteien voraus. Im Ergebnis kam dies jedoch einer Ablehnung gleich.[77]

Zudem ratifizierten lediglich drei Staaten außerhalb der EWG die Übereinkommen: Gambia, Israel und San Marino. Ein Grund hierfür mag gewesen sein, dass nur 28 Staaten an der Haager Konferenz teilgenommen hatten, von denen überdies 22 westeuropäische bzw. Industriestaaten des kontinentalen Rechtskreises waren.[78] Außer ihnen hatten nur drei Entwicklungsländer sowie drei osteuropäische Staaten teilgenommen. Viele Staaten waren daher nicht bereit, die von fremden Interessen geprägten Übereinkommen bei sich in Kraft zu setzen. Die praktische Bedeutung der Haager Kaufgesetze war entsprechend gering.[79]

3. Die Vorarbeiten von UNCITRAL

Ein Erfolg der Haager Kaufgesetze blieb auch deshalb aus, weil noch während der Ratifizierungsphase die Kommission der Vereinten Nationen für internationales Handelsrecht (UNCITRAL) mit ihrer Überarbeitung begann und dabei

75 BGBl. 1973 II, S. 885 bzw. 919; BGBl. 1974 II, S. 146 bzw. 148.

76 Vgl. hierzu und zum Folgenden *Schroeter*, CISG und Gemeinschaftsrecht, § 2 Rn. 6 ff.

77 Vgl. auch *Lando*, in: Gemeinsames Europäisches Kaufrecht für die EU?, S. 15, 18 (Rn. 26); *Mankowski*, IHR 2012, 45, 49; *Bridge*, Sale of Goods, Rn. 11.07: „[T]his rendered the two Conventions a dead letter."

78 Vgl. hierzu und zum Folgenden *Schroeter*, CISG und Gemeinschaftsrecht, § 2 Rn. 18; Kröll/Mistelis/Viscasillas-*dies.*, Introduction Rn. 6 f.; *Herber*, RIW 1980, 601.

79 Vgl. auch Schlechtriem/Schwenzer-*Schwenzer*, Einleitung, I. (S. 25 f.).

überraschend schnell vorankam.[80] Die Kommission war 1966 durch einen Beschluss der UN-Generalversammlung gegründet worden. Ihr gehörten zunächst 29, ab 1973 dann 36 Staaten aller Erdteile und verschiedener Rechts-, Sozial- und Wirtschaftsordnungen an.[81] Davon entfielen nach einem festgelegten Verteilungsschlüssel neun Sitze auf die westlichen Industriestaaten, die jeweils nach sechs Jahren neu besetzt werden mussten. Für die EWG-Staaten war eine gegenseitige Abstimmung daher umso wichtiger, zumal noch nicht alle von ihnen UNCITRAL-Mitgliedstaaten waren.[82] Anders als noch bei der Ausarbeitung der Haager Kaufgesetze verständigten sich die EWG-Staaten nunmehr laufend.[83] Bei den entsprechenden Treffen führte derjenige Mitgliedstaat den Vorsitz, der aktuell die Präsidentschaft im EWG-Rat innehatte. Er konnte sodann gegenüber UNCITRAL als Sprecher der EWG-Staaten auftreten.

Nachdem UNCITRAL die UN-Mitgliedstaaten um Stellungnahmen zu den Haager Kaufgesetzen gebeten hatte, beauftragte die Kommission 1968 eine Arbeitsgruppe aus 14 Staaten, darunter die EWG-Mitgliedstaaten Frankreich und Großbritannien, mit der Ausarbeitung eines neuen Textes, der größere internationale Akzeptanz finden sollte.[84] Zwischen 1970 und 1977 bereitete die Arbeitsgruppe Textentwürfe für die jährlichen UNCITRAL-Konferenzen vor, die abwechselnd in New York und in Genf stattfanden.[85] In beiden Städten war die EWG mit ständigen Delegationen vertreten.[86] Sie selbst war 1970 und 1972 bei den Sitzungen der Arbeitsgruppe sowie 1974 bei der UNCITRAL-Konferenz Beobachterin; eine Teilnahme supranationaler Organisationen sah die UNCITRAL-Satzung nicht vor. Die Bundesrepublik, seit 1973 UN-Mitglied, nahm

---

80 Vgl. *Schroeter*, CISG und Gemeinschaftsrecht, § 2 Rn. 8.

81 Vgl. hierzu und zum Folgenden *Schroeter*, CISG und Gemeinschaftsrecht, § 2 Rn. 10; Honsell-*Siehr*, Präambel Rn. 3.

82 Eine Liste aller Mitgliedstaaten ist abrufbar unter http://www.uncitral.org/uncitral/about/origin_history.html.

83 Vgl. hierzu und zum Folgenden *Schroeter*, CISG und Gemeinschaftsrecht, § 2 Rn. 11 f.

84 Vgl. hierzu und zum Folgenden Schlechtriem/Schwenzer-*Schwenzer*, Einleitung, I. (S. 26 f.); Kröll/Mistelis/Viscasillas-*dies.*, Introduction Rn. 8 f.; *Schroeter*, CISG und Gemeinschaftsrecht, § 2 Rn. 14; *Huber/Mullis*, CISG, § 1 I. 2. (S. 3).

85 Zur Dokumentation in den UNCITRAL YBs I-IX Schlechtriem/Schwenzer-*Schwenzer*, Einleitung, I. (S. 26 f., dort Fn. 11 f.); *Honnold*, History.

86 Vgl. hierzu und zum Folgenden *Schroeter*, CISG und Gemeinschaftsrecht, § 2 Rn. 14.

erstmals 1974 an den UNCITRAL-Konferenzen teil. In der Arbeitsgruppe war sie ebenfalls nur Beobachterin.[87]

So entstand bis 1977 der sog. Genfer Entwurf mit materiellen Vorschriften zum Kaufrecht. Dieser wurde 1978 mit den parallel ausgearbeiteten Vorschriften zum Vertragsschluss zusammengeführt (sog. New Yorker Entwurf)[88] und allen Mitgliedstaaten zur Stellungnahme übermittelt.

4. Die Wiener Konferenz von 1980

Schließlich fand vom 10. März bis 11. April 1980 die Diplomatische Konferenz in Wien statt. Zu den 62 teilnehmenden Staaten gehörten auch die damals neun EWG-Mitgliedstaaten.[89] Die EWG selbst war wiederum als Beobachterin vertreten.[90] Sie blieb jedoch eher passiv und gab insbesondere keine eigenen inhaltlichen Vorschläge oder Kommentare ab. Auch die EWG-Staaten stimmten sich nicht mehr ab, wohl um eine Blockbildung zu vermeiden, die ein Grund für das Scheitern der Haager Kaufgesetze gewesen war.[91]

Nach intensiven Beratungen und diversen Änderungen des New Yorker Entwurfs[92] votierten in der Schlussabstimmung 42 Staaten, darunter alle EWG-Mitglieder,[93] für die endgültige Fassung des CISG.[94] Die EWG-Staaten unterzeichneten das Übereinkommen jedoch nicht bereits in Wien (vgl. Art. 91 Abs. 1 CISG), um sich zunächst über ein gemeinsames Vorgehen abstimmen zu können. Eine gemeinsame Unterzeichnung erfolgte jedoch nicht: Bis zum 30. September 1981 und damit innerhalb der Frist des Art. 91 Abs. 1 CISG unterzeichneten nur die Bundesrepublik, Frankreich, Italien, die Niederlande und Dänemark das CISG.[95]

---

87 Näher dazu *Herber*, RIW 1974, 577; vgl. auch *ders.*, RIW 1976, 125, 126 f.; RIW 1977, 314, 317 f.

88 Abgedr. u.a. in RabelsZ 43 (1979), 528 ff., nach der Kommentierung von *Huber*, RabelsZ 43 (1979), 413 ff.

89 Vgl. hierzu und zum Folgenden *Schroeter*, CISG und Gemeinschaftsrecht, § 2 Rn. 16 f.

90 Eine Auflistung aller Teilnehmer und Beobachter bietet *Schlechtriem*, UN-Kaufrecht (dort Fn. 16).

91 Siehe 2.; näher dazu *Schroeter*, CISG und Gemeinschaftsrecht, § 2 Rn. 18; vgl. auch *Schlechtriem*, UN-Kaufrecht, I. 2. (S. 5).

92 Vgl. *Huber/Mullis*, CISG, § 1 I. 2. (S. 3).

93 Vgl. *Schroeter*, CISG und Gemeinschaftsrecht, § 2 Rn. 19 (dort Fn. 56).

94 Vgl. hierzu und zum Folgenden *Herber*, RIW 1980, 601, 602, 608; *Schroeter*, CISG und Gemeinschaftsrecht, § 2 Rn. 19 f.

95 Seit 1981 war auch Griechenland EWG-Mitglied.

5. Inkrafttreten des CISG

Am 11. Dezember 1986 hinterlegten die Vereinigten Staaten und Italien ihre Ratifikations- sowie China seine Genehmigungsurkunde (vgl. Art. 91 Abs. 2, 4 CISG).[96] Damit lagen die von Art. 99 Abs. 1 CISG geforderten zehn Ratifikationsurkunden vor, sodass das CISG am 1. Januar 1988 völkerrechtlich in Kraft trat (vgl. Art. 99 Abs. 1 CISG).[97] Bereits 1982 hatten die Bundesrepublik, die ehemalige DDR, Österreich und die Schweiz versucht, im Rahmen einer Übersetzungskonferenz ihre amtlichen Übersetzungen aufeinander abzustimmen. Eine vollständige Textidentität gelang jedoch nicht.

Damit das CISG auch in der Bundesrepublik in Kraft treten konnte, beschloss die Bundesregierung am 12. August 1988 das erforderliche Zustimmungsgesetz (vgl. Art. 59 Abs. 2 Satz 1 GG).[98] Der Bundesrat erhob keine Einwendungen (vgl. Art. 76 Abs. 2 Satz 1, 2 GG)[99] und legte gegen die Annahme durch den Bundestag auch keinen Einspruch ein (vgl. Art. 77 Abs. 1 Satz 1, Abs. 3 Satz 1 GG).[100] Daraufhin fertigte der Bundespräsident das Zustimmungsgesetz am 5. Juli 1989 aus und verkündete es am 13. Juli (vgl. Artt. 78 Var. 3, 82 Abs. 1 Satz 1 GG).[101] Die Bundesrepublik hinterlegte die Ratifikationsurkunde am 21. Dezember 1989 und kündigte die Haager Kaufgesetze mit Wirkung zum 1. Januar 1991 (vgl. Artt. X ULF, XII ULIS).[102] An diesem Tag trat somit das CISG in der Bundesrepublik in Kraft (vgl. Art. 99 Abs. 2, 3, 6 Satz 1 CISG).[103]

Von den Mitgliedstaaten der EU haben Großbritannien, Irland, Portugal und Malta das CISG bislang nicht ratifiziert.[104] Ebenso wie die Haager Kaufgesetze

---

96 Im Folgenden erfasst der Begriff „Ratifikation" bzgl. des CISG auch die übrigen Varianten des Art. 91 Abs. 4 CISG (Annahme, Genehmigung, Beitritt), sofern nicht aus dem Zusammenhang etwas anderes folgt.

97 Vgl. hierzu und zum Folgenden Schlechtriem/Schwenzer-*Schwenzer*, Einleitung, I. (S. 27).

98 BT-Drucks. 11/3076; vgl. hierzu und zum Folgenden Schlechtriem/Schwenzer-*Schwenzer*, Einleitung, I. (S. 27).

99 BR-Drucks. 372/88 (B).

100 BR-Drucks. 225/89 (B).

101 BGBl. 1989 II, S. 586.

102 BGBl. 1990 II, S. 1482.

103 BGBl. 1990 II, S. 1477.

104 Vgl. auch *Hellwege*, IHR 2012, 180. Eine Liste aller Vertragsstaaten ist abrufbar unter http://www.uncitral.org/uncitral/en/uncitral_texts/sale_goods/1980CISG_status.html.

hat also auch das CISG nur zu einer bedingten Vereinheitlichung des Warenkaufrechts innerhalb der EU geführt.[105]

II. PR CESL

Der PR CESL ist nicht das Ergebnis eines vom CISG unabhängigen Entwicklungsstrangs[106]. Vielmehr bildet das CISG seinerseits eine Etappe auf dem Weg zum PR CESL.[107] Die Vorarbeiten zum Verordnungsentwurf konzentrierten sich indes auf die materiellen Vorschriften des DCESL. Die Regelungen zum Anwendungsbereich blieben hingegen noch „bis zum Sommer 2011 vertraulich".[108]

1. Der Beginn der öffentlichen Konsultation

Bereits im Mai 1989, nur ein gutes Jahr nach dem völkerrechtlichen Inkrafttreten des CISG,[109] regte das Europäische Parlament an, dass „mit den erforderlichen Vorbereitungsarbeiten zur Ausarbeitung eines einheitlichen Europäischen Gesetzbuches für das Privatrecht begonnen wird".[110] Nachdem die Kommission fünf Jahre später noch nicht tätig geworden war, bekräftigte das Parlament seine Position und forderte, „die Arbeiten im Zusammenhang mit der möglichen Ausarbeitung eines einheitlichen Europäischen Gesetzbuches für das Privatrecht in Angriff zu nehmen".[111] Schließlich äußerte das Parlament Anfang 2000 erneut seine „Ansicht, da[ss] eine verstärkte Harmonisierung im Bereich des

105 Weitergehend *Schroeter*, CISG und Gemeinschaftsrecht, § 2 Rn. 22: EU „zerfällt [...] bis dato in zwei Rechtsräume"; vgl. auch *Magnus*, in: CISG vs. Regional Sales Law, S. 97, 121 f.: „[the EU should] convince and urge Ireland, Malta, Portugal and the UK [...] to ratify the Convention".

106 Diesen Begriff verwendet *Mansel*, WM 2012, 1253, 1254; vgl. auch *Remien*, in: Gemeinsames Europäisches Kaufrecht für die EU?, S. 1 (Rn. 3): „Entwicklungsstrom".

107 Vgl. auch *Remien*, in: Gemeinsames Europäisches Kaufrecht für die EU?, S. 1 f. (Rn. 3 ff., v.a. Rn. 4: „das CISG prägt zu guten Teilen die Struktur des [PR CESL]"); *Magnus*, in: CISG vs. Regional Sales Law, S. 1: „original root".

108 *Basedow*, in: Gemeinsames Europäisches Kaufrecht, S. 3, 20.

109 Siehe I. 5.

110 Entschließung vom 26. Mai 1989 zu den Bemühungen um eine Angleichung des Privatrechts der Mitgliedstaaten, ABl. EG 1989 Nr. C 158, S. 400, 401.

111 Entschließung vom 6. Mai 1994 zur Angleichung bestimmter Bereiche des Privatrechts der Mitgliedstaaten, ABl. EG 1994 Nr. C 205, S. 518 f.

bürgerlichen Rechts im Binnenmarkt unerlä[ss]lich geworden ist," und forderte die Kommission auf, „eine diesbezügliche Studie auszuarbeiten".[112]

Daraufhin leitete die Kommission am 11. Juli 2001 eine umfassende Konsultation der Öffentlichkeit ein.[113] Zum einen wollte sie die Probleme ermitteln, welche die Unterschiede in den mitgliedstaatlichen Vertragsrechten für den Binnenmarkt verursachen könnten.[114] Zum anderen bat die Kommission um Stellungnahmen zu möglichen Lösungen.[115] Ihrerseits stellte sie vier Optionen vor.[116] Im Rahmen der Option IV (Erlass neuer umfassender Rechtsvorschriften) wurde bereits zu diesem Zeitpunkt eine Verordnung angedacht, „die nur dann anwendbar wäre, wenn sich die Parteien darüber einig sind, dass sie für ihren Vertrag gelten soll."[117]

2. Der Aktionsplan und das weitere Vorgehen

In ihrem Aktionsplan vom 12. Februar 2003[118] wertete die Kommission die bis dahin eingegangenen 181 Stellungnahmen[119] aus. Immerhin 47 von ihnen stammten aus der Bundesrepublik, mehr als aus jedem anderen Mitgliedstaat.[120]

---

112 Entschließung vom 16. März 2000 zum Jahresgesetzgebungsprogramm der Kommission für 2000, ABl. EG 2000 Nr. C 377, S. 323, 326.

113 Mitteilung der Kommission an den Rat und das Europäische Parlament zum europäischen Vertragsrecht, KOM(2001) 398 endg., ABl. EG 2001 Nr. C 255, S. 1; siehe auch bereits Fn. 10.

114 Vgl. KOM(2001) 398 endg., S. 8 ff.

115 Vgl. hierzu und zum Folgenden KOM(2001) 398 endg., S. 14 ff.

116 Keine Ausarbeitung von EG-Maßnahmen (Option I); Förderung der Ausarbeitung gemeinsamer Grundsätze des Vertragsrechts, die zu einer Annäherung der nationalen Rechtsordnungen führen (Option II); Verbesserung der Qualität bereits geltender Rechtsvorschriften (Opion III); Erlass neuer umfassender Rechtsvorschriften auf EG-Ebene (Option IV).

117 KOM(2001) 398 endg., S. 20. Die Bundesrechtsanwaltskammer bevorzugte hingegen eine Richtlinie: http://ec.europa.eu/consumers/cons_int/safe_shop/fair_bus_pract/cont_law/comments/4.2.pdf.

118 Mitteilung der Kommission an das Europäische Parlament und den Rat über ein kohärentes europäisches Vertragsrecht: ein Aktionsplan, KOM(2003) 68 endg.; vgl. dazu auch die Entschließung des Parlaments vom 2. September 2003, ABl. EG 2004 Nr. C 76E, S. 95 ff.

119 Abrufbar unter http://ec.europa.eu/consumers/cons_int/safe_shop/fair_bus_pract/cont_law/comments/index_en.htm.

120 Vgl. KOM(2003) 68 endg., S. 61.

Gleich drei der ursprünglich vorgestellten vier Optionen verfolgte die Kommission weiter, indem sie eine Kombination aus legislativen und nicht-legislativen Maßnahmen vorschlug.[121] Lediglich die Option, auf EG-Maßnahmen zu verzichten,[122] schied aus; erwartungsgemäß sprach sich nur eine kleine Minderheit der Stellungnahmen hierfür aus.[123]

Als nicht-legislative Maßnahme betonte die Kommission vor allem einen gemeinsamen Referenzrahmen.[124] Dieser sollte Grundsätze und Begriffe des europäischen Vertragsrechts festlegen sowie Standardvorschriften enthalten und dem europäischen Gesetzgeber – ggf. auch den nationalen Gesetzgebern – als eine Art Toolbox für geltende und künftige Vorschriften dienen. Die Kommission erhoffte sich damit eine höhere Qualität und Kohärenz des Gemeinschaftsrechts und kündigte die Förderung entsprechender Forschungsaktivitäten an.[125] Zudem wollte sie die Gestaltung einheitlicher allgemeiner Geschäftsbedingungen unterstützen. Dazu beabsichtigte sie die Einrichtung einer Website, die einen entsprechenden Informationsaustausch ermöglichte, etwa zwischen Initiativen, die einheitliche AGB entwerfen, oder Marktteilnehmern, die von ihren Erfahrungen mit bestimmten AGB berichten. Zugleich kündigte die Kommission Leitlinien an, welche die Einhaltung europäischer Vorschriften sicherstellen sollten, z.B. des Wettbewerbsrechts.

Als legislative Maßnahme erwägte die Kommission insbesondere ein nicht-sektorspezifisches Instrument. Ihre bereits 2001 angestellten Überlegungen zu einer Verordnung mit fakultativem Charakter[126] vertiefte sie, indem sie z.B. ausführte: „Was die Form betrifft, so wäre an eine […] Verordnung oder Empfehlung zu denken, die eher neben den nationalen Vertragsrechten als an deren Stelle gelten würde. Dieses neue Instrument […] könnte entweder auf alle Verträge angewandt werden, die grenzüberschreitende Geschäfte betreffen, oder nur auf Geschäfte, bei denen die Parteien aufgrund einer Rechtswahlklausel beschließen, sie diesem Instrument zu unterwerfen. Die letztere Lösung würde den Parteien das größtmögliche Maß an Vertragsfreiheit einräumen."[127] Ausdrücklich bat die

121 Vgl. KOM(2003) 68 endg., S. 17 ff.
122 Siehe Fn. 116.
123 Vgl. KOM(2003) 68 endg., S. 40 f.
124 Vgl. hierzu und zum Folgenden auch KOM(2003) 68 endg., S. 19 ff.
125 Vgl. KOM(2003) 68 endg., S. 20 ff.
126 Siehe soeben 1.
127 KOM(2003) 68 endg., S. 27.

Kommission auch um Stellungnahmen zum Anwendungsbereich eines solchen Instruments im Verhältnis zum CISG.[128]

Im darauffolgenden Jahr konkretisierte die Kommission ihr geplantes Vorgehen hinsichtlich der vorgeschlagenen Maßnahmen.[129] Sie befasste sich näher mit den möglichen Funktionen eines gemeinsamen Referenzrahmens und skizzierte die erforderlichen Schritte bis zu dessen endgültiger Fassung.[130] Sie bot auch bereits eine Struktur und rechtliche Aspekte an, die geregelt werden könnten.[131] In Bezug auf die Gestaltung einheitlicher AGB stellte die Kommission noch einmal klar, nicht selbst Vorschläge unterbreiten zu wollen, sondern lediglich als Vermittlerin zu fungieren.[132] Die angekündigte Veröffentlichung von Leitlinien gab sie hingegen auf. Allerdings befasste sie sich erneut mit einem fakultativen Rechtsinstrument und stellte Parameter vor, die in der weiteren Diskussion berücksichtigt werden sollten.[133] Insbesondere teilte die Kommission die Ansicht vieler Stellungnahmen, die aufgrund der Bedeutung der Vertragsfreiheit das Erfordernis eines *opt in* gegenüber einem *opt out* bevorzugten. Weiterhin tendierte die Kommission zu einer Verordnung und thematisierte deren möglichen Inhalt und Geltungsbereich, vor allem ihr Verhältnis zum CISG. Zugleich betonte sie, dass die Ausgestaltung eines fakultativen Rechtsinstruments mit der parallel stattfindenden Umwandlung des Übereinkommens von Rom[134] in ein Gemeinschaftsinstrument abgestimmt werden müsse – und bezog sich damit auf die entstehende Rom I-VO.[135]

---

128 Vgl. KOM(2003) 68 endg., S. 28.

129 Mitteilung der Kommission an das Europäische Parlament und den Rat: Europäisches Vertragsrecht und Überarbeitung des gemeinschaftlichen Besitzstands – weiteres Vorgehen, KOM(2004) 651 endg.; vgl. dazu auch die Entschließungen des Parlaments vom 23. März 2006, ABl. EG 2006 Nr. C 292E, S. 109 ff., sowie vom 7. September 2006, ABl. EG 2006 Nr. C 305E, S. 247 f.

130 Vgl. KOM(2004) 651 endg., S. 2 ff., 10 ff.

131 Vgl. KOM(2004) 651 endg., S. 12 f. sowie Anh. I (S. 15 ff.).

132 Vgl. hierzu und zum Folgenden KOM(2004) 651 endg., S. 6 ff.

133 Vgl. hierzu und zum Folgenden KOM(2004) 651 endg., S. 9 f. sowie Anh. II (S. 18 ff.).

134 Übereinkommen 80/934/EWG vom 19. Juni 1980 über das auf vertragliche Schuldverhältnisse anzuwendende Recht, ABl. EG Nr. L 266, S. 1.

135 Verordnung (EG) Nr. 593/2008 des Europäischen Parlaments und des Rates vom 17. Juni 2008 über das auf vertragliche Schuldverhältnisse anzuwendende Recht, ABl. EU 2008 Nr. L 177, S. 6.

3. Die Beteiligung von Experten

Wie angekündigt, stellte die Kommission sodann finanzielle Mittel für den Aufbau eines internationalen akademischen Netzwerks zur Verfügung, das mit der Ausarbeitung des gemeinsamen Referenzrahmens betraut wurde.[136] Als Ergebnis wurde schließlich 2009 der DCFR veröffentlicht, ein fast 6600 Seiten umfassender wissenschaftlicher Rechtstext[137] mit Grundsätzen, Definitionen und Modellregelungen des Europäischen Privatrechts.[138]

Die Kommission setzte daraufhin eine Expertengruppe ein, die sie auf der Grundlage des DCFR und weiterer Rechtserkenntnisquellen, z.B. des CISG, der PECL und der PICC,[139] beim Entwurf eines (endgültigen) Referenzrahmens unterstützen sollte.[140] Außerdem sollte die Expertengruppe eine Machbarkeitsstudie durchführen und prüfen, inwieweit und innerhalb welches Zeitraums eine legislative Maßnahme zur Umsetzung des Referenzrahmens möglich wäre.[141] Der Gruppe gehörten 17 Mitglieder aus 15 Mitgliedstaaten an, die wegen ihrer Kompetenzen im Zivilrecht berufen wurden; 13 von ihnen waren Rechtswissenschaftler, immerhin vier weiblich.[142] Um die betroffenen Interessengruppen, vor allem Verbraucher, Unternehmen und Angehörige der Rechtsberufe, auch insofern einzubeziehen, initiierte die Kommission eine weitere Gruppe aus 26 Verbänden und Organisationen.[143] Diese sollten die Tätigkeit der Expertengruppe

---

136 Vgl. Beschluss Nr. 1513/2002/EG, ABl. EG Nr. L 232, S. 1; vgl. hierzu und zum Folgenden KOM(2011) 636 endg., S. 6.

137 Zum Begriff des wissenschaftlichen Rechts bereits Fn. 7.

138 Dazu bereits A. I.; vgl. auch *Mansel*, WM 2012, 1253, 1254: „Mischung zwischen rechtsvergleichendem Lehrbuch und dem Entwurf eines Europäischen Zivilgesetzbuchs"; *Eidenmüller* [*et al.*], JZ 2012, 269, 270, weisen darauf hin, dass der DCFR „unter großem zeitlichen Druck" fertiggestellt wurde.

139 Auch dazu bereits A. I.

140 Beschluss Nr. 2010/233/EU, ABl. EU 2010 Nr. L 105, S. 109; vgl. hierzu und zum Folgenden KOM(2011) 636 endg., S. 6; vgl. auch *Mansel*, WM 2012, 1253, 1255.

141 Kritisch *Mansel*, WM 2012, 1253, 1255: Kein ergebnisoffener Auftrag, sondern die „klare Zielvorgabe, aus Teilen des DCFR ein politisch umsetzbares Regelungsinstrument" zu entwerfen.

142 Eine Liste aller Mitglieder ist abrufbar unter http://ec.europa.eu/justice/contract/files/expert-group_en.pdf; erneut kritisch *Mansel*, WM 2012, 1253, 1255: Die meisten Mitglieder hätten bereits den DCFR mitvorbereitet, sodass keine unvoreingenommene, kritische Haltung zu erwarten gewesen sei.

143 Eine Liste aller Mitglieder und ihrer Treffen enthält Annex III (S. 12 f.) der Machbarkeitsstudie; siehe dazu 5.

begleiten und Hinweise zur Benutzerfreundlichkeit der ausgearbeiteten Regelungen geben.[144]

4. Das Grünbuch der Kommission

Am 1. Juli 2010, nur zwei Monate nach der Berufung der Expertengruppe,[145] legte die Kommission ein Grünbuch mit sieben Optionen für die Einführung eines Europäischen Vertragsrechts vor.[146] Damit konsultierte sie die Öffentlichkeit zu der Frage, welchem Zweck ein etwaiger Rechtsakt dienen und welcher Rechtsnatur er sein sollte.

Mit Blick auf die Vorarbeiten der Expertengruppe gehörte zu den Optionen auch eine Toolbox, die der europäische Gesetzgeber bei künftigen Maßnahmen im Bereich des Vertragsrechts heranziehen könnte – oder sogar müsste, wenn sie nicht lediglich in einer Mitteilung der Kommission enthalten wäre, sondern in Gestalt einer interinstitutionellen Vereinbarung zwischen der Kommission, dem Parlament und dem Rat eingeführt würde.[147] Abermals schlug die Kommission auch eine Verordnung mit fakultativem Charakter vor: „Ein fakultatives Instrument kann auch im Wege einer Verordnung eingeführt werden, die in jedem Mitgliedstaaten[[148]] als Alternativregelung zur Verfügung stünde. Somit könnten die Parteien also zwischen zwei innerstaatlichen Vertragsrechtsregelungen wählen. [...] Ein fakultatives Instrument könnte für den Binnenmarkt erhebliche Vorteile bringen, ohne noch weiter in einzelstaatliches Recht einzugreifen. Es könnte eine dem Verhältnismäßigkeitsgrundsatz entsprechende Lösung zur Beseitigung von Binnenmarkthindernissen bieten [...] und im Einklang mit dem Subsidiaritätsprinzip eine Alternative zur vollen Harmonisierung der einzelstaatlichen Vorschriften darstellen."[149]

---

144 Vgl. KOM(2011) 636 endg., S. 7.

145 Kritisch daher *Eidenmüller* [*et al.*], JZ 2012, 269, 270.

146 Grünbuch der Kommission – Optionen für die Einführung eines Europäischen Vertragsrechts für Verbraucher und Unternehmen, KOM(2010) 348 endg.

147 Vgl. KOM(2010) 348 endg., S. 8 (Option 2).

148 So das amtliche Dokument.

149 Vgl. KOM(2010) 348 endg., S. 9 ff. (Option 4). Die übrigen Optionen waren: Veröffentlichung der Ergebnisse der Expertengruppe (Option 1); Kommissionsempfehlung zum Europäischen Vertragsrecht (Option 3); Richtlinie über ein Europäisches Vertragsrecht (Option 5); Verordnung zur Einführung eines Europäischen Vertragsrechts (Option 6) oder eines Europäischen Zivilrechtsgesetzbuchs (Option 7).

Optionsübergreifend warf die Kommission zudem konkrete Fragen zum Anwendungsbereich eines etwaigen Rechtsinstruments auf, nämlich welche Vertragsarten und rechtlichen Aspekte es überhaupt regeln sollte und ob es sowohl für Verträge zwischen Unternehmern (B2B) als auch zwischen Unternehmern und Verbrauchern (B2C)[150] bzw. sowohl für grenzübergreifende als auch für nationale Verträge gelten sollte.[151]

Zeitlich begrenzte die Kommission die Konsultation auf sechs Monate.[152] Die Frist endete damit erst Ende Januar 2011, als die Expertengruppe bereits neun von insgesamt zwölf Monaten tätig gewesen war.[153] Immerhin 319 Stellungnahmen wurden eingereicht.[154] Neben den meisten Regierungen der Mitgliedstaaten, zahlreichen Wirtschafts- und Berufsverbänden, Verbraucherschutzorganisationen und anderen Interessenvertretern beteiligten sich – naturgemäß – auch zahlreiche Rechtswissenschaftler. Erneut war die Bundesrepublik der Mitgliedstaat mit der regesten Beteiligung.[155] Vor allem die Optionen einer Toolbox und eines Rechtsinstruments mit fakultativem Charakter fanden Zustimmung, sofern Benutzerfreundlichkeit, ein hohes Verbraucherschutzniveau und ein klares Verhältnis zum übrigen Gemeinschaftsrecht gewährleistet würden. Zahlreiche Stellungnahmen forderten allerdings auch weitergehende Untersuchungen zu den verschiedenen Optionen und ihren möglichen Auswirkungen, bevor eine hinreichend detaillierte Bewertung erfolgen könne.

5. Finalisierung des PR CESL

Die Expertengruppe sollte auch die Stellungnahmen berücksichtigen.[156] Seit ihrer Einsetzung hatte sie monatliche Treffen organisiert, an denen auch Beobachter des Parlaments und des Rates teilnahmen. Am 3. Mai 2011 veröffentlichte

150 Kritisch zu den Akronymen B2B und B2C *Wagner/Zimmermann*, AcP 212 (2012), 467, 471: „aus dem Aargot von Freunden moderner digitaler Kommunikationstechniken [stammend]".

151 Vgl. KOM(2010) 348 endg., S. 12 ff.

152 Vgl. KOM(2010) 348 endg., S. 14. Vgl. hierzu und zum Folgenden auch *Ayad/Schnell*, BB 2012, 1487.

153 Kritisch daher *Eidenmüller* [*et al.*], JZ 2012, 269, 270 f.

154 Abrufbar unter http://ec.europa.eu/justice/news/consulting_public/news_consulting_0052_en.htm; vgl. hierzu und zum Folgenden KOM(2011) 636 endg., S. 7 (dort Fn. 27).

155 Eine graphische Aufschlüsselung der Stellungnahmen nach Akteuren und geographischer Herkunft enthält Annex II (S. 11) der Machbarkeitsstudie; siehe dazu sogleich 5.

156 Vgl. hierzu und zum Folgenden KOM(2010) 348 endg., S. 4 f.

sie schließlich ihre Machbarkeitsstudie.[157] Diese enthielt Musterdefinitionen und -regelungen zu vertragsrechtlichen Aspekten für Kauf- und Dienstleistungsverträge, etwa zu vorvertraglichen Informationspflichten, Zustandekommen, Auslegung, Pflichten und Rechtsbehelfen der Parteien bei Leistungsstörungen und zur Verjährung.[158] Die Machbarkeitsstudie bot ihrerseits Gelegenheit, innerhalb von knapp zwei Monaten zu konkret aufgeworfenen materiellrechtlichen Fragen Stellung zu nehmen. Die daraufhin eingegangenen 106 Beiträge befassten sich insbesondere mit der Benutzerfreundlichkeit, der Ausgewogenheit der Interessen von Unternehmern und Verbrauchern sowie mit Fragen der Rechtssicherheit.[159]

Am 8. Juni 2011 stimmte das Parlament sodann mit einer Vier-Fünftel-Mehrheit für Option 4 des Grünbuchs von 2010, d.h. für eine Verordnung mit fakultativem Charakter.[160] Auch der Europäische Wirtschafts- und Sozialausschuss (EWSA) hatte sich hierfür ausgesprochen.[161] Am 11. Oktober 2011 legte die Kommission schließlich den PR CESL vor.[162]

6. Reaktionen und Rückschritt

Einige Mitgliedstaaten reagierten ebenso schnell wie skeptisch und legten eine sog. Subsidiaritätsrüge ein, eine begründete Stellungnahme an die Präsidenten des Europäischen Parlaments, des Rates und der Kommission, wonach der PR CESL nicht mit dem Subsidiaritätsgrundsatz vereinbar sei (vgl. Artt. 5 Abs. 3, 12 lit. b EUV,[163] Art. 6 UAbs. 1 Satz 1 EUV-Protokoll Nr. 2[164]).[165] Auch der Deutsche Bundestag beschloss am 1. Dezember 2011 fraktionsübergreifend

---

157 Abrufbar unter http://ec.europa.eu/justice/contract/files/feasibility_study_final.pdf; vgl. auch *Mansel*, WM 2012, 1253, 1255 m.w.Nachw. (dort Fn. 23).

158 Vgl. hierzu und zum Folgenden *Eidenmüller* [*et al.*], JZ 2012, 269, 271.

159 Vgl. auch KOM(2011) 636 endg., S. 7.

160 Entschließung des Parlaments vom 8. Juni 2011, ABl. EU 2012 Nr. C 380E, S. 59 ff.; kritisch *Mansel*, WM 2012, 1253, 1255: „ohne dessen Inhalt zu kennen".

161 Stellungnahme vom 19. Januar 2011, ABl. EU 2011 Nr. C 84, S. 1 ff.

162 Vgl. zur Kritik an der raschen Ausarbeitung des PR CESL und an seiner deutschen Übersetzung *Eidenmüller* [*et al.*], JZ 2012, 269, 270 ff.

163 Konsolidierte Fassung des Vertrags über die Europäische Union, ABl. EU 2010 Nr. C 83, S. 13.

164 Protokoll Nr. 2 über die Anwendung der Grundsätze der Subsidiarität und der Verhältnismäßigkeit, ABl. EU 2010 Nr. C 83, S. 206.

165 Dafür, dass der Subsidiaritätsgrundsatz eingehalten sei, *Maier-Reimer*, in: PR CESL – the Lawyers' View, S. 79, 82 f.

und sogar einstimmig eine Subsidiaritätsrüge[166] – und machte damit erst zum zweiten Mal überhaupt von diesem Mittel Gebrauch.[167] Der Bundesrat hätte ebenfalls eine Subsidiaritätsrüge einlegen können (vgl. Artt. 6 UAbs. 1 Satz 1, 7 Abs. 1 UAbs. 2 Satz 2 EUV-Protokoll Nr. 2). Dort wurde die erforderliche Mehrheit jedoch nicht erreicht.[168] Neben dem Bundestag rügten allerdings auch das britische House of Commons,[169] der österreichische Bundesrat[170] sowie in Belgien der Senat[171] und das Repräsentantenhaus[172] die Subsidiarität des PR CESL fristgemäß bis zum 12. Dezember 2011 (vgl. Art. 6 UAbs. 1 Satz 1 EUV-Protokoll Nr. 2).[173] Aus weiteren Mitgliedstaaten wurden Resolutionen, Gutachten und Stellungnahmen übermittelt, etwa vom französischen Senat, vom portugiesischen Parlament sowie in Tschechien vom Abgeordnetenhaus und vom Senat.[174]

Die Zahl der eingelegten Subsidiaritätsrügen genügte zwar nicht, um die Kommission zur Überprüfung des PR CESL zu verpflichten. Da der Verordnungsentwurf das ordentliche Gesetzgebungsverfahren durchlief, hätte die absolute Mehrheit der nationalen Parlamente bzw. Kammern die Subsidiarität rügen müssen (vgl. Art. 7 Abs. 3 Satz 1 EUV-Protokoll Nr. 2: „einfache Mehrheit der

166 Amtliches Protokoll der 146. Sitzung am 1. Dezember 2011, Tagesordnungspunkt 25, abrufbar unter http://dipbt.bundestag.de/extrakt/ba/WP17/391/39133.html; vgl. auch die Mitteilung 102/2011 des Europäischen Parlaments vom 16. Dezember 2011, CM/887301DE.doc.

167 Vgl. auch *Basedow*, in: Gemeinsames Europäisches Kaufrecht, S. 3, 10.

168 Amtliches Protokoll der 890. Sitzung am 25. November 2011, Tagesordnungspunkt 42, ebenfalls abrufbar unter http://dipbt.bundestag.de/extrakt/ba/WP17/391/39133.html.

169 Vgl. Mitteilung 100/2011 des Europäischen Parlaments vom 14. Dezember 2011, CM/8877051DE.doc.

170 Vgl. Mitteilung 92/2011 des Europäischen Parlaments vom 9. Dezember 2011, CM/886237DE.doc.

171 Vgl. Mitteilung 05/2012 des Europäischen Parlaments vom 12. Januar 2012, CM/888688DE.doc.

172 Doc. 53K1978, abrufbar unter http://www.dekamer.be/kvvcr/showpage.cfm?section=/flwb&language=fr&rightmenu=right&cfm=/site/wwwcfm/flwb/flwbn.cfm?lang=F&legislat=53&dossierID=1978.

173 Vgl. auch den Bericht der Kommission vom 10. Juli 2012 über die Anwendung der Grundsätze der Subsidiarität und der Verhältnismäßigkeit, KOM(2012) 373 endg., S. 12.

174 Einen Überblick bietet die IPEX-Plattform, abrufbar unter http://www.ipex.eu/IPEXL-WEB/dossier/document/COM20110635.do.

Gesamtzahl"). Dennoch musste die Kommission aber jede Rüge berücksichtigen (vgl. Art. 7 Abs. 1 UAbs. 1 EUV-Protokoll Nr. 2).[175]

Auch der Widerstand des Rats war prognostiziert worden.[176] Bis Mitte 2012 befasste er sich in seiner Zusammensetzung für Justiz und Inneres während dreier Tagungen mit dem Verordnungsentwurf. Nach einem „ersten Gedankenaustausch"[177] benannte er Aspekte, die noch „einer eingehenden Erörterung bedürfen", etwa die Rechtsgrundlage, auf welche die Kommission den PR CESL gestützt hatte (Art. 114 Abs. 1 AEUV),[178] seine Einbindung in die nationalen Rechtssysteme und seine Vorschriften zum Verbraucherschutz.[179] Schließlich erörterte der Rat das weitere Vorgehen.[180] Dabei betonte er, dass genügend Zeit zur Verfügung stehen müsse, um eingehend über den Verordnungsentwurf beraten zu können, wobei den Auffassungen und Bedenken aller Mitgliedstaaten Rechnung zu tragen sei. Außerdem müsse bei der Prüfung die Frage im Mittelpunkt stehen, inwieweit der PR CESL bestehende praktische Hindernisse für den Binnenmarkt beseitigen könnte.

Zurückhaltend fiel auch die Stellungnahme des Europäischen Wirtschafts- und Sozialausschusses aus,[181] den die Kommission, der Rat und das Parlament angehört hatten (vgl. Artt. 114 Abs. 1 Satz 2, 304 UAbs. 1 Satz 1 AEUV). Demnach wäre eine Umsetzung des Verordnungsentwurfs „mit größeren Schwierigkeiten verbunden".[182] Der PR CESL müsse „in einigen Punkten erheblich nachgebessert werden".[183] Ebenso wie der Rat stellte der EWSA strenge Anforderungen an das Vorhaben. Zur Unterstützung der Wirtschaftsaktivitäten innerhalb des

175 Näher dazu Calliess/Ruffert-*Calliess*, Art. 12 EUV Rn. 13 m.w.Nachw.; vgl. auch *Remien*, in: Gemeinsames Europäisches Kaufrecht für die EU?, S. 1, 4 (Rn. 14, dort Fn. 29: „deutliches Zeichen").

176 Vgl. *Brand*, DRiZ 2011, 359.

177 PRES/11/397 (Nr. 16042/11), S. 23.

178 Ausführlich dazu u.a. Max Planck Institute for Comparative and Private International Law, RabelsZ 75 (2011), 371, 386 ff.; *Moser*, in: Gemeinsames Europäisches Kaufrecht für die EU?, S. 7, 10 f. (Rn. 15 ff.); *Maier-Reimer*, in: PR CESL – the Lawyers' View, S. 79, 83 ff.; *Mansel*, WM 2012, 1309, 1315 f.; *Tamm*, VuR 2012, 3, 5 ff.; *Staudenmeyer*, NJW 2011, 3491, 3495 f.; vgl. aber *Mankowski*, RIW 2012, 97, 98: Kompetenzgrundlage spielt „sowieso keine große Rolle".

179 Vgl. PRES/11/491 (Nr. 18498/11), S. 25 f.

180 Vgl. hierzu und zum Folgenden PRES/12/241 (Nr. 10760/12), S. 20.

181 ABl. EU 2012 Nr. C 181, S. 75.

182 ABl. EU 2012 Nr. C 181, S. 76 (unter 1.7), 78 (unter 4.11).

183 ABl. EU 2012 Nr. C 181, S. 75 (unter 1.4), 77 (unter 4.4) sowie im Einzelnen 78 ff. (unter 5.).

Binnenmarktes solle „ein wichtiger Beitrag“ geleistet werden und für die beteiligten Akteure „ein echter europäischer Mehrwert“ hinsichtlich der Kosten und Vorteile entstehen.[184]

Das Parlament befasste sich erst am 26. Februar 2014 mit dem PR CESL.[185] Im Vorfeld war erwartet worden, dass es den Verordnungsentwurf unterstützen würde.[186] Immerhin ging das Vorhaben auf seine Initiative zurück.[187] Nach seiner ersten Lesung (vgl. Art. 294 Abs. 3 AEUV) schlug das Parlament allerdings gleich 264 Änderungen vor.[188] Die Kommission nahm diese zwar überwiegend an.[189] Für das ordentliche Gesetzgebungsverfahren war dies jedoch unerheblich. Eine Billigung der Änderungsvorschläge hätte vielmehr dem Rat oblegen (vgl. Art. 294 Abs. 4–6 AEUV). Zu dessen Reaktion kam es freilich nicht mehr. Stattdessen kündigte die Kommission in ihrem Arbeitsprogramm für 2015 an, den PR CESL zu ändern.[190] Daraus gingen schließlich die bereits erwähnten Richtlinienentwürfe zu vertragsrechtlichen Aspekten der Bereitstellung digitaler Inhalte bzw. des Fernabsatzes von Waren hervor.[191]

---

184 ABl. EU 2012 Nr. C 181, S. 75 (unter 1.4), 77 (unter 4.4).

185 TA/2014/159/P7; siehe bereits A. I.

186 Vgl. *Brand*, DRiZ 2011, 359.

187 Siehe 1.

188 TA/2014/159/P7; dazu *Groß*, EuZW 2014, 204; vgl. auch *Magnus*, ZEuP 2015, 159, 178.

189 SP/2014/446.

190 Siehe bereits A. I.

191 Auch dazu bereits A. I.

C. Fakultativer Charakter

Die Anwendung des CISG und des DCESL unterliegt der Parteiautonomie.[192] Das CISG gilt innerhalb seines Anwendungsbereichs grundsätzlich vorrangig gegenüber den unvereinheitlichten Vorschriften der Vertragsstaaten, die Parteien können seine Anwendung aber ausschließen oder modifizieren (dazu I.). Demgegenüber kann das DCESL auf einen Vertrag nur dann Anwendung finden, wenn die Parteien dies vereinbart haben (dazu II.). In diesen Zusammenhang gehört auch das Konkurrenzverhältnis beider Rechtsinstrumente (dazu III.).

I. CISG

Das CISG ermöglicht den Parteien nicht nur ein *opt out* (dazu 1., 2.). Sie können seine Anwendung auch lediglich modifizieren (dazu 3.). Außerhalb des Anwendungsbereichs können die Parteien das Übereinkommen mittels eines *opt in* dennoch zur Anwendung bringen (dazu 4.).

1. Unmittelbare Geltung und Möglichkeit eines opt out

Innerhalb seines Anwendungsbereichs gilt das CISG unmittelbar und vorrangig gegenüber den unvereinheitlichten Vorschriften der Vertragsstaaten (*lex specialis*).[193] Die Parteien können jedoch gemäß Art. 6 CISG die Anwendung des Übereinkommens ausschließen, von seinen Bestimmungen abweichen oder deren Wirkung ändern. Die Regelung kodifiziert die Parteiautonomie als „beherrschenden Grundsatz".[194] Das CISG ist somit dispositiv.[195] Dies ergibt sich auch aus seinen übrigen Vorschriften, soweit sie sich auf den Vertrag

---

192 Siehe bereits A. II.

193 Vgl. nur BGH NJW 1999, 1259, 1260; OLG Hamm IHR 2010, 59, 61; OLG Schleswig IHR 2009, 243, 244; Schlechtriem/Schwenzer-*Ferrari*, Art. 6 Rn. 7; Staudinger-*Magnus*, Art. 6 Rn. 1 f.; *Reifner*, IHR 2002, 52, 53 f.

194 Staudinger-*Magnus*, Art. 6 Rn. 1; vgl. auch *ders.*, in: CISG vs. Regional Sales Law, S. 97, 99: „central fundament"; Kröll/Mistelis/Viscasillas-*Mistelis*, Art. 6 Rn. 1: „essential [feature]".

195 Vgl. Schlechtriem/Schwenzer-*Ferrari*, Art. 6 Rn. 5; Kröll/Mistelis/Viscasillas-*Mistelis*, Art. 6 Rn. 8; *Piltz*, NJW 2013, 2567, 2568; *Reifner*, IHR 2002, 52, 54; zu den Ausnahmen noch 3. b).

beziehen (vgl. z.B. Artt. 30, 53 CISG: „nach Maßgabe des Vertrages und dieses Übereinkommens").[196]

Bereits die Haager Kaufgesetze ermöglichten den Parteien ein *opt out* (vgl. Artt. 2 Abs. 1 ULF, 3 Satz 1 ULIS).[197] Die Wiener Konferenz befasste sich zwar auch mit der Frage, ob das CISG eine größere internationale Akzeptanz erreichen könnte, wenn seine Anwendung ein *opt in* der Parteien erforderte.[198] Die große Mehrheit der teilnehmenden Staaten lehnte dies aber ab, weil sie befürchtete, das Übereinkommen könnte auf ein Modellgesetz reduziert werden. Demgegenüber bedeutet die Möglichkeit eines *opt out* gemäß Art. 6 CISG keinen vollständigen Verzicht der Vertragsstaaten auf die Geltung zwingender Vorschriften.[199] Denn auch die Parteiautonomie, die Art. 6 CISG gewährt, gilt nur innerhalb des Regelungsbereichs des CISG. Bestimmte Bereiche wurden jedoch bewusst nicht vereinheitlicht, etwa die materielle Gültigkeit von Verträgen (vgl. Art. 4 Satz 2 lit. a CISG), Konsumentenkäufe (vgl. Art. 2 lit. a CISG)[200] und die Produkthaftung (vgl. Art. 5 CISG). Insofern gilt weiterhin unvereinheitlichtes Recht.

2. Vereinbarung eines opt out

Ein *opt out* setzt eine entsprechende Vereinbarung der Parteien voraus.[201] Dies folgt bereits aus dem Wortlaut von Art. 6 CISG („[d]ie Parteien können"). In Betracht kommt eine ausdrückliche (dazu a)) oder konkludente Einigung (dazu b)).

a) Ausdrückliche Einigung

Wollen die Parteien die Anwendung des CISG auf ihren Vertrag ausschließen, sollten sie angesichts der Rechtsunsicherheit, die mit einer konkludenten Einigung verbunden ist,[202] eine ausdrückliche und eindeutig formulierte Abrede

---

196 Vgl. Schlechtriem/Schwenzer-*Ferrari*, Art. 6 Rn. 6; Ferrari [*et al.*]-*Saenger*, Intl. Vertragsrecht, Art. 6 Rn. 1; MüKoHGB-*Benicke*, Art. 6 Rn. 19; Kröll/Mistelis/Viscasillas-*Mistelis*, Art. 6 Rn. 1, 8.

197 Näher zur Entstehung Schlechtriem/Schwenzer-*Ferrari*, Art. 6 Rn. 1 ff.; MüKoBGB-*Huber*, Art. 6 Rn. 2.

198 Vgl. hierzu und zum Folgenden MüKoBGB-*Huber*, Art. 6 Rn. 2 m.w.Nachw.

199 Vgl. hierzu und zum Folgenden Staudinger-*Magnus*, Art. 6 Rn. 3.

200 Dazu noch III. 1. a) bb).

201 Vgl. nur Schlechtriem/Schwenzer-*Ferrari*, Art. 6 Rn. 12; Staudinger-*Magnus*, Art. 6 Rn. 10; Ferrari [*et al.*]-*Saenger*, Intl. Vertragsrecht, Art. 6 Rn. 2; MüKoHGB-*Benicke*, Art. 6 Rn. 2; MüKoBGB-*Huber*, Art. 6 Rn. 3; *Reifner*, IHR 2002, 52, 54.

202 Dazu b).

treffen,[203] z.B.: „Das Übereinkommen der Vereinten Nationen über Verträge über den internationalen Warenkauf von 1980 findet auf diesen Vertrag keine Anwendung".[204] Die Parteien müssen nicht den vollständigen Namen des Übereinkommens angeben, sofern aus ihrer Abrede hinreichend klar hervorgeht, dass sie das CISG meinen.[205] Beziehen sie sich hingegen lediglich auf die Haager Kaufgesetze, etwa weil sie veraltete AGB verwenden, liegt darin jedenfalls kein ausdrücklicher Anwendungsausschluss des CISG.[206] In Betracht kommt dann allerdings eine konkludente Einigung.[207] Im Übrigen kann aber auch eine ausdrückliche Einigung durch (aktuelle) AGB zustande kommen.[208] Art. 6 CISG setzt also keine individuelle Abrede voraus. Die betreffende Klausel muss jedoch in den Vertrag einbezogen und wirksam sein.

In diesem Zusammenhang stellt sich die Frage, ob auf das Zustandekommen einer Einigung im Sinne des Art. 6 CISG die Vorschriften des Übereinkommens (vor allem Artt. 14–24 CISG) anzuwenden sind.[209] Dies ist nicht selbstverständlich, etwa wenn die Parteien ihre Erklärungen zur Anwendung des CISG mit ihren Erklärungen zum Abschluss des Vertrags verbinden und bereits das Angebot das CISG einseitig ausschließt.[210]

Nach einer Ansicht ist in diesem Fall unvereinheitlichtes Recht anzuwenden.[211] Enthält der (einseitige) Anwendungsausschluss zugleich eine Rechtswahl, soll das gewählte Recht gelten, andernfalls das nach dem IPR des Forumstaats berufene. Für die Anwendung der Artt. 14–24 CISG spricht jedoch, dass das Übereinkommen seinen Anwendungsbereich selbst bestimmt und insoweit *lex specialis* gegenüber dem unvereinheitlichten Recht ist.[212] Dementsprechend

203 Vgl. auch Staudinger-*Magnus*, Art. 6 Rn. 21: „nachdrücklich zu empfehlen".

204 Vgl. auch die Beispiele bei Staudinger-*Magnus*, Art. 6 Rn. 16; MüKoHGB-*Benicke*, Art. 6 Rn. 2.

205 Vgl. auch MüKoBGB-*Huber*, Art. 6 Rn. 8, mit Beispielen.

206 Vgl. Staudinger-*Magnus*, Art. 6 Rn. 16.

207 Dazu b) bb) (3); vgl. auch MüKoBGB-*Huber*, Art. 6 Rn. 8: „Auslegungsfrage".

208 Vgl. hierzu und zum Folgenden Schlechtriem/Schwenzer-*Ferrari*, Art. 6 Rn. 17; Staudinger-*Magnus*, Art. 6 Rn. 18; Ferrari [*et al.*]-*Saenger*, Intl. Vertragsrecht, Art. 6 Rn. 3; MüKoHGB-*Benicke*, Art. 6 Rn. 2.

209 Einen Überblick bieten Schlechtriem/Schwenzer-*Ferrari*, Art. 6 Rn. 13; Staudinger-*Magnus*, Art. 6 Rn. 11; MüKoBGB-*Huber*, Art. 6 Rn. 4.

210 Vgl. auch Schlechtriem/Schwenzer-*Ferrari*, Art. 6 Rn. 13.

211 Vgl. hierzu und zum Folgenden OLG Hamburg IHR 2014, 12, 15; MüKoBGB-*Huber*, Art. 6 Rn. 4; Kröll/Mistelis/Viscasillas-*Mistelis*, Art. 6 Rn. 10.

212 Siehe 1.; vgl. hierzu und zum Folgenden Schlechtriem/Schwenzer-*Ferrari*, Art. 6 Rn. 13; Staudinger-*Magnus*, Art. 6 Rn. 11; Ferrari [*et al.*]-*Saenger*, Intl. Vertragsrecht,

muss das CISG auch selbst die Anforderungen an ein *opt out* bestimmen können. Die Artt. 14–24 CISG sind daher maßgeblich, bis feststeht, ob sich die Parteien im Sinne des Art. 6 CISG geeinigt haben. Dem steht auch der Wortlaut von Art. 4 Satz 1 CISG nicht entgegen, wonach das Übereinkommen „ausschließlich den Abschlu[ss] des Kaufvertrages" regelt.[213] Es wäre inkonsequent, fände auf den Abschluss des Kaufvertrags und die Einigung im Sinne des Art. 6 CISG unterschiedliches Recht Anwendung, zumal wenn die Parteien ihre jeweiligen Erklärungen miteinander verbinden.[214]

Das Zustandekommen eines *opt out* – und damit auch die Einbeziehung von *opt out*-Klauseln in AGB – richtet sich somit nach den Vorschriften des CISG.[215] Schließt das Angebot das Übereinkommen einseitig aus, liegt darin noch keine Einigung. Eine solche kommt erst zustande, wenn das Angebot vorbehaltlos angenommen wird oder die Annahme ihrerseits das CISG ausschließt (vgl. Artt. 18, 23 CISG).[216] Wird ein Anwendungsausschluss abgelehnt, stellt die Annahme ein Gegenangebot dar (vgl. Art. 19 Abs. 1 CISG). Ein Dissens bzgl. der Anwendung des CISG ist auch nicht unwesentlich im Sinne des Art. 19 Abs. 2 Satz 1 CISG. Deshalb kommt auch dann keine Einigung im Sinne des Art. 6 CISG zustande, wenn nicht bereits das Angebot, sondern erst die Annahme das CISG ausschließt.

Die Wirksamkeit einer Einigung – und damit auch von *opt out*-Klauseln – richtet sich demgegenüber nach dem unvereinheitlichten Recht. Denn gemäß Art. 4 Satz 2 lit. a CISG betrifft das Übereinkommen nicht die materielle Gültigkeit von Verträgen oder einzelner Vertragsbestimmungen.[217] Die Parteien können daher mittels einer Rechtswahl beeinflussen, inwieweit (überhaupt) eine Inhaltskontrolle ihrer AGB stattfindet.[218] Für das deutsche Recht ist etwa

---

Art. 6 Rn. 2; MüKoHGB-*Benicke*, Art. 6 Rn. 2; vgl. auch Soergel-*Lüderitz/Fenge*, Art. 6 Rn. 1, 5; *Piltz*, NJW 2013, 2567, 2568.

213 So aber MüKoBGB-*Huber*, Art. 6 Rn. 4.

214 A.A. MüKoBGB-*Huber*, Art. 6 Rn. 4, der – insofern zutreffend – die Auslegung eines *opt out* wiederum dem CISG unterstellen will (Rn. 6).

215 So auch BGH NJW 2002, 370, 371; OLG Naumburg IHR 2013, 158, 160; OLG Düsseldorf IHR 2012, 237, 239; OLG München IHR 2010, 201, 203; OLG Oldenburg IHR 2008, 112, 117; vgl. auch *Magnus*, ZEuP 2015, 159, 169.

216 Vgl. auch Schlechtriem/Schwenzer-*Ferrari*, Art. 6 Rn. 13 f.: „ohne Zweifel"; vgl. hierzu und zum Folgenden ebda.; Staudinger-*Magnus*, Art. 6 Rn. 12 f.

217 Vgl. auch OLG Saarbrücken IHR 2013, 19, 23; OLG Düsseldorf IHR 2005, 24, 27; MüKoBGB-*Huber*, Art. 6 Rn. 5; *Magnus*, ZEuP 2015, 159, 167; *Piltz*, NJW 2009, 2258, 2261.

218 Vgl. auch *Magnus*, in: CISG vs. Regional Sales Law, S. 97, 112.

§ 305c Abs. 1 BGB zu beachten.[219] Danach ist eine *opt out*-Klausel regelmäßig unwirksam, zumal wenn das CISG bereits auf frühere Verträge der Parteien anzuwenden war. Auf diese Regelung kommt es allerdings nur an, wenn bereits das Angebot eine *opt out*-Klausel enthält und vorbehaltlos angenommen wird. Schließt hingegen erst die Annahme das CISG aus, kommt bereits keine Einigung zustande (vgl. oben).[220]

Im Übrigen können sich die Parteien auch formlos einigen,[221] wenngleich eine entsprechende Dokumentation zu empfehlen ist. Auch ein nachträgliches *opt out* ist möglich.[222] In jedem Fall müssen die Parteien nicht zugleich das Recht bestimmen, das statt des CISG auf ihren Vertrag Anwendung finden soll.[223] Denn während der Vorarbeiten von UNCITRAL[224] wurde ein entsprechender Vorschlag ausdrücklich abgelehnt. Die Parteien können sich also mit einem *opt out* begnügen. Das Vertragsstatut (*lex causae*) richtet sich dann nach dem IPR des Forumstaats (*lex fori*). Beruft es das Recht eines Vertragsstaats, sind aufgrund des *opt out* dessen unvereinheitlichte Vorschriften anzuwenden.[225] Treffen die Parteien hingegen zugleich eine Rechtswahl, entscheidet nicht das CISG über ihre Beachtlichkeit, sondern das IPR des Forumstaats. In den EU-Mitgliedstaaten ist eine Rechtswahl grundsätzlich beachtlich (vgl. Art. 3 Abs. 1 Satz 1 Rom I-VO).[226] Ihre Wirksamkeit beurteilt sich wiederum nach dem gewählten Recht (vgl. Artt. 3 Abs. 5, 10 Abs. 1 Rom I-VO; vgl. auch Artt. 11, 13 Rom I-VO).

b) Konkludente Einigung

Die Parteien können das CISG auch konkludent abbedingen (dazu aa)). In Rechtsprechung und Literatur haben sich hierzu verschiedene Fallgruppen herausgebildet (dazu bb)).

---

219 Vgl. hierzu und zum Folgenden Schlechtriem/Schwenzer-*Ferrari*, Art. 6 Rn. 17.

220 Dies übersieht offenbar Schlechtriem/Schwenzer-*Ferrari*, Art. 6 Rn. 17.

221 Vgl. Schlechtriem/Schwenzer-*Ferrari*, Art. 6 Rn. 12; Ferrari [*et al.*]-*Saenger*, Intl. Vertragsrecht, Art. 6 Rn. 2; Kröll/Mistelis/Viscasillas-*Mistelis*, Art. 6 Rn. 10; vgl. auch *Piltz*, NJW 2005, 2126, 2128.

222 Vgl. OLG Hamm IHR 2010, 59, 62; OLG Rostock IHR 2003, 17, 18; Staudinger-*Magnus*, Art. 6 Rn. 33, 51; MüKoHGB-*Benicke*, Art. 6 Rn. 2; MüKoBGB-*Huber*, Art. 6 Rn. 22; Soergel-*Lüderitz/Fenge*, Art. 6 Rn. 4.

223 Vgl. hierzu und zum Folgenden Schlechtriem/Schwenzer-*Ferrari*, Art. 6 Rn. 15 f.; Ferrari [*et al.*]-*Saenger*, Intl. Vertragsrecht, Art. 6 Rn. 3; MüKoHGB-*Benicke*, Art. 6 Rn. 3 f.; Kröll/Mistelis/Viscasillas-*Mistelis*, Art. 6 Rn. 5, 22.

224 Dazu B. I. 3.

225 Vgl. auch Staudinger-*Magnus*, Art. 6 Rn. 58.

226 Vgl. aber auch Art. 3 Abs. 3, 4 Rom I-VO.

aa) Zulässigkeit

Die Zulässigkeit eines konkludenten *opt out* folgt aus der Entstehung des Art. 6 CISG.[227] Während bereits Art. 3 Satz 1 ULIS ein *opt out* ermöglichte,[228] konnte dieses nach Satz 2 „ausdrücklich oder stillschweigend erfolgen". Zwar verzichtet Art. 6 CISG auf eine solche Klarstellung. Das bedeutet aber nicht, dass die Parteien das CISG nur ausdrücklich abbedingen könnten. Einen entsprechenden Vorschlag lehnte die von UNCITRAL eingesetzte Arbeitsgruppe[229] vielmehr ab und einigte sich darauf, den in Art. 3 Satz 2 ULIS geregelten Grundsatz beizubehalten.[230] Eine klarstellende Formulierung wurde lediglich nicht übernommen, um die Annahme einer stillschweigenden Abbedingung zu erschweren.[231] Sie war im Rahmen von Art. 3 Satz 2 ULIS zunehmend unter Rückgriff auf eine objektive Interessenabwägung und einen hypothetischen Willen der Parteien bejaht worden. Der Wortlaut von Art. 6 CISG sollte daher keinen Anknüpfungspunkt für eine großzügige Auslegung bieten. Deshalb lehnte die Wiener Konferenz sowohl Anträge Großbritanniens und Belgiens ab, eine Regelung wie Art. 3 Satz 2 ULIS wieder einzufügen, als auch einen Antrag Pakistans, nur ein ausdrückliches *opt out* zuzulassen.

Art. 6 CISG ist somit restriktiv auszulegen.[232] Objektive Interessen oder ein hypothetischer Parteiwille rechtfertigen die Annahme eines konkludenten *opt out* nicht (vgl. oben). Die Parteien müssen vielmehr einen wirklichen Willen zum Ausschluss des CISG gebildet und diesen klar und unmissverständlich ausgedrückt haben, wenn auch nicht explizit.[233] Grundsätzlich muss ihnen daher bewusst sein, dass sie mit ihrem Verhalten das eigentlich anwendbare CISG

227 Vgl. hierzu und zum Folgenden Schlechtriem/Schwenzer-*Ferrari*, Art. 6 Rn. 18; Staudinger-*Magnus*, Art. 6 Rn. 5; vgl. auch Ferrari [*et al.*]-*Saenger*, Intl. Vertragsrecht, Art. 6 Rn. 4; MüKoHGB-*Benicke*, Art. 6 Rn. 10; MüKoBGB-*Huber*, Art. 6 Rn. 2, 9; Soergel-*Lüderitz/Fenge*, Art. 6 Rn. 1; Kröll/Mistelis/Viscasillas-*Mistelis*, Art. 6 Rn. 4, 15 f., mit Beispielen aus der Rspr. (dort Fn. 25 f.); *Piltz*, NJW 2009, 2258, 2260; *Reifner*, IHR 2002, 52, 55.

228 Siehe bereits 1.

229 Auch dazu B. I. 3.

230 Vgl. UNCITRAL YB I (1968–1970), S. 168, bzw. UNCITRAL YB II (1971), S. 55.

231 Vgl. hierzu und zum Folgenden Sekretariatskommentar, Art. 5 Rn. 2; Staudinger-*Magnus*, Art. 6 Rn. 20; Kröll/Mistelis/Viscasillas-*Mistelis*, Art. 6 Rn. 6.

232 Vgl. auch Schlechtriem/Schwenzer-*Ferrari*, Art. 6 Rn. 38.

233 Vgl. Schlechtriem/Schwenzer-*Ferrari*, Art. 6 Rn. 18; Staudinger-*Magnus*, Art. 6 Rn. 9 f., 20; Ferrari [*et al.*]-*Saenger*, Intl. Vertragsrecht, Art. 6 Rn. 4; MüKoHGB-*Benicke*, Art. 6 Rn. 10; MüKoBGB-*Huber*, Art. 6 Rn. 6, 10; Soergel-*Lüderitz/Fenge*, Art. 6 Rn. 4; *Reifner*, IHR 2002, 52, 55.

durch unvereinheitlichtes Recht ersetzen.[234] Wissen die Parteien hingegen noch nicht einmal um die Existenz des CISG, können sie auch keinen Ausschlusswillen bilden.[235] Insofern sind allerdings die Umstände des Einzelfalls zu berücksichtigen.[236] Entscheiden sich die Parteien etwa positiv für das Recht eines Drittstaats, ohne dabei das CISG zu beachten, wird man ihr Verhalten grundsätzlich dahin auszulegen haben, dass sie unvereinheitlichtes Recht zur Anwendung bringen wollen.[237] In jedem Fall erfolgt die Auslegung des Parteiverhaltens nach den Vorschriften des Übereinkommens (vor allem Art. 8 CISG), denn nach ihnen richtet sich das Zustandekommen eines *opt out*.[238]

bb) Fallgruppen

Bestimmte Fallgestaltungen legen regelmäßig einen bestimmten Willen der Parteien nahe.[239] Freilich kommt es auch insofern jeweils auf die Umstände des Einzelfalls an.[240]

(1) Rechtswahl zugunsten eines Drittstaats

Wählen die Parteien das Recht eines Drittstaats und bestimmen sie nicht lediglich dessen ergänzende Anwendung, liegt darin grundsätzlich auch eine konkludente Abbedingung des CISG.[241] Dies gilt jedenfalls, wenn die Rechtswahl nach dem IPR des Forumstaats beachtlich und nach dem gewählten Recht wirksam ist.[242] Andernfalls ist durch Auslegung zu ermitteln, ob die Parteien auch für den Fall der Unbeachtlichkeit bzw. Unwirksamkeit ihrer Rechtswahl zumindest das CISG

234 Vgl. auch BGH NJW-RR 2000, 1002, 1004; OLG Hamm IHR 2010, 59, 62; OLG Stuttgart IHR 2008, 102, 104; OLG Rostock IHR 2003, 17, 18; Schlechtriem/Schwenzer-*Ferrari*, Art. 6 Rn. 25; Staudinger-*Magnus*, Art. 6 Rn. 51; *Piltz*, NJW 2011, 2261, 2263.

235 Vgl. Schlechtriem/Schwenzer-*Ferrari*, Art. 6 Rn. 23; Staudinger-*Magnus*, Art. 6 Rn. 47; MüKoHGB-*Benicke*, Art. 6 Rn. 6; MüKoBGB-*Huber*, Art. 6 Rn. 13.

236 Vgl. auch MüKoBGB-*Huber*, Art. 6 Rn. 13.

237 Dazu sogleich bb) (1).

238 Siehe a); vgl. auch Schlechtriem/Schwenzer-*Ferrari*, Art. 6 Rn. 18; Staudinger-*Magnus*, Art. 6 Rn. 9 f., 20; MüKoHGB-*Benicke*, Art. 6 Rn. 10; MüKoBGB-*Huber*, Art. 6 Rn. 6, 10; Soergel-*Lüderitz/Fenge*, Art. 6 Rn. 1.

239 Vgl. auch MüKoBGB-*Huber*, Art. 6 Rn. 10: „allgemeine Faustregeln".

240 Siehe soeben aa).

241 Vgl. Schlechtriem/Schwenzer-*Ferrari*, Art. 6 Rn. 20: „typischer Fall"; vgl. hierzu und zum Folgenden ebda.; Staudinger-*Magnus*, Art. 6 Rn. 23; Ferrari [*et al.*]-*Saenger*, Intl. Vertragsrecht, Art. 6 Rn. 4; Kröll/Mistelis/Viscasillas-*Mistelis*, Art. 6 Rn. 12, 17.

242 Dazu bereits a).

ausschließen wollten.[243] Dabei ist insbesondere zu berücksichtigen, dass mangels Rechtswahl eine objektive Anknüpfung über das Vertragsstatut entscheidet. Sofern aber dadurch ein anderes Recht berufen wird als das zunächst (erfolglos) gewählte, hätten die Parteien ggf. doch eine Anwendung des CISG bevorzugt. Diese darf jedenfalls nicht unter Rückgriff auf einen hypothetischen Parteiwillen ausgeschlossen werden.[244] Aufgrund der gebotenen restriktiven Auslegung des Art. 6 CISG[245] ist deshalb anzunehmen, dass ohne weitere Anhaltspunkte ein konkludentes *opt out* mittels Rechtswahl im Zweifel nicht auch den Fall erfasst, dass die Rechtswahl unbeachtlich oder unwirksam ist.[246]

Entsprechendes gilt, wenn die Parteien jeweils das Recht verschiedener Drittstaaten berufen, etwa in ihren AGB.[247] Folgt man insofern der Ansicht, dass sich die zuletzt unwidersprochen gebliebene Korrespondenz durchsetzt (sog. *last shot rule*), kommt eine Rechtswahl zustande; vgl. dazu oben. Werden die kollidierenden Rechtswahlklauseln hingegen nicht Vertragsbestandteil (sog. *knock-out rule*), scheitert eine Rechtswahl an der fehlenden Einigung. Auch in diesem Fall ist durch Auslegung zu ermitteln, ob die Parteien dennoch zumindest das CISG ausschließen wollten (vgl. oben). Allein ihre Bezugnahme auf das Recht verschiedener Drittstaaten drückt einen entsprechenden Willen jedenfalls nicht klar und unmissverständlich aus. Ohne weitere Anhaltspunkte ist daher grundsätzlich nicht davon auszugehen, dass die Parteien das CISG auch dann ausschließen wollten, wenn sich ihr jeweils bevorzugtes Recht nicht durchsetzt.

(2) Rechtswahl zugunsten eines Vertragsstaats

Wählen die Parteien das Recht eines Vertragsstaats, ist zu differenzieren: In einem lediglich pauschalen Verweis, z.B. auf „deutsches Recht", liegt grundsätzlich keine konkludente Abbedingung des Übereinkommens.[248] Denn auch das CISG

---

243 Vgl. hierzu und zum Folgenden auch Schlechtriem/Schwenzer-*Ferrari*, Art. 6 Rn. 20; Staudinger-*Magnus*, Art. 6 Rn. 35; MüKoHGB-*Benicke*, Art. 6 Rn. 9; MüKoBGB-*Huber*, Art. 6 Rn. 15.

244 Dazu soeben aa).

245 Auch dazu soeben aa).

246 Dies entspricht für das deutsche Recht der Wertung in § 139 BGB.

247 Vgl. hierzu und zum Folgenden auch Staudinger-*Magnus*, Art. 6 Rn. 14; MüKoBGB-*Huber*, Art. 6 Rn. 15.

248 Vgl. hierzu und zum Folgenden nur BGH IHR 2010, 216, 217; NJW 1999, 1259, 1260; OLG Köln IHR 2015, 60, 64; OLG Hamm IHR 2012, 186, 187; OLG Stuttgart IHR 2008, 102, 104; OLG Hamburg IHR 2008, 98, 99; Schlechtriem/Schwenzer-*Ferrari*, Art. 6 Rn. 22; Staudinger-*Magnus*, Art. 6 Rn. 24 f.

ist Bestandteil des Rechts der Vertragsstaaten. Innerhalb seines Anwendungsbereichs ist es sogar *lex specialis* gegenüber dem unvereinheitlichten Recht.[249] Dies verkennen einige Stimmen in der Literatur sowie ausländische Gerichte, die in diesem Fall dennoch ein konkludentes *opt out* bejahen.[250] Hiergegen spricht auch die Entstehung des Art. 6 CISG. Anträge Belgiens und Kanadas, die Vorschrift dahingehend zu ergänzen, dass eine Rechtswahl zugunsten eines Vertragsstaats das CISG ausschließt, lehnte die Wiener Konferenz ab. Eine entsprechende Ergänzung darf daher nicht in Art. 6 CISG hineingelesen werden, zumal die Vorschrift restriktiv auszulegen ist.[251] Die gegenteilige Ansicht ist somit überholt.[252] Eine konkludente Abbedingung des Übereinkommens erfordert vielmehr weitere Anhaltspunkte, etwa dass die Parteien angenommen haben, auch ein pauschaler Verweis schließe das CISG aus.[253]

Entsprechendes gilt, wenn das Übereinkommen bereits gemäß Art. 1 Abs. 1 lit. a CISG und damit unabhängig von einer (pauschalen) Rechtswahl anzuwenden ist.[254] Verweisen etwa eine deutsche und eine französische Partei auf „schweizerisches Recht", findet das CISG bereits deshalb Anwendung, weil die Parteien ihre Niederlassungen in verschiedenen Vertragsstaaten haben (vgl. Art. 1 Abs. 1 lit. a CISG). Insofern bestimmt das Übereinkommen seine Anwendung unmittelbar, ohne das IPR vorzuschalten.[255] Auf die getroffene Rechtswahl kommt es daher – insoweit – nicht an. Dies ist jedoch kein Grund, ihr ein konkludentes *opt out* zu entnehmen. Denn sie wäre sonst nicht etwa überflüssig. Sie bestimmt das Vertragsstatut für die Rechtsfragen, die außerhalb des Regelungsbereichs des CISG liegen.[256]

Beschränken sich die Parteien hingegen nicht auf einen pauschalen Verweis, sondern nehmen sie Bezug auf die unvereinheitlichten Vorschriften, z.B.

---

249 Siehe 1.

250 Vgl. die Nachw. bei Schlechtriem/Schwenzer-*Ferrari*, Art. 6 Rn. 22 (dort Fn. 121, 122); Staudinger-*Magnus*, Art. 6 Rn. 5, 26; Kröll/Mistelis/Viscasillas-*Mistelis*, Art. 6 Rn. 18 (dort Fn. 30); vgl. hierzu und zum Folgenden ebda.; Ferrari [*et al.*]-*Saenger*, Intl. Vertragsrecht, Art. 6 Rn. 4 (dort Fn. 28).

251 Siehe aa).

252 So ausdrücklich Staudinger-*Magnus*, Art. 6 Rn. 26.

253 Vgl. auch MüKoBGB-*Huber*, Art. 6 Rn. 13; MüKoHGB-*Benicke*, Art. 6 Rn. 11.

254 Vgl. hierzu und zum Folgenden auch Ferrari [*et al.*]-*Saenger*, Intl. Vertragsrecht, Art. 6 Rn. 4; Soergel-*Lüderitz/Fenge*, Art. 1 Rn. 13; *Piltz*, NJW 2013, 2567, 2568.

255 Dazu noch D. II. 3. a).

256 Vgl. auch Kröll/Mistelis/Viscasillas-*Mistelis*, Art. 6 Rn. 18.

auf das „Kaufrecht des BGB“, liegt darin zugleich eine konkludente Abbedingung des Übereinkommens.[257] Durch die Konkretisierung drücken sie klar und unmissverständlich ihren Willen aus, dass das CISG keine Anwendung finden soll.

Für den Fall der Unbeachtlichkeit bzw. Unwirksamkeit der Rechtswahl gilt Folgendes:[258] Da bereits eine beachtliche und wirksame pauschale Rechtswahl zugunsten eines Vertragsstaats das CISG grundsätzlich nicht ausschließt (vgl. oben), enthält sie auch im Falle ihrer Unbeachtlichkeit oder Unwirksamkeit grundsätzlich kein konkludentes *opt out*. Ist hingegen eine konkretisierte Rechtswahl unbeachtlich oder unwirksam, ist durch Auslegung zu ermitteln, ob die Parteien das CISG auch für diesen Fall ausschließen wollten. Davon ist jedoch in Anbetracht der gebotenen restriktiven Auslegung des Art. 6 CISG grundsätzlich nicht auszugehen.

Auch der Fall, dass sich die Parteien jeweils auf das Recht verschiedener Vertragsstaaten beziehen, etwa um ihr Heimatrecht durchzusetzen, lässt sich mit dem bereits Gesagten[259] bewältigen: Entweder kommt gemäß der *last shot rule* eine – pauschale oder konkretisierte – Rechtswahl zustande; vgl. dazu oben. Oder eine Rechtswahl scheitert gemäß der *knockout rule* an der fehlenden Einigung. Dann liegt in pauschalen Verweisen „erst recht“[260] keine konkludente Abbedingung des CISG, da das Übereinkommen Bestandteil des Rechts beider in Bezug genommener Vertragsstaaten ist (vgl. oben). Hingegen ist bei konkretisierten Verweisen wiederum durch Auslegung zu ermitteln, ob die Parteien das CISG auch dann ausschließen wollten, wenn sie ihr Heimatrecht nicht durchsetzen können.[261]

---

257 Vgl. hierzu und zum Folgenden OLG Stuttgart IHR 2008, 102, 104; OLG Rostock IHR 2003, 17, 18; OLG Frankfurt RIW 2001, 383, 384; Schlechtriem/Schwenzer-*Ferrari*, Art. 6 Rn. 21; Staudinger-*Magnus*, Art. 6 Rn. 30; MüKoHGB-*Benicke*, Art. 6 Rn. 5; MüKoBGB-*Huber*, Art. 6 Rn. 12; Soergel-*Lüderitz/Fenge*, Art. 6 Rn. 3; *Reifner*, IHR 2002, 52, 56.

258 Dazu auch soeben (1).

259 Siehe soeben (1); vgl. hierzu und zum Folgenden.

260 So ausdrücklich Staudinger-*Magnus*, Art. 6 Rn. 15, auch für den Fall, dass eine Partei das Recht eines Vertragsstaats und die andere Partei das Recht eines Drittstaats beruft; vgl. auch *Piltz*, NJW 2011, 2261, 2262.

261 Insofern unzutreffend MüKoHGB-*Benicke*, Art. 6 Rn. 9, der ein konkludentes *opt out* pauschal ablehnt.

(3) Bezugnahme auf vereinheitlichtes Recht

Erklären die Parteien pauschal „internationales Einheitsrecht" für anwendbar, lässt sich dem grundsätzlich keine konkludente Abbedingung des CISG entnehmen.[262] Insbesondere können die Parteien nicht (mehr) die Haager Kaufgesetze meinen, sofern diese durch das CISG abgelöst wurden. Dessen einzelstaatliches Inkrafttreten setzt eine wirksame Kündigung der Haager Kaufgesetze voraus (vgl. Art. 99 Abs. 3–6 CISG).[263] Ein Staat kann somit nicht zugleich Vertragsstaat der Haager Kaufgesetze und des CISG sein.[264] Mit der Geltung des CISG kann sich ein Verweis auf „internationales Einheitsrecht" daher nur auf das CISG beziehen.[265] Selbst wenn die Parteien noch unter der Geltung der Haager Kaufgesetze „internationales Einheitsrecht" für anwendbar erklärt und es lediglich versäumt haben, ihre AGB zu aktualisieren,[266] ist ihre Berufung des vereinheitlichten Rechts nunmehr dahin auszulegen, dass sie sich auf das CISG als Nachfolgeübereinkommen der Haager Kaufgesetze bezieht.[267] Indes aus der ursprünglichen Abrede eine konkludente Abbedingung des CISG herzuleiten, entspräche im Ergebnis dem Erfordernis eines *opt in*. Dadurch würde allerdings Art. 6 CISG unterlaufen. Nach dessen restriktiver Auslegung müssen die Parteien einen etwaigen Willen zum Ausschluss des CISG klar und unmissverständlich ausdrücken.[268] Dies ist ihnen auch zuzumuten, nachdem sie sich zuvor positiv für die Anwendung vereinheitlichten Rechts entschieden haben.

Hatten die Parteien hingegen eine Anwendung der Haager Kaufgesetze ausdrücklich ausgeschlossen (vgl. Artt. 2 Abs. 1 ULF, 3 Satz 1 ULIS),[269] ist wiederum durch Auslegung zu ermitteln, ob sie auch deren Nachfolgeübereinkommen ausschließen wollten. Ohne weitere Anhaltspunkte ist davon grundsätzlich nicht auszugehen (vgl. Art. 6 CISG), zumal die Haager Kaufgesetze mit dem

---

262 Vgl. Schlechtriem/Schwenzer-*Ferrari*, Art. 6 Rn. 28; Staudinger-*Magnus*, Art. 6 Rn. 34.

263 Siehe auch bereits B. I. 5.

264 Vgl. auch Schlechtriem/Schwenzer-*Ferrari*, Art. 99 Rn. 1.

265 Vgl. Schlechtriem/Schwenzer-*Ferrari*, Art. 6 Rn. 28; Staudinger-*Magnus*, Art. 6 Rn. 34, 45.

266 Veraltete AGB sind keine Seltenheit; vgl. *Mankowski*, IHR 2012, 45, 48 (dort Fn. 66).

267 Vgl. Schlechtriem/Schwenzer-*Ferrari*, Art. 6 Rn. 28; Staudinger-*Magnus*, Art. 6 Rn. 34.

268 Dazu aa).

269 Zu dieser Möglichkeit bereits 1.

Inkrafttreten des CISG ihre Bedeutung nicht vollständig verloren haben, sondern weiterhin für Altverträge gelten.[270]

(4) Abweichende Vereinbarungen

Schließen die Parteien nur einzelne Vorschriften des CISG aus oder treffen sie ergänzende Vereinbarungen, liegt darin grundsätzlich kein konkludentes *opt out*, denn sie modifizieren lediglich die Anwendung des CISG.[271] Dies gestattet ihnen Art. 6 CISG ausdrücklich. Danach können die Parteien nicht nur „die Anwendung [des] Übereinkommens ausschließen", sondern auch „von seinen Bestimmungen abweichen oder deren Wirkung ändern".[272] Deshalb bedingen sie das CISG z.B. auch dann nicht konkludent ab, wenn sie nur einzelne unvereinheitlichte Vorschriften für anwendbar erklären, Abweichungen sowohl von Vorschriften des CISG als auch von unvereinheitlichten Vorschriften vereinbaren, Abreden zu Rechtsfragen außerhalb des Regelungsbereichs treffen oder auf lokale Bräuche verweisen.[273] Auch in diesen Fällen gestalten die Parteien ihre Vertragsbeziehung im Rahmen der von Art. 6 CISG gewährten Parteiautonomie näher aus, ohne dass die Anwendung des Übereinkommens als solche betroffen wäre. Etwas anderes kann ausnahmsweise gelten, wenn sich Inhalt und Systematik des Vertrags so sehr an unvereinheitlichten Vorschriften orientieren, dass der Vertrag insgesamt mit dem CISG nicht vereinbar ist, z.B. wenn die AGB umfassende Verweisungen enthalten oder sich wesentliche Bestimmungen nur unter Rückgriff auf unvereinheitlichtes Recht auslegen lassen.[274] Auch insofern ist jedoch ein wirklicher Wille der Parteien zum Ausschluss des CISG erforderlich.[275]

---

270 Vgl. OLG München IHR 2007, 30, 32; Schlechtriem/Schwenzer-*Ferrari*, Art. 6 Rn. 28; Staudinger-*Magnus*, Art. 6 Rn. 45; vgl. auch *Piltz*, NJW 2007, 2159, 2160.

271 Vgl. BGH NJW-RR 1997, 690, 691; OLG Zweibrücken IHR 2002, 67; Schlechtriem/Schwenzer-*Ferrari*, Art. 6 Rn. 30; Staudinger-*Magnus*, Art. 6 Rn. 41 ff.; MüKoHGB-*Benicke*, Art. 6 Rn. 11; MüKoBGB-*Huber*, Art. 6 Rn. 17; Soergel-*Lüderitz/Fenge*, Art. 6 Rn. 6; Kröll/Mistelis/Viscasillas-*Mistelis*, Art. 6 Rn. 24.

272 Dazu noch 3.

273 Vgl. hierzu und zum Folgenden Schlechtriem/Schwenzer-*Ferrari*, Art. 6 Rn. 30; Staudinger-*Magnus*, Art. 6 Rn. 43 f.; MüKoHGB-*Benicke*, Art. 6 Rn. 11.

274 Vgl. Schlechtriem/Schwenzer-*Ferrari*, Art. 6 Rn. 30; Staudinger-*Magnus*, Art. 6 Rn. 42 f.; MüKoHGB-*Benicke*, Art. 6 Rn. 11; MüKoBGB-*Huber*, Art. 6 Rn. 17.

275 Siehe aa).

Ein solcher liegt regelmäßig nicht vor, wenn die Parteien internationale Klauseln verwenden, z.B. die Incoterms.[276] Diese betreffen nur einzelne kaufvertragliche Aspekte, sodass ihr Regelungsbereich hinter dem des CISG zurückbleibt. Ihre Verwendung setzt auch nicht voraus, dass ein bestimmtes nationales Recht anwendbar ist, was im Falle grundlegender Abweichungen vom CISG für ein konkludentes *opt out* sprechen könnte. Lediglich wenn die Parteien ihren Vertrag einem internationalen Regelwerk unterstellen, das umfassende Vorschriften zu den vom CISG geregelten Rechtsfragen enthält, etwa den PICC, kommt eine konkludente Abbedingung des CISG in Betracht – auch dann jedoch nur, wenn das IPR des Forumstaats eine kollisionsrechtliche Wahl nichtstaatlichen Rechts ermöglicht.[277] Dies entspräche dann der Situation, dass die Parteien eine Rechtswahl zugunsten eines Drittstaats treffen.[278] Eine bloß materiellrechtliche Wahl nichtstaatlichen Rechts führt hingegen grundsätzlich nur zu einer – wenn auch weitreichenden – Modifikation des CISG.

Auch aus einer Gerichtsstandsvereinbarung folgt nicht ohne Weiteres ein konkludentes *opt out*.[279] Die verfahrensrechtliche Frage nach der internationalen Zuständigkeit ist sorgfältig von der kollisionsrechtlichen Frage nach dem anwendbaren Recht zu trennen. Eine Gerichtsstandsvereinbarung lässt das anwendbare Recht daher grundsätzlich unberührt. Bestimmen die Parteien jedoch einen ausschließlichen Gerichtsstand in einem Drittstaat, wird daraus in der Regel eine konkludente Rechtswahl zugunsten des Forumstaats hergeleitet.[280] Darin liegt dann wiederum grundsätzlich eine konkludente Abbedingung des CISG.[281] Die Voraussetzungen einer Einigung im Sinne des Art. 6 CISG sind freilich für jeden Einzelfall zu prüfen.[282] Vereinbaren die Parteien umgekehrt einen

---

276 Vgl. hierzu und zum Folgenden Schlechtriem/Schwenzer-*Ferrari*, Art. 6 Rn. 29; Staudinger-*Magnus*, Art. 6 Rn. 46; Ferrari [*et al.*]-*Saenger*, Intl. Vertragsrecht, Art. 6 Rn. 4; MüKoHGB-*Benicke*, Art. 6 Rn. 13; MüKoBGB-*Huber*, Art. 6 Rn. 18.

277 Vgl. hierzu und zum Folgenden MüKoBGB-*Huber*, Art. 6 Rn. 18.

278 Dazu (1).

279 Vgl. hierzu und zum Folgenden Schlechtriem/Schwenzer-*Ferrari*, Art. 6 Rn. 31; MüKoBGB-*Huber*, Art. 6 Rn. 19; Kröll/Mistelis/Viscasillas-*Mistelis*, Art. 6 Rn. 12, 21.

280 Vgl. auch OLG Hamm IHR 2010, 59, 62; OLG Stuttgart IHR 2008, 102, 104; Staudinger-*Magnus*, Art. 6 Rn. 36: „weithin üblich"; Ferrari [*et al.*]-*Saenger*, Intl. Vertragsrecht, Art. 6 Rn. 4: „Regelfall".

281 Siehe (1); MüKoBGB-*Huber*, Art. 6 Rn. 19, meint, auf Art. 6 CISG komme es in diesem Fall gar nicht an, weil das CISG ohnehin nicht Bestandteil des drittstaatlichen Rechts sei, übersieht dabei jedoch, dass das Übereinkommen auch von drittstaatlichen Gerichten anzuwenden sein kann; dazu noch D. II. 4. b) aa) (3).

282 Siehe aa).

Gerichtsstand in einem Vertragsstaat, lässt sich daraus allenfalls eine pauschale Wahl dessen Rechts herleiten. Diese umfasste aber auch das CISG und enthielte daher kein konkludentes *opt out*.[283]

(5) Bezugnahme auf unvereinheitlichtes Recht im Prozess

Sofern bei den genannten Fallgruppen auf die gebotene restriktive Auslegung des Art. 6 CISG sowie darauf hingewiesen wurde, dass eine konkludente Abbedingung des Übereinkommens ohne weitere Anhaltspunkte nur zurückhaltend bejaht werden sollte, ist dies für die Parteien auch deshalb nicht unzumutbar, weil sie das CISG auch noch nach Vertragsschluss abbedingen können.[284] In den EU-Mitgliedstaaten ist zudem auch eine Rechtswahl nachträglich möglich (vgl. Art. 3 Abs. 2 Satz 1 Rom I–VO: „jederzeit"). Die Fälle eines ausdrücklichen oder konkludenten *opt out* sind daher auch denkbar, wenn sich die Parteien erst im Prozess mit dem anzuwendenden Recht befassen.[285]

Davon abzugrenzen sind aber Fälle, in denen sie lediglich unter Bezugnahme auf unvereinheitlichte Vorschriften verhandeln.[286] Hiervon bleibt die Anwendung des CISG grundsätzlich unberührt.[287] Dies gilt z.B. auch, wenn die Parteien fehlerhaft auf unvereinheitlichte Vorschriften zurückgreifen, weil sie diese rechtsirrtümlich für anwendbar halten.[288] Während im Rahmen von Art. 3 Satz 2 ULIS in solchen Fällen eine stillschweigende Abbedingung noch großzügig angenommen wurde,[289] bedarf es nunmehr, im Rahmen von Art. 6 CISG, eines klar und unmissverständlich ausgedrückten Willens zum Ausschluss des Übereinkommens.[290]

---

283 Dazu (2); vgl. auch OLG Hamburg IHR 2008, 98, 99; MüKoHGB-*Benicke*, Art. 6 Rn. 6; weiterführend zu Schiedsgerichtsvereinbarungen Schlechtriem/Schwenzer-*Ferrari*, Art. 6 Rn. 32; Staudinger-*Magnus*, Art. 6 Rn. 37 ff.; MüKoBGB-*Huber*, Art. 6 Rn. 20.

284 Siehe a).

285 Vgl. auch BGH NJW-RR 2000, 1002, 1004.

286 Vgl. hierzu und zum Folgenden Schlechtriem/Schwenzer-*Ferrari*, Art. 6 Rn. 25; Staudinger-*Magnus*, Art. 6 Rn. 33, 51; Ferrari [*et al.*]-*Saenger*, Intl. Vertragsrecht, Art. 6 Rn. 2; *Reifner*, IHR 2002, 52, 57.

287 Vgl. auch Staudinger-*Magnus*, Art. 6 Rn. 24, 30; MüKoHGB-*Benicke*, Art. 6 Rn. 12.

288 Vgl. auch OLG Hamm IHR 2010, 59, 62; OLG Stuttgart IHR 2008, 102, 104; OLG Rostock IHR 2003, 17, 18; Ferrari [*et al.*]-*Saenger*, Intl. Vertragsrecht, Art. 6 Rn. 6; MüKoBGB-*Huber*, Art. 6 Rn. 23; Kröll/Mistelis/Viscasillas-*Mistelis*, Art. 6 Rn. 19; *Piltz*, NJW 2013, 2567, 2568.

289 Vgl. Staudinger-*Magnus*, Art. 6 Rn. 51 m.w.Nachw.

290 Siehe aa); vgl. auch MüKoBGB-*Huber*, Art. 6 Rn. 23; Kröll/Mistelis/Viscasillas-*Mistelis*, Art. 6 Rn. 19: „essential".

Die Gefahr, dass die Parteien dadurch mit einer Anwendung des CISG überrascht werden, ist denkbar gering. Zwar ist es Sache des Gerichts, das anwendbare Recht zu ermitteln (*iura novit curia*).[291] Zur Prozessleitung gehören jedoch in aller Regel auch Frage- und Hinweispflichten, um alle entscheidungserheblichen Umstände vollständig zu klären. Nach deutschem Recht muss das Gericht das Sach- und Streitverhältnis mit den Parteien in tatsächlicher und rechtlicher Hinsicht erörtern und Fragen stellen (vgl. § 139 Abs. 1 Satz 1, 2 ZPO). Es darf seine Entscheidung nur dann auf einen Gesichtspunkt stützen, den eine Partei erkennbar übersehen oder für unerheblich gehalten hat oder den das Gericht anders beurteilt als die Parteien, wenn es – so früh wie möglich (vgl. § 139 Abs. 4 Satz 1 ZPO) – darauf hingewiesen und Gelegenheit zur Äußerung gegeben hat (vgl. § 139 Abs. 2 Satz 1, 2 ZPO). Das Gericht muss insbesondere auf die Anwendbarkeit des CISG hinweisen, etwa wenn die Parteien lediglich pauschal das Recht eines Vertragsstaats gewählt haben oder fälschlicherweise auf unvereinheitlichte Vorschriften Bezug nehmen.[292]

3. Modifikation der Anwendung

Art. 6 CISG ermöglicht den Parteien nicht nur ein *opt out*. Sie können auch „von [den] Bestimmungen [des Übereinkommens] abweichen oder deren Wirkung ändern“ (dazu a)).[293] Dies gilt allerdings nicht ausnahmslos (dazu b)).

a) Grundsatz

Das CISG ist dispositiv.[294] Es gewährt den Parteien innerhalb seines Anwendungs- und Regelungsbereichs Vertragsfreiheit.[295] Art. 3 ULIS nannte zwar nur die Möglichkeit eines vollständigen *opt out*.[296] Bei der Einfügung der weiteren Gestaltungsmöglichkeiten in Art. 6 CISG handelt es sich aber lediglich um eine

---

291 Vgl. hierzu und zum Folgenden auch Schlechtriem/Schwenzer-*Ferrari*, Art. 6 Rn. 25; Ferrari [*et al.*]-*Saenger*, Intl. Vertragsrecht, Art. 6 Rn. 6; MüKoBGB-*Huber*, Art. 6 Rn. 23.

292 Vgl. Schlechtriem/Schwenzer-*Ferrari*, Art. 6 Rn. 27.

293 Zu den Folgen für ein konkludentes *opt out* bereits 2. b) bb) (4).

294 Siehe 1.

295 Vgl. auch Schlechtriem/Schwenzer-*Ferrari*, Art. 6 Rn. 33; Staudinger-*Magnus*, Art. 6 Rn. 9: „größtmögliche Freiheit“; Ferrari [*et al.*]-*Saenger*, Intl. Vertragsrecht, Art. 6 Rn. 8.

296 Vgl. auch MüKoBGB-*Huber*, Art. 6 Rn. 2; vgl. hierzu und zum Folgenden Schlechtriem/Schwenzer-*Ferrari*, Art. 6 Rn. 2, 33.

„redaktionelle“[297] Änderung. Die Parteien konnten auch bereits die Anwendung der Haager Kaufgesetze modifizieren.

Für das Zustandekommen und die Wirksamkeit gestaltender Vereinbarungen gilt dasselbe wie für die Vereinbarung eines *opt out*:[298] Ersteres richtet sich nach den Vorschriften des Übereinkommens (vor allem Artt. 14–24 CISG), letztere nach dem unvereinheitlichten Recht (vgl. Art. 4 Satz 2 lit. a CISG).[299] Für das deutsche Recht sind neben § 138 BGB auch die §§ 305 ff. BGB zu beachten, sofern in AGB Abweichungen vom CISG enthalten sind. Die Abweichungen müssen dann insbesondere mit den wesentlichen Grundgedanken des Übereinkommens vereinbar sein; die „gesetzliche Regelung“, die § 307 Abs. 1 Satz 1, Abs. 2 Nr. 1 BGB insofern als Maßstab nennt, ist in diesem Fall das CISG.[300]

Im Übrigen steht es den Parteien grundsätzlich frei, nur von einzelnen Vorschriften des Übereinkommens abzuweichen, diese abzubedingen oder auch ein teilweises *opt out* zu vereinbaren, indem sie z.B. nur die Vorschriften zum Abschluss von Verträgen in Teil II (Artt. 14–24 CISG) oder nur die Vorschriften zum Vertragsinhalt und Leistungsstörungsrecht in Teil III (Artt. 25–88 CISG) abbedingen.[301] Jeweils müssen sie nicht ausdrücklich erklären, dass und wie sie die Anwendung des CISG modifizieren.

Im Falle einer teilweisen Abbedingung erfolgt mangels anderweitiger Vereinbarung eine Lückenfüllung unmittelbar nach unvereinheitlichtem Recht.[302] Diesen Rückgriff schließen die Parteien nicht etwa aus, indem sie das CISG im Übrigen beibehalten. Es sind auch nicht vorrangig die „allgemeinen [Grundsätze]“ des Übereinkommens heranzuziehen (vgl. Art. 7 Abs. 2 CISG). Dies folgt bereits aus dem Wortlaut von Art. 7 Abs. 2 CISG. Die Regelung betrifft interne Lücken, also Rechtsfragen, die zum Regelungsbereich des Übereinkommens gehören, aber darin „nicht ausdrücklich entschieden werden“. Bedingen die

---

297 Schlechtriem/Schwenzer-*Ferrari*, Art. 6 Rn. 2.

298 Dazu 2. a).

299 Vgl. hierzu und zum Folgenden auch Schlechtriem/Schwenzer-*Ferrari*, Art. 6 Rn. 36 f.; Staudinger-*Magnus*, Art. 6 Rn. 50; Ferrari [*et al.*]-*Saenger*, Intl. Vertragsrecht, Art. 6 Rn. 8; MüKoBGB-*Huber*, Art. 6 Rn. 27.

300 Vgl. auch MüKoHGB-*Benicke*, Art. 4 Rn. 5; *Ostendorf/Neumann/Ventsch*, IHR 2006, 21, 23.

301 Vgl. hierzu und zum Folgenden MüKoBGB-*Huber*, Art. 6 Rn. 25 f.; Staudinger-*Magnus*, Art. 6 Rn. 48; Kröll/Mistelis/Viscasillas-*Mistelis*, Art. 6 Rn. 11.

302 Vgl. hierzu und zum Folgenden Schlechtriem/Schwenzer-*Ferrari*, Art. 6 Rn. 35; Staudinger-*Magnus*, Art. 6 Rn. 49; Ferrari [*et al.*]-*Saenger*, Intl. Vertragsrecht, Art. 6 Rn. 3; MüKoHGB-*Benicke*, Art. 6 Rn. 21; MüKoBGB-*Huber*, Art. 6 Rn. 26.

Parteien Vorschriften ab, werden die betroffenen Rechtsfragen aber ausdrücklich entschieden, und zwar von eben jenen Vorschriften. Eine Lückenfüllung nach den „allgemeinen Grundsätzen" widerspräche dann offenkundig dem Parteiwillen, da diese Grundsätze den abbedungenen Vorschriften zu entnehmen wären.[303] Auch im Rahmen von Art. 7 Abs. 2 CISG müsste man daher zur Lückenfüllung nach unvereinheitlichtem Recht gelangen (vgl. auch Art. 7 Abs. 2 CISG a.E.).[304]

Schließlich können die Parteien auch ergänzende Vereinbarungen treffen, etwa eine Sprachfassung bestimmen, die für ihren Vertrag maßgeblich sein soll.[305] Eine solche Abrede allein bindet die Gerichte freilich nicht bei der Auslegung des CISG. Das Übereinkommen gewährt den Parteien zwar Vertragsfreiheit (vgl. oben), d.h. sie können ihre gegenseitigen Rechte und Pflichten autonom regeln. Die Gerichte haben jedoch das Gebot der einheitlichen Auslegung zu beachten (vgl. Art. 7 Abs. 1 CISG). Dazu gehört ggf. auch ein Rückgriff auf andere offizielle Sprachfassungen. Die Parteien müssten daher auch Art. 7 Abs. 1 CISG abbedingen, um die gerichtliche Auslegung des Übereinkommens beeinflussen zu können.[306]

b) Ausnahme

Art. 6 CISG ermöglicht gestaltende Vereinbarungen nur „vorbehaltlich des [Art.] 12 [CISG]". Andernfalls könnten die Parteien zwingende Formvorschriften des unvereinheitlichten Rechts umgehen.[307] Zwar statuiert Art. 11 Satz 1 CISG den Grundsatz der Formfreiheit. Danach brauchen Kaufverträge nicht schriftlich geschlossen zu werden und unterliegen auch sonst keinen Formvorschriften. Gemäß Art. 96 CISG kann jedoch ein Vertragsstaat, dessen unvereinheitlichtes Recht etwa einen schriftlichen Vertragsschluss vorsieht, jederzeit erklären, dass die Vorschriften des Übereinkommens zur Formfreiheit nicht gelten, wenn eine Partei ihre Niederlassung in diesem Staat hat. Die Rechtsfolgen dieses Vorbehalts ordnet nicht bereits Art. 96 CISG an. Dort wird lediglich der Inhalt der

---

303 Vgl. auch MüKoHGB-*Benicke*, Art. 6 Rn. 21: „Lückenfüllung [...] mit einem anderen Inhalt als dem der [abbedungenen] Vorschrift kaum denkbar".

304 So auch Staudinger-*Magnus*, Art. 6 Rn. 59 f.

305 Vgl. hierzu und zum Folgenden Staudinger-*Magnus*, Art. 6 Rn. 9a; MüKoBGB-*Huber*, Art. 6 Rn. 30.

306 Zu dieser Möglichkeit sogleich b).

307 Vgl. auch Schlechtriem/Schwenzer-*Ferrari*, Art. 6 Rn. 8; MüKoBGB-*Huber*, Art. 6 Rn. 28; vgl. hierzu und zum Folgenden auch Kröll/Mistelis/Viscasillas-*Mistelis*, Art. 6 Rn. 9; vertiefend zu Artt. 11, 96 CISG *Ferrari*, IHR 2004, 1, 2 ff.

abzugebenden Erklärung formuliert („Ein Vertragsstaat […] kann jederzeit eine Erklärung […] abgeben, da[ss] […]"). Die Rechtsfolgen regelt vielmehr Art. 12 Satz 1 CISG. Danach gelten die Vorschriften des Übereinkommens zur Formfreiheit nicht, wenn eine Partei in einem Vorbehaltsstaat niedergelassen ist. Könnten die Parteien diese Regelung jedoch abbedingen, bliebe es beim Grundsatz der Formfreiheit, und ein Vorbehalt gemäß Art. 96 CISG ginge ins Leere. Deshalb erklärt Art. 6 CISG die Vorschrift des Art. 12 CISG für unabdingbar.[308] Art. 12 Satz 2 CISG ist insofern rein deklaratorisch. Die Regelung stellt lediglich erneut fest, dass die Parteien „von dem vorliegenden Artikel weder abweichen noch seine Wirkung ändern" dürfen.

Die Ausnahme in Art. 6 CISG gilt freilich nur, wenn die Parteien das Übereinkommen nicht ohnehin vollständig abbedingen.[309] Dies folgt bereits aus dem Wortlaut und der Systematik von Art. 6 CISG. Denn die Formulierung „vorbehaltlich des [Art.] 12 [CISG]" ist erst nach der Möglichkeit eines *opt out* eingeschoben. Sie bezieht sich daher nur auf die weiteren Gestaltungsmöglichkeiten.[310] Im Falle eines vollständigen *opt out* droht auch keine Umgehung zwingender Formvorschriften des unvereinheitlichten Rechts. Diese gelten dann nämlich von vornherein.

Abgesehen von Art. 12 CISG sind noch weitere Vorschriften der Vertragsfreiheit entzogen, auch wenn Art. 6 CISG dies nicht ausdrücklich regelt.[311] Unabdingbar sind naturgemäß auch solche Vorschriften, deren Adressaten nicht die Parteien sind, sondern die Vertragsstaaten. Hierzu gehören vor allem die Schlussbestimmungen in Teil IV (Artt. 89–101 CISG). Entsprechendes gilt für Art. 28 CISG. Danach braucht ein Gericht eine Partei nur zur Erfüllung in Natur zu verpflichten, wenn es dies auch außerhalb des CISG nach seinem eigenen Recht könnte. Die Vorschrift richtet sich ebenfalls nicht an die Parteien, sondern an das angerufene Gericht. Die Parteien können zwar mittels einer Gerichtsstandsvereinbarung das zuständige Gericht bestimmen. Sie können aber nicht über das

---

308 Vgl. auch Staudinger-*Magnus*, Art. 6 Rn. 52; Ferrari [*et al.*]-*Saenger*, Intl. Vertragsrecht, Art. 6 Rn. 1.

309 Vgl. auch Staudinger-*Magnus*, Art. 6 Rn. 52; Soergel-*Lüderitz/Fenge*, Art. 6 Rn. 6.

310 Vgl. Art. 6 CISG: „Die Parteien können die Anwendung dieses Übereinkommens ausschließen oder, vorbehaltlich des [Art. 12 CISG], von seinen Bestimmungen abweichen oder deren Wirkung ändern."

311 Vgl. hierzu und zum Folgenden Schlechtriem/Schwenzer-*Ferrari*, Art. 6 Rn. 9; Staudinger-*Magnus*, Art. 6 Rn. 53, 57; Ferrari [*et al.*]-*Saenger*, Intl. Vertragsrecht, Art. 6 Rn. 1; MüKoHGB-*Benicke*, Art. 6 Rn. 19; MüKoBGB-*Huber*, Art. 6 Rn. 28; Kröll/Mistelis/Viscasillas-*Mistelis*, Art. 6 Rn. 9.

anwendbare Prozessrecht bzw. darüber entscheiden, ob eine Verpflichtung zur Erfüllung in Natur zulässig ist.

Es besteht hingegen kein Grund, warum auch Art. 7 CISG unabdingbar sein sollte.[312] Die Vorschrift enthält das Gebot der einheitlichen Auslegung (Abs. 1) sowie Grundsätze zur Lückenfüllung (Abs. 2).[313] Sie richtet sich weder an die Vertragsstaaten noch an das angerufene Gericht. Dieses wendet zwar die Vorschriften des Übereinkommens an. Insofern spricht jedoch nichts gegen eine Disponibilität.[314] Denn während eine Abbedingung von Art. 28 CISG das angerufene Gericht ggf. zu einer Entscheidung wider sein eigenes Recht zwingen würde, führt eine Abbedingung von Art. 7 CISG gerade zum unvereinheitlichten Recht. Das Gericht muss dann nämlich nicht mehr den internationalen Charakter des CISG und „die Notwendigkeit […] berücksichtigen, seine einheitliche Anwendung und die Wahrung des guten Glaubens im internationalen Handel zu fördern“ (vgl. Art. 7 Abs. 1 CISG). Es kann das Übereinkommen vielmehr nach den Regeln des unvereinheitlichten Rechts auslegen. Ebenso ist bei der Lückenfüllung nicht mehr vorrangig nach den allgemeinen, dem Übereinkommen zugrunde liegenden Grundsätzen zu entscheiden (vgl. Art. 7 Abs. 2 CISG), sondern das Gericht kann unmittelbar das unvereinheitlichte Recht heranziehen.[315]

Bisweilen wird auch Art. 4 CISG für unabdingbar erklärt.[316] Allerdings richtet sich auch diese Vorschrift weder an die Vertragsstaaten noch an das angerufene Gericht. Für ihre Abbedingung besteht zudem kein Anlass.[317] Art. 4 CISG bestimmt den Regelungsbereich des Übereinkommens und in Satz 2 insbesondere, welche Rechtsfragen es nicht betrifft. Eine Abbedingung würde jedoch den Regelungsbereich nicht auf diese Rechtsfragen erweitern. Denn für sie enthält das CISG schlicht keine Regelungen. Das Ergebnis wäre insofern dasselbe wie gemäß Art. 4 Satz 2 CISG: die Anwendung unvereinheitlichten Rechts.

---

312 Siehe aber die Nachw. bei Schlechtriem/Schwenzer-*Ferrari*, Art. 6 Rn. 10 (dort Fn. 39).

313 Dazu auch soeben a).

314 Vgl. hierzu und zum Folgenden auch Schlechtriem/Schwenzer-*Ferrari*, Art. 6 Rn. 10; Staudinger-*Magnus*, Art. 6 Rn. 55; Ferrari [*et al.*]-*Saenger*, Intl. Vertragsrecht, Art. 6 Rn. 1.

315 Vgl. auch *Magnus*, in: CISG vs. Regional Sales Law, S. 97, 102.

316 Vgl. Bianca/Bonell-*Bonell*, Art. 6 Rn. 3.4.

317 Vgl. hierzu und zum Folgenden auch Schlechtriem/Schwenzer-*Ferrari*, Art. 6 Rn. 11; Staudinger-*Magnus*, Art. 6 Rn. 54: „kaum praktisch“; MüKoBGB-*Huber*, Art. 6 Rn. 29: „sinnlos“.

4. Möglichkeit eines opt in

Vereinbarungen im Sinne des Art. 6 CISG kommen nur in Betracht, wenn der Anwendungsbereich des CISG eröffnet ist. Außerhalb des Anwendungsbereichs stellt sich die Frage, inwieweit die Parteien das Übereinkommen dennoch zur Anwendung bringen können.

Art. 4 ULIS ermöglichte noch ausdrücklich ein opt in, falls der räumliche Anwendungsbereich nicht eröffnet war. Dieses wirkte nur materiellrechtlich, ließ also die „zwingenden" Vorschriften des unvereinheitlichten Rechts unberührt (vgl. Art. 4 ULIS a.E.). Die Wiener Konferenz empfand diesen Verweis als zu unbestimmt und die Beschränkung auf den Fall, dass der räumliche Anwendungsbereich nicht eröffnet ist, als zu eng.[318] Das CISG enthält deshalb keine entsprechende Regelung. Es bestand jedoch Einigkeit darüber, den in Art. 4 ULIS geregelten Grundsatz beizubehalten. Die Parteien können ihren Vertrag somit unabhängig von der Eröffnung des Anwendungsbereichs dem CISG unterstellen.[319] In der Praxis geschieht dies freilich nur selten.[320]

Zu unterscheiden ist zwischen einer kollisionsrechtlichen und einer materiellrechtlichen Wahl des CISG.[321] Worauf die konkrete Abrede der Parteien abzielt, ist nicht mithilfe der Vorschriften des Übereinkommens zu bestimmen (vor allem Art. 8 CISG), sondern nach den Auslegungsregeln des unvereinheitlichten Rechts. Außerhalb seines Anwendungsbereichs ist das CISG gerade nicht *lex specialis*.

Die Möglichkeit einer materiellrechtlichen Wahl wird „nicht in Frage gestellt".[322] Dabei inkorporieren die Parteien das Übereinkommen wie AGB in ihren Vertrag. Es verdrängt daher lediglich die dispositiven Vorschriften des

---

318 Vgl. hierzu und zum Folgenden Schlechtriem/Schwenzer-*Ferrari*, Art. 6 Rn. 39; Staudinger-*Magnus*, Art. 6 Rn. 7, 62 f.; Ferrari [*et al.*]-*Saenger*, Intl. Vertragsrecht, Art. 6 Rn. 1, 7; MüKoBGB-*Huber*, Art. 6 Rn. 2, 31; Kröll/Mistelis/Viscasillas-*Mistelis*, Art. 6 Rn. 27.

319 Vgl. auch Soergel-*Lüderitz/Fenge*, Art. 1 Rn. 11; Kröll/Mistelis/Viscasillas-*Mistelis*, Art. 6 Rn. 1.

320 Vgl. *Mankowski*, IHR 2012, 45, 48: „ausgesprochen seltenes Phänomen"; vgl. auch Kröll/Mistelis/Viscasillas-*Mistelis*, Art. 6 Rn. 27: „from time to time".

321 Vgl. hierzu und zum Folgenden Schlechtriem/Schwenzer-*Ferrari*, Art. 6 Rn. 40.

322 Schlechtriem/Schwenzer-*Ferrari*, Art. 6 Rn. 41; vgl. hierzu und zum Folgenden ebda.; Staudinger-*Magnus*, Art. 6 Rn. 64 f.; Ferrari [*et al.*]-*Saenger*, Intl. Vertragsrecht, Art. 6 Rn. 7; MüKoHGB-*Benicke*, Art. 6 Rn. 17; MüKoBGB-*Huber*, Art. 6 Rn. 33; Soergel-*Lüderitz/Fenge*, Art. 1 Rn. 12.

unvereinheitlichten Rechts, lässt jedoch dessen zwingende Vorschriften unberührt. Insofern muss das CISG also die Grenzen respektieren, die das unvereinheitlichte Recht der Parteiautonomie setzt. Bestehen z.B. zwingende Formerfordernisse, gilt der Grundsatz der Formfreiheit gemäß Art. 11 Satz 1 CISG nicht.

Die Zulässigkeit einer kollisionsrechtlichen Wahl lässt sich hingegen nicht pauschal bejahen oder verneinen.[323] Über sie entscheidet die *lex fori*.[324] Die Rom I–VO gestattet keine kollisionsrechtliche Wahl nichtstaatlichen Rechts.[325] Zwar sah Art. 3 Abs. 2 UAbs. 1 des Verordnungsentwurfs[326] noch ausdrücklich vor, dass die Parteien „auch auf internationaler oder Gemeinschaftsebene anerkannte Grundsätze und Regeln des materiellen Vertragsrechts" wählen können. Im weiteren Gesetzgebungsverfahren setzte sich diese Regelung jedoch nicht durch. Im Rahmen des Art. 3 Rom I–VO können die Parteien somit nur staatliches Recht wählen.[327] Treffen sie dennoch eine „Rechtswahl" zugunsten des CISG, ist diese als materiellrechtliche Wahl auszulegen.[328]

Ein *opt in* ist insbesondere denkbar, wenn der zeitliche Anwendungsbereich des CISG nicht eröffnet ist, weil die Parteien ihren Vertrag bereits vor dem einzelstaatlichen Inkrafttreten geschlossen haben (vgl. Art. 100 CISG).[329]

Eine Wahl des CISG kommt auch in Betracht, wenn sein räumlicher Anwendungsbereich nicht eröffnet ist, weil nicht ausschließlich Parteien aus Vertragsstaaten beteiligt sind und die *lex fori* nicht das Recht eines Vertragsstaats beruft (vgl. Art. 1 Abs. 1 litt. a, b CISG).[330] In diesem Fall können die Parteien allerdings auch mittels einer (pauschalen) Rechtswahl zugunsten eines Vertragsstaats

323 Vgl. aber die Nachw. bei Schlechtriem/Schwenzer-*Ferrari*, Art. 6 Rn. 42 (dort Fn. 205).

324 Vgl. hierzu und zum Folgenden Schlechtriem/Schwenzer-*Ferrari*, Art. 6 Rn. 42 f.; Staudinger-*Magnus*, Art. 6 Rn. 62, 64; MüKoHGB-*Benicke*, Art. 6 Rn. 17; Ferrari [*et al.*]-*Saenger*, Intl. Vertragsrecht, Art. 6 Rn. 7; MüKoBGB-*Huber*, Art. 6 Rn. 32 f.

325 Vgl. auch Palandt-*Thorn*, Art. 3 Rom I–VO Rn. 4; Staudinger-*Magnus*, Art. 3 Rom I–VO Rn. 62; Ferrari [*et al.*]-*Ferrari*, Intl. Vertragsrecht, Art. 3 Rom I–VO Rn. 19.

326 Vorschlag für eine Verordnung des Europäischen Parlaments und des Rates über das auf vertragliche Schuldverhältnisse anzuwendende Recht (Rom I), KOM(2005) 650 endg.

327 Vgl. auch *Leible*, in: Gemeinsames Europäisches Kaufrecht für die EU?, S. 21 f. (Rn. 1).

328 Vgl. Palandt-*Thorn*, Art. 3 Rom I–VO Rn. 4.

329 Dazu noch D. I. 1. a); vgl. auch Staudinger-*Magnus*, Art. 6 Rn. 53, 72.

330 Dazu noch D. II. 3. a), 4. a) aa) bzw. b) aa); vgl. auch Staudinger-*Magnus*, Art. 6 Rn. 66.

die – kollisionsrechtliche – Anwendung des Übereinkommens erreichen;[331] es findet gemäß Art. 1 Abs. 1 lit. b CISG Anwendung, sofern die Rechtswahl nach der *lex fori* beachtlich und nach dem gewählten Recht wirksam ist.[332] Haben die Parteien ihre Niederlassungen in demselben Staat,[333] ist ihnen jedoch nur eine materiellrechtliche Wahl des CISG möglich. Zwar geht *Magnus* davon aus, abgesehen von den für Inlandssachverhalte geltenden Einschränkungen (vgl. Art. 3 Abs. 3, 4 Rom I–VO) könnten die Parteien das CISG auch insofern durch eine Rechtswahl zur Anwendung bringen.[334] Gemäß Art. 1 Abs. 1 CISG müssen die Parteien aber „ihre Niederlassung in verschiedenen Staaten haben".[335] Das Erfordernis der Internationalität gilt auch für lit. b, deren Voraussetzungen somit bei einem Inlandssachverhalt nicht erfüllt sein können.

Ein *opt in* ist ferner denkbar, wenn der persönliche Anwendungsbereich des CISG nicht eröffnet ist, vor allem weil ein Konsumentenkauf vorliegt (vgl. Art. 2 lit. a CISG).[336] Bei einer materiellrechtlichen Wahl ist dann umso mehr zu beachten, dass das Übereinkommen die zwingenden Vorschriften des unvereinheitlichten Rechts unberührt lässt (vgl. oben). Für das deutsche Recht sind etwa die §§ 305 ff. BGB relevant, sodass z.B. die Untersuchungs- und Rügeobliegenheit gemäß Artt. 38 f. CISG nicht uneingeschränkt gälte, sondern an § 309 Nr. 8 lit. b ee) BGB zu messen wäre.

Schließlich können die Parteien das CISG wählen, wenn sein sachlicher Anwendungsbereich nicht eröffnet ist, etwa weil ihr Vertrag nicht zu den erfassten Vertragsarten gehört.[337] Möglich ist insbesondere ein nur teilweises *opt in*, indem die Parteien z.B. nur die Vorschriften zum Abschluss von Verträgen für anwendbar erklären (Artt. 14–24 CISG).[338] Ebenso können sie die Anwendung des Übereinkommens auf einen nicht erfassten Vertragsgegenstand vereinbaren, z.B. ein Schiff oder Flugzeug (vgl. Art. 2 lit. e CISG).[339]

---

331 Vgl. auch MüKoHGB-*Benicke*, Art. 6 Rn. 7, 15 f.

332 Dazu bereits 2. a). Zu dem Fall, dass die *lex fori* das Recht eines Vertragsstaats beruft, der einen Vorbehalt gemäß Art. 95 CISG erklärt hat, noch D. II. 4. b) aa).

333 Dazu noch D. II. 1. b) aa).

334 Vgl. Staudinger-*Magnus*, Art. 6 Rn. 66.

335 Hierzu und zum Folgenden auch noch D. II. 1. b) aa).

336 Dazu noch D. III. 1. a) bb) bzw. 3. a); vgl. hierzu und zum Folgenden auch Staudinger-*Magnus*, Art. 6 Rn. 67; MüKoBGB-*Huber*, Art. 6 Rn. 36.

337 Dazu noch D. IV. 2.; vgl. hierzu und zum Folgenden Staudinger-*Magnus*, Art. 6 Rn. 68 ff.; Kröll/Mistelis/Viscasillas-*Spohnheimer*, Art. 2 Rn. 5.

338 Zur Möglichkeit eines teilweisen *opt out* bereits 3. a).

339 Zum Vertragsgegenstand noch D. IV. 1.

II. PR CESL

Im Gegensatz zum CISG erfordert die Anwendung des DCESL ein *opt in* der Parteien (dazu 1., 2.). Auch insofern besteht allerdings die Möglichkeit, die Anwendung zu modifizieren (dazu 3.). Die Parteien können das Gemeinsame Europäische Kaufrecht auch außerhalb des Anwendungsbereichs des PR CESL zur Anwendung bringen (dazu 4.).

1. Vorschaltung des IPR und Erfordernis eines opt in

Die Kommission hat das DCESL materiellrechtlich ausgestaltet, vor allem um eine Kollision mit Art. 6 Abs. 2 Satz 2 Rom I-VO zu vermeiden (dazu a)). Damit verbunden ist freilich eine Absenkung des Schutzniveaus für Verbraucher (dazu b)).

a) Materiellrechtliche statt kollisionsrechtlicher Ausgestaltung

Seit dem Beginn der öffentlichen Konsultation im Jahr 2001[340] war kontrovers diskutiert worden, ob ein fakultatives europäisches Kaufrecht selbständig, gleichsam als 29. Recht neben die bestehenden Kaufrechtsregime der Mitgliedstaaten treten sollte (sog. kollisionsrechtliche Lösung) oder ob es als Bestandteil des jeweiligen nationalen Rechts und damit gleichsam als 2. Recht zur Verfügung stehen sollte (sog. materiellrechtliche Lösung).[341]

Bei einer kollisionsrechtlichen Ausgestaltung hätten die Parteien das DCESL mittels einer Rechtswahl zur Anwendung bringen können. Die Kommission wäre „in bekannten kollisionsrechtlichen Bahnen" geblieben.[342] Das anvisierte Rechtsinstrument drohte dann allerdings mit Art. 6 Abs. 2 Rom I-VO zu kollidieren. Die Regelung gestattet zwar grundsätzlich auch für B2C-Verträge eine Rechtswahl (Satz 1), beschränkt aber ihre Reichweite: Nach Satz 2 darf eine Rechtswahl nicht dazu führen, dass dem Verbraucher der Schutz entzogen wird, der ihm durch die zwingenden Vorschriften seines gewöhnlichen Aufenthaltsstaats gewährt wird.[343] Auch eine Rechtswahl zugunsten des DCESL hätte sich daher an den zwingenden Verbraucherschutzvorschriften des gewöhnlichen Aufenthaltsstaats eines beteiligten Verbrauchers messen lassen müssen.

---

340 Dazu B. II. 1.

341 Vgl. auch *Mansel*, WM 2012, 1253, 1261.

342 *Leible*, in: Gemeinsames Europäisches Kaufrecht für die EU?, S. 21, 23 (Rn. 4); vgl. hierzu und zum Folgenden ebda.; *Stadler*, AcP 212 (2012), 473, 475 f.

343 Vgl. auch Schmidt-Kessel-*ders.*, Artt. 8, 9 Rn. 11.

Dies hat die Kommission offenbar dazu bewogen, die materiellrechtliche Lösung zu verfolgen (vgl. auch Erwgr. (3) PR CESL).[344] Sie schlug also vor, eine Harmonisierung „durch Schaffung einer fakultativen zweiten Vertragsrechtsregelung in jedem Mitgliedstaat für in ihren Anwendungsbereich fallende Verträge“ zu erreichen (vgl. Erwgr. (9) Satz 2 PR CESL).[345] Die Idee, ein vereinheitlichtes Kaufrecht als Bestandteil des nationalen Rechts zu etablieren, war freilich nicht neu, wie das CISG zeigt.[346]

Das DCESL ist demnach kein kollisionsrechtlich wählbares „Recht“ im Sinne des Art. 3 Abs. 1 Satz 1 Rom I-VO.[347] Zudem enthält der PR CESL auch keine eigenen Kollisionsnormen, etwa wie Art. 1 Abs. 1 lit. a CISG,[348] die seine Anwendbarkeit unmittelbar bestimmen und *lex specialis* gegenüber den Kollisionsnormen der Rom I-VO (vor allem Art. 6 Rom I-VO) und der Rom II-VO[349] wären (vgl. Artt. 23 Rom I-VO, 27 Rom II-VO).[350] Grund hierfür ist, dass die Kommission den Verordnungsentwurf dann nicht allein auf die Rechtsgrundlage des Art. 114 Abs. 1 AEUV hätte stützen können.[351] Sie hätte vielmehr auch

344 Vgl. hierzu und zum Folgenden auch Schmidt-Kessel-*ders.*, Artt. 8, 9 Rn. 1 f., 6; *Hellwege*, IHR 2012, 180, 185; *Ayad/Schnell*, BB 2012, 1487, 1489; *Schinkels*, in: Gemeinsames Europäisches Kaufrecht, S. 23, 26; *Eidenmüller* [*et al.*], JZ 2012, 269 f., 273 f.

345 Kritisch *Remien*, in: Gemeinsames Europäisches Kaufrecht für die EU?, S. 1, 3 (Rn. 8): Nach der Rspr. des EuGH schaffe eine Verordnung nicht mitgliedstaatliches, sondern Europarecht; vgl. EuGH NJW 1964, 2371, 2372; NJW 1963, 974, 976; so auch *Maier-Reimer*, in: PR CESL – the Lawyers' View, S. 79, 84; *Wolffe*, in: PR CESL – the Lawyers' View, S. 93, 100 (dort Fn. 36); *Tamm*, VuR 2012, 3, 4 (dort Fn. 21).

346 Vgl. auch Schmidt-Kessel-*ders.*, Artt. 8, 9 Rn. 7; *Basedow*, in: Gemeinsames Europäisches Kaufrecht, S. 3, 8.

347 Vgl. *Mansel*, WM 2012, 1253, 1261; *Stadler*, AcP 212 (2012), 473, 475 f. (dort Fn. 9).

348 Dazu noch D. II. 3. a)

349 Verordnung (EG) Nr. 864/2007 des Europäischen Parlaments und des Rates vom 11. Juli 2007 über das auf außervertragliche Schuldverhältnisse anzuwendende Recht, ABl. EU 2007 Nr. L 199, S. 40.

350 Näher dazu *Mansel*, WM 2012, 1253, 1261 f.; vgl. auch *Leible*, in: Gemeinsames Europäisches Kaufrecht für die EU?, S. 23 f. (Rn. 6 f.); abweichend *Schinkels*, in: Gemeinsames Europäisches Kaufrecht, S. 23, 26 ff.: Artt. 3 ff. PR CESL seien „autonomes Rechtsanwendungsrecht“, durch das der PR CESL seine Anwendbarkeit selbst und lediglich unter der Bedingung bestimme, dass das Recht eines Mitgliedstaats anwendbar ist.

351 Vgl. hierzu und zum Folgenden *Basedow*, in: Gemeinsames Europäisches Kaufrecht, S. 3, 21; *Schinkels*, in: Gemeinsames Europäisches Kaufrecht, S. 23, 25; *Mansel*, WM 2012, 1253, 1264; *Eidenmüller* [*et al.*], JZ 2012, 269, 274.

Art. 81 Abs. 1 AEUV bzw. Art. 352 Abs. 1 Satz 1 AEUV heranziehen müssen. Dies wäre jedoch rechtspolitisch mit (noch) größeren Risiken verbunden gewesen.[352] An der justiziellen Zusammenarbeit in Zivilsachen gemäß Art. 81 Abs. 1 Satz 1 AEUV beteiligt sich Dänemark von vornherein nicht,[353] und eine Beteiligung Großbritanniens und Irlands[354] wäre wohl nicht zu erwarten gewesen, zumal das House of Commons eine Subsidiaritätsrüge eingelegt hat.[355] Für die Bundesrepublik hätte es zudem einer speziellen gesetzlichen Ermächtigung bedurft (vgl. § 8 IntVG[356]). Überdies fordert Art. 352 Abs. 1 Satz 1 AEUV einen einstimmigen Beschluss des Rats. Demgegenüber erfordern legislative Maßnahmen, die sich allein auf Art. 114 Abs. 1 AEUV stützen, im Rahmen des ordentlichen Gesetzgebungsverfahrens lediglich (qualifizierte) Mehrheitsentscheidungen der beteiligten Organe (vgl. Art. 294 AEUV). Kritische Mitgliedstaaten hätten also ggf. überstimmt werden können.[357]

Deshalb verzichtet der PR CESL auf eigene Kollisionsnormen und schaltet seiner Anwendbarkeit die *lex fori* vor (sog. Vorschaltlösung).[358] Nur wenn diese das Recht eines Mitgliedstaats beruft und zudem der Anwendungsbereich des PR CESL eröffnet ist, sollen die Parteien das DCESL – als Bestandteil des anwendbaren mitgliedstaatlichen Rechts (vgl. oben) – wählen können.[359] Dieses

---

352 Vgl. auch *Leible*, in: Gemeinsames Europäisches Kaufrecht für die EU?, S. 23 f. (Rn. 7).

353 Vgl. Art. 1 UAbs. 1 Satz 1 des EUV-Protokolls Nr. 22 über die Position Dänemarks, ABl. EU 2010 Nr. C 83, S. 299.

354 Beide Mitgliedstaaten haben insofern ein Wahlrecht; vgl. Artt. 1 UAbs. 1 Satz 1, 3 Abs. 1 UAbs. 1 des EUV Protokolls Nr. 21 über die Position des Vereinigten Königreichs und Irlands hinsichtlich des Raums der Freiheit, der Sicherheit und des Rechts, ABl. EU 2010 Nr. C 83, S. 295.

355 Siehe B. II. 6.

356 Gesetz über die Wahrnehmung der Integrationsverantwortung des Bundestages und des Bundesrates in Angelegenheiten der Europäischen Union vom 22. September 2009, BGBl. 2009 I, S. 3022 bzw. 3822.

357 Vgl. *Leible*, in: Gemeinsames Europäisches Kaufrecht für die EU?, S. 23 f. (Rn. 7); kritisch *Basedow*, in: Gemeinsames Europäisches Kaufrecht, S. 3, 21: „wirft ein Schlaglicht auf die Beziehung zwischen [der EU] und den Mitgliedstaaten".

358 Vgl. *Leible*, in: Gemeinsames Europäisches Kaufrecht für die EU?, S. 24 (Rn. 8); *Fornasier*, RabelsZ 76 (2012), 401, 418; abweichend *Loacker*, EuZW 2014, 888, 889: „Zwischenschaltlösung" zugunsten des IPR; kritisch *Eidenmüller* [*et al.*], JZ 2012, 269, 273 (dort Fn. 61): Der PR CESL sei nicht auf das IPR angewiesen, da er „automatisch" in allen Mitgliedstaaten in Kraft träte; zustimmend *Stadler*, AcP 212 (2012), 473, 478 (dort Fn. 19); vgl. hierzu und zum Folgenden ebda.

359 Vgl. auch *Hellwege*, IHR 2012, 180, 185, *Wolffe*, in: PR CESL – the Lawyers' View, S. 93, 100.

Konzept ergibt sich aus Erwgr. (10) Satz 1 PR CESL. Danach erfolgt ein *opt in* „innerhalb des einzelstaatlichen Rechts […], das nach [den einschlägigen Kollisionsnormen] anwendbar ist".[360] Sodann stellt Erwgr. (10) Satz 3 PR CESL klar: „Diese Verordnung lässt bestehende Kollisionsnormen […] unberührt".[361] Für die mitgliedstaatlichen Gerichte sind insofern weiterhin die Rom-Verordnungen maßgeblich. Das DCESL regelt auch vorvertragliche Informationspflichten (vgl. Artt. 13 ff. DCESL),[362] sodass insbesondere auch die Rom II-VO relevant ist.[363]

Beruft die *lex fori* hingegen im Wege einer objektiven Anknüpfung das Recht eines Drittstaats[364] und vereinbaren die Parteien dennoch eine Anwendung des DCESL, geht ihre Vereinbarung grundsätzlich ins Leere.[365] Die kollisionsrechtliche Frage nach dem anwendbaren Recht ist sorgfältig von der materiellrechtlichen Frage nach einem wirksamen *opt in* zu trennen.[366] Dies betont auch Erwgr. (10) Satz 2 Halbsatz 1 PR CESL. Danach sollte ein *opt in* keine Rechtswahl darstellen und nicht mit einer solchen verwechselt werden.[367] Zwar ist denkbar, dass in einem *opt in* zugleich eine konkludente Rechtswahl zugunsten eines Mitgliedstaats liegt.[368] Dem steht wohl auch Erwgr. (10) Satz 2 Halbsatz 1 PR CESL nicht entgegen, der lediglich formuliert, ein *opt in* „sollte" keine Rechtswahl darstellen (nicht: „ist keine Rechtswahl"). Die Herleitung einer Rechtswahl aus

---

360 Vgl. hierzu und zum Folgenden auch Schmidt-Kessel-*ders.*, Artt. 8, 9 Rn. 2, 4, 6; *Leible*, in: Gemeinsames Europäisches Kaufrecht für die EU?, S. 24 (Rn. 9); *Basedow*, in: Gemeinsames Europäisches Kaufrecht, S. 3, 8; *Ayad/Schnell*, BB 2012, 1487, 1489.

361 Kritisch *Mansel*, WM 2012, 1253, 1262: „sachlich problematische Regelung"; für eine Klarstellung (auch) im normativen Teil des PR CESL *Mankowski*, RIW 2012, 97, 100; *Stadler*, AcP 212 (2012), 473, 478 (dort Fn. 19).

362 Kritisch dazu *Eidenmüller* [*et al.*], JZ 2012, 269, 276 f.

363 Vgl. auch *Mansel*, WM 2012, 1253, 1263.

364 Während dieser Begriff im Zusammenhang mit dem CISG solche Staaten meint, die nicht Vertragsstaaten sind, meint er im Zusammenhang mit dem PR CESL solche Staaten, die nicht Mitgliedstaaten der EU sind.

365 Vgl. hierzu und zum Folgenden auch Schmidt-Kessel-*ders.*, Artt. 8, 9 Rn. 2, 4, 6; *Leible*, in: Gemeinsames Europäisches Kaufrecht für die EU?, S. 24 (Rn. 9); kritisch *Stadler*, AcP 212 (2012), 473, 482 f.: Die Parteien haben ggf. ein Interesse daran, das Recht eines Drittstaats zu wählen und ihren Vertrag dennoch dem DCESL zu unterstellen; siehe aber 4. zur Möglichkeit eines *opt in* außerhalb des Anwendungsbereichs.

366 Zu letzterem noch 2.

367 Vgl. auch die Begründung zum PR CESL, KOM(2011) 635 endg., S. 6 f., 9 (unter 3.).

368 Vgl. auch Schmidt-Kessel-*ders.*, Artt. 8, 9 Rn. 4, 6.

einem *opt in* scheitert jedoch an ihrer fehlenden Bestimmbarkeit. Gemäß Art. 3 Abs. 1 Satz 2 Rom I–VO muss sich eine Rechtswahl „eindeutig aus den Bestimmungen des Vertrags oder aus den Umständen des Falles ergeben". Bei der Auslegung eines *opt in* genügte daher nicht bereits die Feststellung, die Parteien hätten jedenfalls die Anwendbarkeit irgendeines mitgliedstaatlichen Rechts gewollt, das DCESL sei ohnehin Bestandteil aller mitgliedstaatlichen Rechtsordnungen. Vielmehr müsste die Auslegung zu einem bestimmten mitgliedstaatlichen Recht führen, zumal wenn der Sachverhalt Verbindungen zu mehreren Mitgliedstaaten aufweist.[369] Dies kann in aller Regel nicht gelingen.[370] Die Parteien müssen daher ggf. zunächst eine Rechtswahl zugunsten eines Mitgliedstaats treffen, bevor sie ein *opt in* vereinbaren.[371]

b) Verhältnis zu Art. 6 Abs. 2 Satz 2 Rom I–VO

Trotz der Ausgestaltung des DCESL als Bestandteil des mitgliedstaatlichen Rechts ist das Verhältnis des Verordnungsentwurfs zu Art. 6 Abs. 2 Satz 2 Rom I–VO klärungsbedürftig.

Zunächst sei festgestellt, dass im Sinne des Art. 6 Abs. 2 Satz 2 Rom I–VO zwingende nationale Verbraucherschutzvorschriften ihren zwingenden Charakter nicht dadurch verlieren, dass die Parteien ihren Vertrag alternativ dem DCESL unterstellen könnten.[372] Ein *opt in* geht zwar einher mit einem Verzicht auf die Geltung der autonomen nationalen Vorschriften. Diese – auch die zwingenden – verdrängt das DCESL innerhalb seines Regelungsbereichs (vgl. auch Art. 11 Satz 1 PR CESL).[373] Einen zwingenden Charakter als solchen lässt das Gemeinsame Europäische Kaufrecht jedoch unberührt. Andernfalls verkürzte bereits die Möglichkeit eines *opt in* den Anwendungsbereich des Art. 6 Rom I–VO. Dies widerspräche offenkundig dem Anliegen des Verordnungsentwurfs, den Verbraucherschutz nicht zu beeinträchtigen, wenn die Parteien sich für das DCESL entscheiden (vgl. auch Erwgr. (11) Satz 3 PR CESL).

---

369 Vgl. auch *Mansel*, WM 2012, 1253, 1263.

370 Dazu noch 4.

371 Kritisch *Mansel*, WM 2012, 1253, 1263: „Dieses doppelte Wahlerfordernis erscheint kaum praxisfreundlich".

372 Vgl. hierzu und zum Folgenden *Mansel*, WM 2012, 1253, 1263; näher zum Verhältnis des PR CESL zu (zwingenden) nationalen Verbraucherschutzvorschriften auch *Ayad/Schnell*, BB 2012, 1487, 1489 f.

373 Vgl. auch *Loacker*, EuZW 2014, 888.

Sodann betrifft Art. 6 Abs. 2 Satz 2 Rom I–VO die Reichweite einer Rechtswahl.[374] Ein *opt in* soll aber gerade keine Rechtswahl darstellen und nicht mit einer solchen verwechselt werden (vgl. Erwgr. (10) Satz 2 Halbsatz 1 PR CESL).[375] Die Kommission hat es von der kollisionsrechtlichen auf die materiellrechtliche Ebene verlagert und meint, Art. 6 Abs. 2 Satz 2 Rom I–VO entfalte dadurch „keine praktische Bedeutung" (Erwgr. (12) Satz 2 PR CESL).[376] Wählen die Parteien das Recht eines Mitgliedstaats, etwa des gewöhnlichen Aufenthaltsstaats des Unternehmers (vgl. auch Erwgr. (12) Satz 2 PR CESL),[377] erfolgt zwar gemäß Art. 6 Abs. 2 Satz 2 Rom I–VO ein Günstigkeitsvergleich zwischen dem gewählten Recht und dem Recht des gewöhnlichen Aufenthaltsstaats des Verbrauchers. Nach Ansicht der Kommission wirkt sich dieser Vergleich jedoch nicht aus, wenn (auch) der Verbraucher seinen gewöhnlichen Aufenthalt in einem Mitgliedstaat hat (vgl. Erwgr. (12) Satz 2 PR CESL). Auch dort ist das DCESL nämlich Bestandteil des nationalen Rechts, sodass „keine Disparitäten zwischen den Rechtsvorschriften der Mitgliedstaaten auftreten" (Erwgr. (12) Satz 1 PR CESL). Die Vergleichsobjekte des Günstigkeitsvergleichs sollen demnach identisch sein.[378]

Die Ansicht der Kommission greift indes in zweierlei Hinsicht zu kurz.[379] Sie beschränkt sich zum einen – auch in Erwgr. (12) Satz 2 PR CESL – auf einen reinen Binnenmarktsachverhalt, bei dem sowohl der Unternehmer als auch der Verbraucher ihren gewöhnlichen Aufenthalt in Mitgliedstaaten haben. Das DCESL kann jedoch auch zur Verfügung stehen, wenn eine Partei aus einem Drittstaat beteiligt ist,[380] vorausgesetzt, die *lex fori* beruft das Recht eines Mitgliedstaats.[381] Kontrahieren etwa ein Unternehmer aus einem Mitgliedstaat und ein Verbraucher aus einem Drittstaat, wählen sie ein mitgliedstaatliches Recht und vereinbaren sie die Anwendung des DCESL, obwohl die zwingenden Verbraucherschutzvorschriften des Drittstaats dem Verbraucher einen höheren

---

374 Dazu soeben a); vgl. hierzu und zum Folgenden Schmidt-Kessel-*ders.*, Artt. 8, 9 Rn. 11; *Stadler*, AcP 212 (2012), 473, 478 f.

375 Auch dazu soeben a).

376 Vgl. hierzu und zum Folgenden *Leible*, in: Gemeinsames Europäisches Kaufrecht für die EU?, S. 21, 27 (Rn. 20).

377 Dazu auch *Eidenmüller* [*et al.*], JZ 2012, 269, 273.

378 Vgl. auch *Mankowski*, RIW 2012, 97, 101; kritisch *Stadler*, AcP 212 (2012), 473, 480 f.: Die Kommission scheue den Vergleich mit den autonomen nationalen Vorschriften.

379 Vgl. auch *Eidenmüller* [*et al.*], JZ 2012, 269, 273: „falsch"; vgl. hierzu und zum Folgenden ebda.; *Leible*, in: Gemeinsames Europäisches Kaufrecht für die EU?, S. 21, 27 f. (Rn. 22 f.); *Basedow*, in: Gemeinsames Europäisches Kaufrecht, S. 3, 15 ff.

380 Dazu noch D. II. 4. b) bb) (2).

381 Dazu soeben a).

Schutz gewähren, hat der Günstigkeitsvergleich gemäß Art. 6 Abs. 2 Satz 2 Rom I-VO sehr wohl „praktische Bedeutung".[382] Die Rechtswahl überwindet dann nicht die günstigeren (zwingenden) Schutzvorschriften des Drittstaats. In dem umgekehrten Fall, dass ein Unternehmer aus einem Drittstaat und ein Verbraucher aus einem Mitgliedstaat kontrahieren, muss ebenfalls zunächst ein mitgliedstaatliches Recht anwendbar sein. Insofern ist zu differenzieren: Wählen die Parteien ohnehin das Recht des gewöhnlichen Aufenthaltsstaats des Verbrauchers, bedarf er keines Schutzes gemäß Art. 6 Abs. 2 Satz 2 Rom I-VO; die Regelung ist bereits nicht einschlägig. Nur wenn die Parteien - aus welchen Gründen auch immer - das Recht eines anderen Mitgliedstaats wählen, erfolgt ein Günstigkeitsvergleich, der nach Ansicht der Kommission aufgrund der Identität der Vergleichsobjekte „keine praktische Bedeutung" hätte.

Zum anderen geht die Kommission offenbar davon aus, dass das DCESL als „neuer nationaler Mindeststandard"[383] fungiert, der im Rahmen von Art. 6 Abs. 2 Satz 2 Rom I-VO den Maßstab für einen Günstigkeitsvergleich bildet.[384] Das ist allerdings nicht unproblematisch. Zwar soll das DCESL erklärtermaßen ein „hohes Schutzniveau garantieren" (Erwgr. (11) Satz 2 PR CESL; vgl. auch Erwgr. (11) Satz 3 PR CESL).[385] Die zwingenden Verbraucherschutzvorschriften der Mitgliedstaaten gewähren aber mitunter einen (noch) höheren Schutz. Wählen die Parteien in diesem Fall ein anderes (mitgliedstaatliches) Recht - etwa um dem hohen Schutzniveau des gewöhnlichen Aufenthaltsstaats des Verbrauchers zu entgehen - muss nach Ansicht der Kommission dennoch das DCESL den Maßstab für den Günstigkeitsvergleich gemäß Art. 6 Abs. 2 Satz 2 Rom I-VO bilden; nur dann entfaltet die Regelung „keine praktische Bedeutung".

Hierfür spricht, dass das DCESL ebenso zur Verfügung stünde, wäre das Recht des gewöhnlichen Aufenthaltsstaats des Verbrauchers anwendbar, sei es gemäß Art. 6 Abs. 1 Rom I-VO oder aufgrund einer entsprechenden Rechtswahl (vgl. Art. 6 Abs. 2 Satz 1 Rom I-VO).[386] Auch dann könnten die Parteien durch ein *opt in* auf die zwingenden autonomen Schutzvorschriften verzichten, obwohl diese für den Verbraucher günstiger sind. Insofern ist es konsequent,

---

382 Zu dem Fall, dass ein Gericht außerhalb des Geltungsbereichs der Rom I-VO angerufen wird, *Basedow*, in: Gemeinsames Europäisches Kaufrecht, S. 3, 16 f.; dazu auch *Stadler*, AcP 212 (2012), 473, 482.

383 Schmidt-Kessel-*ders.*, Artt. 8, 9 Rn. 12.

384 Vgl. hierzu und zum Folgenden Schmidt-Kessel-*ders.*, Artt. 8, 9 Rn. 12; *Mansel*, WM 2012, 1253, 1263 f.; *Eidenmüller [et al.]*, JZ 2012, 269, 273.

385 Vgl. auch *Stadler*, AcP 212 (2012), 473, 480 f., mit Beispielen (dort Fn. 30).

386 Vgl. hierzu und zum Folgenden Schmidt-Kessel-*ders.*, Artt. 8, 9 Rn. 12.

ihnen diesen Verzicht auch zu ermöglichen, wenn sie das Recht eines anderen (Mitglied-)Staats wählen.

Freilich mindert das DCESL als mitgliedstaatlicher Mindeststandard die Schutzwirkung des Art. 6 Abs. 2 Satz 2 Rom I-VO erheblich.[387] Zweck der Regelung ist es, die für den Verbraucher jeweils günstigsten Schutzvorschriften durchzusetzen. Bildet aber das DCESL den Maßstab für den Günstigkeitsvergleich, obwohl die autonomen Vorschriften einen höheren Schutz bieten (vgl. oben), sinkt das Schutzniveau zulasten des Verbrauchers.[388] Bei Binnenmarktsachverhalten sind die Vergleichsobjekte zudem identisch (vgl. oben). Sofern jedoch das DCESL mit sich selbst verglichen werden soll, ist ein Günstigkeitsvergleich obsolet.[389]

Auch ein weiteres Ziel des Art. 6 Abs. 2 Satz 2 Rom I-VO würde aufgegeben.[390] Die Regelung soll verhindern, dass sich der Verbraucher des Schutzes durch sein Heimatrecht begeben kann. Dies wäre ihm allerdings möglich, indem er einer Anwendung des DCESL zustimmt. Das DCESL verdrängt auch die zwingenden autonomen Vorschriften (vgl. oben), unabhängig davon, ob sie einen höheren Verbraucherschutz gewähren. Selbst wenn sich die Parteien nicht für das DCESL entscheiden, sondern etwa der Unternehmer eine Rechtswahl zugunsten eines anderen Mitgliedstaats durchsetzt, um dem Heimatrecht des Verbrauchers zu entgehen, soll das DCESL offenbar den Maßstab für den Günstigkeitsvergleich bilden; nur dann hat Art. 6 Abs. 2 Satz 2 Rom I-VO jedenfalls „keine praktische Bedeutung" (vgl. oben). Bereits die Möglichkeit eines *opt in* führt somit zu einem Verlust des autonomen Verbraucherschutzes.[391] Insofern droht jedoch ein Wertungswiderspruch, denn ohne Rechtswahl wäre mangels *opt in* das autonome Heimatrecht des Verbrauchers anwendbar (vgl. Art. 6 Abs. 1 Rom I-VO).

Vor diesem Hintergrund wird die Ausgestaltung des DCESL als Bestandteil des mitgliedstaatlichen Rechts kritisiert.[392] Die materiellrechtliche Lösung mag zwar eine Kollision mit Art. 6 Abs. 2 Satz 2 Rom I-VO vermeiden. Damit

---

387 Vgl. hierzu und zum Folgenden *Mansel*, WM 2012, 1253, 1264.

388 Vgl. auch *Eidenmüller* [*et al.*], JZ 2012, 269, 273. Freilich hebt das DCESL das Schutzniveau auch zugunsten des Verbrauchers, sofern die autonomen Vorschriften nur einen geringeren Schutz bieten.

389 Vgl. auch *Mansel*, WM 2012, 1253, 1264: „käme einem Taschenspielertrick gleich".

390 Vgl. hierzu und zum Folgenden *Mansel*, WM 2012, 1253, 1264.

391 Kritisch daher Schmidt-Kessel-*ders.*, Artt. 8, 9 Rn. 12; *Stadler*, AcP 212 (2012), 473, 479.

392 Vgl. nur Schmidt-Kessel-*ders.*, Artt. 8, 9 Rn. 12; *Mansel*, WM 2012, 1253, 1263 f.; *Stadler*, AcP 212 (2012), 473, 478 ff.; *Eidenmüller* [*et al.*], JZ 2012, 269, 273.

verbunden ist jedoch eine Absenkung des Schutzniveaus für Verbraucher. Insofern fordert *Stadler* zutreffend, die Kommission sollte „wenigstens mit offenen Karten spielen",[393] etwa einen entsprechenden Hinweis in das Standard-Informationsblatt in Anhang II des Verordnungsentwurfs aufnehmen.[394] *Mansel* fordert gar, im Rahmen des Günstigkeitsvergleichs gemäß Art. 6 Abs. 2 Satz 2 Rom I-VO müssten weiterhin die zwingenden autonomen Schutzvorschriften maßgeblich sein.[395] Zumindest die deutsche Fassung des Erwgr. (12) Satz 2 PR CESL behauptet auch nur zurückhaltend, Art. 6 Abs. 2 Satz 2 Rom I-VO entfalte „keine praktische Bedeutung". Im Gegensatz zur englischen und französischen enthält sie einen längeren Relativsatz mit der Einschränkung, dass „die Parteien eine gültige Vereinbarung dahingehend getroffen haben, dass das Recht des Mitgliedstaats des Verkäufers und das [DCESL] Anwendung finden sollen". Im Übrigen könnte das DCESL als mitgliedstaatlicher Mindeststandard einen negativen Harmonisierungsdruck auf diejenigen Mitgliedstaaten bewirken, deren autonome Vorschriften bislang ein höheres Verbraucherschutzniveau gewähren.[396] Dies würde sich letztlich zum Nachteil der Verbraucher auswirken, zumal in Fällen, in denen von vornherein die autonomen Vorschriften anwendbar sind, weil der Anwendungsbereich des PR CESL nicht eröffnet ist.

2. Vereinbarung eines opt in

Ein *opt in* erfordert im Grundsatz eine entsprechende Vereinbarung der Parteien (dazu a)). Im Einzelnen gelten jedoch unterschiedliche Anforderungen für B2B-Verträge (dazu b)) und B2C-Verträge (dazu c)).

a) Grundsatz

Gemäß Art. 8 Abs. 1 Satz 1 PR CESL muss die Anwendung des DCESL „von den Parteien vereinbart werden" (vgl. auch Art. 3 PR CESL: „[d]ie Parteien können vereinbaren").[397] Während das CISG dazu schweigt, welche Vorschriften auf das Zustandekommen eines *opt out* anzuwenden sind, und lediglich

393 *Stadler*, AcP 212 (2012), 473, 480 f.

394 Dazu noch 2. c) bb).

395 Vgl. hierzu und zum Folgenden *Mansel*, WM 2012, 1253, 1264.

396 Vgl. hierzu und zum Folgenden Schmidt-Kessel-*ders.*, Artt. 8, 9 Rn. 12; vgl. auch *Wolffe*, in: PR CESL – the Lawyers' View, S. 93, 96: „A decision by a Member State to establish [...] a higher level of consumer protection [...] would [...] be undermined if traders could routinely *opt out* of the 'ordinary' regime".

397 Vgl. auch Schulze-*Wendehorst*, Art. 8 Rn. 3.

für dessen Wirksamkeit auf das unvereinheitlichte Recht verweist (vgl. Art. 4 Satz 2 lit. a CISG),[398] bestimmt Art. 8 Abs. 1 Satz 2 PR CESL ausdrücklich, dass sich sowohl das Zustandekommen als auch die Wirksamkeit eines *opt in* „nach den einschlägigen Bestimmungen" des DCESL richten.[399] Speziell für B2C-Verträge gelten zudem die weiteren Voraussetzungen in Art. 8 Abs. 2, 3, Art. 9 PR CESL.[400] Der Verordnungsentwurf entscheidet somit selbst über das Vorliegen eines wirksamen *opt in*.[401] Er verwendet die gleiche Regelungstechnik wie Art. 3 Abs. 5 Rom I-VO, der die Beurteilung einer Rechtswahl ebenfalls bereits dem gewählten Recht überlässt (vgl. auch Art. 10 Abs. 1, Artt. 11, 13 Rom I-VO).[402]

Der Verweis auf die „einschlägigen Bestimmungen" in Art. 8 Abs. 1 Satz 2 PR CESL ist unbestimmt.[403] Gemeint sind jedenfalls die einleitenden Bestimmungen des DCESL in Teil I (Artt. 1–12 DCESL), die Vorschriften zum Zustandekommen eines bindenden Vertrags in Teil II (Artt. 13–57 DCESL) sowie zur Bestimmung des Vertragsinhalts in Teil III (Artt. 58–86 DCESL). Im Gegensatz zum CISG, das lediglich den Abschluss von Verträgen regelt (vgl. Artt. 14–24 CISG), aber nicht ihre materielle Wirksamkeit betrifft (vgl. Art. 4 Satz 2 lit. a CISG), enthält das DCESL z.B. auch Regelungen zur Anfechtung (Artt. 48–57 DCESL) sowie zu unfairen Vertragsbestimmungen (Artt. 79–86 DCESL).[404] Insofern ist sein Regelungsbereich weiter als der des CISG.[405]

Vereinbaren die Parteien wirksam ein *opt in*, verdrängt das DCESL die autonomen Vorschriften des ansonsten anwendbaren mitgliedstaatlichen Rechts (vgl. Art. 11 Satz 1 PR CESL), im deutschen Recht also etwa die §§ 433 ff. BGB.[406] Ist das *opt in* unwirksam, bleibt die Wirksamkeit des Vertrags hiervon grundsätzlich

398 Dazu I. 2. a).

399 Die amtliche Übersetzung verwendet die Begriffe „Bestehen" und „Gültigkeit".

400 Dazu c).

401 Vgl. auch Schmidt-Kessel-*ders.*, Artt. 8, 9 Rn. 5, 16; Schulze-*Wendehorst*, Art. 8 Rn. 3.

402 Vgl. Schulze-*Wendehorst*, Art. 8 Rn. 3.

403 Vgl. auch Schulze-*Wendehorst*, Art. 8 Rn. 4: „fails to specify"; vgl. hierzu und zum Folgenden ebda.; Schmidt-Kessel-*ders.*, Artt. 8, 9 Rn. 17.

404 Näher zu Artt. 79–86 DCESL *Eidenmüller* [*et al.*], JZ 2012, 269, 278 ff.; vgl. auch *Magnus*, in: CISG vs. Regional Sales Law, S. 97, 111 f.

405 Vgl. auch *Lando*, in: Gemeinsames Europäisches Kaufrecht für die EU?, S. 15, 16 (Rn. 5 f.): „improvement to add rules on these issues"; *Graf v. Westphalen*, in: Gemeinsames Europäisches Kaufrecht, S. 189, 196: „erheblicher Mehrwert"; *Magnus*, in: CISG vs. Regional Sales Law, S. 97, 111: „shortcoming of the CISG".

406 Siehe auch bereits 1. b); vgl. auch *Basedow*, in: Gemeinsames Europäisches Kaufrecht, S. 3, 8; *Ayad/Schnell*, BB 2012, 1487, 1489.

unberührt, es sei denn, die Parteien haben ihren Vertrag unter die (aufschiebende)[407] Bedingung eines wirksamen *opt in* gestellt.[408] In diesem Fall schlägt *Wendehorst* für B2C-Verträge vor, trotz des Ausbleibens des Bedingungseintritts die Wirksamkeit des Vertrags anzunehmen und dem Verbraucher analog Art. 9 Abs. 1 Satz 2 PR CESL ein Wahlrecht zugunsten des DCESL einzuräumen.[409] Dies ginge aber zu weit:

Art. 9 Abs. 1 Satz 2 PR CESL setzt einen wirksamen Vertrag gerade voraus und betrifft lediglich das *opt in*. Die Regelung sanktioniert den Unternehmer, der seine Informationspflichten dadurch nicht erfüllt, dass er dem Verbraucher entgegen Art. 9 Abs. 1 Satz 1 PR CESL das Standard-Informationsblatt gemäß Anhang II des Verordnungsentwurfs nicht übermittelt.[410] Dann ist der Verbraucher erst an ein *opt in* gebunden, wenn er dessen Bestätigung (vgl. Art. 8 Abs. 2 Satz 2 PR CESL) zusammen mit dem Standard-Informationsblatt erhalten und der Anwendung des DCESL daraufhin erneut ausdrücklich zugestimmt hat (vgl. Art. 9 Abs. 1 Satz 2 PR CESL).[411] Bereits eine unmittelbare Anwendung des Art. 9 Abs. 1 Satz 2 PR CESL führt also zu einem Wahlrecht des Verbrauchers. Ihm ein solches Recht auch generell für den Fall der Unwirksamkeit eines *opt in* einzuräumen, wenn die Parteien die Wirksamkeit des Vertrag von der Wirksamkeit des *opt in* abhängig gemacht haben, ignorierte die vereinbarte Bedingung und fingierte die Wirksamkeit des Vertrags im Interesse eines vermeintlichen Verbraucherschutzes, obwohl weder die Regelung zum offenen Dissens in Art. 30 Abs. 4 DCESL noch die entsprechenden autonomen Regelungen (im deutschen Recht z.B. §§ 154 Abs. 1 Satz 1, 158 Abs. 1 BGB) speziell dem Verbraucherschutz dienen. Zudem erforderte eine analoge Anwendung des Art. 9 Abs. 1 Satz 2 PR CESL eine vergleichbare Interessenlage, die aber nicht stets vorliegt. Erfüllt der Unternehmer seine Informationspflichten, sodass eine unmittelbare Anwendung des Art. 9 Abs. 1 Satz 2 PR CESL ausscheidet (vgl. oben), muss eine Unwirksamkeit des *opt in* nicht notwendig auf einem Fehlverhalten des Unternehmers beruhen, etwa wenn der Verbraucher einem Irrtum unterliegt (vgl. Art. 48 Abs. 1 DCESL).

Es bleibt somit dabei, dass im Falle eines unwirksamen *opt in* auch ein entsprechend bedingter Vertrag unwirksam ist. Der Verbraucher hat dann ggf. einen

---

407 Vgl. für das deutsche Recht § 158 Abs. 1 BGB.

408 Vgl. Schmidt-Kessel-*ders.*, Artt. 8, 9 Rn. 18, 27; Schulze-*Wendehorst*, Art. 8 Rn. 16 f.

409 Vgl. Schulze-*Wendehorst*, Art. 8 Rn. 17 a.E.

410 Dazu noch c) bb).

411 Auch dazu noch c) bb).

Anspruch auf Schadensersatz gegen den Unternehmer aus Verschulden bei Vertragsschluss (*culpa in contrahendo*).[412] Dieser richtet sich nicht nach dem DCESL (*arg. e* Art. 11 Satz 2 PR CESL), sondern nach dem autonomen Recht, das die *lex fori* beruft (vgl. z.B. Art. 12 Rom II-VO).

b) B2B-Verträge

Für B2B-Verträge gelten erwartungsgemäß geringere Anforderungen an ein *opt in* als für B2C-Verträge. Die Parteien können sich ausdrücklich (dazu aa)) oder konkludent einigen (dazu bb)).

aa) Ausdrückliche Einigung

Wollen die Parteien ihren Vertrag dem DCESL unterstellen, ist ihnen eine ausdrückliche und eindeutig formulierte Abrede zu empfehlen.[413] Sie muss nicht gesondert vom Vertrag erfolgen, sondern kann auch dessen Bestandteil sein. Denn Art. 8 Abs. 2 Satz 1 PR CESL setzt nur für B2C-Verträge voraus, dass der Verbraucher „gesondert von seiner Erklärung, mit der er dem Vertragsschluss zustimmt, [in die Anwendung des DCESL] einwilligt". Bei B2B-Verträgen bedarf es demnach keiner gesonderten Einigung.[414] In jedem Fall muss sich die Abrede aber hinreichend klar auf den konkreten Vertrag beziehen. Eine lediglich abstrakte Vereinbarung über die Anwendung des DCESL geht ins Leere.

Ebenso wie ein *opt out* gemäß Art. 6 CISG erfordert ein *opt in* gemäß Artt. 3, 8 Abs. 1 Satz 1 PR CESL keine individuelle Abrede, d.h. eine ausdrückliche Einigung kann auch durch AGB zustande kommen.[415] Im Gegensatz zum CISG enthält das DCESL auch Regelungen zu unfairen Vertragsbestimmungen.[416] Bei B2B-Verträgen erfolgt freilich nur eine eingeschränkte Inhaltskontrolle (vgl. Art. 86 DCESL).[417] Zudem existiert mit Art. 39 DCESL eine spezielle Vorschrift für kollidierende AGB.[418] Danach hindern einander widersprechende Standardvertragsbestimmungen einen Vertragsschluss grundsätzlich nicht (Abs. 1 Satz 1);

---

412 Vgl. auch Schulze-*Wendehorst*, Art. 8 Rn. 17.

413 Zum CISG bereits I. 2. a).

414 Vgl. hierzu und zum Folgenden auch Schmidt-Kessel-*ders.*, Artt. 8, 9 Rn. 14.

415 Zum CISG I. 2. a); vgl. auch *Mansel*, WM 2012, 1253, 1261 (dort Fn. 72).

416 Siehe bereits a).

417 Dennoch kritisch *Magnus*, in: CISG vs. Regional Sales Law, S. 97, 112; näher dazu *Graf v. Westphalen*, in: Gemeinsames Europäisches Kaufrecht, S. 189, 196 ff.

418 Die Regelung beruht auf Art. II. – 4:209 DCFR; vgl. auch Schmidt-Kessel-*ders.*, Artt. 8, 9 Rn. 17; *Graf v. Westphalen*, in: Gemeinsames Europäisches Kaufrecht, S. 189, 194 f.

sie werden insoweit Teil des Vertrags, als sie sich inhaltlich decken (Abs. 1 Satz 2), wenn nicht eine Partei rechtzeitig erklärt, dass sie an einen solchen Vertrag nicht gebunden sein will (Abs. 2).

Das CISG und der PR CESL behandeln (kollidierende) AGB somit unterschiedlich.[419] Im Rahmen des Art. 19 Abs. 2 CISG setzt sich entweder nach der *last shot rule* die zuletzt unwidersprochen gebliebene Klausel durch oder die kollidierenden Klauseln werden nach der *knockout rule* nicht Vertragsbestandteil.[420] Im Übrigen gelten die gegenseitigen AGB aber kumulativ. Gemäß Art. 39 Abs. 1 Satz 2 DCESL werden AGB hingegen von vornherein nur insoweit Vertragsbestandteil, als sie sich inhaltlich decken.[421] Für ein *opt out* gemäß Art. 6 CISG bzw. ein *opt in* gemäß Artt. 3, 8 Abs. 1 Satz 1 PR CESL besteht daher kein Unterschied, sofern man bzgl. des CISG der *knockout rule* folgt;[422] dann scheitert eine Einigung jeweils an den kollidierenden AGB.

bb) Konkludente Einigung

Die Parteien eines B2B-Vertrags können sich auch konkludent auf die Anwendung des DCESL einigen (dazu (1)). Auch insofern sind die zu Art. 6 CISG dargestellten Fallgruppen denkbar (dazu (2)).

(1) Zulässigkeit

Der PR CESL stellt zwar nicht ausdrücklich klar, dass bei B2B-Verträgen auch ein konkludentes *opt in* zulässig ist. Insofern ähnelt der Verordnungsentwurf dem CISG; auch das Übereinkommen verzichtet auf eine Regelung zur Zulässigkeit eines konkludenten *opt out*.[423] Die Zulässigkeit eines konkludenten *opt in* folgt aber aus Art. 8 Abs. 2 Satz 1 PR CESL. Die Regelung setzt nur für B2C-Verträge voraus, dass der Verbraucher „ausdrücklich […] einwilligt". Bei B2B-Verträgen bedarf es demnach keiner ausdrücklichen Einigung.[424] Hierfür spricht auch, dass

419 Vgl. hierzu und zum Folgenden *Magnus*, in: CISG vs. Regional Sales Law, S. 97, 115; *Lando*, in: Gemeinsames Europäisches Kaufrecht für die EU?, S. 15, 17 (Rn. 11 ff.).

420 Dazu bereits I. 2. b) bb) (1).

421 Kritisch *Magnus*, in: CISG vs. Regional Sales Law, S. 97, 115, der jedoch feststellt (119): „the different form of the knock out rule is unlikely to matter much in practice".

422 Vgl. auch *Graf v. Westphalen*, in: Gemeinsames Europäisches Kaufrecht, S. 189, 191 ff.

423 Dazu I. 2. b) aa).

424 Kritisch *Eidenmüller* [*et al.*], JZ 2012, 269, 276: Aus Gründen der Rechtssicherheit sollte ein *opt in* auch bei B2B-Verträgen eine ausdrückliche Einigung erfordern; so auch *Stadler*, AcP 212 (2012), 473, 497.

auch Art. 67 DCESL zu den „einschlägigen Bestimmungen" gehört, die über das Zustandekommen und die Wirksamkeit eines *opt in* entscheiden (vgl. Art. 8 Abs. 1 Satz 2 PR CESL).[425] Gemäß Art. 67 Abs. 1 DCESL sind die Parteien eines B2B-Vertrags auch an Gepflogenheiten gebunden, die zwischen ihnen entstanden sind. Eine Gepflogenheit kann insbesondere durch die gewohnheitsmäßige Anwendung des DCESL entstehen.[426]

Sofern die Kommission auch künftige Entwürfe eines europäischen Kaufrechts fakultativ ausgestaltet, bleibt abzuwarten, wie großzügig die Rechtsprechung mit der Möglichkeit einer stillschweigenden Einigung umgeht. Ohne entsprechenden Anknüpfungspunkt im Wortlaut wäre jedenfalls eine restriktive Auslegung geboten. Dies gilt auch für den PR CESL, der ein konkludentes *opt in* bei B2B-Verträgen nicht ausdrücklich für zulässig erklärt (vgl. oben). Ähnlich wie im Rahmen des Art. 6 CISG[427] ist daher zu fordern, dass die Parteien einen wirklichen Willen zur Anwendung des DCESL gebildet und diesen klar und unmissverständlich ausgedrückt haben (vgl. auch Art. 30 Abs. 1 lit. b DCESL). Die Auslegung des Parteiverhaltens erfolgt dabei nach den Vorschriften des DCESL (vor allem Artt. 58 ff. DCESL; vgl. Art. 8 Abs. 1 Satz 2 PR CESL).[428] Maßgeblich sind die Umstände des Einzelfalls.

(2) Fallgruppen

Überträgt man die zu Art. 6 CISG dargestellten Fallgruppen auf den PR CESL, führt die gegensätzliche Ausgestaltung der beiden Rechtsinstrumente (Möglichkeit eines *opt out* bzw. Erfordernis eines *opt in*) zu Unterschieden.

(aa) Rechtswahl zugunsten eines Drittstaats

In Bezug auf das CISG enthält eine Rechtswahl zugunsten eines Drittstaats[429] grundsätzlich ein konkludentes *opt out*, sofern sie nach der *lex fori* beachtlich und nach dem gewählten Recht wirksam ist.[430] In Bezug auf den PR CESL bedeutet eine Rechtswahl zugunsten eines Drittstaats hingegen, dass ein *opt in* gar nicht erst in Betracht kommt. Das DCESL soll nämlich nur als Bestandteil eines

425 Dazu bereits a).

426 Vgl. auch Schmidt-Kessel-*ders.*, Artt. 8, 9 Rn. 17.

427 Dazu I. 2. b) aa).

428 Zum CISG I. 2. b) aa).

429 Zur Verwendung dieses Begriffs im Zusammenhang mit dem CISG einerseits und dem PR CESL andererseits bereits Fn. 364.

430 Dazu I. 2. b) bb) (1).

mitgliedstaatlichen Rechts zur Verfügung stehen.[431] Die Frage nach einem (konkludenten) *opt in* stellt sich allenfalls dann, wenn die Rechtswahl unbeachtlich oder unwirksam ist und die *lex fori* im Wege einer objektiven Anknüpfung das Recht eines Mitgliedstaats beruft. Die (erfolglose) Wahl eines drittstaatlichen Rechts enthält dann aber jedenfalls keine positive Entscheidung für eine Anwendung des DCESL. Dies gilt auch, wenn die Parteien jeweils das Recht verschiedener Drittstaaten berufen.[432]

Im Ergebnis findet somit weder das CISG noch das DCESL Anwendung, wenn die Parteien das Recht eines Drittstaats wählen. Ist ihre Rechtswahl unbeachtlich oder unwirksam, führt die gegensätzliche Ausgestaltung der beiden Rechtsinstrumente zu einem Unterschied: Während das DCESL auch in diesem Fall mangels *opt in* keine Anwendung findet, bleibt das CISG grundsätzlich anwendbar, da ein konkludentes *opt out* mittels Rechtswahl im Zweifel nicht auch den Fall erfasst, dass die Rechtswahl unbeachtlich oder unwirksam ist.[433]

(bb) Rechtswahl zugunsten eines Mitgliedstaats

Eine pauschale Rechtswahl zugunsten eines Vertragsstaats enthält grundsätzlich keine konkludente Abbedingung des CISG.[434] Ebenso kann allein die Wahl eines mitgliedstaatlichen Rechts nicht zugleich das DCESL zur Anwendung bringen. Hierfür bedarf es vielmehr einer zusätzlichen Vereinbarung (vgl. Artt. 3, 8 Abs. 1 Satz 1 PR CESL). Diese jedoch aus der Rechtswahl herzuleiten, ignorierte das Erfordernis eines *opt in*, zumal die Anwendbarkeit eines mitgliedstaatlichen Rechts ohnehin Voraussetzung dafür ist, dass das DCESL überhaupt zur Verfügung steht.[435]

Erneut zeigt sich somit die gegensätzliche Ausgestaltung der beiden Rechtsinstrumente: Eine (pauschale) Rechtswahl zugunsten eines Vertrags- bzw. Mitgliedstaats lässt die Anwendbarkeit des CISG grundsätzlich unberührt, wohingegen das DCESL mangels *opt in* keine Anwendung findet. Nur wenn die Rechtswahl auf die unvereinheitlichten Vorschriften Bezug nimmt, findet auch das CISG keine Anwendung.[436]

---

431 Dazu 1. a).
432 Zum CISG I. 2. b) bb) (1).
433 Auch dazu I. 2. b) bb) (1).
434 Dazu I. 2. b) bb) (2).
435 Siehe soeben (aa).
436 Auch dazu I. 2. b) bb) (2).

(cc) Bezugnahme auf vereinheitlichtes Recht

Erklären die Parteien „internationales Einheitsrecht“ für anwendbar, liegt darin grundsätzlich keine konkludente Abbedingung des CISG.[437] Mangels hinreichender Konkretisierung liegt darin auch keine Einigung im Sinne der Artt. 3, 8 Abs. 1 Satz 1 PR CESL. Wiederum bleibt das CISG also grundsätzlich anwendbar, während das DCESL keine Anwendung findet.

(dd) Abweichende Vereinbarungen

Modifizieren die Parteien lediglich die Anwendung des CISG, bedingen sie es dadurch gerade nicht konkludent ab.[438] Hingegen sind abweichende Vereinbarungen vom DCESL überhaupt nur denkbar, wenn die Parteien zunächst dessen Anwendung vereinbart haben. Insofern stellt sich also gar nicht erst die Frage, inwieweit abweichende Vereinbarungen eine konkludente Einigung enthalten.

Auch wenn die Parteien internationale Klauseln verwenden, bleibt das CISG grundsätzlich anwendbar,[439] wohingegen z.B. die Verwendung der Incoterms keine konkludente Einigung im Sinne der Artt. 3, 8 Abs. 1 Satz 1 PR CESL enthält.

Aus einer Gerichtsstandsvereinbarung lässt sich eine konkludente Abbedingung des CISG herleiten, wenn die Parteien einen ausschließlichen Gerichtsstand in einem Drittstaat bestimmen.[440] Hingegen soll das DCESL nur als Bestandteil eines mitgliedstaatlichen Rechts zur Verfügung stehen.[441] Bestimmen die Parteien einen Gerichtsstand in einem Drittstaat, liegt darin also jedenfalls kein konkludentes *opt in*. Vereinbaren sie umgekehrt einen Gerichtsstand in einem Vertrags- bzw. Mitgliedstaat, gilt nichts anderes als hätten sie das Recht dieses Staats gewählt: Während das CISG grundsätzlich anwendbar bleibt, findet das DCESL keine Anwendung, da es hierfür einer zusätzlichen Vereinbarung bedürfte (vgl. Artt. 3, 8 Abs. 1 Satz 1 PR CESL).

(ee) Bezugnahme auf Vorschriften des DCESL im Prozess

Verhandeln die Parteien im Prozess unter Bezugnahme auf unvereinheitlichte Vorschriften, bleibt die Anwendung des CISG hiervon grundsätzlich unberührt.[442] Entsprechend dürfte auch eine konkludente Einigung im Sinne der

437 Dazu I. 2. b) bb) (3).
438 Dazu I. 2. b) bb) (4).
439 Auch dazu I. 2. b) bb) (4).
440 Dazu I. 2. b) bb) (4).
441 Siehe bereits (aa), (bb).
442 Dazu I. 2. b) bb) (5).

Artt. 3, 8 Abs. 1 Satz 1 PR CESL nicht vorschnell angenommen werden, sollten die Parteien auf Vorschriften des DCESL verweisen. Es wäre vielmehr zu fordern, dass sie einen wirklichen Willen zur Anwendung des DCESL gebildet und diesen klar und unmissverständlich ausgedrückt haben.[443]

c) B2C-Verträge

Für B2C-Verträge gelten strengere Anforderungen an ein *opt in* (vgl. auch Erwgr. (22) Satz 2 PR CESL).[444] Da die Kommission davon ausging, dass regelmäßig der Unternehmer die Anwendung des DCESL vorschlagen würde, sollte sich der Verbraucher „voll darüber im Klaren sein, dass er der Verwendung von Vorschriften zustimmt, die sich von seinem bestehenden innerstaatlichen Recht unterscheiden" (Erwgr. (22) Satz 3 PR CESL).[445] Deshalb können sich die Parteien eines B2C-Vertrags nur ausdrücklich auf die Anwendung des DCESL einigen (dazu aa)). Zudem treffen den Unternehmer zusätzliche Informationspflichten (dazu bb)). Für Verstöße des Unternehmers gegen diese Anforderungen müssen die Mitgliedstaaten darüber hinaus Sanktionen festlegen (dazu cc)).

Die Erschwerung eines *opt in* bei B2C-Verträgen wird freilich kritisiert.[446] Denn obwohl das DCESL ein „hohes Schutzniveau garantieren" soll (Erwgr. (11) Satz 2 PR CESL; vgl. auch Erwgr. (11) Satz 3 PR CESL),[447] könnte Verbrauchern ein gegenteiliges Signal vermittelt werden.[448] Die gesteigerten Anforderungen könnten sich sogar zum Nachteil des Verbrauchers auswirken, sofern sich auch der Unternehmer im Falle eines Verstoßes auf die Unwirksamkeit des *opt in*

---

443 Siehe (1).

444 Vgl. auch Schmidt-Kessel-*ders.*, Artt. 8, 9 Rn. 19: „erheblich höhere Hürden"; *Eidenmüller* [*et al.*], JZ 2012, 269, 275: „zusätzliche Hürden".

445 Vgl. auch *Leible*, in: Gemeinsames Europäisches Kaufrecht für die EU?, S. 21, 29 (Rn. 31).

446 Vgl. nur *Leible*, in: Gemeinsames Europäisches Kaufrecht für die EU?, S. 21, 31 (Rn. 36): „übertrieben"; *Eidenmüller* [*et al.*], JZ 2012, 269, 275: „Verbraucherschutz durch Information ist [...] ohnehin aussichtslos"; *Mankowski*, RIW 2012, 97, 103: „nur Schutz auf dem Papier"; *Wagner*, ZEuP 2012, 455, 459: „umständlicher kaum vorstellbar".

447 Siehe bereits 1. b).

448 Vgl. auch *Hesselink*, ERPL 20 (2012), 195: „as if this new European law were something dangerous that consumers have to be warned about"; *Eidenmüller* [*et al.*], JZ 2012, 269, 276: „Die Kommission hat sich – diesen Eindruck vermittelt jedenfalls der Text – alle erdenkliche Mühe gegeben, um Verbraucher von der Vereinbarung des [DCESL] abzuschrecken."

berufen könnte.[449] Hierfür spricht jedenfalls der neutrale Wortlaut der maßgeblichen Regelungen (vgl. z.B. Art. 8 Abs. 2 Satz 1 PR CESL: „ist die Vereinbarung [...] nur gültig, wenn [...]").

aa) Ausdrückliche Einigung

Für B2C-Verträge setzt Art. 8 Abs. 2 Satz 1 PR CESL voraus, dass der Verbraucher „ausdrücklich und gesondert von seiner Erklärung, mit der er dem Vertragsschluss zustimmt, [in die Anwendung des DCESL] einwilligt".[450]

Zum einen ist daher keine konkludente Einigung möglich.[451] Die Artt. 58 ff., 67 DCESL gehören insofern nicht zu den „einschlägigen Bestimmungen", die über das Zustandekommen und die Wirksamkeit eines *opt in* entscheiden (vgl. Art. 8 Abs. 1 Satz 2 PR CESL).[452] Vor allem bei Bestellungen über das Internet genügt es nicht, wenn lediglich eine Maske erscheint, wonach auf den abzuschließenden Vertrag das DCESL Anwendung findet, und der Verbraucher daraufhin mit der Bestellung fortfährt. Erforderlich ist vielmehr, dass er „ausdrücklich [...] einwilligt", indem er z.B. durch Anklicken ein entsprechendes Häkchen setzt.[453] Im Übrigen ordnet Art. 8 Abs. 2 Satz 1 PR CESL keine bestimmte Form an.[454] Auch eine mündliche Einwilligung kommt somit in Betracht, wenngleich eine entsprechende Dokumentation zu empfehlen ist. Ein für den Hauptvertrag bestehendes Formerfordernis dürfte aus Gründen des Verbraucherschutzes auf das *opt in* zu übertragen sein.[455]

Zum anderen muss der Verbraucher einer Anwendung des DCESL „gesondert" zustimmen. Dazu ist trotz der Möglichkeit einer mündlichen Einwilligung eine separate Unterschrift des Verbrauchers zu empfehlen.[456] Es genügt etwa nicht, wenn die AGB des Unternehmers eine *opt in*-Klausel enthalten und der

---

449 Vgl. hierzu und zum Folgenden Schmidt-Kessel-*ders.*, Artt. 8, 9 Rn. 19; *Stadler*, AcP 212 (2012), 473, 496 f. (dort Fn. 110, 111).

450 Siehe auch bereits b) aa), bb).

451 Vgl. hierzu und zum Folgenden Schulze-*Wendehorst*, Art. 8 Rn. 6; Schmidt-Kessel-*ders.*, Artt. 8, 9 Rn. 20.

452 Zu B2B-Verträgen b) bb) (1).

453 Vgl. auch Schulze-*Wendehorst*, Art. 8 Rn. 6: „unequivocal statement by way of active conduct"; *Leible*, in: Gemeinsames Europäisches Kaufrecht für die EU?, S. 21, 30 (Rn. 33); *Stadler*, AcP 212 (2012), 473, 495 f.

454 Vgl. hierzu und zum Folgenden *Leible*, in: Gemeinsames Europäisches Kaufrecht für die EU?, S. 21, 30 (Rn. 33).

455 Vgl. *Mankowski*, RIW 2012, 97, 103.

456 Vgl. auch *Basedow*, in: Gemeinsames Europäisches Kaufrecht, S. 3, 9; vgl. hierzu und zum Folgenden Schmidt-Kessel-*ders.*, Artt. 8, 9 Rn. 21.

Verbraucher lediglich den Vertrag unterzeichnet (vgl. auch Erwgr. (22) Satz 5 PR CESL).[457] Vertragsschluss und *opt in* müssen freilich nicht in separaten Urkunden erfolgen.[458] Der Verbraucher muss seine Zustimmung auch nicht in eigenen Worten formulieren.[459]

Liegt eine ausdrückliche und gesonderte Einigung im Sinne der Artt. 3, 8 Abs. 2 Satz 1 PR CESL vor, muss der Unternehmer dem Verbraucher eine Bestätigung des *opt in* auf einem dauerhaften Datenträger übermitteln (vgl. Art. 8 Abs. 2 Satz 2 PR CESL). Den Begriff des dauerhaften Datenträgers definiert Art. 2 lit. t PR CESL.[460] Danach muss der Verbraucher die Bestätigung des *opt in* so speichern können, dass er sie für eine angemessene Dauer einsehen und unverändert wiedergeben kann. Einen Zeitpunkt oder eine Frist für die Übermittlung regelt Art. 8 Abs. 2 Satz 2 PR CESL jedoch nicht.[461] Haben sich die Parteien bereits vor dem Vertragsschluss für die Anwendung des DCESL entschieden, muss der Unternehmer dies also nicht notwendig bis zum Vertragsschluss bestätigen.[462] Die Mitgliedstaaten könnten eine nachträgliche Bestätigung allerdings sanktionieren (vgl. Art. 10 PR CESL).[463]

Abgesehen davon ist die Bestätigung zwar keine Wirksamkeitsvoraussetzung für das *opt in*. Sie wird aber relevant, wenn der Unternehmer dem Verbraucher nicht das Standard-Informationsblatt gemäß Anhang II des Verordnungsentwurfs übermittelt (vgl. Art. 9 Abs. 1 Satz 1 PR CESL).[464] Dann ist der Verbraucher erst an ein *opt in* gebunden, wenn er dessen Bestätigung zusammen mit dem Standard-Informationsblatt erhalten und der Anwendung des DCESL daraufhin erneut ausdrücklich zugestimmt hat (vgl. Art. 9 Abs. 1 Satz 2 PR CESL). Zudem

---

457 Vgl. auch Schulze-*Wendehorst*, Art. 8 Rn. 5; *Leible*, in: Gemeinsames Europäisches Kaufrecht für die EU?, S. 21, 29 (Rn. 31); *Eidenmüller* [*et al.*], JZ 2012, 269, 276; kritisch *Stadler*, AcP 212 (2012), 473, 476 (dort Fn. 12), 495.

458 So aber Schulze-*Wendehorst*, Art. 8 Rn. 5: „sales contract and the agreement […] must be made separately".

459 So aber Schulze-*Wendehorst*, Art. 8 Rn. 6: „consumer has to declare in his/her own words that he/she agrees".

460 Dazu auch noch D. IV. 2. d) bb).

461 Vgl. hierzu und zum Folgenden Schulze-*Wendehorst*, Art. 8 Rn. 7.

462 Schulze-*Wendehorst*, Art. 8 Rn. 7, empfiehlt eine Übermittlung zusammen mit weiteren erforderlichen Unterlagen (vgl. z.B. Artt. 18 Abs. 1, 19 Abs. 4 Satz 2, 5 Satz 1 DCESL).

463 Dazu noch cc); vgl. hierzu und zum Folgenden Schmidt-Kessel-*ders.*, Artt. 8, 9 Rn. 23; Schulze-*Wendehorst*, Art. 8 Rn. 8.

464 Dazu bereits a); siehe auch sogleich bb).

ist eine unterbliebene Bestätigung eine Vertragsverletzung im Sinne des Art. 87 Abs. 1 DCESL und löst ggf. eine Schadensersatzpflicht des Unternehmers aus.

bb) Informationspflichten des Unternehmers

Zusätzlich zu den umfangreichen vorvertraglichen Informationspflichten, welche die Artt. 13 ff. DCESL für B2C-Verträge vorsehen, muss der Unternehmer den Verbraucher auch auf die beabsichtigte Verwendung des DCESL vorab hinweisen, indem er ihm das Standard-Informationsblatt gemäß Anhang II des Verordnungsentwurfs mit deutlichem Hinweis darauf übermittelt (vgl. Art. 9 Abs. 1 Satz 1 PR CESL). Das Standard-Informationsblatt soll dem Verbraucher seine Rechte unter dem DCESL nahelegen.[465] Die Kommission wollte erreichen, dass er einer Anwendung des DCESL „nicht nur bewusst, sondern auch in voller Sachkenntnis" zustimmt (vgl. Erwgr. (23) Satz 1 PR CESL).[466]

Eine bestimmte Form der Übermittlung ordnet Art. 9 PR CESL nicht an.[467] Der Unternehmer muss das Standard-Informationsblatt also nicht ebenso wie die Bestätigung des *opt in*[468] auf einem dauerhaften Datenträger übermitteln. Es genügt z.B. eine Übermittlung in Textform. Auch die elektronische Form ist zulässig (vgl. Art. 9 Abs. 2 PR CESL). Insofern enthält die deutsche Fassung allerdings einen Übersetzungsfehler.[469] Art. 9 Abs. 2 PR CESL stellt darauf ab, dass das „Informationsblatt [...] über einen Hyperlink zugänglich gemacht" wird. Dies genügte freilich nicht. Vielmehr muss das Standard-Informationsblatt als solches übermittelt werden, wenn auch elektronisch. Lediglich der Text des DCESL darf über einen Hyperlink zugänglich gemacht werden. Das folgt bereits aus dem Wortlaut des Art. 9 Abs. 2 PR CESL im Übrigen („oder enthält sonst die Adresse einer Website, über die der Text des [DCESL] kostenlos abgerufen werden kann") sowie aus dem Wortlaut des Standard-Informationsblatts. Dort ist das Wörtchen „hier" beispielhaft für einen Hyperlink zum Text des DCESL

---

465 Vgl. auch Schulze-*Wendehorst*, Art. 9 Rn. 1, 3.

466 Kritisch Schulze-*Wendehorst*, Art. 9 Rn. 10: „adds to the existing information overload"; vgl. auch *Stadler*, AcP 212 (2012), 473, 496: „weltfremd"; *Mansel*, WM 2012, 1309, 1314: „macht den erwarteten Verständnishorizont des Verbrauchers schnell kenntlich"; *Eidenmüller* [*et al.*], JZ 2012, 269: „wie der Beipackzettel eines noch nicht erprobten, hochgefährlichen Medikaments".

467 Vgl. hierzu und zum Folgenden Schulze-*Wendehorst*, Art. 9 Rn. 3 f.

468 Dazu soeben aa).

469 Vgl. hierzu und zum Folgenden *Leible*, in: Gemeinsames Europäisches Kaufrecht für die EU?, S. 21, 30 f. (Rn. 35); *Stadler*, AcP 212 (2012), 473, 496 (dort Fn. 109).

unterstrichen: „Den vollständigen Text des [DCESL] finden Sie hier". Auch die englische Fassung des Art. 9 Abs. 2 PR CESL formuliert unmissverständlich: „[t]he information notice [...] shall, if given in electronic form, contain a hyperlink [...]".

Der Unternehmer muss das Standard-Informationsblatt lediglich vor dem *opt in* übermitteln (vgl. Art. 9 Abs. 1 Satz 1 PR CESL), also nicht notwendig auch vor dem Vertragsschluss, sofern sich die Parteien bereits vorher für die Anwendung des DCESL entscheiden.[470] Zwar erklärt das Standard-Informationsblatt, dass „der Vertrag" erst wirksam werde, nachdem der Verbraucher das Informationsblatt erhalten und der Anwendung des DCESL zugestimmt habe. Hierbei handelt es sich aber um ein Redaktionsversehen.[471] Nach einem früheren Entwurf des PR CESL sollte die Wirksamkeit des Vertrags in der Tat davon abhängen, dass die Parteien die Anforderungen an ein *opt in* erfüllen. Die veröffentlichte Fassung enthält diese Verknüpfung jedoch nicht mehr. Eine entsprechende Anpassung des Anhangs II wurde schlicht versäumt. Auch das Parlament hat dies in seiner ersten Lesung übersehen.[472]

Die Übermittlung des Standard-Informationsblatts ist hingegen Wirksamkeitsvoraussetzung für das *opt in*.[473] Unterbleibt die Übermittlung, ist der Verbraucher gemäß Art. 9 Abs. 1 Satz 2 PR CESL erst dann an das *opt in* gebunden, wenn er dessen Bestätigung[474] zusammen mit dem Informationsblatt erhalten und der Anwendung des DCESL daraufhin erneut ausdrücklich zugestimmt hat.[475] Dies führt zu einem Wahlrecht des Verbrauchers.[476] Bis zu seiner Ausübung finden die autonomen Vorschriften Anwendung. Die Kommission hat es freilich versäumt, im Interesse der Rechtssicherheit entweder eine Frist für die Ausübung des Wahlrechts zu regeln oder zumindest dem Unternehmer eine

---

470 Zur Bestätigung des *opt in* gemäß Art. 8 Abs. 2 Satz 2 PR CESL soeben aa); vgl. auch Schmidt-Kessel-*ders.*, Artt. 8, 9 Rn. 24; *Stadler*, AcP 212 (2012), 473, 496.

471 Vgl. hierzu und zum Folgenden auch Schulze-*Wendehorst*, Art. 9 Rn. 7.

472 TA/2014/159/P7; dazu bereits B. II. 6.

473 Siehe bereits aa); vgl. auch Schmidt-Kessel-*ders.*, Artt. 8, 9 Rn. 24; Schulze-*Wendehorst*, Art. 9 Rn. 5; *Mansel*, WM 2012, 1309, 1314.

474 Dazu soeben aa).

475 Kritisch *Leible*, in: Gemeinsames Europäisches Kaufrecht für die EU?, S. 21, 31 (Rn. 36): „Viel komplizierter hätte man das kaum noch gestalten können. Aber wenn man sich längere Zeit mit europäischen Informationspflichten und deren Sankionierung beschäftigt hat, bleibt einem wohl nur noch ein resigniertes Schulterzucken".

476 Dazu bereits a).

fristgebundene Aufforderung des Verbrauchers zu ermöglichen, mit der Folge, dass die Anwendung des DCESL mit Fristablauf als abgelehnt gilt.[477] Allerdings wüsste der Verbraucher wohl häufig ohnehin nicht, welche Vorschriften in der konkreten Situation für ihn vorteilhaft sind.[478]

Ein Wahlrecht besteht nicht nur für den Fall einer unterlassenen Übermittlung des Standard-Informationsblatts, sondern auch, wenn die Anwendung des DCESL telefonisch oder auf eine andere Weise vereinbart wird, die eine Übermittlung nicht erlaubt (vgl. Art. 9 Abs. 1 Satz 2 PR CESL; vgl. auch Erwgr. (23) Satz 4 PR CESL). Insofern geht es weniger um eine Sanktionierung des Unternehmers als vielmehr um den Schutz des Verbrauchers. Deshalb erfolgt ein *opt in* nicht „telefonisch", wenn der Verbraucher ein Smartphone verwendet und E-Mails, lange SMS oder ähnliche Nachrichten empfangen kann.[479] Dann ist eine Übermittlung des Standard-Informationsblatts in elektronischer Form möglich. Im Übrigen kann es für die Parteien umständlich sein, den Anforderungen des Art. 9 Abs. 1 Satz 2 PR CESL zu genügen, sollen Vertragsschluss und *opt in* telefonisch erfolgen, wie z.B. beim Teleshopping. Sendet der Unternehmer das Standard-Informationsblatt per Post, erhält es der Verbraucher ggf. erst deutlich später[480] und muss dann seinerseits erneut ausdrücklich der Anwendung des DCESL zustimmen. Auch wenn der Verbraucher das Informationsblatt anlässlich der Lieferung des Vertragsgegenstands erhält und sogleich seine Zustimmung erklärt, haben die Parteien erst einige Zeit nach ihrem Telefonat Gewissheit über die anwendbaren Vorschriften. Daher liegt eine Übermittlung per E-Mail nahe, sofern der Verbraucher seine E-Mail-Adresse angibt. Auch dann muss jedoch der Verbraucher entweder noch während des Telefonats die E-Mail „erhalten" (vgl. Art. 9 Abs. 1 Satz 2 PR CESL) und seine Zustimmung erklären – im Zweifel ohne das Informationsblatt bereits gelesen zu haben. Oder er muss den Unternehmer später (nachweisbar) zurückrufen oder seinerseits eine E-Mail senden.

Überdies ist das Standard-Informationsblatt missverständlich.[481] Neben der Erklärung, „der Vertrag" werde erst nach Erhalt des Informationsblatts und Zustimmung zur Anwendung des DCESL wirksam (vgl. oben), finden sich noch weitere Ungenauigkeiten. Der Verbraucher soll z.B. „in den meisten Fällen" ein Widerrufsrecht haben. Dies könnte den Eindruck vermitteln, es bestünde

---

477 Vgl. *Stadler*, AcP 212 (2012), 473, 496.

478 Vgl. Schulze-*Wendehorst*, Art. 9 Rn. 6; *Mansel*, WM 2012, 1309, 1315.

479 Vgl. hierzu und zum Folgenden auch Schulze-*Wendehorst*, Art. 9 Rn. 8 f., 11.

480 Zur erforderlichen Internationalität des Sachverhalts D. II. 1.

481 Vgl. hierzu und zum Folgenden Schulze-*Wendehorst*, Art. 9 Rn. 10.

nur ausnahmsweise keine Möglichkeit zum Widerruf, obwohl Art. 40 Abs. 2, 3 DCESL zahlreiche Fälle auflistet, in denen kein Widerrufsrecht besteht. Ebenso erklärt das Informationsblatt zwar, dass der Verbraucher den Kaufpreis erst zahlen müsse, wenn er ein fehlerfreies Produkt erhalten habe. Es informiert aber nicht darüber, dass die Parteien durchaus auch eine Vorauszahlung vereinbaren können (vgl. auch Art. 124 Abs. 1 DCESL). Sofern die Kommission auch in künftigen Entwürfen Formulare bereitstellt, müssen diese sorgfältig mit den materiellrechtlichen Vorschriften abgestimmt sein.

cc) Sanktionen für Verstöße des Unternehmers

Gemäß Art. 10 Satz 1 PR CESL legen die Mitgliedstaaten Sanktionen für Verstöße gegen die Artt. 8, 9 PR CESL fest und ergreifen alle erforderlichen Maßnahmen um sicherzustellen, dass diese Sanktionen angewandt werden. Die Regelung gilt ausdrücklich nur für B2C-Verträge und fordert Sanktionen nur für Verstöße des Unternehmers (vgl. Art. 10 Satz 1 PR CESL: „Sanktionen für Verstöße gegen [...] Pflichten [...], die Unternehmern im Verhältnis zu Verbrauchern obliegen").[482] Eine solche Verpflichtung der Mitgliedstaaten entspricht der Regelungstechnik in Richtlinien.[483] Diese geben den Mitgliedstaaten zwar das zu erreichende Ziel verbindlich vor, überlassen ihnen aber die Form und die Mittel zu dessen Umsetzung (vgl. Art. 288 UAbs. 3 AEUV). Für eine Verordnung, die in allen ihren Teilen verbindlich ist und unmittelbar in jedem Mitgliedstaat gilt (vgl. Art. 288 UAbs. 2 AEUV), ist eine Regelung wie Art. 10 Satz 1 PR CESL hingegen ungewöhnlich.[484]

Der Begriff „Sanktionen" ist im Einklang mit der Rechtsprechung des EuGH zu entsprechenden Regelungen in Richtlinien[485] weit auszulegen.[486] Er erfasst alle denkbaren negativen Folgen, z.B. eine gebührenpflichtige Verwarnung, ein ordnungsrechtliches Bußgeld oder eine strafrechtliche Verfolgung. Auch zivilrechtliche Rechtsfolgen kommen in Betracht, vor allem eine Haftung auf

---

482 Vgl. auch Schulze-*Wendehorst*, Art. 10 Rn. 1; Schmidt-Kessel-*ders.*, Art. 10 Rn. 1.

483 Vgl. z.B. Art. 24 der Verbraucherrechte-Richtlinie; vgl. hierzu und zum Folgenden auch Schulze-*Wendehorst*, Art. 10 Rn. 2.

484 Vgl. auch Schulze-*Wendehorst*, Art. 10 Rn. 2: „somewhat unusual"; Schmidt-Kessel-*ders.*, Art. 10 Rn. 1: „systematisch nicht unproblematische Umsetzungsverpflichtung".

485 Vgl. die Nachw. bei Schulze-*Wendehorst*, Art. 10 Rn. 3 (dort Fn. 2); vgl. auch *Mansel*, WM 2012, 1309, 1315 (dort Fn. 188).

486 Vgl. hierzu und zum Folgenden Schulze-*Wendehorst*, Art. 10 Rn. 3 f.; Schmidt-Kessel-*ders.*, Art. 10 Rn. 2.

Schadensersatz, eine Präklusion des Unternehmers von der Berufung auf die Unwirksamkeit des *opt in*, aber auch eine Erweiterung der Rechte des Verbrauchers, etwa durch ein unbefristetes Widerrufsrecht oder einen Anspruch auf eine bestimmte Ausgleichszahlung.[487]

Bereits Art. 9 Abs. 1 Satz 2 PR CESL sanktioniert den Unternehmer, der dem Verbraucher das Standard-Informationsblatt nicht übermittelt.[488] Insofern ist unklar, weshalb die Mitgliedstaaten weitere Sanktionen festlegen sollten, zumal dadurch zusätzliche Kosten und Verwaltungsaufwand entstünden und die bestehenden materiell- und kompetenzrechtlichen Unterschiede in den Mitgliedstaaten weiter vertieft würden.[489] In jedem Fall müssten etwaige Sanktionen wirksam, verhältnismäßig und abschreckend sein (vgl. Art. 10 Satz 2 PR CESL).[490] Außerdem sieht der Verordnungsentwurf vor, dass die Mitgliedstaaten der Kommission die einschlägigen Vorschriften spätestens ein Jahr nach Anwendungsbeginn[491] und alle späteren Änderungen so bald wie möglich mitteilen (vgl. Art. 10 Satz 3 PR CESL).

3. Modifikation der Anwendung

Ähnlich wie Art. 6 CISG[492] ermöglicht der Verordnungsentwurf eine Modifikation der Anwendung des DCESL. Auch insofern ist freilich zwischen B2B-Verträgen (dazu a)) und B2C-Verträgen zu differenzieren (dazu b)).

a) B2B-Verträge

Das DCESL ist vom Grundsatz der Vertragsfreiheit geleitet (vgl. Erwgr. (30) Satz 1 PR CESL).[493] Dies bestätigt Art. 1 DCESL ausdrücklich (vgl. bereits dessen amtliche Überschrift: „Vertragsfreiheit"). Danach steht es den Parteien grundsätzlich frei, einen Vertrag zu schließen und dessen Inhalt zu bestimmen (Abs. 1), und sie können die Anwendung von Bestimmungen des DCESL „ausschließen,

---

487 Abweichend Schmidt-Kessel-*ders.*, Art. 10 Rn. 2: Art. 10 Satz 1 PR CESL betreffe keine zivilrechtlichen Rechtsfolgen.

488 Dazu soeben bb).

489 Vgl. Schulze-*Wendehorst*, Art. 10 Rn. 5, 8; vgl. auch Schmidt-Kessel-*ders.*, Art. 10 Rn. 3.

490 Vgl. auch Schulze-*Wendehorst*, Art. 10 Rn. 6.

491 Dazu noch D. I. 1. b) bb).

492 Dazu I. 3.

493 Vgl. auch *Moser*, in: Gemeinsames Europäisches Kaufrecht für die EU?, S. 7, 9 (Rn. 12).

davon abweichen oder ihre Wirkungen abändern" (Abs. 2). Etwas anderes gilt nur für die zwingenden Vorschriften,[494] welche die Parteien nicht abbedingen oder modifizieren dürfen (vgl. Art. 2 lit. v PR CESL; vgl. auch Erwgr. (30) Satz 2, 3 PR CESL).[495] Der zwingende Charakter soll vor allem beteiligte Verbraucher schützen (vgl. auch Erwgr. (11) Satz 1, (12) Satz 1 PR CESL). Zu ihren Gunsten bestimmt Art. 8 Abs. 3 PR CESL ohnehin, dass das DCESL nur insgesamt verwendet werden darf.[496]

Die Parteien eines B2B-Vertrags können somit vereinbaren, dass auf ihren Vertrag nur bestimmte Teile oder sogar nur einzelne Vorschriften des DCESL Anwendung finden (*arg. e* Art. 8 Abs. 3 PR CESL).[497] Auch insofern sind allerdings die zwingenden Vorschriften zu beachten, zumal Art. 1 DCESL nicht zwischen B2B-Verträgen und B2C-Verträgen differenziert (vgl. Abs. 1: „vorbehaltlich einschlägiger zwingender Vorschriften" bzw. Abs. 2: „sofern [...] nichts anderes bestimmt ist"). Auch aus Art. 8 Abs. 3 PR CESL folgt nicht etwa, dass zwingende Vorschriften im Falle eines B2B-Vertrags ihren zwingenden Charakter verlieren.[498] Das DCESL enthält vielmehr auch zwingende Vorschriften, die auch für B2B-Verträge gelten.[499]

Statt eine vollständige oder teilweise Anwendung des DCESL auf den gesamten Vertrag zu vereinbaren, können die Parteien ihr *opt in* auch auf bestimmte Vertragsteile beschränken.[500] Dies ergibt sich bereits auf der kollisionsrechtlichen Ebene aus Art. 3 Abs. 1 Satz 3 Rom I–VO. Die Regelung gestattet eine Rechtswahl auch „für einen Teil" des Vertrags. Zugleich steht das DCESL nur als Bestandteil eines mitgliedstaatlichen Rechts zur Verfügung,[501] während die Parteien im Rahmen von Art. 3 Abs. 1 Satz 1 Rom I–VO auch das Recht eines Drittstaats wählen können. Es ist also z.B. möglich, einen Teil des Vertrags englischem Recht

494 Vgl. Artt. 22, 27, 47, 56 Abs. 2, 81, 108, 171, 177 DCESL.

495 Dazu Schmidt-Kessel-*ders.*, Art. 2 Rn. 19, mit dem Hinweis, die Legaldefinition in Art. 2 lit. v PR CESL regele nicht die Rechtsfolgen eines Verstoßes.

496 Dazu sogleich b); vgl. auch *Ayad/Schnell*, BB 2012, 1487, 1490.

497 Vgl. hierzu und zum Folgenden auch Schmidt-Kessel-*ders.*, Artt. 8, 9 Rn. 15; Schulze-*Wendehorst*, Art. 8 Rn. 10 ff.; *Maier-Reimer*, in: PR CESL – the Lawyers' View, S. 79, 87.

498 Dies betont Schulze-*Wendehorst*, Art. 8 Rn. 12.

499 Vgl. Artt. 2 Abs. 3, 56 Abs. 1, 70 Abs. 3, 74 Abs. 2, 81, 171 DCESL.

500 Vgl. hierzu und zum Folgenden Schulze-*Wendehorst*, Art. 8 Rn. 13; Schmidt-Kessel-*ders.*, Artt. 8, 9 Rn. 15.

501 Dazu bereits 1. a); siehe auch 2. b) bb) (2) (aa), (bb).

zu unterstellen und insofern die Anwendung des DCESL zu vereinbaren, für den übrigen Teil hingegen das Recht des Staates New York zu wählen. Dann muss es jedoch erst recht möglich sein, den gesamten Vertrag dem Recht eines Mitgliedstaats zu unterstellen und nur für bestimmte Teile die Anwendung des DCESL zu vereinbaren.

Aus Art. 3 Abs. 2 Satz 1 Rom I–VO folgt zudem, dass zumindest bei B2B-Verträgen[502] auch ein nachträgliches *opt in* sowie umgekehrt ein nachträglicher Ausschluss des zunächst zur Anwendung berufenen DCESL möglich ist.[503] Nach dieser Regelung können die Parteien „jederzeit" vereinbaren, dass ihr Vertrag nach einem anderen als dem zuvor anwendbaren Recht zu beurteilen ist. Sie können also z.B. zunächst englisches Recht wählen und die Anwendung des DCESL vereinbaren, später jedoch das Recht des Staates New York berufen, sodass das DCESL nicht mehr zur Verfügung steht. Dementsprechend muss es ebenso möglich sein, nicht mittels einer Rechtswahl zugunsten eines Drittstaats,[504] sondern schlicht durch eine materiellrechtliche Vereinbarung nachträglich die Anwendung des DCESL auszuschließen bzw. umgekehrt erst nachträglich das DCESL zu berufen.[505]

b) B2C-Verträge

Die Parteien eines B2C-Vertrags haben kaum Gestaltungsmöglichkeiten. Insbesondere können sie das DCESL nur insgesamt verwenden (vgl. Art. 8 Abs. 3 PR CESL).[506] Dies soll „eine selektive Anwendung einzelner Bestimmungen" verhindern (vgl. Erwgr. (24) PR CESL). Mit anderen Worten: Unternehmer sollen die verbraucherschützenden Vorschriften des DCESL nicht nach Art eines „Rosinenpickens" umgehen können.[507] In aller Regel wird nämlich der Unternehmer bestimmen können, welche Vorschriften für den Vertrag gelten. Eine teilweise Anwendung des DCESL würde er dem Verbraucher jedoch nur anbieten, wenn sie für ihn selbst vorteilhaft wäre, etwa weil er verbraucherschützende

---

502 Zu B2C-Verträgen sogleich b).

503 Vgl. hierzu und zum Folgenden Schulze-*Wendehorst*, Art. 8 Rn. 14.

504 Dazu auch 2. b) bb) (2) (aa).

505 Vgl. auch *Eidenmüller* [*et al.*], JZ 2012, 269, 276; *Stadler*, AcP 212 (2012), 473, 497.

506 Siehe soeben a); vgl. auch Schmidt-Kessel-*ders.*, Artt. 8, 9 Rn. 25: „Alles-oder-Nichts-Lösung".

507 Vgl. hierzu und zum Folgenden Schmidt-Kessel-*ders.*, Artt. 8, 9 Rn. 25; Schulze-*Wendehorst*, Art. 8 Rn. 9; vgl. auch *Leible*, in: Gemeinsames Europäisches Kaufrecht für die EU?, S. 21, 30 (Rn. 34); *Mansel*, WM 2012, 1253, 1264.

Vorschriften abbedingen könnte. Ein solches Vorgehen schließt Art. 8 Abs. 3 PR CESL aus, zumal dadurch ein etwaiges Vertrauen der Verbraucher in das DCESL enttäuscht zu werden droht.

Auch die Möglichkeit, eine Anwendung des DCESL auf bestimmte Vertragsteile zu beschränken, ist für B2C-Verträge abzulehnen.[508] Zwar gilt Art. 3 Abs. 1 Satz 3 Rom I-VO unabhängig von der Beteiligung eines Verbrauchers.[509] Auch die Parteien eines B2C-Vertrags könnten daher grundsätzlich einen Teil ihres Vertrags einem drittstaatlichen Recht unterstellen, sodass das DCESL insofern nicht zur Verfügung stünde. Der hieraus für B2B-Verträge gezogene Erst-Recht-Schluss lässt sich jedoch nicht übertragen. Denn für B2C-Verträge ist zusätzlich Art. 6 Abs. 2 Satz 2 Rom I-VO zu beachten.[510] Danach könnte eine teilweise Rechtswahl zugunsten eines Drittstaats nicht dazu führen, dass dem Verbraucher der Schutz durch die zwingenden Vorschriften seines Heimatrechts entzogen wird. Den Maßstab bildete aber insofern – nach Ansicht der Kommission – das DCESL.[511] Die Parteien könnten somit bereits auf der kollisionsrechtlichen Ebene eine Anwendung der zwingenden Vorschriften des DCESL nicht auf bestimmte Vertragsteile beschränken. Eine dahingehende materiellrechtliche Vereinbarung muss deshalb ebenso ausscheiden, zumal sie dem vom PR CESL bezweckten Verbraucherschutz zuwiderliefe.

Mit entsprechender Begründung ist auch die Möglichkeit eines nachträglichen Ausschlusses des zunächst berufenen DCESL abzulehnen.[512] Zwar gilt auch Art. 3 Abs. 2 Satz 1 Rom I-VO unabhängig von der Beteiligung eines Verbrauchers.[513] Auch insofern ist jedoch Art. 6 Abs. 2 Satz 2 Rom I-VO zu beachten, sodass etwa eine nachträgliche Rechtswahl zugunsten eines Drittstaats nicht die zwingenden Vorschriften des DCESL überwinden könnte (vgl. oben). Der Verordnungsentwurf schließt zudem selbst, auf der materiellrechtlichen Ebene, eine Abbedingung seiner zwingenden Vorschriften aus (vgl. Art. 2 lit. v PR CESL bzw. Artt. 22, 27, 47, 56 Abs. 2, 81, 108, 171, 177 DCESL).[514]

---

508 Zu B2B-Verträgen soeben a).

509 Vgl. auch Palandt-*Thorn*, Art. 3 Rom I-VO Rn. 2, 10; Erman-*Hohloch*, Art. 3 Rom I-VO Rn. 1.

510 Siehe bereits 1. b).

511 Dazu 1. b).

512 Zu B2B-Verträgen soeben a).

513 Vgl. die Nachw. in Fn. 509.

514 Dazu soeben a).

Dem widerspräche jedoch die Möglichkeit eines nachträglichen Anwendungsausschlusses.[515]

Ein nachträgliches *opt in* dürfte hingegen ohne Weiteres möglich sein,[516] zumal dem Verbraucher dadurch ein „hohes Schutzniveau“ zugute kommt (vgl. Erwgr. (11) Satz 2 PR CESL) und das DCESL für möglichst viele Verträge zur Verfügung stehen soll, an denen Verbraucher beteiligt sind.[517] Freilich muss auch ein nachträgliches *opt in* die Anforderungen der Artt. 8, 9 PR CESL erfüllen. Sofern Art. 9 Abs. 1 Satz 1 PR CESL die Übermittlung des Standard-Informationsblatts den „vorvertraglichen Informationspflichten“ des Unternehmers gleichstellt,[518] ist die Regelung entsprechend anzuwenden.

4. Möglichkeit eines opt in

Auch für den Verordnungsentwurf stellt sich die Frage, inwieweit die Parteien das DCESL außerhalb seines Anwendungsbereichs dennoch zur Anwendung bringen können. Im Gegensatz zum CISG[519] kommt von vornherein nur eine materiellrechtliche Wahl des DCESL in Betracht. Denn das DCESL tritt nicht selbständig neben die Rechtsordnungen der Mitgliedstaaten; es ist kein wählbares „Recht“ im Sinne des Art. 3 Abs. 1 Satz 1 Rom I–VO, sondern vielmehr Bestandteil des jeweiligen nationalen Rechts.[520]

In der Tat besteht kein Grund, warum das DCESL nicht materiellrechtlich wählbar sein sollte.[521] Treffend formuliert *Magnus*: „Actually, everybody who likes it can choose [the DCESL] as applicable to the own contract be the parties consumers, small or tall enterprises.”[522] Ebenso wie das CISG können die Parteien also auch das DCESL wie AGB in ihren Vertrag inkorporieren, sodass

---

515 So auch Schulze-*Wendehorst*, Art. 8 Rn. 15, dennoch eine nachträgliche Abbedingung analog Artt. 8, 9 PR CESL befürwortend.

516 Zu B2B-Verträgen soeben a).

517 Vgl. auch Schulze-*Wendehorst*, Art. 8 Rn. 15.

518 Darauf weist *Stadler* hin, AcP 212 (2012), 473, 497 f.

519 Dazu I. 4.

520 Siehe 1. a).

521 Vgl. *Magnus*, in: CISG vs. Regional Sales Law, S. 97, 100; *Leible*, in: Gemeinsames Europäisches Kaufrecht für die EU?, S. 21, 29 (Rn. 28); *Mankowski*, RIW 2012, 97, 99 f.; *Stadler*, AcP 212 (2012), 473, 490.

522 *Magnus*, in: CISG vs. Regional Sales Law, S. 97, 100; a.A., wenngleich kritisch, offenbar *Basedow*, in: Gemeinsames Europäisches Kaufrecht, S. 3, 19 f.; vgl. auch *Wolffe*, in: PR CESL – the Lawyers' View, S. 93, 95 (dort Fn. 12); Schmidt-Kessel-*ders.*, Artt. 8, 9 Rn. 3 f.

es die dispositiven Vorschriften des ansonsten anwendbaren Rechts verdrängt und dessen zwingende Vorschriften unberührt lässt.[523] Insofern ist unerheblich, ob das Recht eines Mitgliedstaats oder ein drittstaatliches Recht anwendbar ist.

Eine materiellrechtliche Wahl des DCESL wäre insbesondere denkbar, solange der zeitliche Anwendungsbereich des PR CESL nicht eröffnet ist (vgl. Art. 16 PR CESL).[524] Sie kommt auch in Betracht, wenn der räumliche Anwendungsbereich nicht eröffnet ist, weil keine Partei aus einem Mitgliedstaat beteiligt ist (vgl. Art. 4 Abs. 2, 3 lit. b PR CESL)[525] oder weil beide Parteien ihren gewöhnlichen Aufenthalt in demselben Mitgliedstaat haben und dieser nicht auf das Erfordernis der Internationalität verzichtet hat (vgl. Art. 13 lit. a PR CESL).[526] Ferner ist ein *opt in* denkbar, wenn der persönliche Anwendungsbereich nicht eröffnet ist, weil der Verkäufer Verbraucher ist (vgl. Art. 7 Abs. 1 Satz 1 PR CESL)[527] oder weil an einem B2B-Vertrag kein kleines oder mittleres Unternehmen beteiligt ist (vgl. Art. 7 Abs. 1 Satz 2 PR CESL) und auch nicht zumindest ein Mitgliedstaat auf dieses Erfordernis verzichtet hat (vgl. Art. 13 lit. b PR CESL).[528] Schließlich können die Parteien das DCESL auch materiellrechtlich wählen, wenn der sachliche Anwendungsbereich nicht eröffnet ist, etwa weil ihr Vertrag nicht zu den erfassten Vertragsarten gehört.[529]

III. Konkurrenzverhältnis

Das Konkurrenzverhältnis von CISG und PR CESL ist „weitgehend problemlos".[530] Beide Rechtsinstrumente konkurrieren zwar miteinander, kollidieren aber in aller Regel nicht.[531] Grund hierfür ist ihre gegensätzliche Ausgestaltung.[532]

---

523 Siehe die Nachw. in Fn. 521; vgl. auch *Eidenmüller* [*et al.*], JZ 2012, 269, 275 (dort Fn. 87).

524 Dazu noch D. I. 1. b).

525 Dazu noch D. II. 5. b); vgl. auch *Magnus*, in: CISG vs. Regional Sales Law, S. 97, 105 (dort Fn. 39).

526 Zu dieser Option noch D. II. 1. b) bb) (2); vgl. auch *Mankowski*, IHR 2012, 1, 2.

527 Dazu noch D. III. 3. b).

528 Zu dieser Option sowie dazu, dass bereits die Ausübung durch einen Mitgliedstaat genügt, damit die Anwendung des DCESL auf B2B-Verträge generell keine Beteiligung eines KMU erfordert, D. III. 2. b) bb).

529 Zum sachlichen Anwendungsbereich noch D. IV.

530 *Leible*, in: Gemeinsames Europäisches Kaufrecht für die EU?, S. 21, 32 (Rn. 39).

531 Vgl. *Leible*, in: Gemeinsames Europäisches Kaufrecht für die EU?, S. 21, 32 (Rn. 39).

532 Vgl. hierzu und zum Folgenden auch *Magnus*, in: CISG vs. Regional Sales Law, S. 97, 106.

Treffen die Parteien keine Abrede darüber, welche Vorschriften auf ihren Vertrag Anwendung finden sollen, bleibt das CISG mangels *opt out* anwendbar, während das DCESL mangels *opt in* nicht zur Anwendung gelangt. Bedingen sie lediglich das CISG ab, findet keines der beiden Rechtsinstrumente Anwendung.

Berufen die Parteien hingegen das DCESL, ohne das CISG abzubedingen, wären grundsätzlich beide Rechtsinstrumente anwendbar.[533] Nach Ansicht der Kommission sollte allerdings eine Vereinbarung über die Anwendung des DCESL eine Abbedingung des CISG „implizieren" (vgl. Erwgr. (25) PR CESL). Freilich kann der Verordnungsentwurf nicht darüber entscheiden, ob eine Einigung im Sinne des Art. 6 CISG vorliegt.[534] Dies richtet sich vielmehr nach den Vorschriften des CISG (vor allem Art. 8 CISG).[535] Danach ist eine konkludente Abbedingung des Übereinkommens mit der Berufung des DCESL zwar durchaus denkbar.[536] Maßgeblich sind jedoch die Umstände des Einzelfalls. Es genügt nicht, pauschal darauf abzustellen, dass auch eine Rechtswahl zugunsten eines Drittstaats grundsätzlich ein konkludentes *opt out* enthält.[537] Im Gegenteil: Da das DCESL nur materiellrechtlich wählbar ist,[538] lässt sich diese Fallgruppe nicht ohne Weiteres für einen Vergleich heranziehen. Eine Berufung des DCESL entspricht vielmehr der Situation, dass die Parteien ihren Vertrag einem internationalen Regelwerk unterstellen, das umfassende Vorschriften zu den vom CISG geregelten Rechtsfragen enthält.[539] Dann kommt ein konkludentes *opt out* aber nur in Betracht, wenn die *lex fori* eine kollisionsrechtliche Wahl nichtstaatlichen Rechts zulässt. Nur in diesem Fall wäre die Berufung internationaler Vorschriften mit einer Rechtswahl zugunsten eines Drittstaats vergleichbar.[540] Eine Vereinbarung über die Anwendung des DCESL würde daher grundsätzlich nur zu einer (immerhin) weitreichenden Modifikation des CISG führen.[541] Vor diesem

533 Vgl. hierzu und zum Folgenden auch *Ayad/Schnell*, BB 2012, 1487, 1489.

534 So aber offenbar *Staudenmayer*, NJW 2011, 3491, 3495.

535 Dazu bereits I. 2. b) aa); vgl. auch *Ayad/Schnell*, BB 2012, 1487, 1489.

536 Vgl. auch *Magnus*, in: CISG vs. Regional Sales Law, S. 97, 106; *Stadler*, AcP 212 (2012), 473, 491.

537 Dazu I. 2. b) bb) (1); so aber *Magnus*, in: CISG vs. Regional Sales Law, S. 97, 106; vgl. auch *Graf v. Westphalen*, in: Gemeinsames Europäisches Kaufrecht, S. 189, 191.

538 Siehe soeben II. 4.

539 Dazu I. 2. b) bb) (4).

540 Auch dazu bereits I. 2. b) bb) (4). Die Rom I-VO gestattet keine kollisionsrechtliche Wahl nichtstaatlichen Rechts; siehe I. 4.

541 Siehe auch I. 2. b) bb) (4).

Hintergrund ist den Parteien umso mehr eine ausdrückliche Abbedingung des CISG zu empfehlen, wenn sie das DCESL berufen.[542]

Eine Kollision der beiden Rechtsinstrumente droht nur ausnahmsweise,[543] wenn zwar eine Vereinbarung über die Anwendung des DCESL wirksam zustande kommt, nicht jedoch eine Einigung im Sinne des Art. 6 CISG.[544] Denkbar ist etwa, dass sich die unterschiedliche Behandlung kollidierender AGB auswirkt.[545] Zudem könnten die Parteien mittels einer mündlichen Abrede zwar das DCESL berufen,[546] nicht aber das CISG wirksam abbedingen, sofern einer der betroffenen Vertragsstaaten einen Vorbehalt gemäß Art. 96 CISG erklärt und Verträge der Schriftform unterworfen hat.[547]

Zwar erklärt Art. 90 CISG, dass das Übereinkommen keinen Vorrang gegenüber anderen „internationalen Vereinbarungen" beansprucht. Ob hierunter auch Rechtsakte der EU fallen,[548] ist jedoch „höchst umstritten".[549] Eine alternative Lösung könnte Art. 94 CISG bieten.[550] Die Vorschrift gilt für Staaten, die „gleiche oder einander sehr nahekommende Rechtsvorschriften" zu den vom CISG geregelten Rechtsfragen haben, und ermöglicht ihnen die Erklärung eines Vorbehalts, wonach das Übereinkommen in ihrem Verhältnis keine Anwendung findet (Abs. 1). Ein Vorbehalt ist auch im Verhältnis zu Drittstaaten möglich (Abs. 2; vgl. auch Abs. 3 für den Fall, dass ein Drittstaat später Vertragsstaat wird).[551] Mit dem DCESL als Bestandteil ihres jeweiligen nationalen Rechts hätten die Mitgliedstaaten – insofern – gleiche Rechtsvorschriften für den grenzübergreifenden Warenkauf. Sofern sie zugleich Vertragsstaaten des CISG sind, könnten sie

---

542 Vgl. auch *Ayad/Schnell*, BB 2012, 1487, 1490: „[D]oppelte Rechtswahl" und Klarstellung bzgl. des CISG.

543 Vgl. auch *Magnus*, in: CISG vs. Regional Sales Law, S. 97, 106 f.: „[e]xceptional"; *Leible*, in: Gemeinsames Europäisches Kaufrecht für die EU?, S. 21, 32 f. (Rn. 40): „[seltene] Fälle"; vgl. hierzu und zum Folgenden ebda.

544 Vgl. auch *Stadler*, AcP 212 (2012), 473, 491.

545 Dazu II. 2. b) aa); vgl. auch *Graf v. Westphalen*, in: Gemeinsames Europäisches Kaufrecht, S. 189, 191 ff.

546 Siehe II. 2. c) aa).

547 So z.B. Russland; vgl. auch die Auflistung bei Kröll/Mistelis/Viscasillas-*Herre*, Art. 96 Rn. 3.

548 Dafür *Mankowski*, IHR 2012, 45, 47, m.w.Nachw. zu beiden Ansichten.

549 *Leible*, in: Gemeinsames Europäisches Kaufrecht für die EU?, S. 21, 32 f. (Rn. 40); vgl. auch *Magnus*, in: CISG vs. Regional Sales Law, S. 97, 107; jeweils m.w.Nachw. zu beiden Ansichten.

550 Vgl. auch *Magnus*, in: CISG vs. Regional Sales Law, S. 97, 107.

551 Zu Art. 94 CISG auch noch D. II. 2. a) bb).

daher erklären, dass das Übereinkommen in ihrem Verhältnis und im Verhältnis zu den Nicht-Vertragsstaaten Großbritannien, Irland, Portugal und Malta keine Anwendung findet, wenn Parteien mit Niederlassung in der EU die Anwendung des DCESL vereinbaren. Abgesehen von der Frage, ob ein derart bedingter Vorbehalt zulässig wäre, ist ohnehin fraglich, ob ihn alle Mitgliedstaaten erklären würden.[552] Insofern änderte auch eine etwaige Außenkompetenz der EU[553] nichts daran, dass sie nicht ihrerseits „Vertragsstaat" des CISG ist. Es bedürfte also weiterhin individueller Vorbehaltserklärungen der Mitgliedstaaten. Die Anwendbarkeit des Übereinkommens schlicht mittels unbedingter Erklärungen für den Binnenmarkt auszuschließen, wäre hingegen verfehlt.[554] Weder das DCESL noch künftige Entwürfe eines europäischen Kaufrechts sollten das CISG ablösen; den Parteien sollte vielmehr ein weiteres Rechtsinstrument zur Verfügung gestellt werden.

Eine Kollision zwischen PR CESL und CISG ließe sich demnach wohl am besten durch eine klarstellende Regelung im Verordnungsentwurf vermeiden,[555] etwa dahingehend, dass ein *opt in* zugunsten des DCESL ggf. eine wirksame Abbedingung des CISG voraussetzt.

---

552 Zweifelnd auch *Leible*, in: Gemeinsames Europäisches Kaufrecht für die EU?, S. 21, 32 f. (Rn. 40).

553 Dazu von der Groeben/Schwarze/Hatje-*Kadelbach*, Art. 5 EUV Rn. 24 m.w.Nachw.

554 Vgl. hierzu und zum Folgenden Staudinger-*Magnus*, Art. 94 Rn. 5; Schlechtriem/Schwenzer-*Ferrari*, Art. 94 Rn. 5.

555 Dafür auch *Leible*, in: Gemeinsames Europäisches Kaufrecht für die EU?, S. 21, 32 f. (Rn. 40).

D. Vergleich der Anwendungsbereiche

Der Anwendbarkeitsvergleich lässt sich grob in eine Gegenüberstellung des zeitlichen (dazu I.), des räumlichen (dazu II.), des persönlichen (dazu III.) und des sachlichen Anwendungsbereichs unterteilen (dazu IV.).

I. Zeitlicher Anwendungsbereich

Die Vorschriften zur zeitlichen Anwendbarkeit sind für gewöhnlich am Ende eines Rechtsinstruments verortet, so auch im Falle des CISG und des PR CESL. Sie werfen kaum praxisrelevante Rechtsfragen auf. Deshalb mag der zeitliche Anwendungsbereich gegenüber dem räumlichen, persönlichen und sachlichen von untergeordneter Bedeutung sein. Hinzu kommt, dass die Darstellung für den PR CESL nur hypothetisch erfolgen kann, denn der Verordnungsentwurf als solcher hat noch keinen zeitlichen Anwendungsbereich.

Dennoch hat eine vergleichende Darstellung des zeitlichen Anwendungsbereichs nicht nur aus Gründen der Vollständigkeit ihre Berechtigung. Sie erschöpft sich nicht darin, den jeweiligen Zeitpunkt des Inkrafttretens festzustellen und mit einem Verweis auf die Entstehung[556] bereits im Wesentlichen erklärt zu haben. Vielmehr gehört zur zeitlichen Anwendbarkeit auch die Frage, ab wann (dazu 1.) und ggf. bis wann (dazu 2.) die materiellrechtlichen Vorschriften eines Rechtsinstruments gelten.

1. Beginn der Anwendbarkeit

a) CISG

Das CISG knüpft die Anwendbarkeit seiner materiellrechtlichen Vorschriften (dazu bb)) an den Zeitpunkt seines einzelstaatlichen Inkrafttretens (dazu aa)). Je länger dieser Zeitpunkt zurückliegt, desto unwahrscheinlicher werden Streitigkeiten über die Eröffnung des zeitlichen Anwendungsbereichs. Sobald das CISG jedoch in einem weiteren Staat in Kraft tritt[557] und mit einer Partei aus diesem Staat ein Vertrag geschlossen werden soll, wird der Beginn der Anwendbarkeit wieder relevant.[558]

---

556 Dazu B.

557 Z.B. am 1. Januar 2017 in Vietnam und am 1. Juni 2017 in Aserbaidschan.

558 Vgl. auch Ferrari [*et al.*]-*Mankowski*, Intl. Vertragsrecht, Art. 100 Rn. 1.

aa) Zeitpunkt des Inkrafttretens

Für den Zeitpunkt des Inkrafttretens ist aufgrund der Rechtsnatur des CISG als völkerrechtliches Übereinkommen zwischen seinem völkerrechtlichen und seinem einzelstaatlichen Inkrafttreten zu unterscheiden. Völkerrechtlich trat das CISG am 1. Januar 1988 in Kraft, nachdem nach der Hinterlegung der zehnten Ratifikationsurkunde zwölf Monate verstrichen waren (vgl. Art. 99 Abs. 1 CISG).[559] Den Zeitpunkt des einzelstaatlichen Inkrafttretens regelt Art. 99 Abs. 2 CISG entsprechend; das Übereinkommen tritt in einem Staat zwölf Monate nach dessen Hinterlegung einer Ratifikationsurkunde in Kraft.[560] Sofern der betreffende Staat bereits Vertragsstaat der Haager Kaufgesetze war, muss er diese wirksam gekündigt haben (vgl. Art. 99 Abs. 3–6 CISG).[561]

bb) Anwendbarkeit der materiellrechtlichen Vorschriften

An das einzelstaatliche Inkrafttreten knüpft sodann Art. 100 CISG den Zeitpunkt, ab dem die materiellrechtlichen Vorschriften des Übereinkommens gelten. Die Regelung differenziert zwischen den Vorschriften zum Abschluss von Verträgen in Teil II (Artt. 14–24 CISG) und den Vorschriften zum Vertragsinhalt und Leistungsstörungsrecht in Teil III (Artt. 25–88 CISG).[562]

Erstere finden Anwendung, wenn das Angebot frühestens am Tag des einzelstaatlichen Inkrafttretens erfolgt (vgl. Art. 100 Abs. 1 CISG). Entscheidend ist ausweislich des Wortlauts, wann das Angebot „gemacht", d.h. abgegeben wird.[563] Auf dessen Zugang – und damit sein Wirksamwerden (vgl. Artt. 15 Abs. 1, 24 CISG) – kommt es hingegen nicht an.

Die Vorschriften in Teil III finden Anwendung, wenn der Vertrag frühestens am Tag des einzelstaatlichen Inkrafttretens geschlossen wird (vgl. Art. 100 Abs. 2 CISG). Insofern stellt sich jedoch die Frage, ob der Zeitpunkt des Vertragsschlusses bereits nach den Vorschriften des CISG zu bestimmen ist (vor allem Teil II, Artt. 14–24 CISG). Dies ist nicht selbstverständlich, etwa wenn das

---

559 Dazu bereits B. I. 5.; vgl. auch Ferrari [*et al.*]-*Mankowski*, Intl. Vertragsrecht, Art. 99 Rn. 1.

560 In der Bundesrepublik trat das CISG am 1. Januar 1991 in Kraft; siehe B. I. 5.

561 Auch dazu bereits B. I. 5. sowie C. I. 2. b) bb) (3).

562 Vgl. auch Ferrari [*et al.*]-*Mankowski*, Intl. Vertragsrecht, Art. 100 Rn. 2.

563 Vgl. hierzu und zum Folgenden Ferrari [*et al.*]-*Mankowski*, Intl. Vertragsrecht, Art. 100 Rn. 4; Soergel-*Lüderitz*, Art. 100 Rn. 1.; ausführlich dazu Staudinger-*Magnus*, Art. 100 Rn. 5 ff.

Übereinkommen in einem Staat erst in Kürze in Kraft tritt und mit einer Partei aus diesem Staat ein Vertrag geschlossen werden soll.[564] Erfolgen Abgabe und Zugang der relevanten Erklärungen (Angebot und Annahme) teilweise noch vor dem Tag des Inkrafttretens, könnte sich der Zeitpunkt des Vertragsschlusses auch nach dem unvereinheitlichten Recht richten.

Mankowski plädiert indes für eine konsequente Anwendung der Vorschriften des CISG.[565] Danach ist ein Vertrag in dem Zeitpunkt geschlossen, in dem die Annahme wirksam wird (vgl. Art. 23 CISG), d.h. in dem sie zugeht (vgl. Artt. 18 Abs. 2 Satz 1, 24 CISG). Die Voraussetzung des Art. 100 Abs. 2 CISG, dass der Vertrag frühestens am Tag des einzelstaatlichen Inkrafttretens „geschlossen" wird, wäre demnach selbst dann erfüllt, wenn bis auf den Zugang der Annahme alle übrigen relevanten Ereignisse (Abgabe und Zugang des Angebots, Abgabe der Annahme) bereits vor diesem Tag liegen. *Mankowski* argumentiert mit der Systematik des Übereinkommens.[566] In Art. 100 Abs. 2 CISG entscheide es selbst über seinen zeitlichen Anwendungsbereich. Hierfür greife es nicht auf das unvereinheitlichte Recht zurück, sondern bediene sich der Maßstäbe seines eigenen Vertragsschlussmodells.

Demgegenüber plädiert *Ferrari* für eine konsequente Anwendung des Art. 100 Abs. 1 CISG.[567] Nur wenn dessen Voraussetzungen erfüllt sind, also das Angebot frühestens am Tag des einzelstaatlichen Inkrafttretens abgegeben wird (vgl. oben), sollen die Artt. 14–24 CISG im Rahmen des Art. 100 Abs. 2 CISG herangezogen werden können. Andernfalls soll sich der Zeitpunkt des Vertragsschlusses nach dem unvereinheitlichten Recht richten. Vor allem in Common Law-Staaten kann der Vertrag aber ggf. bereits durch die Absendung der Annahme an den richtigen Adressaten zustande kommen (sog. *mailbox rule*).[568] Liegt dieses Ereignis vor dem Tag des einzelstaatlichen Inkrafttretens (vgl. oben), wären die Voraussetzungen des Art. 100 Abs. 2 CISG nicht erfüllt. *Ferrari* begründet seine Ansicht nicht. Dennoch ist sie vorzugswürdig:

---

564 Siehe auch bereits a).

565 Vgl. hierzu und zum Folgenden Ferrari [*et al.*]-*Mankowski*, Intl. Vertragsrecht, Art. 100 Rn. 6; vgl. auch Staudinger-*Magnus*, Art. 100 Rn. 10; Soergel-*Lüderitz*, Art. 100 Rn. 2.

566 Vgl. hierzu und zum Folgenden Ferrari [*et al.*]-*Mankowski*, Intl. Vertragsrecht, Art. 100 Rn. 7.

567 Vgl. hierzu und zum Folgenden Schlechtriem/Schwenzer-*Ferrari*, Art. 100 Rn. 3; MüKoHGB-*ders.*, Art. 100 Rn. 3.

568 Diesen Fall nennen sowohl *Mankowski* als auch *Ferrari*; siehe Fn. 565 bzw. 567.

Zunächst sei festgestellt, dass sich der Zeitpunkt des Vertragsschlusses selbstverständlich nach den Artt. 14–24 CISG richtet, wenn diese gemäß Art. 100 Abs. 1 CISG anwendbar sind. Darin stimmen auch *Mankowski* und *Ferrari* überein. Für den genannten Fall hilft diese Erkenntnis aber nicht weiter. Liegen nämlich alle relevanten Ereignisse bis auf den Zugang der Annahme bereits vor dem Tag des einzelstaatlichen Inkrafttretens, sind die Voraussetzungen des Art. 100 Abs. 1 CISG gerade nicht erfüllt, und es stellt sich die Frage, ob die Artt. 14–24 CISG gleichwohl Anwendung finden sollen.

Entscheidend dagegen sprechen Wortlaut und Systematik des Art. 100 CISG. Die Regelung differenziert ausdrücklich zwischen den Vorschriften zum Abschluss von Verträgen und den Vorschriften zum Vertragsinhalt und Leistungsstörungsrecht (vgl. oben). Richtete sich der Zeitpunkt des Vertragsschlusses jedoch ohnehin stets nach den Artt. 14–24 CISG, wäre die separate Regelung in Abs. 1 obsolet. Dem steht auch ihr Wortlaut entgegen, wonach die Artt. 14–24 CISG „nur" unter den dort genannten Voraussetzungen anwendbar sind. Insofern ist die Regelung also abschließend. Hinzu kommt, dass Art. 100 Abs. 2 CISG eigenständig an den Zeitpunkt des Vertragsschlusses anknüpft („Verträge […], die an oder nach dem Tag geschlossen werden"). Es muss daher Fälle geben, in denen die Artt. 14–24 CISG nicht anwendbar sind und dennoch der Zeitpunkt des Vertragsschlusses zu bestimmen ist. Hierzu ist dann aber ein Rückgriff auf das unvereinheitlichte Recht erforderlich.

b) PR CESL

Auch der PR CESL knüpft die Anwendbarkeit seiner materiellrechtlichen Vorschriften (dazu bb)) an den Zeitpunkt seines Inkrafttretens (dazu aa)).

aa) Zeitpunkt des Inkrafttretens

Mangels Eigenschaft als völkerrechtliches Übereinkommen erübrigt sich eine Unterscheidung zwischen völkerrechtlichem und einzelstaatlichem Inkrafttreten. Die vorgeschlagene Verordnung sollte gemäß Art. 16 Abs. 1 PR CESL am zwanzigsten Tag nach ihrer Veröffentlichung im Amtsblatt der EU in den Mitgliedstaaten in Kraft treten. Streng genommen bedarf es dieser Regelung nicht;[569] sie wiederholt lediglich, was bereits aus Art. 297 Abs. 1 UAbs. 3 Satz 2 Alt. 2

569 Vgl. hierzu und zum Folgenden Schulze-*Wendehorst*, Art. 16 Rn. 1 f.; Schmidt-Kessel-*ders.*, Art. 16 Rn. 1.

AEUV folgt. Die Kommission sah offenbar auch keinen Anlass, von der zwanzigtägigen Frist abzuweichen (vgl. Art. 297 Abs. 1 UAbs. 3 Satz 2 Alt. 1 AEUV).[570]

bb) Anwendbarkeit der materiellrechtlichen Vorschriften

Gemäß Art. 16 Abs. 2 PR CESL gelten die materiellrechtlichen Vorschriften sechs Monate nach dem Inkrafttreten. Die Formulierung „gilt ab dem…" sowie die Kursivschreibung und Einklammerung von „6 Monate nach ihrem Inkrafttreten" zeigen, dass eine endgültige Fassung ein konkretes Datum genannt hätte.[571]

Die sechsmonatige Frist sollte den Normadressaten eine Vorbereitung auf die neuen Vorschriften ermöglichen.[572] Insofern wäre sie angemessen, zumal das DCESL fakultativ ausgestaltet ist. Zugleich sollten aber auch die nationalen Gesetzgeber ggf. erforderliche (legislative) Maßnahmen ergreifen können, etwa Sanktionen im Sinne des Art. 10 PR CESL festlegen.[573] Sie müssten außerdem entscheiden, ob bzw. inwieweit sie von den beiden Optionen Gebrauch machen wollen, die ihnen Art. 13 PR CESL zur Erweiterung des Anwendungsbereichs einräumt.[574] Insofern könnten sechs Monate knapp bemessen sein, zumal eine Erweiterung des Anwendungsbereichs ggf. weitere Maßnahmen erforderte, um eine europarechtskonforme Auslegung sicherzustellen. Denn während eine endgültige Verordnung Europarecht schaffen würde,[575] wäre die Erweiterung ihres Anwendungsbereichs durch einen Mitgliedstaat mitgliedstaatliches Recht.

Im Gegensatz zum CISG, das für sein (einzelstaatliches) Inkrafttreten eine zwölfmonatige Frist vorsieht,[576] bestimmt der PR CESL somit eine nur halb so lange Frist. Dies passt zur gegensätzlichen Ausgestaltung der beiden Rechtsinstrumente: Das CISG ist innerhalb seines Anwendungsbereichs *lex specialis* gegenüber dem unvereinheitlichten Recht und ermöglicht den Parteien lediglich ein *opt out*.[577] Die Anwendung des DCESL erfordert hingegen ein *opt in*, sodass

---

570 Dazu Grabitz/Hilf/Nettesheim-*Krajewski/Rösslein*, Art. 297 AEUV Rn. 25 f.

571 Vgl. z.B. auch Art. 29 UAbs. 2 Rom I-VO.

572 Vgl. hierzu und zum Folgenden Schulze-*Wendehorst*, Art. 16 Rn. 3; Schmidt-Kessel-*ders.*, Art. 16 Rn. 1.

573 Dazu C. II. 2. c) cc).

574 Dazu noch II. 1. b) bb) (2) bzw. III. 2. b) bb); vgl. hierzu und zum Folgenden auch *Maier-Reimer*, in: PR CESL – the Lawyers' View, S. 79, 88.

575 Vgl. auch *Remien*, in: Gemeinsames Europäisches Kaufrecht für die EU?, S. 1, 3 (Rn. 8); *Wolffe*, in: PR CESL – the Lawyers' View, S. 93, 100 (dort Fn. 36).

576 Siehe a) aa).

577 Dazu C. I. 1.-3.

grundsätzlich weiterhin die autonomen Vorschriften gelten.[578] Das praktische bzw. gesetzgeberische Bedürfnis, sich auf die Anwendbarkeit des CISG vorzubereiten, ist daher deutlich größer.

Ein weiterer Unterschied zum CISG liegt schließlich darin, dass Art. 16 Abs. 2 PR CESL – anders als Art. 100 CISG – nicht zwischen verschiedenen Teilen des Verordnungsentwurfs differenziert und keine materiellen Voraussetzungen enthält.[579] Eine endgültige Fassung des PR CESL hätte schlicht ein Datum genannt, ab dem die materiellrechtlichen Vorschriften gelten (vgl. oben). Zudem bestimmt Art. 8 Abs. 1 Satz 2 PR CESL ausdrücklich, dass sich das Zustandekommen und die Wirksamkeit eines *opt in* nach den Vorschriften des DCESL sowie bei B2C-Verträgen zusätzlich nach Art. 8 Abs. 2, 3, Art. 9 PR CESL richten.[580] Damit lässt sich auch der Fall bewältigen, dass relevante Ereignisse bei der Vereinbarung des *opt in* bereits vor dem maßgeblichen Stichtag liegen:[581] Vor dem Beginn der Anwendbarkeit gilt weder Art. 8 Abs. 1 Satz 2 PR CESL noch steht das DCESL zur Verfügung. In Betracht käme allein dessen materiellrechtliche Wahl außerhalb des zeitlichen Anwendungsbereichs.[582] Diese richtete sich nach den autonomen Vorschriften. Nur wenn die Zustimmung zur Anwendung des DCESL (Annahme) frühestens am Stichtag zuginge, wäre Art. 8 Abs. 1 Satz 2 PR CESL einschlägig, sodass sich Zustandekommen und Wirksamkeit des *opt in* nach den Vorschriften des DCESL richteten (vgl. Art. 35 Abs. 1 DCESL).[583]

2. Ende der Anwendbarkeit

a) CISG

Wie für völkerrechtliche Übereinkommen üblich, ermöglicht Art. 101 CISG eine Kündigung des CISG.[584] Danach kann ein Vertragsstaat das Übereinkommen insgesamt oder nur dessen Teil II oder Teil III kündigen (Abs. 1). Sofern

---

578 Dazu C. II. 1.-3.

579 Anders z.B. Art. 29 UAbs. 2 Rom I-VO.

580 Siehe C. II. 2. a).

581 Zum CISG a) bb). Im Rahmen des PR CESL kommt es insofern nicht auf die Erklärungen zum Abschluss des Hauptvertrags an, sondern auf die Vereinbarung des *opt in*; kommt diese wirksam zustande, beurteilt sich (auch) der Hauptvertrag nach dem DCESL.

582 Dazu C. II. 4.

583 Vgl. auch Schmidt-Kessel-*ders.*, Art. 16 Rn. 2.

584 Vgl. hierzu und zum Folgenden Ferrari [*et al.*]-*Mankowski*, Intl. Vertragsrecht, Art. 101 Rn. 1.

ein Vertragsstaat nicht bereits bei der Ratifikation erklärt hat, dass Teil II oder Teil III für ihn nicht verbindlich ist (vgl. Artt. 92, 97, 98 CISG),[585] kann er deren Anwendung also auch noch nachträglich ausschließen.[586] Hierzu bedarf es einer an den Verwahrer gerichteten schriftlichen Notifikation (vgl. Art. 101 Abs. 1 CISG). Verwahrer ist der Generalsekretär der Vereinten Nationen (vgl. Art. 89 CISG).

Eine Kündigung wird grundsätzlich zwölf Monate nach Eingang der Notifikation wirksam (vgl. Art. 101 Abs. 2 Satz 1 CISG). Diese Frist entspricht der Frist für das völkerrechtliche und das einzelstaatliche Inkrafttreten (vgl. Art. 99 Abs. 1, 2 CISG)[587] und soll ebenfalls eine Vorbereitung auf die neue Rechtslage ermöglichen.[588] Der kündigende Vertragsstaat kann auch eine längere Frist bestimmen (vgl. Art. 101 Abs. 2 Satz 2 CISG). Mit dem Wirksamwerden der Kündigung ist er kein Vertragsstaat mehr.[589]

Bislang hat noch kein Vertragsstaat das CISG gekündigt.[590] Keine praktische Relevanz hat daher die Frage, ob das Übereinkommen völkerrechtlich in Kraft bliebe, würde die Zahl der Vertragsstaaten unter die ursprünglich erforderlichen zehn sinken, etwa infolge von Kündigungen im Hinblick auf ein Nachfolgeübereinkommen.[591] Im Falle einer Kündigung wäre das CISG jedenfalls weiterhin auf Altverträge anwendbar.[592] Um zu ermitteln, ob ein Vertrag noch vor dem Wirksamwerden der Kündigung geschlossen wurde, müsste Art. 100 Abs. 1 CISG entsprechend angewendet werden.[593] Dies bedeutete allerdings nicht, dass lediglich das Angebot noch vor dem Wirksamwerden der Kündigung abgegeben werden müsste, damit das CISG auf den später geschlossenen Vertrag anwendbar

585 Dazu noch II. 2. a) bb).

586 Vgl. Schlechtriem/Schwenzer-*Ferrari*, Art. 92 Rn. 2; Staudinger-*Magnus*, Art. 92 Rn. 4; Ferrari [*et al.*]-*Mankowski*, Intl. Vertragsrecht, Art. 92 Rn. 3; Bianca/Bonell-*Evans*, Art. 101 Rn. 2.1.

587 Dazu 1. a) aa).

588 Vgl. Bianca/Bonell-*Evans*, Art. 101 Rn. 2.2.

589 Vgl. Ferrari [*et al.*]-*Mankowski*, Intl. Vertragsrecht, Art. 101 Rn. 1; Bianca/Bonell-*Evans*, Art. 101 Rn. 3.1.

590 Vgl. Staudinger-*Magnus*, Art. 101 Rn. 1; Kröll/Mistelis/Viscasillas-*Herre*, Art. 101 Rn. 1.

591 Vgl. dazu Bianca/Bonell-*Evans*, Art. 101 Rn. 3.2; Kröll/Mistelis/Viscasillas-*Herre*, Art. 101 Rn. 1 (dort Fn. 1).

592 Vgl. Ferrari [*et al.*]-*Mankowski*, Intl. Vertragsrecht, Art. 101 Rn. 2; Staudinger-*Magnus*, Art. 101 Rn. 2; vgl. zum ULIS auch BGH NJW 1992, 619, 620.

593 Vgl. Ferrari [*et al.*]-*Mankowski*, Intl. Vertragsrecht, Art. 101 Rn. 2.

bliebe.[594] Vielmehr gälten die Artt. 14–24 CISG bis zum Wirksamwerden der Kündigung. Daher müsste die Annahme noch vor diesem Zeitpunkt zugehen, damit auch der Vertrag noch unter der Geltung des Übereinkommens „geschlossen“ würde (vgl. Artt. 23, 18 Abs. 2 Satz 1, 24 CISG).[595]

b) PR CESL

Mangels Eigenschaft als völkerrechtliches Übereinkommen enthält der PR CESL keine Kündigungsklausel. Träte eine endgültige Verordnung in Kraft, wäre ein Ende ihrer Anwendbarkeit nur denkbar, wenn der Europäische Gesetzgeber sie formal aufheben oder der EuGH sie für nichtig erklären würde (vgl. Artt. 263, 264, 266 UAbs. 1, 267 UAbs. 1 lit. b AEUV).[596]

3. Zwischenergebnis

Beide Rechtsinstrumente knüpfen die Anwendbarkeit ihrer materiellrechtlichen Vorschriften an den Zeitpunkt ihres Inkrafttretens und bestimmen hierfür eine Frist, die für das CISG zwölf Monate und für den PR CESL sechs Monate beträgt. Das CISG differenziert zudem zwischen den Vorschriften zum Abschluss von Verträgen und den Vorschriften zum Vertragsinhalt und Leistungsstörungsrecht. Insbesondere die Anwendbarkeit letzterer hängt vom Zeitpunkt des Vertragsschlusses ab (vgl. Art. 100 Abs. 2 CISG). Dieser richtet sich nach den Vorschriften des CISG, wenn das Angebot frühestens am Tag des Inkrafttretens abgegeben wird (vgl. Art. 100 Abs. 1 CISG), andernfalls nach dem unvereinheitlichten Recht. Der PR CESL differenziert hingegen nicht zwischen verschiedenen Teilen des Verordnungsentwurfs. Eine endgültige Fassung hätte schlicht ein Datum genannt, ab dem die materiellrechtlichen Vorschriften gelten.

Während das CISG eine vollständige oder teilweise Kündigung ermöglicht, müsste eine in Kraft getretene Verordnung mangels entsprechender Regelung schon formal aufgehoben oder für nichtig erklärt werden, um ihre Anwendbarkeit zu beenden.

---

594 So aber ohne Begründung Kröll/Mistelis/Viscasillas-*Herre*, Art. 101 Rn. 1; *Herber/Czerwenka*, CISG, Art. 101 Rn. 1; *Loewe*, Intl. Kaufrecht, S. 111, wendet Art. 100 Abs. 1 CISG zwar entsprechend an, verkennt aber das Ergebnis der Analogie.

595 Vgl. auch Staudinger-*Magnus*, Art. 101 Rn. 2.

596 Vgl. Grabitz/Hilf/Nettesheim-*Dörr*, Art. 263 AEUV Rn. 3.

II. Räumlicher Anwendungsbereich

Gegenüber dem zeitlichen Anwendungsbereich ist der räumliche von größerer Bedeutung,[597] insbesondere da beide Rechtsinstrumente nicht nur bei ausschließlicher Beteiligung von Parteien aus Vertrags- bzw. Mitgliedstaaten anwendbar sein können, sondern auch bei Beteiligung von Parteien aus Drittstaaten. Praxisrelevante Rechtsfragen stellen sich außerdem dort, wo ein Rechtsinstrument seinen räumlichen Anwendungsbereich nicht unmittelbar bestimmt, sondern die *lex fori* vorschaltet.

Die Eröffnung des räumlichen Anwendungsbereichs setzt zunächst die Internationalität des Sachverhalts voraus (dazu 1.). Beide Rechtsinstrumente regeln diese Voraussetzung zwar im Zusammenhang mit den Parteien; diese müssen ihre Niederlassung bzw. ihren gewöhnlichen Aufenthalt „in verschiedenen Staaten haben" (vgl. Art. 1 Abs. 1 CISG, Art. 4 Abs. 2 PR CESL). Die Internationalität des Sachverhalts ist aber dennoch kein Aspekt des persönlichen Anwendungsbereichs, denn sie knüpft nicht an subjektive Merkmale der Parteien an, sondern an die objektiven Merkmale der Niederlassung bzw. des gewöhnlichen Aufenthalts. Es geht insofern nicht um die Eigenschaften einer Person, sondern um den Bezug zwischen Personen. Diesen Bezug betrifft jedoch gerade der räumliche Anwendungsbereich.[598]

Neben dem Kriterium der Internationalität enthalten beide Rechtsinstrumente Qualifikationen hinsichtlich der betroffenen Staaten; das CISG spricht von „Vertragsstaaten", der PR CESL von „EU-Mitgliedstaaten"[599] (dazu 2.).

Vor diesem Hintergrund können sodann die Konstellationen erfasst werden, in denen eine Eröffnung des räumlichen Anwendungsbereichs denkbar ist,

---

597 Siehe bereits I.

598 Vgl. bzgl. des CISG auch Staudinger-*Magnus*, Art. 1 Rn. 3, der „Internationalität" (Rn. 58 ff.) und „Verbindung mit einem Vertragsstaat" (Rn. 83 f.) unter die „räumlichen Anwendungsvoraussetzungen" fasst; Kröll/Mistelis/Viscasillas-*Mistelis*, Art. 1 Rn. 42 ff. („Internationality"), Rn. 50 („Territorial application – Contracting States"); vgl. auch Schlechtriem/Schwenzer-*Ferrari*, Art. 1 Rn. 8 ff., der das Kriterium der Internationalität dem „persönlich-räumlichen" Anwendungsbereich zuordnet (Rn. 40 ff.) und die Eigenschaft als Vertragsstaat lediglich als „Anwendungsvoraussetzung" behandelt (Rn. 61 ff.); bzgl. des PR CESL lässt Schulze-*Wendehorst*, Art. 4 Rn. 1, die Frage nach der Zuordnung offen.

599 So in Art. 4 PR CESL. Im Übrigen verwendet der Verordnungsentwurf jedoch den Begriff „Mitgliedstaat" (vgl. z.B. Artt. 7 Abs. 2 lit. b, 13 ff. PR CESL). In Übereinstimmung mit der bisherigen Terminologie wird dieser Begriff auch im Folgenden verwendet.

nämlich dass ausschließlich (dazu 3.), auch (dazu 4.) oder keine Vertrags- bzw. Mitgliedstaaten betroffen sind (dazu 5.).

1. Internationalität des Sachverhalts

Beide Rechtsinstrumente fordern die Beteiligung von Parteien aus verschiedenen Staaten.[600] Hierzu knüpfen sie an die Niederlassung bzw. den gewöhnlichen Aufenthalt der Parteien an (dazu a)). Die jeweils maßgeblichen Standorte müssen in verschiedenen Staaten liegen (dazu b)). Ob die so begründete Internationalität des Sachverhalts für die Parteien erkennbar sein muss, regeln CISG und PR CESL unterschiedlich (dazu c)).

a) Begriff der Niederlassung bzw. des gewöhnlichen Aufenthalts

aa) CISG

Das CISG definiert den Begriff der Niederlassung nicht (dazu (1)). Immerhin regelt Art. 10 CISG aber den Fall, dass eine Partei mehr als eine (dazu (2)) oder keine Niederlassung hat (dazu (3)). Schließlich stellt sich die Frage nach dem maßgeblichen Zeitpunkt (dazu (4)).

(1) Niederlassung

Anders als noch die Haager Kaufgesetze knüpft das CISG allein an die Niederlassungen der Parteien an und verzichtet auf weitere Merkmale, die dem Sachverhalt einen internationalen Charakter geben könnten, etwa eine grenzübergreifende Beförderung der Ware oder einen grenzübergreifenden Vertragsschluss (vgl. Art. 1 Abs. 1 litt. a, b ULIS).[601] Dadurch wollte die Wiener Konferenz den Anwendungsbereich des CISG erweitern und zugleich vereinfachen. In der Regel ist es dem Verkäufer z.B. gleichgültig, ob die Ware grenzübergreifend befördert wird, sofern die Parteien eine für ihn günstige Art und Weise der Lieferung vereinbaren, etwa gemäß den Incoterms „EXW“ oder „FOB“.

Der Begriff der Niederlassung ist nicht nur für den räumlichen Anwendungsbereich relevant.[602] Nach ihm richtet sich insbesondere auch der Erfüllungsort

600 Siehe soeben II.

601 Vgl. hierzu und zum Folgenden sowie näher zur Entstehung Schlechtriem/Schwenzer-*Ferrari*, Art. 1 Rn. 3; Staudinger-*Magnus*, Art. 1 Rn. 7 ff.; vgl. auch Ferrari [*et al.*]-*Saenger*, Intl. Vertragsrecht, Art. 1 Rn. 9; MüKoBGB-*Huber*, Art. 1 Rn. 25; Kröll/Mistelis/Viscasillas-*Mistelis*, Art. 1 Rn. 23, 44.

602 Vgl. z.B. auch Artt. 12 Satz 1, 20 Abs. 2 Satz 2, 24, 31 lit. c, 42 Abs. 1 lit. b, 57 Abs. 1 lit. a, Abs. 2, 69 Abs. 2 Satz 1, 90, 93 III, 94 Abs. 1 Satz 1, Abs. 2, 96.

der Kaufpreiszahlungspflicht des Käufers (vgl. Art. 57 Abs. 1 lit. a CISG: „Niederlassung des Verkäufers“). Damit kann der Niederlassungsbegriff auch Bedeutung bei der Bestimmung der internationalen Zuständigkeit erlangen, denn nach der Rechtsprechung des EuGH zum Gerichtsstand des Erfüllungsorts gemäß Art. 5 Abs. 1 lit. a Brüssel I-VO[603] ist dieser nach der *lex causae* zu bestimmen, also etwa nach Art. 57 Abs. 1 lit. a CISG.[604] Diese Rechtsprechung lässt sich auf die Neufassung der Brüssel I-VO von 2012 übertragen (sog. Brüssel Ia-VO),[605] die in ihrem Art. 7 Abs. 1 lit. a eine mit Art. 5 Abs. 1 lit. a Brüssel I-VO identische Regelung enthält.[606]

Das CISG definiert den Begriff „Niederlassung“ nicht.[607] Die Wiener Konferenz konnte sich schlicht auf keine Legaldefinition einigen. Das bedeutet jedoch nicht, dass zur Auslegung ein Rückgriff auf das unvereinheitlichte Recht zulässig wäre.[608] Aufgrund des internationalen Charakters des Übereinkommens sowie des Gebots seiner einheitlichen Auslegung (vgl. Art. 7 Abs. 1 CISG) ist der Begriff der Niederlassung vielmehr autonom auszulegen.

Die Formulierung „Parteien [...], die ihre Niederlassung in verschiedenen Staaten haben“, in Art. 1 Abs. 1 CISG zeigt zunächst, dass allein der jeweilige Standort der Parteien Anknüpfungspunkt für eine Qualifikation als Niederlassung ist.[609] Ihre Staatsangehörigkeit wird hingegen nicht berücksichtigt

---

603 Verordnung (EG) Nr. 44/2001 des Rates vom 22. Dezember 2000 über die gerichtliche Zuständigkeit und die Anerkennung und Vollstreckung von Entscheidungen in Zivil- und Handelssachen, ABl. EG 2001 Nr. L 12, S. 1.

604 St.Rspr. seit EuGH NJW 1977, 491 f.; vgl. nur EuGH NJW 2000, 719 ff.; dies gilt freilich nicht für Art. 5 Abs. 1 lit. b Brüssel I-VO, der autonom auszulegen ist; vgl. EuGH EuZW 2010, 301 ff.; näher dazu *Geimer*, IZPR, Rn. 1481 ff.

605 Verordnung (EU) Nr. 1215/2012 des Europäischen Parlaments und des Rates vom 12. Dezember 2012 über die gerichtliche Zuständigkeit und die Anerkennung und Vollstreckung von Entscheidungen in Zivil- und Handelssachen, ABl. EU 2012 Nr. L 351, S. 1.

606 Vgl. auch BGH NJW 2016, 409 ff.; vertiefend und weiterführend zur Bestimmung des Erfüllungsorts gemäß Artt. 5 Abs. 1 Brüssel I-VO, 7 Abs. 1 Brüssel Ia-VO Rauscher-*Leible*, EuZPR/EuIPR, Art. 7 Brüssel Ia-VO, Rn. 6 ff. m.w.Nachw.

607 Vgl. hierzu und zum Folgenden Schlechtriem/Schwenzer-*Ferrari*, Art. 1 Rn. 44 f.; Staudinger-*Magnus*, Art. 1 Rn. 62; Ferrari [*et al.*]-*Saenger*, Intl. Vertragsrecht, Art. 1 Rn. 9 f.; MüKoBGB-*Huber*, Art. 1 Rn. 26; MüKoHGB-*Benicke*, Art. 1 Rn. 22; *Schmitt*, CR 2001, 145, 147.

608 Eingehend auch Kröll/Mistelis/Viscasillas-*Brekoulakis*, Art. 10 Rn. 9 ff., mit Beispiel.

609 Vgl. hierzu und zum Folgenden Staudinger-*Magnus*, Art. 1 Rn. 67; Schlechtriem/Schwenzer-*Ferrari*, Art. 1 Rn. 46; MüKoHGB-*Benicke*, Art. 1 Rn. 23.

(vgl. Art. 1 Abs. 3 CISG).[610] Auch Standorte Dritter, die mit der Durchführung des Vertrags befasst sind oder durch ihn begünstigt werden, bleiben außer Betracht.[611] Bei Vertragsschlüssen über das Internet ist unerheblich, wo sich die verwendeten Server befinden.[612] Im Übrigen sind die Umstände des Einzelfalls maßgeblich, wobei zwei Voraussetzungen erfüllt sein müssen:

Zum einen muss am fraglichen Ort eine Teilnahme am Wirtschaftsverkehr erfolgen, die auf eine gewisse Dauer angelegt ist.[613] Die Wiener Konferenz sah keinen Bedarf, dies ausdrücklich zu regeln, denn eine nur vorübergehende Teilnahme am Wirtschaftsverkehr falle bereits nicht unter den Begriff „Niederlassung". Ein Konferenzraum oder ein Messestand ist daher keine Niederlassung, selbst wenn er jährlich wieder angemietet wird.[614] Auch Reisende oder Handelsvertreter begründen an ihrem jeweiligen Standort keine Niederlassung.[615] Entsprechendes gilt, wenn sich die Parteien nur zwecks Vertragsverhandlungen oder Vertragsschlusses am fraglichen Ort aufhalten.[616]

Zum anderen muss die Teilnahme am Wirtschaftsverkehr mit einer gewissen rechtlichen Selbständigkeit erfolgen.[617] Keine Niederlassung ist daher ein reines Auslieferungslager oder ein Außenbüro, das nur werbend auftritt und Bestellungen lediglich weiterleitet (sog. Liaison-Office).[618] Hingegen ist nicht erforderlich, dass sich am fraglichen Ort sogar der Mittelpunkt der geschäftlichen Tätigkeit oder der Sitz der Geschäftsleitung befindet; Art. 1 Abs. 1 CISG verwendet den Begriff „Niederlassung" und nicht etwa den Begriff „Sitz". Zudem setzt Art. 10 lit. a CISG voraus, dass eine Partei mehrere Niederlassungen haben kann.[619] Dies

---

610 Näher dazu Schlechtriem/Schwenzer-*Ferrari*, Art. 1 Rn. 59 f.; Kröll/Mistelis/Viscasillas-*Mistelis*, Art. 1 Rn. 44.

611 Vgl. auch MüKoBGB-*Huber*, Art. 1 Rn. 29; Soergel-*Lüderitz/Fenge*, Art. 1 Rn. 3.

612 Vgl. auch Ferrari [*et al.*]-*Saenger*, Intl. Vertragsrecht, Art. 1 Rn. 10; *Schmitt*, CR 2001, 145, 147.

613 Vgl. hierzu und zum Folgenden Schlechtriem/Schwenzer-*Ferrari*, Art. 1 Rn. 46; Staudinger-*Magnus*, Art. 1 Rn. 64; Ferrari [*et al.*]-*Saenger*, Intl. Vertragsrecht, Art. 1 Rn. 10; MüKoHGB-*Benicke*, Art. 1 Rn. 22; Kröll/Mistelis/Viscasillas-*Brekoulakis*, Art. 10 Rn. 14 f.

614 Vgl. auch MüKoBGB-*Huber*, Art. 1 Rn. 26.

615 Vgl. auch OLG Karlsruhe IHR 2004, 246, 249; *Piltz*, NJW 2005, 2126, 2127.

616 Vgl. auch *Piltz*, NJW 2007, 2159, 2160.

617 Vgl. hierzu und zum Folgenden Schlechtriem/Schwenzer-*Ferrari*, Art. 1 Rn. 46; Staudinger-*Magnus*, Art. 1 Rn. 64; MüKoBGB-*Huber*, Art. 1 Rn. 26; Kröll/Mistelis/Viscasillas-*Brekoulakis*, Art. 10 Rn. 17.

618 Vgl. auch OLG Stuttgart IHR 2001, 65, 66.

619 Dazu sogleich (2).

wäre jedoch nicht möglich, könnte eine Niederlassung nur am Mittelpunkt der geschäftlichen Tätigkeit bzw. am Sitz der Geschäftsleitung begründet werden.

Der Begriff der Niederlassung kann demnach definiert werden als Ort, an dem nach den Umständen des Einzelfalls eine gewissermaßen selbständige und auf eine gewisse Dauer angelegte Teilnahme am Wirtschaftsverkehr erfolgt.[620] Diese muss allerdings auch nach außen in Erscheinung treten.[621] Erst dadurch entsteht ein Bezug zu einem bestimmten Staat. Bei juristischen Personen genügt etwa ihre Eintragung in ein Handelsregister. Der Begründung eigener Rechtspersönlichkeit bedarf es hingegen nicht.[622] Insofern gelten von Vertragsstaat zu Vertragsstaat unterschiedliche Anforderungen.[623] Abgesehen davon kommt es auf die tatsächlichen Umstände an.

Speziell bei Vertragsschlüssen durch Stellvertreter, Kommissionäre und Tochterunternehmen stellt sich die Frage, wessen Niederlassung maßgeblich ist. Dies richtet sich danach, wer Partei ist. Auch hierzu schweigt das CISG.[624] Im Gegensatz zum Begriff der Niederlassung ist der Begriff der Partei jedoch nicht autonom auszulegen. Das Übereinkommen regelt zwar auch den Abschluss von Verträgen (vgl. Artt. 14–24 CISG).[625] Davon ist aber die Bestimmung der Beteiligten zu trennen. Sie erfolgt unter Rückgriff auf das unvereinheitlichte Recht (vgl. auch Art. 7 Abs. 2 CISG a.E.).

Bei der Einschaltung eines Stellvertreters entscheidet also das Vertretungsstatut darüber, ob der Vertretene oder der Stellvertreter Partei wird.[626] Für das

---

620 Vgl. auch OLG Hamm IHR 2010, 59, 61; OLG Stuttgart IHR 2001, 65, 66; Schlechtriem/Schwenzer-*Ferrari*, Art. 1 Rn. 46; Staudinger-*Magnus*, Art. 1 Rn. 64; Ferrari [*et al.*]-*Saenger*, Intl. Vertragsrecht, Art. 1 Rn. 10; MüKoHGB-*Benicke*, Art. 1 Rn. 22; Soergel-*Lüderitz/Fenge*, Art. 10 Rn. 1; *Schmitt*, CR 2001, 145, 147.

621 Vgl. hierzu und zum Folgenden auch MüKoBGB-*Huber*, Art. 1 Rn. 26, 28.

622 So aber Soergel-*Lüderitz/Fenge*, Art. 10 Rn. 3; näher zu den erforderlichen bzw. ausreichenden gesellschaftsrechtlichen Umständen Kröll/Mistelis/Viscasillas-*Brekoulakis*, Art. 10 Rn. 19 ff.

623 Siehe Fn. 621.

624 Vgl. auch Ferrari [*et al.*]-*Saenger*, Intl. Vertragsrecht, Art. 1 Rn. 9: „Wer Vertragspartei ist, regelt [das] CISG nicht"; vgl. hierzu und zum Folgenden ebda.; Schlechtriem/Schwenzer-*Ferrari*, Art. 1 Rn. 41; Kröll/Mistelis/Viscasillas-*Mistelis*, Art. 1 Rn. 45.

625 Darauf verweist MüKoHGB-*Benicke*, Art. 1 Rn. 24.

626 So auch, wenngleich inkonsequent (siehe Fn. 625), MüKoHGB-*Benicke*, Art. 1 Rn. 24; vgl. auch OLG Schleswig IHR 2009, 243, 244 f.; vgl. hierzu und zum Folgenden Schlechtriem/Schwenzer-*Ferrari*, Art. 1 Rn. 41; Staudinger-*Magnus*, Art. 1 Rn. 68; Ferrari [*et al.*]-*Saenger*, Intl. Vertragsrecht, Art. 1 Rn. 12, 25; MüKoBGB-*Huber*, Art. 1 Rn. 30; Soergel-*Lüderitz/Fenge*, Art. 1 Rn. 3, 6.

deutsche Recht ist zu differenzieren: Handelt der Stellvertreter im Namen des Vertretenen (sog. offene Stellvertretung), wird dieser Partei (vgl. § 164 Abs. 1 Satz 1, 2 BGB), sodass seine Niederlassung maßgeblich ist.[627] Handelt der Stellvertreter hingegen nicht im Namen des Vertretenen (sog. verdeckte Stellvertretung), liegt ein Eigengeschäft des Stellvertreters vor (vgl. § 164 Abs. 2 BGB). Er selbst wird dann Partei, d.h. es kommt auf seine Niederlassung an. Insofern besteht ein Unterschied zum Common Law. Danach kann der Vertretene bisweilen trotz verdeckter Stellvertretung Partei werden. Dieser Unterschied wirkt sich aber nur selten aus, denn bei einem Eigengeschäft des Stellvertreters befinden sich dessen Niederlassung und die Niederlassung der anderen Partei meist im selben Staat. Dann ist das Kriterium der Internationalität nicht erfüllt.[628] Auch wenn man in diesem Fall auf die (ausländische) Niederlassung des Vertretenen abstellt, ist der räumliche Anwendungsbereich in der Regel nicht eröffnet, da die Internationalität des Sachverhalts für die andere Partei nicht erkennbar ist (vgl. Art. 1 Abs. 2 CISG).[629]

Bei der Kommission handelt es sich letztlich um einen Fall der verdeckten Stellvertretung.[630] Nach deutschem Recht ist daher grundsätzlich die Niederlassung des Kommissionärs maßgeblich. Er handelt zwar für Rechnung des Kommittenten und ist aufgrund des Kommissionsvertrags im Innenverhältnis zur Herausgabe des Erlangten verpflichtet (vgl. §§ 383 Abs. 1, 384 Abs. 2 Halbsatz 2 HGB). Entscheidend ist jedoch der Kaufvertrag, den der Kommissionär im Außenverhältnis schließt. Dabei handelt er in eigenem Namen (vgl. § 383 Abs. 1 HGB) und wird selbst Partei.

Bei Vertragsschlüssen durch Tochterunternehmen führt allein der Umstand, dass zwischen mehreren Unternehmen gesellschaftsrechtliche Beziehungen bestehen, zu keinen Besonderheiten:[631] Wird das Tochterunternehmen Partei, kommt es nur auf seine Niederlassung an. Insbesondere schließt die Abhängigkeit

---

627 Vgl. auch OLGR Köln 2001, 155 f.; Kröll/Mistelis/Viscasillas-*Brekoulakis*, Art. 10 Rn. 22.

628 Dazu auch noch b) aa).

629 Dazu noch c) aa).

630 Vgl. hierzu und zum Folgenden Schlechtriem/Schwenzer-*Ferrari*, Art. 1 Rn. 43; Staudinger-*Magnus*, Art. 1 Rn. 68; Ferrari [*et al.*]-*Saenger*, Intl. Vertragsrecht, Art. 1 Rn. 12, 25; MüKoBGB-*Huber*, Art. 1 Rn. 30.

631 Vgl. hierzu und zum Folgenden auch Schlechtriem/Schwenzer-*Ferrari*, Art. 1 Rn. 47; Staudinger-*Magnus*, Art. 1 Rn. 66; Ferrari [*et al.*]-*Saenger*, Intl. Vertragsrecht, Art. 1 Rn. 11; MüKoHGB-*Benicke*, Art. 1 Rn. 23; MüKoBGB-*Huber*, Art. 1 Rn. 27; Soergel-*Lüderitz/Fenge*, Art. 10 Rn. 3.

innerhalb eines Konzerns nicht eine selbständige Teilnahme am Wirtschaftsverkehr und damit eine Qualifikation des fraglichen Standorts als Niederlassung aus. Handelt das Tochterunternehmen hingegen als (offener) Stellvertreter des Mutterunternehmens, kommt es nur auf die Niederlassung des Mutterunternehmens an (vgl. oben). Der räumliche Anwendungsbereich kann demnach auch eröffnet sein, wenn Mutter- und Tochterunternehmen kontrahieren.

(2) Mehr als eine Niederlassung

Den Fall, dass eine Partei mehrere Niederlassungen hat, regelt Art. 10 lit. a CISG. Danach ist maßgeblich, welche Niederlassung unter Berücksichtigung der vor oder bei Vertragsschluss den Parteien bekannten oder von ihnen in Betracht gezogenen Umstände die engste Beziehung zum Vertrag und zu seiner Erfüllung hat. Die Regelung definiert nicht den Begriff der Niederlassung.[632] Sie setzt vielmehr voraus, dass mehrere Standorte als Niederlassungen zu qualifizieren sind. Während ursprünglich noch die Hauptniederlassung und nur ausnahmsweise eine andere Niederlassung maßgeblich sein sollte, verzichtete die Wiener Konferenz auf eine solche Regelung.[633] Im Rahmen des Art. 10 lit. a CISG sind Haupt- und Zweigniederlassungen somit gleichgewichtig.[634]

Die Tatbestandsvoraussetzungen des Art. 10 lit. a CISG sind unbestimmt formuliert, was Rechtsunsicherheit birgt.[635] Vor allem die „engste Beziehung" richtet sich nach den Umständen des Einzelfalls.[636] Zudem fordert Art. 10 lit. a CISG ausdrücklich, dass die fragliche Niederlassung zum Vertrag „und" zu dessen Erfüllung die engste Beziehung hat, und lässt insofern keinen Raum für eine Auslegung im Sinne zweier Alternativen.[637] Parteien mit mehreren Niederlassungen schließen jedoch häufig Verträge zunächst durch eine Niederlassung und

632 Vgl. hierzu und zum Folgenden Schlechtriem/Schwenzer-*Ferrari*, Art. 10 Rn. 2 f.; Staudinger-*Magnus*, Art. 10 Rn. 1; Ferrari [*et al.*]-*Saenger*, Intl. Vertragsrecht, Art. 10 Rn. 1; MüKoBGB-*Huber*, Art. 10 Rn. 1; Soergel-*Lüderitz/Fenge*, Art. 10 Rn. 2; Kröll/Mistelis/Viscasillas-*Brekoulakis*, Art. 10 Rn. 1, 23.

633 Vgl. hierzu und zum Folgenden sowie näher zur Entstehung Schlechtriem/Schwenzer-*Ferrari*, Art. 10 Rn. 1, 4 f.; Staudinger-*Magnus*, Art. 10 Rn. 2 f.

634 Vgl. auch Sekretariatskommentar, Art. 9 Rn. 6; Staudinger-*Magnus*, Art. 10 Rn. 5; Ferrari [*et al.*]-*Saenger*, Intl. Vertragsrecht, Art. 10 Rn. 3; MüKoBGB-*Huber*, Art. 10 Rn. 2; Soergel-*Lüderitz/Fenge*, Art. 10 Rn. 2.

635 Vgl. Schlechtriem/Schwenzer-*Ferrari*, Art. 10 Rn. 3.

636 Vgl. hierzu und zum Folgenden Schlechtriem/Schwenzer-*Ferrari*, Art. 10 Rn. 5 f.; Ferrari [*et al.*]-*Saenger*, Intl. Vertragsrecht, Art. 10 Rn. 3.

637 Vgl. auch Kröll/Mistelis/Viscasillas-*Brekoulakis*, Art. 10 Rn. 28: „twofold reference"; MüKoBGB-*Huber*, Art. 10 Rn. 3: „Wortlaut [...] lässt hier keine Rangfolge erkennen."

erfüllen sie dann durch eine andere bzw. vereinbaren die Erfüllung zugunsten einer anderen Niederlassung.[638] Befinden sich beide Niederlassungen im selben Staat, kann dahinstehen, welche von ihnen gemäß Art. 10 lit. a CISG maßgeblich ist. Die Internationalität des Sachverhalts hängt dann davon ab, ob sich die (maßgebliche) Niederlassung der anderen Partei in einem anderen Staat befindet. Schaltet eine Partei hingegen Niederlassungen aus verschiedenen Staaten ein, entscheidet das Kriterium der engsten Beziehung über die Eröffnung des räumlichen Anwendungsbereichs, sofern sich auch die (maßgebliche) Niederlassung der anderen Partei in einem dieser Staaten befindet.

Das Kriterium der engsten Beziehung ist objektiv zu bestimmen.[639] Zu berücksichtigen sind dabei nur den Parteien vor oder bei Vertragsschluss bekannte oder von ihnen in Betracht gezogene Umstände (vgl. Art. 10 lit. a CISG), etwa die Verwendung der Anschrift, des Briefkopfs oder der Fax-Adresse einer bestimmten Niederlassung.[640] Ggf. haben sie auch eine entsprechende Abrede getroffen.[641] Den Parteien nicht bekannte Umstände sind hingegen auch dann nicht zu berücksichtigen, wenn sie sie lediglich fahrlässig übersehen haben (*arg. e* Art. 10 lit. a CISG). Auch Umstände, die erst nach Vertragsschluss bekannt werden, sind unerheblich.[642] Deshalb erfüllt grundsätzlich die mit dem Vertragsschluss befasste Niederlassung das Kriterium der engsten Beziehung.[643] Nur wenn die Parteien spätestens bei Vertragsschluss in Betracht ziehen, dass mit der Erfüllung eine andere Niederlassung befasst wird, kann die engste Beziehung auch zu dieser Niederlassung bestehen. Insofern kommt es regelmäßig auf die Kenntnis der

---

638 Vgl. hierzu und zum Folgenden auch Staudinger-*Magnus*, Art. 10 Rn. 6.

639 Vgl. hierzu und zum Folgenden Schlechtriem/Schwenzer-*Ferrari*, Art. 10 Rn. 7 f.; Staudinger-*Magnus*, Art. 10 Rn. 5; Ferrari [*et al.*]-*Saenger*, Intl. Vertragsrecht, Art. 10 Rn. 3; Soergel-*Lüderitz/Fenge*, Art. 10 Rn. 2.

640 Vgl. auch MüKoBGB-*Huber*, Art. 10 Rn. 4; Kröll/Mistelis/Viscasillas-*Brekoulakis*, Art. 10 Rn. 32 ff., mit Beispielen aus der ausländischen Rspr.: Zusicherungen, Gewährleistungen oder Preisangaben durch eine bestimmte Niederlassung, Korrespondenz in der Sprache einer bestimmten Niederlassung.

641 Vgl. auch Ferrari [*et al.*]-*Saenger*, Intl. Vertragsrecht, Art. 10 Rn. 1: „empfehlenswert"; Kröll/Mistelis/Viscasillas-*Brekoulakis*, Art. 10 Rn. 29; zurückhaltend MüKoBGB-*Huber*, Art. 10 Rn. 5: Eine solche Vereinbarung dürfe im Rahmen des Art. 1 Abs. 1 CISG keine Geltung beanspruchen.

642 Vgl. auch MüKoBGB-*Huber*, Art. 10 Rn. 4.

643 Vgl. hierzu und zum Folgenden die Nachw. in Fn. 639; vgl. auch Kröll/Mistelis/Viscasillas-*Brekoulakis*, Art. 10 Rn. 30 f.; zurückhaltend MüKoBGB-*Huber*, Art. 10 Rn. 3: „objektive Gewichtung der Parteiinteressen im jeweiligen Einzelfall".

jeweils anderen Partei an, denn wer über mehrere Niederlassungen verfügt, wird zuerst wissen, welche von ihnen er einschaltet.[644]

Bei der Einschaltung eines verdeckten Stellvertreters ist Art. 10 lit. a CISG nicht einschlägig. Insofern geht es nicht um den Fall, dass eine Partei mehrere Niederlassungen hat, sondern vielmehr darum, wer Partei und wessen Niederlassung daher maßgeblich ist.[645] Diese Abgrenzung verkennt offenbar *Brekoulakis*, der unter Verweis auf Art. 10 lit. a CISG meint, bei verdeckter Stellvertretung komme es deshalb nicht auf die Niederlassung des Vertretenen an, weil sie der anderen Partei nicht spätestens bei Vertragsschluss bekannt sei.[646]

(3) Gar keine Niederlassung

Der Fall, dass eine Partei keine Niederlassung hat, wird nur selten praktisch relevant, zumal bei internationalen Transaktionen.[647] Er ist nur bei natürlichen Personen denkbar. Zudem darf am fraglichen Standort keine auf gewisse Dauer angelegte Teilnahme am Wirtschaftsverkehr erfolgen, damit eine Qualifikation als Niederlassung ausscheidet.[648] Dann ist eine natürliche Person jedoch in aller Regel Konsument im Sinne des Art. 2 lit. a CISG. Ist sie darüber hinaus als Käufer am Vertrag beteiligt, findet das Übereinkommen bereits gemäß Art. 2 lit. a CISG grundsätzlich keine Anwendung,[649] ohne dass es auf Art. 10 lit. b CISG ankäme.

Die Regelung wurde dennoch eingefügt, um eine Lücke im Anwendungsbereich zu vermeiden.[650] Sie erklärt den gewöhnlichen Aufenthalt für maßgeblich, falls eine Partei keine Niederlassung hat. Der Begriff des gewöhnlichen Aufenthalts ist ebenso wie der Begriff der Niederlassung autonom auszulegen.[651] Eine bloß kurzfristige physische Anwesenheit an einem Ort genügt jedenfalls nicht. Ein Aufenthalt muss vielmehr von einer gewissen Dauer sein, damit er

644 Vgl. auch Kröll/Mistelis/Viscasillas-*Brekoulakis*, Art. 10 Rn. 38.

645 Dazu soeben (1).

646 Vgl. Kröll/Mistelis/Viscasillas-*Brekoulakis*, Art. 10 Rn. 39.

647 Vgl. hierzu und zum Folgenden auch Schlechtriem/Schwenzer-*Ferrari*, Art. 10 Rn. 9; Staudinger-*Magnus*, Art. 10 Rn. 8; Ferrari [*et al.*]-*Saenger*, Intl. Vertragsrecht, Art. 10 Rn. 4; MüKoBGB-*Huber*, Art. 10 Rn. 6; Soergel-*Lüderitz/Fenge*, Art. 10 Rn. 4.

648 Siehe (1).

649 Dazu III. 1. a) bb).

650 Vgl. auch Kröll/Mistelis/Viscasillas-*Brekoulakis*, Art. 10 Rn. 40.

651 Vgl. hierzu und zum Folgenden Schlechtriem/Schwenzer-*Ferrari*, Art. 10 Rn. 9 f.; Staudinger-*Magnus*, Art. 10 Rn. 8; Ferrari [*et al.*]-*Saenger*, Intl. Vertragsrecht, Art. 10 Rn. 4; MüKoBGB-*Huber*, Art. 10 Rn. 7.

gewöhnlich im Sinne des Art. 10 lit. b CISG ist.[652] Nicht erforderlich ist hingegen, dass er bereits mit einem entsprechenden Willen begründet wird.[653] Zudem beschränkt Art. 10 lit. b CISG die zu berücksichtigenden Umstände nicht auf solche, die den Parteien spätestens bei Vertragsschluss bekannt waren oder von ihnen in Betracht gezogen wurden.[654] Hat eine natürliche Person im Einzelfall auch keinen gewöhnlichen Aufenthalt, bleibt wohl nur, ausnahmsweise auf ihren einfachen Aufenthalt abzustellen.[655]

(4) Maßgeblicher Zeitpunkt

Den maßgeblichen Zeitpunkt für die Qualifikation des fraglichen Standorts als Niederlassung bzw. für die Bestimmung der maßgeblichen von mehreren Niederlassungen oder des gewöhnlichen Aufenthalts regelt das CISG nicht ausdrücklich. Aus dem Kontext der Artt. 1, 10 CISG folgt jedoch, dass der Zeitpunkt des Vertragsschlusses maßgeblich ist.[656]

bb) PR CESL

Auch der PR CESL knüpft allein an die Standorte der Parteien an und verzichtet auf weitere Merkmale, die eine Internationalität des Sachverhalts begründen könnten. Er differenziert zwischen Unternehmern und Verbrauchern. Hinsichtlich des Standorts von Unternehmern verwendet der Verordnungsentwurf zwar dieselbe Terminologie wie das CISG, indes in umgekehrter Funktion: Er stellt primär auf den gewöhnlichen Aufenthalt ab (dazu (1)) und verweist auf die Niederlassung im Zusammenhang mit dem Fall, dass ein Unternehmer über mehrere Standorte verfügt (dazu (2)).[657] Der Fall, dass ein Unternehmer keinen gewöhnlichen Aufenthalt hat, ist bereits begrifflich nicht denkbar und daher nicht geregelt. Hinsichtlich des Standorts von Verbrauchern stellt der PR CESL weder auf den gewöhnlichen Aufenthalt noch auf die Niederlassung

---

652 Strenger MüKoBGB-*Huber*, Art. 10 Rn. 7: faktischer Lebensmittelpunkt; so auch Soergel-*Lüderitz/Fenge*, Art. 10 Rn. 4.

653 So aber Soergel-*Lüderitz/Fenge*, Art. 10 Rn. 4; wohl auch MüKoBGB-*Huber*, Art. 10 Rn. 7.

654 Zu Art. 10 lit. a CISG soeben (2).

655 So MüKoBGB-*Huber*, Art. 10 Rn. 8.

656 Vgl. Schlechtriem/Schwenzer-*Ferrari*, Art. 1 Rn. 8, 40; Staudinger-*Magnus*, Art. 1 Rn. 69; Ferrari [*et al.*]-*Saenger*, Intl. Vertragsrecht, Art. 10 Rn. 3; MüKoHGB-*Benicke*, Art. 1 Rn. 20; Kröll/Mistelis/Viscasillas-*Mistelis*, Art. 1 Rn. 2, 42.

657 Kritisch Schmidt-Kessel-*ders.*, Art. 4 Rn. 2; *Hellwege*, IHR 2012, 180, 181: „größere Regelungsdichte […], ohne dass damit etwas gewonnen zu sein scheint".

ab, sondern auf die Anschrift, die Liefer- oder Rechnungsanschrift (dazu (3)). Schließlich regelt der Verordnungsentwurf ausdrücklich den maßgeblichen Zeitpunkt (dazu (4)).

(1) Gewöhnlicher Aufenthalt

Hinsichtlich des Standorts von Unternehmern stellt der PR CESL konsequent auf den gewöhnlichen Aufenthalt ab (vgl. Art. 4 Abs. 2, 3 lit. a PR CESL; vgl. auch Artt. 7 Abs. 2 lit. b, 13 lit. a PR CESL). Die Terminologie des DCESL ist hingegen uneinheitlich.[658] Die vorgeschlagene Fassung knüpft bisweilen vorrangig an den Geschäftssitz,[659] nur hinsichtlich des Standorts von Verbrauchern an den gewöhnlichen Aufenthalt[660] oder schlicht an den Aufenthaltsort[661] an. Andere Merkmale sind jedenfalls unerheblich, etwa der Registerort juristischer Personen oder die Staatsangehörigkeit natürlicher Personen.[662] Sie können lediglich als Indizien für eine Qualifikation dienen. Insbesondere für die Staatsangehörigkeit enthält der PR CESL keine Art. 1 Abs. 3 CISG entsprechende Klarstellung.[663]

Den Begriff des gewöhnlichen Aufenthalts definiert Art. 4 Abs. 4 PR CESL für juristische und natürliche Personen. Vor allem für erstere ist eine Legaldefinition wichtig, haben doch eigentlich nur letztere einen „Aufenthalt".[664] Gemäß Art. 4 Abs. 4 Satz 1 PR CESL ist denn auch der gewöhnliche Aufenthalt von Gesellschaften, Vereinen und juristischen Personen der Ort ihrer Hauptverwaltung.[665] Die Aufzählung von „Gesellschaften" neben „juristischen Personen" ist aus der Sicht des deutschen Rechts obsolet. Mittlerweile wird allen Gesellschaftsformen des deutschen Rechts, auch Personengesellschaften, juristische Persönlichkeit zugesprochen. Der nicht rechtsfähige Verein (vgl. § 54 BGB) unterfällt bereits den „Vereinen".

Aus der Systematik des Art. 4 Abs. 4 PR CESL folgt, dass mit dem Ort der Hauptverwaltung nicht notwendig der satzungsmäßige Sitz einer juristischen

658 Vgl. hierzu und zum Folgenden auch Schulze-*Wendehorst*, Art. 4 Rn. 5.
659 Vgl. Artt. 10 Abs. 4 lit. b, 93 Abs. 1 lit. b ii), 125 Abs. 1, 144 Abs. 2 DCESL.
660 Vgl. Artt. 10 Abs. 4 lit. b, 102 Abs. 2 lit. a DCESL.
661 Vgl. Artt. 13 Abs. 5 lit. a, 40 Abs. 2 lit. b, 93 Abs. 1 lit. a DCESL.
662 Vgl. hierzu und zum Folgenden Schmidt-Kessel-*ders.*, Art. 4 Rn. 4.
663 Vgl. auch *Hellwege*, IHR 2012, 180, 181.
664 Siehe auch Fn. 660.
665 Vgl. z.B. auch Art. 19 Abs. 1 Rom I-VO, Art. 23 Abs. 1 Satz 1 Rom II-VO.

Person gemeint ist.[666] Dies mag der Begriff „Verwaltung" zwar nahelegen. Die Legaldefinition in Satz 1 stellt jedoch gerade nicht wie sodann die Legaldefinition für natürliche Personen in Satz 2 – und bisweilen auch das DCESL (vgl. oben) – auf den „[Geschäfts-]Sitz" ab. Dass die Kommission in Satz 1 nur versehentlich einen anderen Begriff verwendet hat, liegt fern. Eher ist anzunehmen, dass sie für juristische Personen bewusst eine abweichende Formulierung gewählt hat, um dem Missverständnis vorzubeugen, maßgeblich sei der satzungsmäßige Sitz. Mit dem „Ort ihrer Hauptverwaltung" bezieht sich Art. 4 Abs. 4 Satz 1 PR CESL vielmehr auf den tatsächlichen Mittelpunkt der geschäftlichen Tätigkeit einer juristischen Person. Das ist zwar regelmäßig, muss aber nicht ihr satzungsmäßiger Sitz sein.

Als gewöhnlichen Aufenthalt einer natürlichen Person bestimmt Art. 4 Abs. 4 Satz 2 PR CESL ihren Hauptgeschäftssitz. Auch insofern kommt es auf den tatsächlichen Mittelpunkt der geschäftlichen Tätigkeit an, wie auch die Nähe der Begriffe „Hauptverwaltung" und „Hauptgeschäftssitz" zeigt.[667]

Der Begriff des gewöhnlichen Aufenthalts in Art. 4 Abs. 4 PR CESL ist demnach enger als der Begriff der Niederlassung in Art. 1 Abs. 1 CISG, der lediglich eine gewissermaßen selbständige und auf eine gewisse Dauer angelegte Teilnahme am Wirtschaftsverkehr voraussetzt, ohne dass sich am fraglichen Ort sogar der Mittelpunkt der geschäftlichen Tätigkeit befinden muss.[668] Dieser Unterschied lässt sich mit der Differenzierung des PR CESL zwischen Unternehmern und Verbrauchern erklären: Hinsichtlich des Standorts von Unternehmern kann der Verordnungsentwurf höhere Anforderungen an eine Qualifikation als gewöhnlicher Aufenthalt stellen, da er hinsichtlich des Standorts von Verbrauchern einen anderen Anknüpfungspunkt wählt, nämlich die Anschrift, die Liefer- oder Rechnungsanschrift.[669] Im Rahmen des CISG fungiert hingegen erst Art. 2 lit. a CISG als Filter, der Konsumentenkäufe vom persönlichen Anwendungsbereich ausnimmt.[670]

---

666 Vgl. auch *Leible*, in: Gemeinsames Europäisches Kaufrecht für die EU?, S. 21, 28 f. (Rn. 26).

667 Vgl. auch *Basedow*, in: Gemeinsames Europäisches Kaufrecht, S. 3, 6: Differenzierung sei „überflüssig", da der Hauptgeschäftssitz „in aller Regel" dem Ort der Hauptverwaltung entspreche.

668 Siehe aa) (1); zu pauschal daher *Hellwege*, IHR 2012, 180, 182: „stimmen [...] weitgehend überein".

669 Dazu (3).

670 Dazu III. 1. a) bb).

(2) Mehr als ein Standort

Den Fall, dass ein Unternehmer über mehrere Standorte verfügt, regeln beide Rechtsinstrumente.[671] Der Verordnungsentwurf verwendet in diesem Zusammenhang auch den Begriff der Niederlassung, auf den das Übereinkommen primär abstellt.[672] Gemäß Art. 4 Abs. 5 PR CESL gilt der Ort einer Zweigniederlassung, Agentur oder sonstigen Niederlassung als gewöhnlicher Aufenthalt eines Unternehmers, wenn der Vertrag im Rahmen ihrer Geschäftstätigkeit geschlossen wird.[673] Eine entsprechende Regelung findet sich auch in anderen europäischen Rechtsakten.[674]

Wendehorst hält Art. 4 Abs. 5 PR CESL auch für anwendbar, wenn ein Unternehmer ohnehin nur über einen Standort verfügt,[675] missversteht dabei jedoch Wortlaut und Systematik des Art. 4 PR CESL. Bereits der natürliche Wortsinn der Begriffe „Zweigniederlassung, Agentur oder sonstige Niederlassung" spricht dafür, dass Abs. 5 nur einschlägig ist, wenn ein Unternehmer über mehrere Standorte verfügt. Die Regelung folgt zudem auf Abs. 4, der den Grundfall regelt, dass ein Unternehmer nur über einen Standort verfügt.[676]

Ebenso wie das CISG definiert auch der PR CESL den Begriff der Niederlassung nicht. Der Niederlassungsbegriff des Verordnungsentwurfs entspricht jedoch demjenigen des Übereinkommens, sodass auf die dortigen Ausführungen und Beispiele verwiesen werden kann.[677] Die Varianten „Zweigniederlassung" und „Agentur", die Art. 4 Abs. 5 PR CESL alternativ („oder") neben der „sonstigen" Niederlassung aufzählt, sind lediglich Unterfälle einer Niederlassung. Eine genaue Abgrenzung ist daher kaum möglich, aber auch nicht nötig.[678] Die Aufzählung bezweckt eine weite Formulierung bzgl. der erfassten Standorte.[679]

---

671 Zum CISG aa) (2).

672 Siehe aa) (1).

673 Vgl. Schulze-*Wendehorst*, Art. 4 Rn. 6: „most important message".

674 Vgl. z.B. Artt. 19 Abs. 2 Rom I-VO, 23 Abs. 1 Satz 2 Rom II-VO, 7 Abs. 5 Brüssel Ia-VO; vgl. auch Schmidt-Kessel-*ders.*, Art. 4 Rn. 6: „übliche Bestimmung".

675 Vgl. Schulze-*Wendehorst*, Art. 4 Rn. 8.

676 Dazu soeben (1).

677 Dazu aa) (1).

678 Im Folgenden erfasst der Begriff „Niederlassung" bzgl. des PR CESL auch die übrigen Varianten des Art. 4 Abs. 5 PR CESL, sofern nicht aus dem Zusammenhang etwas anderes folgt.

679 Vgl. auch Schmidt-Kessel-*ders.*, Art. 4 Rn. 7: „breite Aufzählung".

Als Beispiel für eine Zweig- oder sonstige Niederlassung nennt *Schmidt-Kessel* etwa einen Automaten, den ein Unternehmer in einem anderen Staat aufstellt.[680] Ob Art. 4 Abs. 5 PR CESL diesen Fall tatsächlich erfasst, ist zum einen relevant, wenn sich der maßgebliche Standort des Benutzers des Automaten im selben Staat wie der Automat befindet. Dann steht das DCESL nur zur Verfügung, wenn der Automat nicht als Niederlassung zu qualifizieren ist, sodass es z.B. auf die (ausländische) Hauptverwaltung des Unternehmers ankommt;[681] andernfalls wäre das Erfordernis der Internationalität nicht erfüllt.[682] Zum anderen ist auch die Situation denkbar, dass sich der maßgebliche Standort des Benutzers im selben Staat wie die Hauptverwaltung des Unternehmers befindet und er den Automaten z.B. im Urlaub nutzt. Dann setzt eine Anwendung des DCESL gerade voraus, dass der Automat als Niederlassung zu qualifizieren ist.

Dafür mag zwar sprechen, dass der Verordnungsentwurf hinsichtlich des Standorts von Verbrauchern auf ihre Anschrift, die Liefer- oder Rechnungsanschrift abstellt (vgl. Art. 4 Abs. 3 lit. a PR CESL)[683] und damit eher auf technische als auf personalisierte Merkmale.[684] Auch mögen Benutzer von Automaten ausreichend geschützt sein, sofern sie durch eine entsprechende Information erkennen können, dass der Automat eine Niederlassung begründet und welche Folgen dies hat.[685] Es fragt sich jedoch, wie der Unternehmer der Nutzung des Automaten sowohl durch inländische als auch durch ausländische Benutzer begegnen will. Zudem stellt Art. 4 Abs. 2, 3 lit. a PR CESL hinsichtlich des Standorts von Unternehmern gerade nicht auf ein technisches, sondern auf ein personalisiertes Merkmal ab: den gewöhnlichen Aufenthalt.[686] Anknüpfungspunkt ist insofern der Unternehmer selbst sowie ggf. beschäftigtes Personal, nicht hingegen eingesetztes Material. Deshalb ist etwa auch bei Vertragsschlüssen über das Internet unerheblich, wo sich die verwendeten Server befinden.[687] Außerdem setzt der Begriff der Niederlassung eine gewissermaßen selbständige Teilnahme am Wirtschaftsverkehr voraus.[688] Wenn demnach weder ein

680 Vgl. Schmidt-Kessel-*ders.*, Art. 4 Rn. 7.
681 Zu Art. 4 Abs. 4 Satz 1 PR CESL soeben (1).
682 Dazu noch b) bb).
683 Dazu sogleich (3).
684 Vgl. hierzu und zum Folgenden Schmidt-Kessel-*ders.*, Art. 4 Rn. 7.
685 Vgl. auch Artt. 13 Abs. 1 lit. c, 15 Abs. 1 litt. b, d, e, 20 Abs. 1 lit. c, 23 DCESL.
686 So auch Schmidt-Kessel-*ders.*, Art. 4 Rn. 7.
687 Siehe aa) (1); a.A. wohl Schmidt-Kessel-*ders.*, Art. 4 Rn. 7.
688 Siehe aa) (1).

Auslieferungslager noch ein Liaison-Office Niederlassungen sind, muss dies erst recht für Automaten gelten.

Größere praktische Relevanz hat die Voraussetzung, dass der Vertrag „im Rahmen der Geschäftstätigkeit" einer Niederlassung geschlossen wird. Art. 4 Abs. 5 PR CESL formuliert damit ebenso unbestimmt wie Art. 10 lit. a CISG („engste Beziehung zu dem Vertrag und zu seiner Erfüllung").[689] Immerhin lässt sich aber einfacher ermitteln, ob ein Vertrag überhaupt im Rahmen der Geschäftstätigkeit einer Niederlassung geschlossen wird, als dass sich ermitteln lässt, zu welcher von mehreren Niederlassungen sogar die engste Beziehung besteht. Zudem fordert Art. 4 Abs. 5 PR CESL lediglich, dass der Vertrag im Rahmen der Geschäftstätigkeit „geschlossen [wird]", stellt also im Gegensatz zu Art. 10 lit. a CISG nicht kumulativ auf den Vertrag „und" seine Erfüllung ab.[690] Somit ist allein die Geschäftstätigkeit der mit dem Vertragsschluss befassten Niederlassung maßgeblich, auch wenn eine Partei mit der Erfüllung eine andere, ausländische Niederlassung befasst.[691] Dies entspricht zumindest im Ergebnis der Situation bei Art. 10 lit. a CISG; auch dort erfüllt grundsätzlich die mit dem Vertragsschluss befasste Niederlassung das Kriterium der engsten Beziehung, weil nur Umstände zu berücksichtigen sind, die den Parteien spätestens bei Vertragsschluss bekannt gewesen oder von ihnen in Betracht gezogen worden sind.[692]

Die mit der Erfüllung befasste Niederlassung spielt hingegen *de lege lata* für Art. 4 Abs. 5 PR CESL keine Rolle.[693] Warum *Wendehorst* sie dennoch berücksichtigen will,[694] begründet sie nicht. Dagegen spricht jedenfalls der klare Wortlaut (vgl. oben). Auch aus Art. 19 Abs. 2 Rom I-VO ergibt sich nichts anderes. Die Regelung ähnelt Art. 4 Abs. 5 PR CESL und nennt zwar neben der mit dem Vertragsschluss befassten auch die Niederlassung, die „für die Erfüllung [...] verantwortlich" ist, wobei sie beide Niederlassungen nicht wie Art. 10 lit. a CISG kumulativ aufzählt, sondern alternativ („oder"). Zugleich verlangt Art. 19 Abs. 2 Rom I-VO aber einschränkend, dass eine Niederlassung „gemäß dem Vertrag" für die Erfüllung verantwortlich ist, und betrifft daher nur den Fall, dass die Parteien sogar eine entsprechende vertragliche Abrede getroffen haben. Aus Art. 19 Abs. 2 Rom I-VO folgt hingegen nicht, dass die mit der Erfüllung

689 Dazu aa) (2); vgl. Schulze-*Wendehorst*, Art. 4 Rn. 6.

690 Auch dazu aa) (2).

691 So auch *Basedow*, in: Gemeinsames Europäisches Kaufrecht, S. 3, 12.

692 Siehe aa) (2).

693 Vgl. auch *Basedow*, in: Gemeinsames Europäisches Kaufrecht, S. 3, 12.

694 Vgl. Schulze-*Wendehorst*, Art. 4 Rn. 7.

befasste Niederlassung auch im Übrigen zu berücksichtigen ist. Zudem betrifft die Rom I-VO das auf vertragliche Schuldverhältnisse anzuwendende Recht und damit ein anderes Rechtsgebiet als der PR CESL. Umso weniger ist anzunehmen, dass die Kommission eine Art. 19 Abs. 2 Rom I-VO entsprechende Formulierung in Art. 4 Abs. 5 PR CESL nur versehentlich nicht aufgenommen hat. Insofern besteht demnach ein Unterschied zum CISG; dort kann die „engste Beziehung" auch zu der Niederlassung bestehen, die für die Erfüllung verantwortlich ist, sofern die Parteien sie spätestens bei Vertragsschluss in Betracht gezogen haben.[695]

Der „Rahmen der Geschäftstätigkeit" einer Niederlassung ist ebenso wie das Kriterium der engsten Beziehung objektiv zu bestimmen. Zu berücksichtigen ist etwa, ob die Anschrift der Niederlassung im Vertrag oder in den vorbereitenden Dokumenten, vor allem Angebot und Annahme, genannt wird, ob von dort aus die Vertragsverhandlungen geführt werden bzw. die dort beschäftigten Personen damit befasst sind.[696] Ggf. vereinbaren die Parteien sogar eine Zahlung in der Währung des Niederlassungsstaats. Während im Rahmen des Art. 10 lit. a CISG nur Umstände zu berücksichtigen sind, die den Parteien spätestens bei Vertragsschluss bekannt gewesen oder von ihnen in Betracht gezogen worden sind (vgl. oben), enthält Art. 4 Abs. 5 PR CESL keine zeitliche Einschränkung. Grund hierfür ist, dass die Regelung ohnehin nur auf die Niederlassung abstellt, in welcher der Vertrag „geschlossen [wird]" (vgl. oben). Spätestens im Zeitpunkt des Vertragsschlusses steht jedoch fest, ob dieser im Rahmen der Geschäftstätigkeit der fraglichen Niederlassung erfolgt. Ist dies nicht der Fall, bleibt der Ort der Hauptverwaltung bzw. des Hauptgeschäftssitzes maßgeblich (vgl. Art. 4 Abs. 2 PR CESL).[697]

(3) Anschrift, Liefer- oder Rechnungsanschrift

Hinsichtlich des Standorts von Verbrauchern stellt der Verordnungsentwurf weder auf den gewöhnlichen Aufenthalt noch auf die Niederlassung ab, sondern auf die Anschrift, die Liefer- oder Rechnungsanschrift (vgl. Art. 4 Abs. 3 lit. a PR CESL).[698] Einen Grund, warum die Kommission nicht auch insofern auf den

---

695 Siehe aa) (2).

696 Vgl. hierzu und zum Folgenden auch Schulze-*Wendehorst*, Art. 4 Rn. 6.

697 Dazu (1); vgl. auch Schulze-*Wendehorst*, Art. 4 Rn. 7.

698 Zur uneinheitlichen Terminologie des DCESL bereits (1); kritisch Schmidt-Kessel-*ders.*, Art. 4 Rn. 11: „[w]enig hilfreich"; *Leible*, in: Gemeinsames Europäisches Kaufrecht für die EU?, S. 21, 29 (Rn. 27): „[e]rstaunlich"; *Hellwege*, IHR 2012, 180, 181: „begriffliche Vielfalt [...], die vermeidbar gewesen wäre"; vgl. auch *Loacker*, EuZW 2014, 888, 891 f.

gewöhnlichen Aufenthalt abgestellt hat, nennen insbesondere die Erwägungsgründe nicht.[699] Denkbar ist etwa, dass bei B2C-Verträgen früher Gewissheit über die Anwendbarkeit des PR CESL herrschen soll, ohne dass der Unternehmer zunächst den ihm ggf. unbekannten gewöhnlichen Aufenthalt des Verbrauchers ermitteln muss.[700]

Die alternative („oder") Aufzählung in Art. 4 Abs. 3 lit. a PR CESL bezweckt, dass das DCESL für möglichst viele Verträge zur Verfügung steht, an denen Verbraucher beteiligt sind.[701] Die Aufzählung nennt drei verschiedene Anschriften.[702] Die Formulierung „die Lieferanschrift oder die Rechnungsanschrift" konkretisiert nicht etwa nur die „Anschrift des Verbrauchers", denn sie ist nicht durch Kommata eingeschlossen und somit keine Apposition. Auch die englische Fassung benennt unmissverständlich „either the address [...], the delivery address [...] or the billing address".[703]

Der Begriff der Anschrift kann definiert werden als Ort, an dem eine Person wohnhaft ist, wobei Art. 4 Abs. 3 lit. a PR CESL die Anschrift „des Verbrauchers" für maßgeblich erklärt. Die Lieferanschrift ist der Ort, an dem eine Person wohnhaft ist und die Lieferung des Vertragsgegenstands erfolgt. Entsprechend ist die Rechnungsanschrift der Ort, an dem die Rechnungsstellung erfolgt. Da die letzteren beiden Anschriften nicht den Zusatz „des Verbrauchers" enthalten, können dort auch andere Personen wohnhaft sein.

(4) Maßgeblicher Zeitpunkt

Im Gegensatz zum CISG regelt der Verordnungsentwurf ausdrücklich den maßgeblichen Zeitpunkt für die Internationalität des Sachverhalts und damit auch für die Qualifikation des fraglichen Standorts des Unternehmers als

---

699 Dafür Schmidt-Kessel-*ders.*, Art. 4 Rn. 11, 14; vgl. z.B. auch Art. 6 Rom I–VO; zu anderen europäischen Rechtsakten *Stadler*, AcP 212 (2012), 473, 485 f.; für Anknüpfung an den Wohnsitz *Eidenmüller* [*et al.*], JZ 2012, 269, 274; dies entspräche auch Artt. 5 Abs. 1 Brüssel I-VO, 7 Abs. 1 Brüssel Ia-VO.

700 Vgl. Schulze-*Wendehorst*, Art. 4 Rn. 15; *Eidenmüller* [*et al.*], JZ 2012, 269, 274; *Hellwege*, IHR 2012, 180, 182; *Stadler*, AcP 212 (2012), 473, 485; vgl. auch *Leible*, in: Gemeinsames Europäisches Kaufrecht für die EU?, S. 21, 29 (Rn. 29): „Man möchte den Unternehmer [...] vor unliebsamen Überraschungen schützen".

701 Vgl. auch Schulze-*Wendehorst*, Art. 4 Rn. 15; *Basedow*, in: Gemeinsames Europäisches Kaufrecht, S. 3, 6; *Staudenmeyer*, NJW 2011, 3491, 3494; *Stadler*, AcP 212 (2012), 473, 485.

702 Vgl. hierzu und zum Folgenden auch *Hellwege*, IHR 2012, 180, 182.

703 Im Sinne einer Apposition müsste die Formulierung hingegen lauten: „the address [...], either the delivery address [...] or the billing address".

gewöhnlicher Aufenthalt bzw. für die Bestimmung der Anschrift des Verbrauchers, der Liefer- oder Rechnungsanschrift. Maßgeblich ist der Zeitpunkt des *opt in* (vgl. Art. 4 Abs. 6 PR CESL). Obwohl ein *opt in* bei B2C-Verträgen nur wirksam ist, wenn es gesondert vom Vertragsschluss erfolgt (vgl. Art. 8 Abs. 2 Satz 1 PR CESL),[704] im Rahmen des CISG jedoch gerade der Zeitpunkt des Vertragsschlusses maßgeblich ist,[705] ergibt sich regelmäßig kein Unterschied, sofern die Parteien zugleich den Vertrag schließen und die Anwendung des DCESL vereinbaren.

b) Belegenheit in verschiedenen Staaten

Beide Rechtsinstrumente fordern, dass die jeweils maßgeblichen Standorte in verschiedenen Staaten liegen.

aa) CISG

Gemäß Art. 1 Abs. 1 CISG müssen die Parteien ihre Niederlassung[706] in verschiedenen Staaten haben. Dadurch erhält der Sachverhalt den erforderlichen internationalen Charakter.[707] Das Kriterium der Internationalität ist den litt. a, b in Art. 1 Abs. 1 CISG vorangestellt und gilt daher für beide Anwendungsalternativen.[708] Es ist erfüllt, wenn sich die Niederlassungen der Parteien nicht im selben Staatsgebiet befinden.[709] Hingegen ist unerheblich, ob die betroffenen Staaten Vertragsstaaten sind, denn Art. 1 Abs. 1 CISG spricht lediglich von „verschiedenen Staaten".[710] Das Staatsgebiet eines föderativen Staats umfasst dessen

---

704 Dazu C. II. 2. c) aa).

705 Siehe aa) (4).

706 Im Folgenden erfasst der Begriff „Niederlassung" bzgl. des CISG auch die maßgebliche von mehreren Niederlassungen (vgl. Art. 10 lit. a CISG; dazu a) aa) (2)) und den gewöhnlichen Aufenthalt (vgl. Art. 10 lit. b CISG; dazu a) aa) (3)), sofern nicht aus dem Zusammenhang etwas anderes folgt.

707 Vgl. Schlechtriem/Schwenzer-*Ferrari*, Art. 1 Rn. 40; Staudinger-*Magnus*, Art. 1 Rn. 3, 58; Ferrari [*et al.*]-*Saenger*, Intl. Vertragsrecht, Art. 1 Rn. 9, 15; Kröll/Mistelis/Viscasillas-*Mistelis*, Art. 1 Rn. 8.

708 Dazu noch 3. a), 4. a) aa), b) aa); vgl. Staudinger-*Magnus*, Art. 1 Rn. 97; Soergel-*Lüderitz/Fenge*, Art. 1 Rn. 8.

709 Vgl. Schlechtriem/Schwenzer-*Ferrari*, Art. 1 Rn. 40; Staudinger-*Magnus*, Art. 1 Rn. 59.

710 Vgl. auch LG Hamburg IPRax 1991, 400, 401; MüKoBGB-*Huber*, Art. 1 Rn. 25.

Gebietseinheiten.[711] Deshalb liegt kein internationaler Sachverhalt vor, wenn Parteien aus verschiedenen Gebietseinheiten desselben föderativen Staats kontrahieren.[712] Daran ändert auch ein Vorbehalt gemäß Art. 93 Abs. 1 Halbsatz 1 CISG nichts, mit dem föderative Staaten die Anwendbarkeit des Übereinkommens auf bestimmte Gebietseinheiten beschränken können.[713] Dies wirkt sich zwar auf die Eigenschaft als Vertragsstaat aus (vgl. Art. 93 Abs. 3 CISG), führt jedoch nicht dazu, dass Gebietseinheiten zu verschiedenen Staaten im Sinne des Art. 1 Abs. 1 CISG werden. Das Erfordernis der Internationalität ist allerdings erfüllt, wenn die Parteien ihre Niederlassungen in Gebietseinheiten verschiedener föderativer Staaten haben.[714]

Maßgeblicher Zeitpunkt ist der Vertragsschluss.[715] Dies folgt aus Art. 1 Abs. 2 CISG.[716] Danach muss die Internationalität des Sachverhalts spätestens bei Vertragsschluss für die Parteien erkennbar sein. Es kommt somit nicht auf spätere Veränderungen an, z.B. die Verlegung einer Niederlassung, eine Vertragsübernahme oder eine Abtretung, sodass nicht mehr oder überhaupt erst verschiedene Staaten betroffen sind.[717] Mangels Internationalität des Sachverhalts ist der räumliche Anwendungsbereich nicht eröffnet, selbst wenn der Vertrag in einem anderen Staat geschlossen oder grenzübergreifend erfüllt wird.[718] Die Parteien können das CISG dann nur durch eine (materiellrechtliche) Wahl zur Anwendung bringen.[719]

bb) PR CESL

Auch der PR CESL setzt voraus, dass die jeweils maßgeblichen Standorte in verschiedenen Staaten liegen (dazu (1)). Er räumt den Mitgliedstaaten jedoch die Option ein, auf das Erfordernis der Internationalität zu verzichten (dazu (2)).

---

711 Vgl. hierzu und zum Folgenden Staudinger-*Magnus*, Art. 1 Rn. 70; MüKoHGB-*Benicke*, Art. 1 Rn. 21.

712 Vgl. auch MüKoBGB-*Huber*, Art. 1 Rn. 31.

713 Dazu noch 2. a) bb).

714 Vgl. MüKoBGB-*Huber*, Art. 1 Rn. 31, mit Beispiel: Kalifornien (Vereinigte Staaten) und Ontario (Kanada).

715 Vgl. Schlechtriem/Schwenzer-*Ferrari*, Art. 1 Rn. 8 bzw. 40; Staudinger-*Magnus*, Art. 1 Rn. 69; Ferrari [*et al.*]-*Saenger*, Intl. Vertragsrecht, Art. 1 Rn. 13; MüKoHGB-*Benicke*, Art. 1 Rn. 20; Kröll/Mistelis/Viscasillas-*Mistelis*, Art. 1 Rn. 2, 42.

716 Dazu c); vgl. hierzu und zum Folgenden MüKoBGB-*Huber*, Art. 1 Rn. 25.

717 Vgl. auch Staudinger-*Magnus*, Art. 1 Rn. 69; *Piltz*, NJW 2009, 2258, 2259.

718 Vgl. Schlechtriem/Schwenzer-*Ferrari*, Art. 1 Rn. 40; Staudinger-*Magnus*, Art. 1 Rn. 59.

719 Dazu C. I. 4.

(1) Voraussetzung

Gemäß Art. 4 Abs. 1 PR CESL kann das DCESL für grenzübergreifende Verträge verwendet werden. Auch wenn die Regelung weniger streng formuliert als Art. 7 Abs. 1 Satz 1 PR CESL („darf nur verwendet werden"),[720] ist das Erfordernis der Internationalität zwingend.[721] Andernfalls wäre die Option in Art. 13 lit. a PR CESL obsolet.[722]

Wann ein Vertrag grenzübergreifend ist, regelt sodann Art. 4 Abs. 2, 3 PR CESL gesondert für B2B-Verträge und B2C-Verträge. Erstere sind grenzübergreifend, wenn die Parteien ihren gewöhnlichen Aufenthalt in verschiedenen Staaten haben (Abs. 2).[723] Letztere sind grenzübergreifend, wenn sich die Anschrift des Verbrauchers, die Liefer- oder Rechnungsanschrift in einem anderen Staat als dem gewöhnlichen Aufenthaltsstaat des Unternehmers befindet (Abs. 3 lit. a).[724] Ebenso wie gemäß Art. 1 Abs. 1 CISG dürfen sich die maßgeblichen Standorte der Parteien nicht im selben Staatsgebiet befinden, sodass etwa kein grenzübergreifender Vertrag vorliegt, wenn Parteien aus verschiedenen Gebietseinheiten desselben föderativen Staats kontrahieren.[725]

Maßgeblich ist der Zeitpunkt des *opt in* (vgl. Art. 4 Abs. 6 PR CESL).[726] Auch insofern sind spätere Veränderungen unerheblich.[727] Liegt zum Zeitpunkt des *opt in* ein reiner Inlandssachverhalt vor, stellt sich die Frage, ob die Parteien die Anwendung des DCESL unter der aufschiebenden Bedingung vereinbaren können, dass das Erfordernis der Internationalität später erfüllt wird.[728] Für die Möglichkeit eines solchen, vorsorglichen *opt in* spricht zwar, dass die Beschränkung des räumlichen Anwendungsbereichs auf internationale Sachverhalte nicht ausschließlich rechtspolitischen Zwecken diente, die zu beachten wären, sondern auch dazu, den Verordnungsentwurf auf Art. 114 Abs. 1 AEUV als alleinige Rechtsgrundlage stützen zu können.[729] Mangels eines entsprechenden

---

720 Dazu III. 2. b) aa).

721 Vgl. auch *Basedow*, in: Gemeinsames Europäisches Kaufrecht, S. 3, 9.

722 Dazu sogleich (2).

723 Zu der weiteren Voraussetzung, dass mindestens einer dieser Staaten ein Mitgliedstaat ist, 3. b).

724 Auch insofern muss mindestens einer dieser Staaten ein Mitgliedstaat sein; auch dazu noch 3. b).

725 Vgl. Schmidt-Kessel-*ders.*, Art. 4 Rn. 8.

726 Siehe bereits a) bb) (4).

727 Zu Art. 1 Abs. 1 CISG soeben aa); vgl. auch Schmidt-Kessel-*ders.*, Art. 4 Rn. 9 f.

728 Vgl. hierzu und zum Folgenden Schmidt-Kessel-*ders.*, Art. 4 Rn. 10.

729 Vgl. auch *Stadler*, AcP 212 (2012), 473, 487.

Anhaltspunktes in Art. 4 Abs. 6 PR CESL ist ein aufschiebend bedingtes *opt in* jedoch zumindest *de lege lata* nicht zulässig. Die Parteien können das DCESL aber auch außerhalb des räumlichen Anwendungsbereichs wählen, wenngleich nur materiellrechtlich.[730]

(2) Option

Bereits die Parteien selbst können Einfluss auf die Internationalität des Sachverhalts nehmen (dazu (aa)). Zudem räumt der Verordnungsentwurf den Mitgliedstaaten die Option ein, auf das Erfordernis der Internationalität zu verzichten (dazu (bb)).

(aa) Möglichkeit der Einflussnahme durch die Parteien

Sofern Unternehmer über Niederlassungen in verschiedenen Mitgliedstaaten verfügen, können sie Einfluss darauf nehmen, ob ein internationaler Sachverhalt vorliegt.[731] Befindet sich etwa bei einem B2B-Vertrag der gewöhnliche Aufenthalt der beteiligten Unternehmer im selben Mitgliedstaat, können sie das Erfordernis der Internationalität dennoch erfüllen, indem sie eine ausländische Niederlassung mit dem Vertragsschluss befassen (vgl. Art. 4 Abs. 5 PR CESL).[732] Liegt demgegenüber zunächst ein internationaler Sachverhalt vor, weil die Parteien ihren gewöhnlichen Aufenthalt in verschiedenen Mitgliedstaaten haben, können sie eine Anwendung des DCESL auch verhindern, indem sie eine inländische Niederlassung einschalten.[733] Freilich können sie in diesem Fall auch schlicht auf ein *opt in* verzichten.

Bei B2C-Verträgen können Unternehmer entsprechend vorgehen. Auch Verbraucher können Einfluss auf die Internationalität des Sachverhalts nehmen.[734] Ein B2C-Vertrag ist bereits grenzübergreifend, wenn sich nur eine der in Art. 4 Abs. 3 lit. a PR CESL aufgezählten Anschriften in einem anderen als dem gewöhnlichen Aufenthaltsstaat des Unternehmers befindet.[735] Ob der Verbraucher auch gerade diese Anschrift angeben muss, lässt sich der deutschen

730 Dazu C. II. 4.

731 Vgl. hierzu und zum Folgenden Schulze-*Wendehorst*, Art. 4 Rn. 10.

732 Dazu a) bb) (2); näher zu möglichen Geschäftsmodellen *Basedow*, in: Gemeinsames Europäisches Kaufrecht, S. 3, 12 ff.

733 Vgl. Schmidt-Kessel-*ders.*, Art. 4 Rn. 6.

734 Befürwortend Schulze-*Wendehorst*, Art. 4 Rn. 10.

735 Vgl. Schulze-*Wendehorst*, Art. 4 Rn. 14; *Schinkels*, in: Gemeinsames Europäisches Kaufrecht, S. 23, 25.

Fassung zwar nicht entnehmen.[736] Die englische Fassung enthält jedoch für die „Anschrift des Verbrauchers“ den Zusatz „indicated by“.[737] Auf sie kommt es demnach nur an, wenn der Verbraucher sie angibt. In der Praxis würde sich der Unternehmer wohl ggf. erkundigen. Auch würde der Verbraucher wohl stets eine Liefer- und Rechnungsanschrift angeben müssen, da der Unternehmer sonst nicht wüsste, wohin er den Vertragsgegenstand liefern soll bzw. die Rechnung stellen kann.

Nichtsdestotrotz bleiben dem Verbraucher Einflussmöglichkeiten. Ist er etwa in Kopenhagen wohnhaft und kontrahiert mit einem Unternehmer, der seinen gewöhnlichen Aufenthalt ebenfalls in Dänemark hat, kann er einen internationalen Sachverhalt schaffen, indem er als Lieferanschrift die Anschrift seines schwedischen Ferienhauses angibt, z.B. weil er für dort Gartengerät kauft.[738] Wäre der dänische Käufer in diesem Fall ein Unternehmer, der Gartengerät an seine schwedische Niederlassung liefern lassen möchte, müsste er diese schon mit dem Vertragsschluss befassen, damit ein grenzübergreifender Vertrag im Sinne des Art. 4 Abs. 2, 5 PR CESL vorliegt. Bzgl. des internationalen Charakters von B2C-Verträgen ist der Verordnungsentwurf also großzügiger.[739] Dies ermöglicht aber auch Umgehungsgeschäfte.[740] Vor allem in grenznahen Regionen ließen sich B2C-Verträge leicht grenzübergreifend im Sinne des Art. 4 Abs. 3 lit. a PR CESL schließen, indem der Verbraucher den Vertragsgegenstand an eine Packstation auf der anderen Seite der Grenze liefern lässt.[741]

In diesem Zusammenhang stellt sich die „spannende“[742] Frage, ob ein B2C-Vertrag auch dann grenzübergreifend ist, wenn der Verbraucher lügt, d.h.

---

736 Vgl. Schmidt-Kessel-*ders.*, Art. 4 Rn. 13; vgl. hierzu und zum Folgenden *Hellwege*, IHR 2012, 180, 182.

737 Vgl. Art. 4 Abs. 3 lit. a PR CESL: „address indicated by the consumer“.

738 Vgl. hierzu und zum Folgenden *Basedow*, in: Gemeinsames Europäisches Kaufrecht, S. 3, 6; vgl. auch *Hellwege*, IHR 2012, 180, 182, mit weiteren Beispielen.

739 Kritisch *Basedow*, in: Gemeinsames Europäisches Kaufrecht, S. 3, 6 f.: „nur schwer verständlich“. *Basedow* weist auch darauf hin, für B2B-Verträge fehle eine Regelung für Verträge mit innerstaatlichen und grenzübergreifenden Elementen, vor allem wenn die Parteien Lieferungen in verschiedene Staaten vereinbaren, etwa im genannten Beispiel sowohl nach Dänemark als auch nach Schweden.

740 Vgl. Schmidt-Kessel-*ders.*, Art. 4 Rn. 12: „lädt [...] geradezu ein“; vgl. hierzu und zum Folgenden ebda.

741 Vgl. auch *Mansel*, WM 2012, 1253, 1260: „zweifelhaft“; *Stadler*, AcP 212 (2012), 473, 485 (dort Fn. 51).

742 Schmidt-Kessel-*ders.*, Art. 4 Rn. 14.

vorsätzlich eine ausländische Adresse, Liefer- oder Rechnungsadresse angibt, unter der er nicht wohnhaft ist.[743] Falls eine solche Lüge beachtlich ist, könnte der Verbraucher die Anwendung des DCESL ermöglichen, obwohl eigentlich ein reiner Inlandssachverhalt vorliegt.[744] Ein Anreiz zur Lüge bestünde jedenfalls, erreichte der Verordnungsentwurf tatsächlich sein Ziel, ein „hohes Schutzniveau [zu] garantieren" (Erwgr. (11) Satz 2 PR CESL).[745] Erst recht wäre die Anwendung des DCESL für den Verbraucher attraktiv, wenn es sogar einen höheren Schutz gewährte als die autonomen Vorschriften seines Heimatrechts. Lügt der Verbraucher, ist zu differenzieren:[746]

Eine Lüge bzgl. der „Anschrift des Verbrauchers" muss beachtlich sein, sodass nicht seine wahre Anschrift maßgeblich ist, sondern die Adresse, die er angibt.[747] Zwar stellt Art. 4 Abs. 3 lit. a PR CESL darauf ab, dass sich die Anschrift des Verbrauchers in einem (anderen) Staat „befindet", und könnte damit an die objektive Wahrheit anknüpfen.[748] Die englische Fassung verweist jedoch ausdrücklich auf die Anschrift, die der Verbraucher angibt („indicated by"; vgl. oben). Zugleich enthält die Regelung keinen Anhaltspunkt, wonach die angegebene Adresse unbeachtlich sein soll, wenn der Verbraucher dort nicht wohnhaft ist. Möchte ein Unternehmer mit gewöhnlichem Aufenthalt in Frankreich mit einem Verbraucher kontrahieren, der in Paris wohnt, kann der Verbraucher somit eine Anwendung des DCESL ermöglichen, indem er etwa seine österreichische Urlaubsadresse oder die (ausländische) Adresse eines Verwandten angibt.[749] Die Reichweite der Lüge ist dabei unerheblich; es macht keinen Unterschied, ob der Verbraucher eine Adresse angibt, an der er sich durchaus aufhalten könnte, oder irgendeine, ggf. sogar erfundene Adresse.

---

743 Nachdem der Begriff der Anschrift als Ort definiert wurde, an dem eine Person wohnhaft ist (siehe a) bb) (3)), soll er nicht auch für den Fall verwendet werden, dass der Verbraucher lügt. Im Folgenden wird insofern der Begriff „Adresse" verwendet. Entsprechendes gilt für die Lieferanschrift und die Rechnungsanschrift.

744 Vgl. auch *Leible*, in: Gemeinsames Europäisches Kaufrecht für die EU?, S. 21, 29 (Rn. 27 a.E.).

745 Dazu bereits C. II. 1. b).

746 Zu pauschal hingegen Schulze-*Wendehorst*, Art. 4 Rn. 14: „the addresses".

747 So auch Schulze-*Wendehorst*, Art. 4 Rn. 14; *Leible*, in: Gemeinsames Europäisches Kaufrecht für die EU?, S. 21, 29 (Rn. 27); vgl. auch *Stadler*, AcP 212 (2012), 473, 485.

748 Vgl. hierzu und zum Folgenden auch *Leible*, in: Gemeinsames Europäisches Kaufrecht für die EU?, S. 21, 29 (Rn. 27).

749 Vgl. hierzu und zum Folgenden Schulze-*Wendehorst*, Art. 4 Rn. 14.

Den klaren Wortlaut der englischen Fassung entkräftet die deutsche Fassung nicht. Erwgr. (13) Satz 3 PR CESL bezieht sich sogar ebenfalls auf die „vom Verbraucher angegebene […] Anschrift".[750] Dass der Zusatz „indicated by" im normativen Teil nicht übersetzt wurde, kann daher nicht als Einschränkung gegenüber der englischen Fassung verstanden werden. Hinzu kommt ein systematisches Argument: Wäre stets die wahre „Anschrift des Verbrauchers" maßgeblich, handelte es sich hierbei letztlich bloß um ein Synonym für den gewöhnlichen Aufenthalt. Hinsichtlich des Standorts von Verbrauchern stellt der Verordnungsentwurf aber gerade nicht auf den gewöhnlichen Aufenthalt ab. Die alternative Aufzählung in Art. 4 Abs. 3 lit. a PR CESL bezweckt, dass das DCESL für möglichst viele B2C-Verträge zur Verfügung steht.[751] Entsprechend weit muss die Regelung ausgelegt werden können.

Auch ein ungeschriebenes Tatbestandsmerkmal in Form einer Missbrauchskontrolle ist nicht erforderlich,[752] denn schutzwürdige Interessen des Unternehmers werden nicht beeinträchtigt. Eine Lüge des Verbrauchers ändert nichts daran, dass das DCESL nur Anwendung findet, wenn der Unternehmer seinerseits zustimmt; es bedarf nach wie vor eines *opt in* (vgl. Artt. 3, 8 Abs. 1 Satz 1 PR CESL).[753] Dadurch ist der Unternehmer ausreichend geschützt. Wäre eine Lüge des Verbrauchers hingegen unbeachtlich und stets dessen wahre Anschrift maßgeblich, dürfte der Unternehmer seiner Angabe nicht vertrauen, da ein *opt in* sonst ggf. ins Leere ginge. Dies führte jedoch zu einer Erkundigungsobliegenheit des Unternehmers, obwohl die Aufzählung in Art. 4 Abs. 3 lit. a PR CESL früher Gewissheit über die Anwendbarkeit des PR CESL schaffen soll.[754] Bestehen insofern Zweifel, mag sich der Unternehmer zwar ohnehin erkundigen, etwa wenn der Verbraucher neben einer inländischen Liefer- und Rechnungsanschrift eine ausländische Adresse angibt. Diese Angabe mag dann auch ohne Weiteres überprüfbar sein, z.B. durch Vorlage einer Kopie des Personalausweises oder eines anderen Dokuments, das die ausländische Adresse bestätigt. Wie gezeigt, können aber beide Parteien ein Interesse an der Beachtlichkeit einer Lüge haben; dem Verbraucher winkt ggf. ein hohes Schutzniveau, und der Unternehmer, der ebenfalls das DCESL verwenden möchte, kann schlicht auf die Angabe des Verbrauchers vertrauen.

---

750 Vgl. auch *Leible*, in: Gemeinsames Europäisches Kaufrecht für die EU?, S. 21, 29 (Rn. 27).

751 Siehe a) bb) (3).

752 So aber Schmidt-Kessel-*ders.*, Art. 4 Rn. 14.

753 Dazu bereits C. II. 2. a), c).

754 Siehe a) bb) (3).

Es wäre demnach verfehlt, die Parteien quasi vor sich selbst zu schützen. Ignorierte man die angegebene Adresse im Sinne der Wahrheitsfindung, ignorierte man zugleich ihren Willen zur Anwendung des DCESL. Im Falle einer Lüge ist somit nicht die wahre Anschrift des Verbrauchers maßgeblich, sondern die angegebene Adresse. Die Parteien müssen sich dann allerdings an ihrem *opt in* festhalten lassen: Ermöglicht der Verbraucher erst durch seine Lüge die Anwendung des DCESL, kann er sich später nicht darauf berufen, das *opt in* sei ins Leere gegangen, weil sich seine wahre Anschrift im Inland befinde. Ebenso präkludiert ist der Unternehmer, der ohne Überprüfung auf die angegebene Adresse vertraut.

Eine Lüge bzgl. der Lieferanschrift ist nur ausnahmsweise denkbar.[755] Will der Verbraucher den Vertragsgegenstand selbst erhalten, wird er wohl kaum seine (inländische) Anschrift angeben, als Lieferanschrift jedoch irgendeine, ggf. sogar erfundene ausländische Adresse. Er wird vielmehr bzgl. seiner Anschrift lügen (vgl. oben) und als Lieferanschrift seine wahre Anschrift nennen. Eine Lüge ist insofern nur denkbar, wenn eine andere Person, die im Ausland wohnhaft ist, den Vertragsgegenstand erhalten soll, z.B. ein Verwandter, der beschenkt werden oder den Vertragsgegenstand für den Verbraucher verwahren soll.[756] Dann kommt eine Lüge in Betracht, wenn der Verbraucher als Lieferanschrift die Anschrift des Verwandten angibt, aber nicht dessen, sondern seinen Namen nennt.

Zwar ist nicht ersichtlich, warum der Verbraucher so handeln sollte. Es dürfte eher vom Zufall abhängen, welchen Namen er angibt. Selbst wenn er jedoch seinen Namen angibt, muss auch diese Lüge beachtlich sein. Insofern lässt sich zwar nicht die englische Fassung heranziehen; der Zusatz „indicated by" gilt nur für die erste Variante der Aufzählung und steht nicht etwa an ihrem Ende.[757] Allerdings muss die angegebene Adresse bereits deshalb maßgeblich sein, weil eine „wahre" Lieferanschrift nicht existiert. Die Lieferung ist ein einmaliges, tatsächliches Geschehen, das (nur) am angegebenen Ort und unabhängig davon erfolgt, wer dort wohnhaft ist. Nur diesen Aspekt erfasst aber eine Lüge des Verbrauchers. Umso mehr muss der Unternehmer auch in diesem Fall auf die angegebene Adresse vertrauen können, zumal er durch das Erfordernis eines *opt in* ausreichend geschützt ist (vgl. oben).

755 Vgl. auch *Stadler*, AcP 212 (2012), 473, 485 (dort Fn. 53).

756 Vgl. auch *Leible*, in: Gemeinsames Europäisches Kaufrecht für die EU?, S. 21, 28 (Rn. 25); *Eidenmüller* [*et al.*], JZ 2012, 269, 275 (dort Fn. 81).

757 Vgl. Art. 4 Abs. 3 lit. a PR CESL: „the address indicated by the consumer, the delivery address […] or the billing address".

Entsprechendes gilt schließlich für eine Lüge bzgl. der Rechnungsanschrift. Sie ist ebenfalls nur ausnahmsweise denkbar, denn in aller Regel will der Verbraucher die Rechnung selbst erhalten und bezahlen, um auch den Vertragsgegenstand zu erhalten. Eine Anwendung des DCESL wird er deshalb eher dadurch ermöglichen, dass er bzgl. seiner Anschrift lügt (vgl. oben). Eine Lüge bzgl. der Rechnungsanschrift ist hingegen nur denkbar, wenn der Verbraucher die ausländische Anschrift eines Verwandten oder Bekannten angibt, dabei aber nicht dessen, sondern seinen Namen nennt. Auch eine solche Lüge muss beachtlich sein, da auch die Rechnungsstellung ein einmaliges, tatsächliches Geschehen ist, das (nur) am angegebenen Ort und unabhängig davon erfolgt, wer dort wohnhaft ist (vgl. oben).

(bb) Verzicht durch die Mitgliedstaaten

Das Erfordernis der Internationalität und die Einflussmöglichkeiten der Parteien werden kritisiert.[758] Einerseits entspricht die Beschränkung des räumlichen Anwendungsbereichs auf grenzübergreifende Verträge der Ausgestaltung des DCESL als fakultatives Rechtsinstrument, das speziell für internationale Sachverhalte neben den autonomen Vorschriften des jeweiligen nationalen Rechts zur Verfügung steht.[759] Eine Erweiterung auf Inlandssachverhalte würde hingegen nicht nur an politische Grenzen stoßen, sondern auch mit dem Subsidiaritäts- und dem Verhältnismäßigkeitsgrundsatz in Konflikt geraten (vgl. Artt. 5 Abs. 3 und 4, 12 lit. b EUV).[760] Abgesehen von Verbrauchern könnten jedoch andererseits nur Unternehmer mit Niederlassungen in verschiedenen Mitgliedstaaten die Internationalität des Sachverhalts beeinflussen.[761] Dadurch

---

758 Vgl. Schulze-*Wendehorst*, Art. 4 Rn. 19: „negative side-effects“; vgl. auch *Lando*, in: Gemeinsames Europäisches Kaufrecht für die EU?, S. 15, 20 (Rn. 35); *Leible*, in: Gemeinsames Europäisches Kaufrecht für die EU?, S. 21, 33 (Rn. 42): „irritierend“; *Basedow*, in: Gemeinsames Europäisches Kaufrecht, S. 3, 9 ff.; vgl. auch *Loacker*, EuZW 2014, 888, 890.

759 Dazu C. II. 1. a); vgl. Schulze-*Wendehorst*, Art. 4 Rn. 18; kritisch *Stadler*, AcP 212 (2012), 473, 486: „für ein optionales Instrument [...] systemwidrig“.

760 Vgl. Schulze-*Wendehorst*, Art. 13 Rn. 1; a.A. *Basedow*, in: Gemeinsames Europäisches Kaufrecht, S. 3, 10 f.: Nach Art. 26 Abs. 2 AEUV umfasse der Binnenmarkt einen „Raum ohne Binnengrenzen“; darauf stütze sich auch die Verbraucherrechte-Richtlinie (vgl. deren Erwgr. (4)), die sowohl für grenzübergreifende als auch für nationale Sachverhalte gelte.

761 Siehe soeben (aa).

entstünden Vorteile für bestimmte Unternehmer, die der PR CESL eigentlich gerade nicht bezweckt:

Zum einen würden große Unternehmen einen Vorteil gegenüber kleinen und mittleren Unternehmen erlangen.[762] Regelmäßig verfügen nur erstere über Niederlassungen in verschiedenen Mitgliedstaaten, sodass sie je nach Vertragspartner internationale Sachverhalte schaffen, ihre grenzübergreifenden Verträge einheitlich dem DCESL unterstellen und so vertragsbedingte Transaktionskosten reduzieren könnten. Freilich hemmen solche Kosten den internationalen Handel großer Unternehmen wohl kaum. Umgekehrt könnten sie ein *opt in* auch verhindern, etwa weil das DCESL aus ihrer Sicht zu KMU-freundlich ist.[763] Kleine und mittlere Unternehmen, die nur über inländische Niederlassungen verfügen, aber das DCESL verwenden möchten, wären daher auf ein „Zugeständnis" angewiesen. Dies schwächt ihre unterlegene Verhandlungsposition zusätzlich. Eine einheitliche Verwendung des DCESL läge nicht in ihrer Hand.[764] Dementsprechend sinkt die Attraktivität eines *opt in*, obwohl der Verordnungsentwurf eine Beteiligung von KMU an grenzübergreifenden Verträgen gerade fördern soll (vgl. auch Art. 7 Abs. 1 Satz 2 PR CESL).[765]

Zum anderen entstünde ein Vorteil für Unternehmen aus Drittstaaten gegenüber Unternehmen aus Mitgliedstaaten, und hier wiederum vor allem gegenüber KMU.[766] In diesem Fall wirkt es sich zwar grundsätzlich nicht aus, wenn ein KMU nur über inländische Niederlassungen verfügt; kontrahiert es mit einem Unternehmen aus einem Drittstaat, liegt ein grenzübergreifender Vertrag vor.[767] Unternehmen aus Drittstaaten könnten allerdings den gesamten Binnenmarkt durch dasselbe Rechtsinstrument erreichen, das DCESL, wohingegen mitgliedstaatliche KMU wohl auch weiterhin mehrere Kaufrechtsregime beachten müssten (vgl. oben). Auch dies senkt die Attraktivität eines *opt in*.[768]

Vor diesem Hintergrund räumt Art. 13 lit. a PR CESL den Mitgliedstaaten die Option ein, auf das Erfordernis der Internationalität zu verzichten, und fungiert

762 Zum Begriff des KMU noch III. 2. b) aa) (2); vgl. hierzu und zum Folgenden Schulze-*Wendehorst*, Art. 4 Rn. 19.

763 Vgl. auch *Mankowski*, IHR 2012, 45, 50.

764 Vgl. auch *Stadler*, AcP 212 (2012), 473, 486 f.

765 Dazu noch III. 2. b); vgl. Schulze-*Wendehorst*, Art. 7 Rn. 1.

766 Vgl. hierzu und zum Folgenden auch Schulze-*Wendehorst*, Art. 4 Rn. 20.

767 Anders wäre es nur, hätte das drittstaatliche Unternehmen auch eine Niederlassung im selben (Mitglied-)Staat wie das KMU; dann könnte es seinerseits die Internationalität des Sachverhalts beeinflussen.

768 Vgl. auch *Eidenmüller* [*et al.*], JZ 2012, 269, 270, 275.

insofern als Kompensation für die ungewollte Bevorteilung bestimmter Unternehmer (vgl. oben).[769] Da ein Mitgliedstaat von der Option auch nur teilweise Gebrauch machen kann, kommt z.B. auch ein Verzicht auf das Erfordernis der Internationalität nur für bestimmte Vertragsarten in Betracht.[770]

Im Gegensatz zu Art. 13 lit. b PR CESL[771] beschränkt Art. 13 lit. a PR CESL die Wirkung der Option ausdrücklich auf den optierenden Mitgliedstaat;[772] nur für Inlandssachverhalte „in diesem Mitgliedstaat" steht das DCESL unabhängig vom Erfordernis der Internationalität zur Verfügung.[773] Bei Inlandssachverhalten in anderen Mitgliedstaaten können die Parteien das Kriterium der Internationalität hingegen nicht mittels einer Rechtswahl zugunsten eines Mitgliedstaats umgehen, der von der Option gemäß Art. 13 lit. a PR CESL Gebrauch gemacht hat.[774] Den Parteien bleibt insofern nur eine materiellrechtliche Wahl des DCESL.[775]

c) Erkennbarkeit

Das CISG (dazu aa)) und der PR CESL (dazu bb)) regeln die Frage unterschiedlich, ob die Internationalität des Sachverhalts für die Parteien erkennbar sein muss.

aa) CISG

Art. 1 Abs. 2 CISG enthält insofern einen Anwendungsausschluss (dazu (1)). Danach wird die Tatsache, dass die Parteien ihre Niederlassung[776] in verschiedenen Staaten haben, nicht berücksichtigt, wenn sie sich nicht zum maßgeblichen Zeitpunkt (dazu (3)) aus den dort genannten Umständen ergibt (dazu (2)).

---

769 Vgl. auch Schulze-*Wendehorst*, Art. 13 Rn. 1; Schmidt-Kessel-*ders.*, Art. 13 Rn. 2.

770 Vgl. Schmidt-Kessel-*ders.*, Art. 13 Rn. 5; zu Möglichkeit und Folgen eines überschießenden Gebrauchs von der Option Schulze-*Wendehorst*, Art. 13 Rn. 2 ff.

771 Dazu noch III. 2. b) bb).

772 Vgl. Schmidt-Kessel-*ders.*, Art. 4 Rn. 15.

773 Vgl. auch Schmidt-Kessel-*ders.*, Art. 13 Rn. 4; *Loacker*, EuZW 2014, 888, 890.

774 Vgl. hierzu und zum Folgenden Schulze-*Wendehorst*, Art. 13 Rn. 6; vgl. auch *Stadler*, AcP 212 (2012), 473, 487 (dort Fn. 63).

775 Dazu C. II. 4.; kritisch Schmidt-Kessel-*ders.*, Art. 13 Rn. 6 f.: „rechtspolitisch unerklärlich"; *Loacker*, EuZW 2014, 888, 890: „Einen funktionierenden Wettbewerb der Rechtsordnungen kann es so nicht geben."

776 Auch insofern gilt Art. 10 CISG (dazu a) aa) (2), (3)); vgl. Schlechtriem/Schwenzer-*Ferrari*, Art. 1 Rn. 57; Staudinger-*Magnus*, Art. 1 Rn. 81; MüKoBGB-*Huber*, Art. 1 Rn. 33.

(1) Anwendungsausschluss

Das CISG beschränkt seine Anwendbarkeit auf internationale Sachverhalte, die für die Parteien als solche erkennbar sind (vgl. Art. 1 Abs. 2 CISG). Dadurch soll der räumliche Anwendungsbereich nicht zu weit geraten.[777] Zudem sollen die Parteien vor einer überraschenden Anwendung des Übereinkommens geschützt werden, denn anders als noch die Haager Kaufgesetze knüpft das CISG allein an ihre Niederlassungen an und verzichtet auf weitere Merkmale, die dem Sachverhalt einen internationalen Charakter geben könnten.[778]

Bei Art. 1 Abs. 2 CISG handelt es sich nicht um eine Anwendbarkeitsvoraussetzung, sondern um einen Anwendungsausschluss.[779] Auf den ersten Blick legt die Systematik der Artt. 1 f. CISG dies zwar nicht nahe; ausweislich seiner amtlichen Überschrift regelt Art. 1 CISG zunächst den „Anwendungsbereich", und erst Art. 2 CISG enthält „Anwendungsausschlüsse". Bereits die Regelung des Art. 3 Abs. 2 CISG zeigt jedoch, dass Art. 2 CISG nicht alle Anwendungsausschlüsse enthält. Danach ist das Übereinkommen nicht auf Verträge anzuwenden, die überwiegend auf die Ausführung von Arbeiten oder anderen Dienstleistungen gerichtet sind.[780] Auch insofern handelt es sich um einen Anwendungsausschluss außerhalb des Art. 2 CISG.[781] Die Systematik der Artt. 1 f. CISG steht einer entsprechenden Einordnung des Art. 1 Abs. 2 CISG daher nicht entgegen.

Zudem ordnet Art. 1 Abs. 2 CISG als Rechtsfolge an, dass die „Tatsache, da[ss] die Parteien ihre Niederlassung in verschiedenen Staaten haben, [...] nicht berücksichtigt [wird]", und negiert damit ausdrücklich die entsprechende Anwendbarkeitsvoraussetzung in Art. 1 Abs. 1 CISG. Für die Einordnung als Anwendungsausschluss spricht schließlich auch die Verteilung der Beweislast: Bei Anwendbarkeitsvoraussetzungen trägt sie die Partei, die sich auf die Anwendbarkeit des Übereinkommens beruft, bei Anwendungsausschlüssen hingegen die Partei, die sich auf die Nichtanwendbarkeit beruft. Für Art. 1 Abs. 2

777 Vgl. hierzu und zum Folgenden Schlechtriem/Schwenzer-*Ferrari*, Art. 1 Rn. 4, 9, 48; Ferrari [*et al.*]-*Saenger*, Intl. Vertragsrecht, Art. 1 Rn. 22; Soergel-*Lüderitz/Fenge*, Art. 1 Rn. 5.

778 Siehe bereits a) aa) (1); vgl. auch MüKoHGB-*Benicke*, Art. 1 Rn. 25; MüKoBGB-*Huber*, Art. 1 Rn. 32.

779 Vgl. hierzu und zum Folgenden Schlechtriem/Schwenzer-*Ferrari*, Art. 1 Rn. 48.

780 Dazu noch IV. 2. c) aa).

781 Vgl. auch Staudinger-*Magnus*, Art. 3 Rn. 3: „negative, abweisende Aussage"; Ferrari [*et al.*]-*Saenger*, Intl. Vertragsrecht, Art. 3 Rn. 10.

CISG gilt letzteres, denn er enthält eine Vermutung zugunsten der Erkennbarkeit („wird nicht berücksichtigt, wenn […]").[782] Somit muss die Partei, die sich auf die Nichtanwendbarkeit des CISG beruft, die fehlende Erkennbarkeit beweisen.[783]

Der Anwendungsausschluss gilt für beide Anwendungsalternativen in Art. 1 Abs. 1 litt. a, b CISG.[784] Insbesondere besteht kein Grund, warum das Erfordernis der Erkennbarkeit in den Fällen des Art. 1 Abs. 1 lit. b CISG verzichtbar sein sollte.[785] Auch wenn das Übereinkommen gemäß Art. 1 Abs. 1 lit. b CISG anzuwenden ist, etwa weil die Parteien das Recht eines Vertragsstaats gewählt haben,[786] bedeutet das nicht notwendig, dass die Internationalität des Sachverhalts für sie erkennbar war. Zudem bezieht sich der in einem separaten Absatz verortete Anwendungsausschluss ausdrücklich auf das Kriterium der Internationalität in Art. 1 Abs. 1 CISG (vgl. oben), das jedoch ebenfalls für beide Anwendungsalternativen gilt.[787]

Die Erkennbarkeit für die Parteien ist objektiv zu bestimmen, wenngleich Art. 1 Abs. 2 CISG bisweilen als Einschränkung subjektiver Art bezeichnet wird.[788] In der Tat hatte die von UNCITRAL eingesetzte Arbeitsgruppe[789] zwar zunächst eine Formulierung vorgeschlagen, die an die Kenntnis bzw. fahrlässige Unkenntnis der Parteien anknüpft. Während der weiteren Vorarbeiten wurde dieser Vorschlag aber bewusst nicht übernommen, da befürchtet wurde, ein subjektives Element könnte zu praktischen Problemen führen. Im Rahmen des Art. 1 Abs. 2 CISG ist daher unerheblich, ob die Parteien wissen oder wissen müssen, dass sich ihre Niederlassungen in verschiedenen Staaten befinden,

---

782 Vgl. Soergel-*Lüderitz/Fenge*, Art. 1 Rn. 6.

783 Vgl. Schlechtriem/Schwenzer-*Ferrari*, Art. 1 Rn. 48; Staudinger-*Magnus*, Art. 1 Rn. 82; Ferrari [*et al.*]-*Saenger*, Intl. Vertragsrecht, Art. 1 Rn. 23; MüKoHGB-*Benicke*, Art. 1 Rn. 27c; MüKoBGB-*Huber*, Art. 1 Rn. 32; Kröll/Mistelis/Viscasillas-*dies.*, Art. 1 Rn. 46.

784 Dazu noch 3. a), 4. a) aa), b) aa); vgl. Schlechtriem/Schwenzer-*Ferrari*, Art. 1 Rn. 40; Staudinger-*Magnus*, Art. 1 Rn. 72, 97.

785 So aber Soergel-*Lüderitz/Fenge*, Art. 1 Rn. 17.

786 Dazu noch 4. a) aa).

787 Siehe b) aa).

788 Vgl. hierzu und zum Folgenden Schlechtriem/Schwenzer-*Ferrari*, Art. 1 Rn. 48 f., 51; Staudinger-*Magnus*, Art. 1 Rn. 73 f.; Ferrari [*et al.*]-*Saenger*, Intl. Vertragsrecht, Art. 1 Rn. 22 f.; MüKoHGB-*Benicke*, Art. 1 Rn. 26 f.; Soergel-*Lüderitz/Fenge*, Art. 1 Rn. 6.

789 Dazu B. I. 3.

geschweige denn in welchen.[790] Ebenso kommt es nicht darauf an, ob sie um die Qualifikation der betroffenen Staaten als Vertragsstaaten[791] oder gar um die Anwendbarkeit des CISG wissen. Maßgeblich ist vielmehr die objektive Sicht einer vernünftigen Person in der gleichen Situation wie die Parteien (vgl. Art. 8 Abs. 2 CISG). Dieses Ergebnis trägt auch der Wortlaut von Art. 1 Abs. 2 CISG, der lediglich fordert, dass sich die Internationalität des Sachverhalts aus den dort genannten Umständen „ergibt", ohne etwa auf die Sicht der Parteien zu verweisen. Zu beachten ist allerdings, dass die Internationalität für beide Parteien objektiv erkennbar sein muss.[792]

(2) Maßgebliche Umstände

Art. 1 Abs. 2 CISG zählt alternativ („oder") vier Umstände auf, aus denen sich die Internationalität des Sachverhalts ergeben kann:[793] den Vertrag (dazu (aa)), frühere Geschäftsbeziehungen (dazu (bb)), Verhandlungen, die zwischen den Parteien geführt (dazu (cc)), und Auskünfte, die von ihnen erteilt worden sind (dazu (dd)). Ob die Aufzählung abschließend ist, wird nicht einheitlich beantwortet.[794] Der Wortlaut enthält jedenfalls keinen Anhaltspunkt für eine nur beispielhafte Aufzählung, vor allem nicht das Wörtchen „insbesondere".[795] *Benicke* verweist demgegenüber auf den Zweck der Regelung, die einen Anwendungsausschluss nur erfordere, wenn die Internationalität des Sachverhalts für die Parteien nicht erkennbar sei.[796] Eine Beschränkung auf die ausdrücklich genannten Erkenntnisquellen sei hingegen nicht gerechtfertigt.[797] Letztlich ist die Frage eher theoretischer Natur als praktisch relevant; die genannten Umstände sind weit formuliert und dürften bereits alle relevanten Erkenntnisquellen erfassen.[798]

---

790 Vgl. hierzu und zum Folgenden neben den Nachw. in Fn. 788 auch MüKoBGB-*Huber*, Art. 1 Rn. 33 f.

791 Dazu noch 2. a).

792 Vgl. Schlechtriem/Schwenzer-*Ferrari*, Art. 1 Rn. 48; Staudinger-*Magnus*, Art. 1 Rn. 75; MüKoBGB-*Huber*, Art. 1 Rn. 34.

793 Vgl. Schlechtriem/Schwenzer-*Ferrari*, Art. 1 Rn. 53.

794 Dafür Schlechtriem/Schwenzer-*Ferrari*, Art. 1 Rn. 52; wohl auch MüKoBGB-*Huber*, Art. 1 Rn. 37; dagegen MüKoHGB-*Benicke*, Art. 1 Rn. 26; wohl auch Soergel-*Lüderitz/Fenge*, Art. 1 Rn. 7.

795 Vgl. Schlechtriem/Schwenzer-*Ferrari*, Art. 1 Rn. 52.

796 Vgl. hierzu und zum Folgenden MüKoHGB-*Benicke*, Art. 1 Rn. 26.

797 In diese Richtung auch MüKoBGB-*Huber*, Art. 1 Rn. 35: „Kreis der möglichen Indizien für die Erkennbarkeit [ist] weit zu ziehen"; Soergel-*Lüderitz/Fenge*, Art. 1 Rn. 7.

798 Den Begriff „Erkenntnisquelle" verwendet auch Schlechtriem/Schwenzer-*Ferrari*, Art. 1 Rn. 53.

(aa) Vertrag

Zunächst bildet der Vertrag selbst eine mögliche Erkenntnisquelle. Die Internationalität des Sachverhalts kann sich z.B. aus der Vertragssprache, der Angabe einer ausländischen Lieferanschrift oder überhaupt einer ausländischen Niederlassung, der Vereinbarung einer bestimmten Währung oder dem Erfordernis besonderer Begleitpapiere ergeben.[799]

Speziell bei Vertragsschlüssen über das Internet genügt es für die Erkennbarkeit, dass die Parteien als Endungen ihrer Internetadressen (sog. Top-Level-Domains) verschiedene Länderkürzel verwenden, z.B. „.de" oder „.uk".[800] Dann dürfen sie nicht davon ausgehen, es liege ein Inlandssachverhalt vor.[801] Etwas anderes folgt auch nicht aus Art. 6 Abs. 5 UNECIC.[802] Danach begründet allein der Umstand, dass eine Partei die Domain eines bestimmten Staats verwendet, nicht die Vermutung, dass sich ihre Niederlassung in diesem Staat befindet. Die Regelung stellt lediglich klar, dass ein Inlandssachverhalt nicht bereits durch die Verwendung einer ausländischen Domain zu einem internationalen Sachverhalt wird, obwohl sich die Niederlassungen der Parteien entgegen Art. 1 Abs. 1 UNECIC nicht in verschiedenen Staaten befinden. Sie betrifft hingegen nicht den Fall, dass tatsächlich ein internationaler Sachverhalt vorliegt. Befindet sich die Niederlassung einer Partei im Ausland, scheidet eine Vermutung, wie sie Art. 6 Abs. 5 UNECIC anspricht, von vornherein aus.[803] Die Regelung befasst sich somit nur mit der Bestimmung der Niederlassung (vgl. auch die amtliche Überschrift des Art. 6 UNECIC: „Location of the parties"), lässt jedoch das Kriterium der Internationalität und dessen Erkennbarkeit unberührt.[804] Die Frage der Erkennbarkeit regelt vielmehr Art. 1 Abs. 2 UNECIC, und zwar identisch mit Art. 1 Abs. 2 CISG.[805]

---

799 Vgl. Schlechtriem/Schwenzer-*Ferrari*, Art. 1 Rn. 54; Staudinger-*Magnus*, Art. 1 Rn. 77; Ferrari [*et al.*]-*Saenger*, Intl. Vertragsrecht, Art. 1 Rn. 24; MüKoHGB-*Benicke*, Art. 1 Rn. 27 ff.; MüKoBGB-*Huber*, Art. 1 Rn. 35.

800 Vgl. hierzu und zum Folgenden Schlechtriem/Schwenzer-*Ferrari*, Art. 1 Rn. 54; Staudinger-*Magnus*, Art. 1 Rn. 77.

801 Skeptisch MüKoBGB-*Huber*, Art. 1 Rn. 36: „allenfalls ergänzende Indizwirkung".

802 United Nations Convention on the Use of Electronic Communications in International Contracts; eine Liste aller Vertragsstaaten ist abrufbar unter http://www.uncitral.org/uncitral/en/uncitral_texts/electronic_commerce/2005Convention_status.html. Die Bundesrepublik hat das Übereinkommen weder unterzeichnet noch ratifiziert.

803 Dies übersieht offenbar MüKoBGB-*Huber*, Art. 1 Rn. 36.

804 Vgl. auch Staudinger-*Magnus*, Art. 1 Rn. 77.

805 Dies erkennt auch MüKoBGB-*Huber*, Art. 1 Rn. 36.

Verwenden die Parteien keine Länderkürzel, sondern international übliche Domains, z.B. „.com" oder „.net", lässt dies keinen Rückschluss auf die Niederlassung einer Partei bzw. die Internationalität des Sachverhalts zu.[806]

(bb) Frühere Geschäftsbeziehungen

Als weitere Erkenntnisquelle nennt Art. 1 Abs. 2 CISG frühere Geschäftsbeziehungen. Mangels entsprechender Einschränkung sind deren Ursprung, Art und Dauer unerheblich.[807] Sie müssen insbesondere nicht ihrerseits aufgrund eines Kaufvertrags entstanden sein.

(cc) Verhandlungen

Auch aus Verhandlungen, die zwischen den Parteien geführt worden sind, kann sich die Internationalität des Sachverhalts ergeben. Der Begriff der Verhandlungen erfasst nicht nur verbales Verhalten, das regelmäßig bereits den „Auskünften" zuzuordnen ist.[808] Er erfasst auch die Korrespondenz zwischen den Parteien und die vertragsvorbereitenden Dokumente, insbesondere Angebot und Annahme.[809]

Die Variante der Verhandlungen bezieht sich nur auf den konkreten Vertrag.[810] Dies folgt aus dem Relativsatz, den Art. 1 Abs. 2 CISG verwendet.[811] Verhandlungen zu anderen Verträgen gehören regelmäßig zu den „früheren Geschäftsbeziehungen".[812]

(dd) Auskünfte

Eine Erkenntnisquelle bilden schließlich auch Auskünfte, die von den Parteien erteilt worden sind. Auskünfte sind Mitteilungen, die gegenüber der jeweils anderen Partei abgegeben werden und nicht bereits zu den früheren Geschäftsbeziehungen

---

806 Insofern zutreffend MüKoBGB-*Huber*, Art. 1 Rn. 36; a.A. aber Staudinger-*Magnus*, Art. 1 Rn. 77: es müsse „durchweg" mit einer ausländischen Niederlassung gerechnet werden; vgl. auch Schlechtriem/Schwenzer-*Ferrari*, Art. 1 Rn. 54, der nicht zwischen Länderkürzeln und anderen Domains differenziert.

807 Vgl. hierzu und zum Folgenden Schlechtriem/Schwenzer-*Ferrari*, Art. 1 Rn. 53; Staudinger-*Magnus*, Art. 1 Rn. 79.

808 Dazu sogleich (dd).

809 Vgl. Schlechtriem/Schwenzer-*Ferrari*, Art. 1 Rn. 54.

810 Vgl. auch Staudinger-*Magnus*, Art. 1 Rn. 77.

811 Vgl. Art. 1 Abs. 2 CISG: „Verhandlungen [...], die vor oder bei Vertragsabschlu[ss] zwischen den Parteien geführt [...] worden sind."

812 Dazu soeben (bb).

oder Verhandlungen gehören.[813] Erfasst sind etwa auch Werbeanzeigen. Die Mitteilung muss nicht ausdrücklich auf eine ausländische Niederlassung hinweisen; es genügt, wenn sich dieser Umstand aus ihr „ergibt" (vgl. Art. 1 Abs. 2 CISG).[814]

Auskünfte durch Dritte sind hingegen nicht erfasst.[815] Der Relativsatz in Art. 1 Abs. 2 CISG fordert ausdrücklich, dass Auskünfte „von ihnen", d.h. von den Parteien, erteilt worden sind.[816] Für eine Berücksichtigung von Auskünften Dritter spricht zwar, dass es wertungsmäßig keinen Unterschied macht, von wem die Auskünfte stammen, aus denen sich die Internationalität des Sachverhalts ergibt. Auch der Zweck des Art. 1 Abs. 2 CISG, die Parteien vor einer überraschenden Anwendung des Übereinkommens zu schützen,[817] würde gewahrt. Abgesehen davon, dass der Wortlaut der Regelung aber keine Berücksichtigung von Auskünften Dritter zulässt, werden diese regelmäßig nur gegenüber einer Partei erteilt, etwa im Zuge einer beratenden Tätigkeit. Die Internationalität des Sachverhalts muss jedoch für beide Parteien objektiv erkennbar sein.[818] Den Parteien ist es hingegen nicht zuzumuten, sich über die ausdrücklich genannten, ohnehin weit formulierten Umstände hinaus zu informieren.[819] Zudem sind sie auch ohne Rücksicht auf Auskünfte Dritter ausreichend vor einer überraschenden Anwendung des Übereinkommens geschützt, da solche Auskünfte in aller Regel Umstände nach sich ziehen, die wiederum zu den ausdrücklich genannten Erkenntnisquellen gehören, vor allem eine entsprechende Korrespondenz der Parteien. Es bleibt somit dabei, dass Auskünfte Dritter nicht erfasst sind.

(3) Maßgeblicher Zeitpunkt

Den maßgeblichen Zeitpunkt für die Erkennbarkeit regelt Art. 1 Abs. 2 CISG ausdrücklich; die Internationalität des Sachverhalts muss für die Parteien „vor oder bei Vertragsabschlu[ss]" erkennbar sein.[820] Andernfalls wird die Tatsache,

---

813 Vgl. hierzu und zum Folgenden Staudinger-*Magnus*, Art. 1 Rn. 78; Schlechtriem/Schwenzer-*Ferrari*, Art. 1 Rn. 56; MüKoBGB-*Huber*, Art. 1 Rn. 35.

814 Vgl. auch Ferrari [*et al.*]-*Saenger*, Intl. Vertragsrecht, Art. 1 Rn. 24: „sowohl ausdrücklich als auch konkludent".

815 Vgl. hierzu und zum Folgenden Schlechtriem/Schwenzer-*Ferrari*, Art. 1 Rn. 52.

816 Vgl. auch MüKoBGB-*Huber*, Art. 1 Rn. 37; dennoch a.A. Staudinger-*Magnus*, Art. 1 Rn. 76; MüKoHGB-*Benicke*, Art. 1 Rn. 26.

817 Dazu (1).

818 Siehe (1).

819 Vgl. auch MüKoBGB-*Huber*, Art. 1 Rn. 37.

820 Vgl. hierzu und zum Folgenden Schlechtriem/Schwenzer-*Ferrari*, Art. 1 Rn. 48; Staudinger-*Magnus*, Art. 1 Rn. 80; vgl. auch MüKoBGB-*Huber*, Art. 1 Rn. 38.

dass die Parteien ihre Niederlassung in verschiedenen Staaten haben, „nicht berücksichtigt“, d.h. das Erfordernis der Internationalität ist nicht erfüllt und der räumliche Anwendungsbereich nicht eröffnet. Dann gelangt das unvereinheitlichte Recht zur Anwendung, das die *lex fori* beruft.[821] Da der Anwendungsausschluss des Art. 1 Abs. 2 CISG für beide Anwendungsalternativen in Art. 1 Abs. 1 litt. a, b CISG gilt,[822] ist das Übereinkommen insbesondere nicht anzuwenden, wenn die *lex fori* das Recht eines Vertragsstaats beruft (vgl. Art. 1 Abs. 1 lit. b CISG).[823]

Hiergegen wendet *Benicke* zwar ein, zumindest eine Partei drohte mit der Anwendung eines für sie fremden unvereinheitlichten Rechts überrascht zu werden, zumal die Parteien mangels erkennbarer Internationalität regelmäßig keine Rechtswahl getroffen haben werden und die *lex fori* das anzuwendende Recht im Wege einer objektiven Anknüpfung beruft.[824] Ein Rückgriff auf Art. 1 Abs. 1 lit. b CISG trotz Vorliegens der Voraussetzungen für einen Anwendungsausschluss gemäß Art. 1 Abs. 2 CISG widerspräche jedoch nicht nur dem Wortlaut und der Systematik des Art 1 CISG.[825] *Benicke* überdehnt auch den Zweck des Anwendungsausschlusses, der die Parteien lediglich vor einer überraschenden Anwendung des Übereinkommens schützen soll.[826] Er kann hingegen nicht auch außerhalb des Anwendungsbereichs des Übereinkommens einen generellen Schutz vor einer überraschenden Anwendung (irgend-)eines Rechts bezwecken, geschweige denn erreichen.

Als Beispiel für eine fehlende Erkennbarkeit der Internationalität wird bisweilen der Einsatz eines Stellvertreters genannt, der seine Niederlassung im Inland hat und die ausländische Niederlassung des Vertretenen nicht offenbart.[827] Dann handelt der Stellvertreter jedoch regelmäßig auch nicht im Namen des Vertretenen, sodass zumindest nach deutschem Recht ein Eigengeschäft des Stellvertreters vorliegt (vgl. § 164 Abs. 2 BGB) und ohnehin dessen Niederlassung

---

821 Vgl. auch Staudinger-*Magnus*, Art. 1 Rn. 72; Ferrari [*et al.*]-*Saenger*, Intl. Vertragsrecht, Art. 1 Rn. 23; Soergel-*Lüderitz/Fenge*, Art. 1 Rn. 5.

822 Siehe (1).

823 So aber MüKoHGB-*Benicke*, Art. 1 Rn. 28; wohl auch Soergel-*Lüderitz/Fenge*, Art. 1 Rn. 17.

824 Vgl. MüKoHGB-*Benicke*, Art. 1 Rn. 28.

825 Dazu bereits (1).

826 Siehe soeben (2) (dd).

827 Vgl. Sekretariatskommentar, Art. 1 Rn. 9; MüKoHGB-*Benicke*, Art. 1 Rn. 27a; MüKoBGB-*Huber*, Art. 1 Rn. 30; Soergel-*Lüderitz/Fenge*, Art. 1 Rn. 6; Kröll/Mistelis/Viscasillas-*Mistelis*, Art. 1 Rn. 13.

maßgeblich ist.[828] In diesem Fall liegt bereits kein internationaler Sachverhalt vor. Auf Art. 1 Abs. 2 CISG kommt es insofern nicht an. Nur wenn der Vertretene trotz verdeckter Stellvertretung Partei wird und dessen (ausländische) Niederlassung maßgeblich ist, kommt der Anwendungsausschluss zum Zug. Dann ist der räumliche Anwendungsbereich nicht eröffnet, weil die Internationalität des Sachverhalts für die andere Partei nicht erkennbar ist.[829]

Erweckt eine Partei den Anschein, es seien verschiedene Staaten betroffen, obwohl tatsächlich ein Inlandssachverhalt vorliegt, kommt es wiederum nicht auf Art. 1 Abs. 2 CISG an. Die Regelung stellt auf die „Tatsache" ab, „da[ss] die Parteien ihre Niederlassung in verschiedenen Staaten haben", und setzt damit voraus, dass objektiv ein internationaler Sachverhalt vorliegt. Welchen Anschein eine Partei erweckt, ist insofern unerheblich. Zudem soll der Anwendungsausschluss die Parteien lediglich vor einer überraschenden Anwendung des Übereinkommens schützen (vgl. oben), nicht hingegen auch umgekehrt das Vertrauen einer Partei auf die Anwendbarkeit des CISG, wenn sie irrtümlich annimmt, es seien verschiedene Staaten betroffen. Dennoch meint *Magnus*, eine Partei müsse die Anwendung des Übereinkommens gegen sich gelten lassen, wenn sie einen entsprechenden Anschein erweckt.[830] Hierfür spricht zwar das Gebot zur Wahrung des guten Glaubens im internationalen Handel (vgl. Art. 7 Abs. 1 CISG). Auch hätten die Parteien dann spätestens bei Vertragsschluss Gewissheit über die Anwendbarkeit des CISG. Dazu müsste aber die Internationalität des Sachverhalts, eine Anwendbarkeitsvoraussetzung gemäß Art. 1 Abs. 1 CISG, fingiert werden. Dies widerspräche dem klaren Wortlaut der Regelung.

bb) PR CESL

Der PR CESL verlangt nicht, dass die Internationalität des Sachverhalts für die Parteien erkennbar sein muss. Eine entsprechende Regelung ist auch nicht erforderlich, denn während das CISG innerhalb seines Anwendungsbereichs unmittelbar und vorrangig gegenüber den unvereinheitlichten Vorschriften der Vertragsstaaten gilt,[831] erfordert die Anwendung des DCESL ein *opt in* der Parteien. Insofern bedarf es keines Schutzes vor einer überraschenden Anwendung. Die Parteien werden vielmehr von sich aus klären, ob ein grenzübergreifender Vertrag vorliegt (vgl. Art. 4 Abs. 1 PR CESL), wenn sie das DCESL verwenden möchten.

---

828 Dazu bereits a) aa) (1); vgl. hierzu und zum Folgenden auch Schlechtriem/Schwenzer-*Ferrari*, Art. 1 Rn. 50.

829 Auch dazu bereits a) aa) (1).

830 Vgl. Staudinger-*Magnus*, Art. 1 Rn. 79; vgl. hierzu und zum Folgenden ebda.

831 Dazu bereits C. I. 1.

2. Qualifikation als Vertrags- bzw. EU-Mitgliedstaat

Neben dem Kriterium der Internationalität enthalten beide Rechtsinstrumente Qualifikationen hinsichtlich der betroffenen Staaten; das CISG spricht von „Vertragsstaaten" (dazu a)), der PR CESL von „Mitgliedstaaten" (dazu b)).

a) CISG

Für das CISG lassen sich Vertragsstaaten (dazu aa)) von Drittstaaten abgrenzen (dazu bb)).

aa) Vertragsstaaten

Entsprechend seiner Rechtsnatur als völkerrechtliches Übereinkommen bezieht sich das CISG auf „Vertragsstaaten" (vgl. Art. 1 Abs. 1 litt. a, b CISG).[832] Der Begriff des Vertragsstaats lässt sich mithilfe der Schlussbestimmungen in Teil IV (Artt. 89–101 CISG) präzisieren. Danach wird ein Staat zum Vertragsstaat, sobald das Übereinkommen dort einzelstaatlich in Kraft tritt, d.h. die Ratifikationsurkunde hinterlegt, die zwölfmonatige Frist verstrichen und ggf. die Kündigung der Haager Kaufgesetze wirksam geworden ist (vgl. Art. 99 CISG).[833] Einerseits genügt also nicht die bloße Ratifikation. Andererseits ist nicht erst der Zeitpunkt maßgeblich, ab dem die materiellrechtlichen Vorschriften des Übereinkommens gelten.[834] Die Eigenschaft als Vertragsstaat prüft das angerufene Gericht von Amts wegen.

Ob die Parteien um die Qualifikation der betroffenen Staaten als Vertragsstaaten wissen, ist unerheblich.[835] Für sie muss lediglich die Internationalität des Sachverhalts erkennbar sein (vgl. Art. 1 Abs. 2 CISG).[836] In Bezug auf die Qualifikation als Vertragsstaaten ist Art. 1 Abs. 2 CISG weder unmittelbar noch analog anwendbar.[837]

---

832 Vgl. hierzu und zum Folgenden Schlechtriem/Schwenzer-*Ferrari*, Art. 1 Rn. 11; Staudinger-*Magnus*, Art. 1 Rn. 2; Ferrari [*et al.*]-*Saenger*, Intl. Vertragsrecht, Art. 1 Rn. 1; Kröll/Mistelis/Viscasillas-*Mistelis*, Art. 1 Rn. 1.

833 Dazu bereits I. 1. a) aa); vgl. hierzu und zum Folgenden auch Schlechtriem/Schwenzer-*Ferrari*, Art. 1 Rn. 64; Staudinger-*Magnus*, Art. 1 Rn. 86, 128; Ferrari [*et al.*]-*Saenger*, Intl. Vertragsrecht, Art. 1 Rn. 14; MüKoBGB-*Huber*, Art. 1 Rn. 40; Kröll/Mistelis/Viscasillas-*Mistelis*, Art. 1 Rn. 49 f.

834 Dazu I. 1. a) bb).

835 Siehe bereits 1. c) aa) (1).

836 Auch dazu 1. c) aa).

837 Vgl. Staudinger-*Magnus*, Art. 1 Rn. 92; MüKoBGB-*Huber*, Art. 1 Rn. 33.

bb) Drittstaaten

Drittstaaten sind demnach Staaten, in denen das CISG nicht oder noch nicht einzelstaatlich in Kraft getreten ist. Auch wenn die Voraussetzungen des Art. 99 CISG erfüllt sind, kann ein Staat jedoch als Drittstaat gelten, sofern er einen Vorbehalt erklärt hat, der sich auf seine Eigenschaft als Vertragsstaat auswirkt.[838]

Gemäß Art. 92 Abs. 1 CISG kann ein Staat etwa bei der Ratifikation erklären, dass Teil II oder Teil III des Übereinkommens für ihn nicht verbindlich ist. Dann ist er hinsichtlich des ausgeschlossenen Teils nicht als Vertragsstaat im Sinne des Art. 1 Abs. 1 CISG zu betrachten (vgl. Art. 92 Abs. 2 CISG). Nur im Übrigen ist er also Vertragsstaat.[839]

Einen weiteren Vorbehalt ermöglicht Art. 93 Abs. 1 Halbsatz 1 CISG föderativen Staaten, in deren Gebietseinheiten nach ihrer Verfassung unterschiedliche Rechtsordnungen gelten.[840] Sie können bei der Ratifikation erklären, dass sich das Übereinkommen auf alle oder nur auf eine oder mehrere Gebietseinheiten erstreckt. Andernfalls erstreckt es sich auf alle Gebietseinheiten (vgl. Art. 93 Abs. 4 CISG). Beschränkt ein föderativer Staat die Anwendbarkeit auf bestimmte Gebietseinheiten, wirkt sich dies auf die Eigenschaft als Vertragsstaat aus: Die Niederlassung einer Partei wird nur dann als in einem Vertragsstaat belegen betrachtet, wenn sie sich in einer Gebietseinheit befindet, auf die sich das CISG erstreckt (vgl. Art. 93 Abs. 3 CISG). Die übrigen Gebietseinheiten gelten hingegen als Teile eines Drittstaats.

Ob sich auch ein Vorbehalt gemäß Art. 94 CISG auf die Eigenschaft als Vertragsstaat auswirkt, wird nicht einheitlich beantwortet.[841] Die Vorschrift gilt für Staaten, die „gleiche oder einander sehr nahekommende Rechtsvorschriften“ zu den vom CISG geregelten Rechtsfragen haben, und ermöglicht ihnen die

---

838 Vgl. Schlechtriem/Schwenzer-*Ferrari*, Art. 1 Rn. 65.

839 Vgl. auch Schlechtriem/Schwenzer-*Ferrari*, Art. 92 Rn. 3; Staudinger-*Magnus*, Art. 92 Rn. 5; Ferrari [*et al.*]-*Mankowski*, Intl. Vertragsrecht, Art. 92 Rn. 5 ff.; MüKoBGB-*Huber*, Art. 92 Rn. 2.

840 Dazu auch bereits 1.b) aa); vgl. hierzu und zum Folgenden Schlechtriem/Schwenzer-*Ferrari*, Art. 93 Rn. 3; Staudinger-*Magnus*, Art. 93 Rn. 4, 7; MüKoBGB-*Huber*, Art. 93 Rn. 1.

841 Dafür etwa Staudinger-*Magnus*, Art. 1 Rn. 89; MüKoHGB-*Benicke*, Art. 1 Rn. 31; Kröll/Mistelis/Viscasillas-*Herre*, Art. 94 Rn. 5; dagegen etwa *Ferrari*, IHR 2006, 1, 6; Schlechtriem/Schwenzer-*ders.*, Art. 94 Rn. 3; Ferrari [*et al.*]-*Mankowski*, Intl. Vertragsrecht, Art. 94 Rn. 14; nicht eindeutig OLG Hamm IHR 2010, 59, 61, das nur auf einen Ausschluss der Anwendung abstellt; die Frage offen lassend MüKoBGB-*Huber*, Art. 94 Rn. 1.

Erklärung, dass das Übereinkommen in ihrem Verhältnis keine Anwendung findet (Abs. 1).[842] Ein Vorbehalt ist auch im Verhältnis zu Drittstaaten möglich (Abs. 2; vgl. auch Abs. 3 für den Fall, dass ein Drittstaat später Vertragsstaat wird). Insbesondere die EU-Mitgliedstaaten könnten aufgrund der stetigen Harmonisierung ihrer Kaufrechtsvorschriften Erklärungen gemäß Art. 94 CISG abgeben, wohingegen etwa ein Vorbehalt gemäß Art. 93 Abs. 1 CISG mangels Bundesstaatlichkeit der Europäischen Union nicht in Betracht käme.[843]

Wortlaut und Systematik der Artt. 92 ff. CISG sprechen dafür, dass sich ein Vorbehalt gemäß Art. 94 CISG nicht auf die Eigenschaft als Vertragsstaat auswirkt. Sowohl Art. 92 CISG als auch Art. 93 CISG benennen nicht nur den möglichen Vorbehalt.[844] Sie enthalten darüber hinaus auch eine separate Regelung zur Vertragsstaateneigenschaft: Art. 92 Abs. 2 CISG stellt klar, hinsichtlich welchen Teils des Übereinkommens ein Vorbehaltsstaat (nicht) „als Vertragsstaat [...] zu betrachten" ist und verweist sogar ausdrücklich auf Art. 1 Abs. 1 CISG (vgl. oben). Parallel dazu formuliert Art. 93 Abs. 3 CISG, inwieweit ein föderativer Vorbehaltsstaat „als [...] Vertragsstaat [...] betrachtet" wird (vgl. oben). Art. 94 CISG enthält hingegen keine entsprechende Regelung.[845] Daraus folgt im Umkehrschluss, dass dieser Vorbehalt die Vertragsstaateneigenschaft unberührt lässt.

Zudem führt eine Erklärung gemäß Art. 94 CISG lediglich zu einem relativen Anwendungsausschluss des Übereinkommens im Verhältnis einzelner Vertragsstaaten zueinander. Die Vorbehalte gemäß Artt. 92, 93 CISG führen hingegen je nach Umfang ihrer Erklärung zu einem absoluten Anwendungsausschluss gegenüber allen Vertragsstaaten. Sofern *Mankowski* zwar die hier befürwortete Ansicht teilt, dass sich ein Vorbehalt gemäß Art. 94 CISG nicht auf die Vertragsstaateneigenschaft auswirkt, indes auch die Gerichte in Drittstaaten daran gebunden wissen will, falls ausschließlich Vorbehaltsstaaten betroffen sind,[846]

---

842 Dazu auch bereits C. III.

843 Vgl. Staudinger-*Magnus*, Art. 94 Rn. 5; Schlechtriem/Schwenzer-*Ferrari*, Art. 94 Rn. 5.

844 Vgl. Art. 92 Abs. 1 bzw. Art. 93 Abs. 1 Halbsatz 1 CISG: „kann [...] erklären, da[ss]".

845 So auch Kröll/Mistelis/Viscasillas-*Herre*, Art. 94 Rn. 5, der sich mit dem Hinweis begnügt, die Formulierung „das Übereinkommen [findet] keine Anwendung" in Art. 94 Abs. 1 Satz 1 CISG habe die gleiche Bedeutung wie die genannten Formulierungen in Artt. 92 Abs. 2, 93 Abs. 3 CISG.

846 Vgl. Ferrari [*et al.*]-*Mankowski*, Intl. Vertragsrecht, Art. 94 Rn. 14; gegen eine Bindung Schlechtriem/Schwenzer-*Ferrari*, Art. 94 Rn. 3; die Frage offen lassend MüKoBGB-*Huber*, Art. 94 Rn. 1.

erscheint dies nur auf den ersten Blick inkonsequent. Denn die Frage nach der Bindungswirkung eines Vorbehalts ist von seiner Bedeutung für die Eigenschaft als Vertragsstaat zu trennen. Selbst wenn drittstaatliche Gerichte an einen Vorbehalt gemäß Art. 94 CISG gebunden wären, änderte dies nichts daran, dass er die Eigenschaft als Vertragsstaat unberührt lässt.

Entsprechendes gilt auch für einen Vorbehalt gemäß Art. 95 CISG.[847] Danach kann ein Staat bei der Ratifikation erklären, dass Art. 1 Abs. 1 lit. b CISG für ihn nicht verbindlich ist, d.h. dass er das Übereinkommen nur anwendet, wenn ausschließlich Vertragsstaaten betroffen sind (vgl. Art. 1 Abs. 1 lit. a CISG),[848] nicht jedoch, wenn auch Drittstaaten betroffen sind und die *lex fori* das das Recht eines Vertragsstaats beruft (vgl. Art. 1 Abs. 1 lit. b CISG).[849] Ebenso wie Art. 94 CISG enthält auch Art. 95 CISG keine den Artt. 92 Abs. 2, 93 Abs. 3 CISG entsprechende Regelung (vgl. oben).

Schließlich wirkt sich auch ein Vorbehalt gemäß Art. 96 CISG nicht auf die Eigenschaft als Vertragsstaat aus; dessen Erklärung betrifft nicht die Anwendung des Übereinkommens als solche, sondern lediglich den Grundsatz der Formfreiheit gemäß Art. 11 Satz 1 CISG.[850]

b) PR CESL

Für den PR CESL lassen sich Mitgliedstaaten (dazu aa)) von Drittstaaten abgrenzen (dazu bb)).[851]

aa) Mitgliedstaaten

Der Begriff des Mitgliedstaats lässt sich mithilfe des Art. 16 PR CESL präzisieren, wonach die vorgeschlagene Verordnung „unmittelbar in jedem Mitgliedstaat" gelten soll. Die Regelung wiederholt lediglich, was für den Rechtsakt der Verordnung bereits aus Art. 288 UAbs. 2 Satz 2 AEUV folgt.

Ein Staat ist demnach Mitgliedstaat, sobald er der Europäischen Union beigetreten ist (vgl. Art. 49 EUV).[852] Für die aktuell 28 Mitgliedstaaten bestimmen

---

847 Vgl. Schlechtriem/Schwenzer-*Ferrari*, Art. 1 Rn. 68; Staudinger-*Magnus*, Art. 1 Rn. 90; MüKoBGB-*Huber*, Art. 1 Rn. 43.

848 Dazu noch 3. a).

849 Dazu noch 4. a) aa).

850 Dazu bereits C. I. 3. b); vgl. auch Schlechtriem/Schwenzer-*Ferrari*, Art. 1 Rn. 68.

851 Siehe zur Verwendung des Begriffs „Drittstaat" im Zusammenhang mit beiden Rechtsinstrumenten Fn. 364.

852 Vgl. Grabitz/Hilf/Nettesheim-*Ohler*, Art. 49 EUV Rn. 40 ff.

Artt. 52 EUV, 355 AEUV den räumlichen Anwendungsbereich des Unionsrechts ausdrücklich.[853] Davon weicht der PR CESL nicht ab. Da Art. 16 PR CESL die Geltung in „jedem" Mitgliedstaat anordnet, kann dahinstehen, ob auch eine Verordnung nur für einzelne Mitgliedstaaten zulässig wäre.[854] Ebenso wie im Rahmen des CISG ist unerheblich, ob die Parteien um die Eigenschaft ihres gewöhnlichen Aufenthaltsstaats als Mitgliedstaat wissen.

bb) Drittstaaten

Drittstaaten sind alle übrigen Staaten. Im Gegensatz zum CISG ermöglicht der PR CESL keine Vorbehalte, die sich auf die Eigenschaft als Mitgliedstaat auswirken könnten. Denn während das CISG, wie die meisten völkerrechtlichen Übereinkommen,[855] auf solche Vorbehalte angewiesen ist, um den Anforderungen möglichst vieler Staaten zu entsprechen,[856] handelt es sich bei der vorgeschlagenen Verordnung um ein „europäisches Gesetz"[857], das in allen seinen Teilen verbindlich ist (vgl. Artt. 16 PR CESL, 288 UAbs. 2 Satz 2 AEUV). Auch die beiden Optionen, die Art. 13 PR CESL den Mitgliedstaaten einräumt, ermöglichen nur eine Erweiterung des räumlichen (lit. a)[858] bzw. des persönlichen (lit. b)[859] Anwendungsbereichs, also gerade keine einseitige Einschränkung.[860] Dies verdeutlicht auch die Bezeichnung als „Optionen". Erst recht berührt Art. 13 PR CESL nicht die Eigenschaft als Mitgliedstaat.

3. Ausschließliche Betroffenheit von Vertrags- bzw. EU-Mitgliedstaaten

Sind ausschließlich Vertrags- bzw. Mitgliedstaaten betroffen, ist der räumliche Anwendungsbereich beider Rechtsinstrumente eröffnet. Allerdings verwenden das CISG (dazu a)) und der PR CESL (dazu b)) insofern eine unterschiedliche Regelungstechnik.

---

853 Näher dazu Schwarze [*et al.*]-*Becker*, Art. 52 EUV Rn. 1 ff. bzw. Art. 355 AEUV Rn. 1 ff.; vgl. auch Grabitz/Hilf/Nettesheim-*Nettesheim*, Art. 288 AEUV Rn. 99.

854 Dazu Calliess/Ruffert-*Ruffert*, Art. 288 AEUV Rn. 22 m.w.Nachw.

855 Vgl. Schlechtriem/Schwenzer-*Ferrari*, Art. 98 Rn. 1.

856 Vgl. für die Vorbehalte gemäß Artt. 92, 93 CISG nur Staudinger-*Magnus*, Art. 92 Rn. 2 bzw. Art. 93 Rn. 1.

857 Schwarze [*et al.*]-*Becker*, Art. 288 AEUV Rn. 18.

858 Dazu bereits 1. b) bb) (2).

859 Dazu noch III. 2. b) bb).

860 Vgl. auch Schmidt-Kessel-*ders.*, Art. 13 Rn. 1 f.

a) CISG

Gemäß Art. 1 Abs. 1 lit. a CISG ist das Übereinkommen anzuwenden, wenn die Parteien ihre Niederlassungen in verschiedenen Vertragsstaaten haben. Insofern bestimmt das CISG seinen räumlichen Anwendungsbereich unmittelbar,[861] ohne das IPR vorzuschalten.[862] Kollisionsrechtliche Überlegungen sind daher „schlicht überflüssig".[863] Das Übereinkommen kann etwa auch dann gemäß Art. 1 Abs. 1 lit. a CISG anzuwenden sein, wenn die *lex fori* im Wege einer objektiven Anknüpfung das Recht eines Drittstaats berufen würde,[864] weil der Vertrag zu diesem Staat eine engere Verbindung aufweist (vgl. z.B. Art. 4 Abs. 5 Rom I-VO). Nur im Falle eines wirksamen *opt out* gemäß Art. 6 CISG[865] gelangt die *lex fori* zur Anwendung.[866] Sie bestimmt das anwendbare Recht zudem für die Rechtsfragen, die außerhalb des Regelungsbereichs des CISG liegen.[867]

Art. 1 Abs. 1 lit. a CISG bindet freilich nur die Gerichte der Vertragsstaaten.[868] Wird ein drittstaatliches Gericht angerufen, wendet es sein IPR an, selbst wenn die Parteien ihre Niederlassungen in Vertragsstaaten haben. Dann kann das CISG nicht gemäß Art. 1 Abs. 1 lit. a CISG anzuwenden sein, sondern lediglich als Bestandteil des Rechts eines Vertragsstaats, wenn die *lex fori* dieses Recht beruft.[869] Unerheblich ist in jedem Fall, ob eine der Parteien ihre Niederlassung im

---

861 Diesen Begriff verwenden auch Staudinger-*Magnus*, Art. 1 Rn. 85; Ferrari [*et al.*]-*Saenger*, Intl. Vertragsrecht, Art. 1 Rn. 14; MüKoHGB-*Benicke*, Art. 1 Rn. 3, 29; Soergel-*Lüderitz/Fenge*, Art. 1 Rn. 18. Synonym werden die Begriffe „direkt" und „autonom" verwendet; vgl. Schlechtriem/Schwenzer-*Ferrari*, Art. 1 Rn. 63; MüKoBGB-*Huber*, Art. 1 Rn. 39; Kröll/Mistelis/Viscasillas-*Mistelis*, Art. 1 Rn. 47.

862 Vgl. BGH NJW-RR 2003, 1582, 1583; Staudinger-*Magnus*, Art. 1 Rn. 85; Bamberger/Roth-*Saenger*, Art. 1 Rn. 14; Soergel-*Lüderitz/Fenge*, Art. 1 Rn. 18; Kröll/Mistelis/Viscasillas-*Mistelis*, Art. 1 Rn. 5, 24; *Hellwege*, IHR 2012, 180, 185.

863 *Piltz*, NJW 2009, 2258, 2259; vgl. auch Kröll/Mistelis/Viscasillas-*Mistelis*, Art. 1 Rn. 5: „obsolete".

864 Vgl. Sekretariatskommentar, Art. 1 Rn. 6; MüKoBGB-*Huber*, Art. 1 Rn. 41; Kröll/Mistelis/Viscasillas-*Mistelis*, Art. 1 Rn. 10, 48.

865 Dazu C. I.

866 Vgl. Schlechtriem/Schwenzer-*Ferrari*, Art. 1 Rn. 63; Ferrari [*et al.*]-*Saenger*, Intl. Vertragsrecht, Art. 1 Rn. 14.

867 Vgl. Soergel-*Lüderitz*, Art. 1 Rn. 14; vgl. auch MüKoBGB-*Huber*, Art. 1 Rn. 45.

868 Vgl. Schlechtriem/Schwenzer-*Ferrari*, Art. 1 Rn. 63; Staudinger-*Magnus*, Art. 1 Rn. 85; MüKoHGB-*Benicke*, Art. 1 Rn. 29; MüKoBGB-*Huber*, Art. 1 Rn. 42.

869 Vgl. auch *Piltz*, NJW 2013, 2567, 2568.

Staat des angerufenen Gerichts hat.[870] Die Gerichte eines dritten Staats, in dem keine der Parteien ihre Niederlassung hat, werden allerdings nur selten international zuständig sein.

Maßgeblicher Zeitpunkt dafür, dass die Parteien ihre Niederlassungen in verschiedenen Vertragsstaaten haben, ist der Vertragsschluss.[871]

b) PR CESL

Auch der räumliche Anwendungsbereich des PR CESL ist eröffnet, wenn sich die jeweils maßgeblichen Standorte der Parteien in verschiedenen Mitgliedstaaten befinden. Im Gegensatz zum CISG regelt der Verordnungsentwurf diesen Fall nicht separat. Er begnügt sich vielmehr sowohl für B2B-Verträge als auch für B2C-Verträge mit der Forderung, dass von den betroffenen Staaten „mindestens einer" ein Mitgliedstaat ist (vgl. Art. 4 Abs. 2, 3 lit. b PR CESL).[872] Der PR CESL enthält auch keine eigene Kollisionsnorm wie Art. 1 Abs. 1 lit. a CISG, die seine Anwendbarkeit unmittelbar bestimmt, sondern schaltet die *lex fori* vor.[873] Beruft diese etwa im Wege einer objektiven Anknüpfung das Recht eines Drittstaats, steht das DCESL auch dann nicht zur Verfügung, wenn ausschließlich Parteien aus Mitgliedstaaten beteiligt sind. Die Parteien können das DCESL dann nur zu Anwendung bringen, indem sie entweder nachträglich das Recht eines Mitgliedstaats wählen und ein *opt in* vereinbaren[874] oder indem sie das DCESL materiellrechtlich wählen.[875] Für Rechtsfragen außerhalb des Regelungsbereichs besteht wiederum kein Unterschied – das auf sie anwendbare Recht bestimmt die *lex fori*.

Ebenso wie Art. 1 Abs. 1 lit. a CISG nur die Gerichte der Vertragsstaaten bindet,[876] gilt auch eine Verordnung nur in den Mitgliedstaaten (vgl. auch Art. 16

---

870 Vgl. MüKoBGB-*Huber*, Art. 1 Rn. 42, mit Beispiel: Gericht in Vertragsstaat A entscheidet über einen von Parteien aus den Vertragsstaaten B und C geschlossenen Vertrag; vgl. hierzu und zum Folgenden Staudinger-*Magnus*, Art. 1 Rn. 91.

871 Vgl. Schlechtriem/Schwenzer-*Ferrari*, Art. 1 Rn. 40; Staudinger-*Magnus*, Art. 1 Rn. 69; Bamberger/Roth-*Saenger*, Art. 1 Rn. 13; MüKoBGB-*Huber*, Art. 1 Rn. 25.

872 Kritisch *Hellwege*, IHR 2012, 180, 181, der diese Voraussetzung nicht bei der Definition des Begriffs „grenzübergreifend" in Art. 4 Abs. 2 PR CESL verortet hätte, sondern wohl in Art. 4 Abs. 1 PR CESL.

873 Dazu bereits C. II. 1. a).

874 Zu dieser Möglichkeit bereits C. II. 3. a), b).

875 Dazu C. II. 4.

876 Siehe soeben a).

PR CESL).[877] Da der PR CESL jedoch die *lex fori* vorschaltet, kommt es insofern nicht darauf an, ob ein Gericht eines Mitgliedstaats oder ein drittstaatliches Gericht angerufen wird; das angerufene Gericht wendet in jedem Fall sein IPR an.

Maßgeblicher Zeitpunkt für die ausschließliche Betroffenheit von Mitgliedstaaten ist das *opt in* (vgl. Art. 4 Abs. 6 PR CESL). Sofern die Parteien zugleich den Vertrag schließen und die Anwendung des DCESL vereinbaren, ergibt sich kein Unterschied zum CISG.[878]

4. Zumindest auch Betroffenheit von Vertrags- bzw. Mitgliedstaaten

Auch wenn nicht ausschließlich Vertrags- bzw. Mitgliedstaaten betroffen sind, kann der räumliche Anwendungsbereich beider Rechtsinstrumente zwar grundsätzlich eröffnet sein (dazu a)). Sowohl im Rahmen des CISG als auch im Rahmen des PR CESL ist jedoch eine Besonderheit zu beachten (dazu b)).

a) Grundsatz

aa) CISG

Liegen die Voraussetzungen des Art. 1 Abs. 1 lit. a CISG nicht vor, weil nicht ausschließlich Parteien aus Vertragsstaaten beteiligt sind oder einer der betroffenen Staaten einen Vorbehalt erklärt hat, der sich auf seine Eigenschaft als Vertragsstaat auswirkt,[879] kann der räumliche Anwendungsbereich des Übereinkommens dennoch eröffnet sein, wenn die *lex fori* das Recht eines Vertragsstaats beruft (vgl. Art. 1 Abs. 1 lit. b CISG). Insofern verfolgt das CISG die Vorschaltlösung.[880] Damit bezweckte die Wiener Konferenz eine Vereinfachung gegenüber den Haager Kaufgesetzen.[881] Deren räumlicher Anwendungsbereich verlangte zwar keinen Bezug zu einem Vertragsstaat (sog. Universalitätsprinzip, vgl. Artt. 1 Abs. 1 ULF, 1 Abs. 1 ULIS). Dafür ermöglichten sie aber zahlreiche Vorbehalte (vgl. vor allem

---

877 Siehe 2. b) aa).

878 Siehe auch bereits 1. a) bb) (4).

879 Dazu 2. a) bb).

880 Vgl. auch *Basedow*, in: Gemeinsames Europäisches Kaufrecht, S. 3, 5: „innovative[r] Ansatz". Den Begriff „Vorschaltlösung" verwendet *Diedrich*, RIW 1993, 758; vgl. auch BGH NJW-RR 2003, 1582, 1583; *Mankowski*, RIW 2012, 97, 101; Staudinger-*Magnus*, Art. 1 Rn. 93; Ferrari [*et al.*]-*Saenger*, Intl. Vertragsrecht, Art. 1 Rn. 15; MüKoHGB-*Benicke*, Art. 1 Rn. 3; MüKoBGB-*Huber*, Art. 1 Rn. 39.

881 Vgl. Schlechtriem/Schwenzer-*Ferrari*, Art. 1 Rn. 5; Kröll/Mistelis/Viscasillas-*Mistelis*, Art. 1 Rn. 23.

Artt. III, VI ULF, III, VI ULIS).[882] Die meisten Vertragsstaaten erklärten denn auch mindestens einen dieser Vorbehalte, sodass die Haager Kaufgesetze nur uneinheitlich Anwendung fanden.[883] Aufgrund der Regelung des Art. 1 Abs. 1 lit. b CISG konnte die Wiener Konferenz hingegen auf Vorbehaltsmöglichkeiten verzichten[884] und das Universalitätsprinzip dennoch in gewissem Umfang übernehmen.

Die Anwendung des Übereinkommens gemäß lit. b setzt insbesondere nicht voraus, dass eine der Parteien ihre Niederlassung in einem Vertragsstaat hat, wenngleich das IPR regelmäßig an die Niederlassung oder den Sitz der Parteien anknüpft (vgl. z.B. Artt. 4, 19 Rom I-VO).[885] Je nach Ausgestaltung der *lex fori* kann zudem eine Rechtswahl unbeachtlich, eine gespaltene Anknüpfung (sog. *dépeçage*) geboten und eine Rück- oder Weiterverweisung (sog. *renvoi*) beachtlich sein.[886]

Magnus will hingegen ein *renvoi* aufgrund einer restriktiven Auslegung des Art. 1 Abs. 1 lit. b CISG ausgeschlossen wissen.[887] Führe die *lex fori* zur „Anwendung des Rechts eines Vertragsstaats", solle damit nur dessen materielles Recht berufen sein, nicht auch sein IPR, das ggf. zurück- oder weiterverweisen würde.[888] Art. 1 Abs. 1 lit. b CISG differenziert jedoch gerade nicht in diesem Sinne.[889] Die Regelung spricht vielmehr allgemein von der Anwendung „des Rechts". Auch im Übrigen schweigt das CISG zur (Un-)Beachtlichkeit eines *renvoi*. Es wäre allerdings inkonsequent, schaltete Art. 1 Abs. 1 lit. b CISG zwar die *lex fori* vor, beachtete aber nicht auch das IPR des berufenen Rechts. Eine Rück- oder Weiterverweisung ist daher zu beachten. Dies gilt freilich nicht für Vertragsstaaten, die zugleich Mitgliedstaaten sind (vgl. Art. 20 Rom I-VO).[890]

882 Dazu bereits B. I. 2.; vgl. hierzu und zum Folgenden Schlechtriem/Schwenzer-*Ferrari*, Art. 1 Rn. 1 ff.; Staudinger-*Magnus*, Art. 95 Rn. 2.

883 Auch dazu B. I. 2.

884 Siehe aber noch b) aa).

885 Vgl. MüKoBGB-*Huber*, Art. 1 Rn. 46.

886 Vgl. Schlechtriem/Schwenzer-*Ferrari*, Art. 1 Rn. 71; Staudinger-*Magnus*, Art. 1 Rn. 101; Ferrari [*et al.*]-*Saenger*, Intl. Vertragsrecht, Art. 1 Rn. 17; Soergel-*Lüderitz/Fenge*, Art. 1 Rn. 10; Kröll/Mistelis/Viscasillas-*Mistelis*, Art. 1 Rn. 51; weiterführend MüKoBGB-*Huber*, Art. 1 Rn. 47 ff.

887 Vgl. hierzu und zum Folgenden Staudinger-*Magnus*, Art. 1 Rn. 106.

888 Vgl. auch MüKoHGB-*Benicke*, Art. 1 Rn. 36.

889 Vgl. hierzu und zum Folgenden auch MüKoBGB-*Huber*, Art. 1 Rn. 49.

890 Zur Beachtlichkeit einer Rechtswahl Art. 3 Abs. 1 Satz 1 Rom I-VO und zur weitgehenden Entbehrlichkeit einer *dépeçage* Art. 12 Rom I-VO; vgl. auch Kröll/Mistelis/Viscasillas-*Mistelis*, Art. 1 Rn. 52.

Ebenso wie Art. 1 Abs. 1 lit. a CISG[891] bindet auch Art. 1 Abs. 1 lit. b CISG nur die Gerichte der Vertragsstaaten.[892] Insofern macht es jedoch keinen Unterschied, ob ein Gericht sein IPR gemäß Art. 1 Abs. 1 lit. b CISG anwendet, weil es das Gericht eines Vertragsstaats ist, oder ohnehin, weil es das Gericht eines Drittstaats ist;[893] entscheidend ist stets, dass die *lex fori* das Recht eines Vertragsstaats beruft.

Während die Anwendung des CISG gemäß lit. b zunächst von größerer Bedeutung war, da das Übereinkommen noch wenige Vertragsstaaten hatte, bildet mittlerweile die unmittelbare Eröffnung des räumlichen Anwendungsbereichs gemäß lit. a den Regelfall.[894] Beide Anwendungsalternativen stehen nicht in einem Exklusivitätsverhältnis zueinander. Die Anwendbarkeit kann also auf lit. b gestützt werden, auch wenn bereits die Voraussetzungen der lit. a vorliegen.[895]

bb) PR CESL

Der PR CESL enthält keine Anwendungsalternativen. Er begnügt sich mit der Forderung, dass von den betroffenen Staaten „mindestens einer" ein Mitgliedstaat ist (vgl. Art. 4 Abs. 2, 3 lit. b PR CESL).[896] Die Formulierung erfasst auch den Fall, dass sowohl Mitglied- als auch Drittstaaten betroffen sind. Zwischen beiden Rechtsinstrumenten besteht kein Unterschied, wenn die Voraussetzungen des Art. 1 Abs. 1 lit. a CISG nicht vorliegen. Dann hängt die Anwendbarkeit des CISG ebenso wie die Anwendbarkeit des PR CESL von der *lex fori* ab.[897]

---

891 Siehe 3. a).

892 Vgl. Schlechtriem/Schwenzer-*Ferrari*, Art. 1 Rn. 69; Staudinger-*Magnus*, Art. 1 Rn. 95; Bamberger/Roth-*Saenger*, Art. 1 Rn. 15.

893 Näher hierzu und zum Folgenden MüKoBGB-*Huber*, Art. 1 Rn. 52; vgl. auch Staudinger-*Magnus*, Art. 1 Rn. 99; Ferrari [*et al.*]-*Saenger*, Intl. Vertragsrecht, Art. 1 Rn. 17; Kröll/Mistelis/Viscasillas-*Mistelis*, Art. 1 Rn. 54.

894 Vgl. hierzu und zum Folgenden Bamberger/Roth-*Saenger*, Art. 1 Rn. 14; Kröll/Mistelis/Viscasillas-*Mistelis*, Art. 1 Rn. 47, 51 (dort Fn. 86, 97), mit zahlreichen Beispielen aus der Rspr.; dazu auch Schlechtriem/Schwenzer-*Ferrari*, Art. 1 Rn. 71 (dort Fn. 319).

895 Vgl. auch Kröll/Mistelis/Viscasillas-*Mistelis*, Art. 1 Rn. 4.

896 Siehe bereits 3. b).

897 Vgl. auch Schmidt-Kessel-*ders.*, Artt. 8, 9 Rn. 7; *Basedow*, in: Gemeinsames Europäisches Kaufrecht, S. 3, 7.

b) Besonderheiten

Im Rahmen des CISG kann die Erklärung eines Vorbehalts gemäß Art. 95 CISG zu Besonderheiten führen (dazu aa)). Im Rahmen des PR CESL ist hingegen die Differenzierung zwischen B2B- und B2C-Verträgen zu beachten (dazu bb)).

aa) CISG

Die Vorschaltlösung gemäß Art. 1 Abs. 1 lit. b CISG ist nicht unproblematisch.[898] Auch die Bundesrepublik kritisierte sie bereits während der Wiener Konferenz. Sie wies auf drohende Anwendungsprobleme hin und betonte, das Übereinkommen dürfe die Vertragsstaaten nicht dazu verpflichten, es auch gegenüber Parteien aus Drittstaaten anzuwenden. Ihr Antrag, Art. 1 Abs. 1 lit. b CISG zu streichen, blieb indes erfolglos. Als Kompromiss[899] wurde jedoch der Vorbehalt gemäß Art. 95 CISG eingefügt.[900]

Danach kann ein Staat bei der Ratifikation erklären, dass Art. 1 Abs. 1 lit. b CISG für ihn nicht verbindlich ist. Die Eigenschaft als Vertragsstaat[901] bleibt hiervon ebenso unberührt wie die Anwendungsalternative in Art. 1 Abs. 1 lit. a CISG.[902] Liegen deren Voraussetzungen nicht vor, scheidet eine Anwendung des Übereinkommens gemäß lit. b allerdings aus, wenn das angerufene Gericht den erklärten Vorbehalt gemäß Art. 95 CISG zu beachten hat. Die Frage nach der Bindungswirkung des Vorbehalts ist durchaus praxisrelevant. Zwar bildet die unmittelbare Eröffnung des räumlichen Anwendungsbereichs gemäß Art. 1 Abs. 1 lit. a CISG mittlerweile den Regelfall.[903] Mit der Bedeutung der lit. b ist auch die

---

898 Vgl. hierzu und zum Folgenden Schlechtriem/Schwenzer-*Ferrari*, Art. 1 Rn. 6 f., 70; für die Unbedenklichkeit des Art. 1 Abs. 1 lit. b CISG Staudinger-*Magnus*, Art. 1 Rn. 95.

899 Schlechtriem/Schwenzer-*Ferrari*, Art. 1 Rn. 77; Staudinger-*Magnus*, Art. 1 Rn. 94; MüKoHGB-*Benicke*, Art. 1 Rn. 38; vgl. auch Ferrari [*et al.*]-*Mankowski*, Intl. Vertragsrecht, Art. 95 Rn. 1: „spiegelt das Misstrauen [...] wider"; Kröll/Mistelis/Viscasillas-*Mistelis*, Art. 1 Rn. 23: „balanced out".

900 Näher zur Entstehung Schlechtriem/Schwenzer-*Ferrari*, Art. 95 Rn. 1; Staudinger-*Magnus*, Art. 95 Rn. 2 f.; Ferrari [*et al.*]-*Mankowski*, Intl. Vertragsrecht, Art. 95 Rn. 2; vgl. auch MüKoBGB-*Huber*, Art. 1 Rn. 44.

901 Dazu bereits 2. a) bb).

902 Siehe a) aa); vgl. auch Schlechtriem/Schwenzer-*Ferrari*, Art. 1 Rn. 77; Ferrari [*et al.*]-*Mankowski*, Intl. Vertragsrecht, Art. 95 Rn. 4; Soergel-*Lüderitz/Fenge*, Art. 1 Rn. 16 (dort Fn. 74).

903 Siehe a) aa).

Bedeutung des Vorbehalts gemäß Art. 95 CISG gesunken.[904] Zu den Vorbehaltsstaaten gehören aber immerhin die Vereinigten Staaten und China.

Denkbar ist, dass ein Gericht in einem Vorbehaltsstaat (dazu (1)), in einem Vertragsstaat[905] (dazu (2)) oder in einem Drittstaat angerufen wird (dazu (3)).[906]

(1) Gerichte eines Vorbehaltsstaats

Ein Vorbehalt gemäß Art. 95 CISG bindet jedenfalls die Gerichte des ihn erklärenden Vertragsstaats.[907] Das zeigt bereits die Formulierung „für ihn nicht verbindlich" in Art. 95 CISG. Die Gerichte eines Vorbehaltsstaats wenden das Übereinkommen somit nicht gemäß Art. 1 Abs. 1 lit. b CISG an. Daraus folgt aber nicht notwendig, dass sie es nur anwenden, wenn ausschließlich Parteien aus Vertragsstaaten beteiligt sind (vgl. Art. 1 Abs. 1 lit. a CISG). Bei Beteiligung einer drittstaatlichen Partei wenden die Gerichte eines Vorbehaltsstaats sein IPR zwar nicht gemäß Art. 1 Abs. 1 lit. b CISG an (vgl. Art. 95 CISG). Sie wenden es jedoch unabhängig von Art. 1 Abs. 1 lit. b CISG an, um das Vertragsstatut zu ermitteln. Beruft die *lex fori* in diesem Fall das Recht eines Vertragsstaats, könnte das CISG als dessen Bestandteil Anwendung finden – und damit trotz des erklärten Vorbehalts.

Eine Ansicht lehnt dies ab.[908] Danach soll für die Gerichte eines Vorbehaltsstaats nicht nur Art. 1 Abs. 1 lit. b CISG „nicht verbindlich" sein (Art. 95 CISG). Auch wenn die *lex fori* das Recht eines Vertragsstaats beruft, soll das CISG als dessen Bestandteil unberücksichtigt bleiben und stattdessen das unvereinheitlichte Recht Anwendung finden. In Vorbehaltsstaaten soll das Übereinkommen also nur unter den Voraussetzungen des Art. 1 Abs. 1 lit. a CISG anwendbar sein. Parteien, deren Niederlassungen sich nicht ausschließlich in Vertragsstaaten befinden, müssten demnach kein *opt out* vereinbaren, um die Anwendung des CISG auf ihren Vertrag auszuschließen. Wollten sie das CISG hingegen umgekehrt vor

---

904 Vgl. Staudinger-*Magnus*, Art. 95 Rn. 1; Ferrari [*et al.*]-*Mankowski*, Intl. Vertragsrecht, Art. 95 Rn. 14.

905 Auch Vorbehaltsstaaten sind Vertragsstaaten. In diesem Zusammenhang meint der Begriff solche Vertragsstaaten, die keinen Vorbehalt gemäß Art. 95 CISG erklärt haben.

906 Die Differenzierung folgt, wenngleich in anderer Reihenfolge, Schlechtriem/Schwenzer-*Ferrari*, Art. 1 Rn. 77; MüKoBGB-*Huber*, Art. 1 Rn. 53 ff.

907 Vgl. Schlechtriem/Schwenzer-*Ferrari*, Art. 1 Rn. 80; MüKoBGB-*Huber*, Art. 1 Rn. 53.

908 Vgl. hierzu und zum Folgenden auch Staudinger-*Magnus*, Art. 1 Rn. 108; Ferrari [*et al.*]-*Saenger*, Intl. Vertragsrecht, Art. 1 Rn. 19; Bamberger/Roth-*Saenger*, Art. 1 Rn. 18; MüKoBGB-*Huber*, Art. 95 Rn. 1.

einem Gericht eines Vorbehaltsstaats zur Anwendung bringen, müssten sie es (materiellrechtlich) wählen.[909]

Nach einer anderen Ansicht soll das CISG in Vorbehaltsstaaten nicht nur gemäß Art. 1 Abs. 1 lit. a CISG anwendbar sein, sondern auch wenn die *lex fori* – unabhängig von Art. 1 Abs. 1 lit. b CISG – das Recht eines Vertragsstaats beruft.[910] Dann stellt sich allerdings die Folgefrage, ob es sich auswirkt, wenn der betreffende Vertragsstaat seinerseits einen Vorbehalt gemäß Art. 95 CISG erklärt hat.[911] Beruft die *lex fori* hingegen das eigene Recht, soll das Übereinkommen unberücksichtigt bleiben; dies erfordere der Zweck des Art. 95 CISG.[912] Zumindest insofern müssten die Parteien also kein *opt out* vereinbaren, um die Anwendung des CISG auszuschließen (vgl. oben).

Somit besteht zwar Einigkeit darüber, dass das Übereinkommen in Vorbehaltsstaaten nur unter den Voraussetzungen des Art. 1 Abs. 1 lit. a CISG anwendbar ist, wenn die *lex fori* das eigene Recht beruft.[913] Nicht einheitlich beantwortet wird hingegen die Frage, ob das CISG als Bestandteil des Rechts eines anderen Vertragsstaats zu berücksichtigen ist.

Dagegen sprechen zunächst die unterschiedlichen Funktionen des Art. 1 Abs. 1 lit. b CISG.[914] Die Regelung erfüllt zum einen eine kollisionsrechtliche Funktion, indem sie die *lex fori* vorschaltet.[915] Zum anderen erfüllt sie aber auch eine Abgrenzungsfunktion für den Fall, dass die *lex fori* das Recht eines Vertragsstaats beruft; dann fordert Art. 1 Abs. 1 lit. b CISG die vorrangige Geltung des CISG gegenüber den unvereinheitlichten Vorschriften.[916] Nach der zweitgenannten Ansicht bezieht sich der Vorbehalt gemäß Art. 95 CISG jedoch nur auf die kollisionsrechtliche Funktion des Art. 1 Abs. 1 lit. b CISG. Daher komme die

---

909 Dazu bereits C. I. 4.

910 Vgl. hierzu und zum Folgenden auch Schlechtriem/Schwenzer-*Ferrari*, Art. 1 Rn. 80; Ferrari [*et al.*]-*Mankowski*, Intl. Vertragsrecht, Art. 95 Rn. 5; MüKoHGB-*Benicke*, Art. 1 Rn. 40; MüKoBGB-*Huber*, Art. 1 Rn. 56.

911 Dafür MüKoBGB-*Huber*, Art. 1 Rn. 56; dagegen Schlechtriem/Schwenzer-*Ferrari*, Art. 1 Rn. 80.

912 Vgl. auch Ferrari [*et al.*]-*Saenger*, Intl. Vertragsrecht, Art. 1 Rn. 19; MüKoHGB-*Benicke*, Art. 1 Rn. 38.

913 Vgl. auch Schlechtriem/Schwenzer-*Ferrari*, Art. 95 Rn. 3.

914 Vgl. hierzu und zum Folgenden Ferrari [*et al.*]-*Mankowski*, Intl. Vertragsrecht, Art. 95 Rn. 5.

915 Dazu a) aa).

916 Vgl. auch Staudinger-*Magnus*, Art. 1 Rn. 95: „Klarstellung"; MüKoHGB-*Benicke*, Art. 1 Rn. 34.

Regelung zwar „nicht als IPR-Kollisionsnorm des [Forumstaats] zum Einsatz“.[917] In das Recht eines anderen Vertragsstaats könne, dürfe und wolle der Forumstaat aber nicht „hineinregieren“.[918] Deshalb sei das CISG jedenfalls dann als Bestandteil des Rechts eines anderen Vertragsstaats zu berücksichtigen, wenn dieser nicht seinerseits einen Vorbehalt gemäß Art. 95 CISG erklärt hat.

Allein der Umstand, dass Art. 1 Abs. 1 lit. b CISG unterschiedlichen Funktionen dient, rechtfertigt jedoch keine Beschränkung des Vorbehalts gemäß Art. 95 CISG, zumal der Wortlaut der Artt. 1 Abs. 1 lit. b, 95 CISG hierfür keinen Anknüpfungspunkt bietet. Gemäß Art. 95 CISG kann ein Vertragsstaat lediglich erklären, „da[ss Art. 1 Abs. 1 lit. b CISG] für ihn nicht verbindlich ist.“ Daraus ergibt sich aber nicht, dass Art. 1 Abs. 1 lit. b CISG nur in seiner kollisionsrechtlichen Funktion nicht verbindlich sein soll. Für die Gerichte eines Vorbehaltsstaats ist die Regelung vielmehr insgesamt „nicht verbindlich“. Von einem „Hineinregieren“ in das Recht eines anderen Vertragsstaats kann insofern keine Rede sein, denn auch dieser hat mit der Ratifikation des Übereinkommens Möglichkeit und Folgen eines Vorbehalts gemäß Art. 95 CISG anerkannt. Aus der Sicht eines Vorbehaltsstaats kann es daher nicht darauf ankommen, inwieweit andere Vertragsstaaten Art. 1 Abs. 1 lit. b CISG für verbindlich halten.

Hinzu kommt ein systematisches Argument: Gemäß Art. 1 Abs. 1 lit. b CISG genügt es für die Anwendbarkeit des Übereinkommens, dass die *lex fori* das Recht „eines Vertragsstaats“ beruft. Die Formulierung differenziert nicht etwa danach, ob es sich um einen Vorbehaltsstaat handelt, sondern verweist auf das Recht irgendeines Vertragsstaats. Dann muss aber ein Vorbehalt gemäß Art. 95 CISG die Anwendung des Übereinkommens in entsprechendem Umfang ausschließen können, d.h. stets, wenn nicht ausschließlich Parteien aus Vertragsstaaten beteiligt sind und die *lex fori* das Recht (irgend-)eines Vertragsstaats beruft. Beschränkte sich der Vorbehalt hingegen auf die kollisionsrechtliche Funktion des Art. 1 Abs. 1 lit. b CISG, könnte er nicht verhindern, dass das Übereinkommen als Bestandteil des berufenen Rechts eines Vertragsstaats Anwendung findet (vgl. oben). Dies wäre nicht nur inkonsequent, wurde doch der Vorbehalt gemäß Art. 95 CISG gerade als Kompromiss zur Vorschaltlösung gemäß Art. 1 Abs. 1 lit. b CISG eingefügt.[919] Der Vorbehalt verlöre auch weitgehend seine Wirkung.

---

917 Ferrari [*et al.*]-*Mankowski*, Intl. Vertragsrecht, Art. 95 Rn. 5.

918 Siehe Fn. 917.

919 Siehe aa).

Benicke wendet ein, wäre das Übereinkommen in Vorbehaltsstaaten nur gemäß Art. 1 Abs. 1 lit. a CISG anwendbar, führte dies zu einem „seltsamen Ergebnis“.[920] In der Tat kann das CISG selbst vor den Gerichten eines Drittstaats zur Anwendung gelangen, wenn die *lex fori* das Recht eines Vertragsstaats beruft.[921] Vor den Gerichten eines Vorbehaltsstaats – also immerhin eines Vertragsstaats – soll es hingegen unberücksichtigt bleiben (vgl. oben). Dadurch kann auf denselben Sachverhalt unterschiedliches Recht Anwendung finden, obwohl das Übereinkommen ein *forum shopping* der Parteien eigentlich verhindern soll.[922]

Dieses Ergebnis ist jedoch nicht „seltsam“. Es folgt aus dem Umstand, dass Vertragsstaaten im Gegensatz zu Drittstaaten einen Vorbehalt gemäß Art. 95 CISG erklären können. Dies bringt die Rechtsnatur des CISG als völkerrechtliches Übereinkommen mit sich. Eine Beschränkung des Vorbehalts lässt sich damit aber nicht rechtfertigen, zumal der Wortlaut der Artt. 1 Abs. 1 lit. b, 95 CISG hierfür keinen Anknüpfungspunkt bietet (vgl. oben). Auch zur Verhinderung von *forum shopping* bedarf es keiner abstrakten Lösung, da bereits eine konkrete existiert; die Parteien können eine Anwendung des CISG unabhängig vom angerufenen Gericht sicherstellen oder sicher ausschließen, indem sie es (materiellrechtlich) wählen oder ein *opt out* vereinbaren.[923]

Vor diesem Hintergrund sind die Konsequenzen aus der Einfügung und Ausgestaltung der Artt. 1 Abs. 1 lit. b, 95 CISG hinzunehmen: Art. 1 Abs. 1 lit. b CISG bindet nur die Gerichte der Vertragsstaaten.[924] Für drittstaatliche Gerichte enthält die Regelung keinen Anwendungsbefehl, aber immerhin die Erklärung, das CISG sei als Bestandteil des Rechts eines Vertragsstaats vorrangig gegenüber den unvereinheitlichten Vorschriften anzuwenden.[925] Drittstaatliche Gerichte haben daher nicht die kollisionsrechtliche, aber doch die Abgrenzungsfunktion des Art. 1 Abs. 1 lit. b CISG zu beachten.[926] Für die Gerichte eines Vorbehaltsstaats ist Art. 1 Abs. 1 lit. b CISG hingegen insgesamt nicht verbindlich; der Vorbehalt gemäß Art. 95 CISG muss sowohl dessen kollisionsrechtliche als auch dessen

---

920 MüKoHGB-*Benicke*, Art. 1 Rn. 40; vgl. hierzu und zum Folgenden ebda.

921 Dazu noch (3).

922 Vgl. auch Schlechtriem/Schwenzer-*Ferrari*, Art. 1 Rn. 71; Kröll/Mistelis/Viscasillas-*Mistelis*, Art. 1 Rn. 3.

923 Dazu C. I. 1., 2. bzw. 4.

924 Siehe a) aa).

925 Vgl. Staudinger-*Magnus*, Art. 1 Rn. 95.

926 Auch insofern stellt sich die Folgefrage, ob es sich auswirkt, wenn der betreffende Vertragsstaat einen Vorbehalt gemäß Art. 95 CISG erklärt hat; dazu sogleich (2).

Abgrenzungsfunktion erfassen (vgl. oben). Die Gerichte eines Vorbehaltsstaats wenden das Übereinkommen somit nur gemäß Art. 1 Abs. 1 lit. a CISG an. Bei Beteiligung einer drittstaatlichen Partei bleibt das CISG auch als Bestandteil des berufenen Rechts unberücksichtigt. Insofern kann dahinstehen, ob es sich auswirkt, wenn die *lex fori* das Recht eines anderen Vorbehaltsstaats beruft.[927]

(2) Gerichte eines Vertragsstaats

Die Formulierung „für ihn" in Art. 95 CISG zeigt, dass der Vorbehalt zwar jedenfalls,[928] aber auch nur die Gerichte des ihn erklärenden Vertragsstaats bindet.[929] Hat ein Vertragsstaat keinen Vorbehalt erklärt, wenden seine Gerichte das Übereinkommen somit auch gemäß Art. 1 Abs. 1 lit. b CISG an.[930] Es stellt sich jedoch die Frage, ob etwas anderes gilt, wenn bei Beteiligung einer drittstaatlichen Partei die *lex fori* das Recht eines Vorbehaltsstaats beruft.[931] Befolgten die Gerichte eines Vertragsstaats auch in diesem Fall Art. 1 Abs. 1 lit. b CISG, könnte das CISG als Bestandteil des Rechts eines Vorbehaltsstaats Anwendung finden – und damit trotz des erklärten Vorbehalts.[932]

Die Vertreter der unter (1) dargestellten Ansichten zur Bindungswirkung eines Vorbehalts aus der Sicht eines Vorbehaltsstaats ziehen jeweils Schlussfolgerungen für die Bindungswirkung aus der Sicht eines Vertragsstaats, der keinen Vorbehalt erklärt hat:

Wer die Ansicht vertritt, das Übereinkommen sei in Vorbehaltsstaaten nur gemäß Art. 1 Abs. 1 lit. a CISG anwendbar, schlussfolgert daraus, es könne in den übrigen Vertragsstaaten nicht stets gemäß Art. 1 Abs. 1 lit. b CISG Anwendung finden.[933] Vielmehr sollen die Gerichte eines Vertragsstaats, falls das IPR zum Recht eines Vorbehaltsstaats führt, den Vorbehalt beachten und das CISG als

927 Dazu aber sogleich (2).

928 Siehe soeben (1).

929 Vgl. Schlechtriem/Schwenzer-*Ferrari*, Art. 1 Rn. 78.

930 Vgl. auch MüKoBGB-*Huber*, Art. 1 Rn. 54.

931 Siehe auch soeben (1), wo es auf diese „Folgefrage" nicht ankam.

932 Vgl. auch Ferrari [*et al.*]-*Mankowski*, Intl. Vertragsrecht, Art. 95 Rn. 10: „Es widerstreiten miteinander die Sympathie [ggü. dem CISG] (im [Vertragsstaat] auch dadurch ausgedrückt, dass man Art. 1 Abs. 1 lit. b [CISG] beibehalten hat) einerseits und der Wille zur möglichst authentischen und 'originalgetreuen' Anwendung fremden Rechts."

933 Vgl. hierzu und zum Folgenden auch Staudinger-*Magnus*, Art. 1 Rn. 110; Ferrari [*et al.*]-*Saenger*, Intl. Vertragsrecht, Art. 1 Rn. 20; MüKoHGB-*Benicke*, Art. 1 Rn. 39; i.E. auch Soergel-*Lüderitz/Fenge*, Art. 1 Rn. 16.

Bestandteil des berufenen Rechts unberücksichtigt lassen. Stattdessen sollen sie die unvereinheitlichten Vorschriften anwenden.

Wer demgegenüber die Ansicht vertritt, das Übereinkommen sei in Vorbehaltsstaaten nicht nur gemäß Art. 1 Abs. 1 lit. a CISG anwendbar, sondern könne auch als Bestandteil des berufenen Rechts Anwendung finden, schlussfolgert daraus, es könne in den übrigen Vertragsstaaten stets gemäß Art. 1 Abs. 1 lit. b CISG Anwendung finden.[934] Die Gerichte eines Vertragsstaats sollen den Vorbehalt also nicht beachten, wenn das IPR zum Recht eines Vorbehaltsstaats führt, sondern das CISG als dessen Bestandteil anwenden.

Wenn unter (1) die Ansicht befürwortet wurde, dass das CISG in Vorbehaltsstaaten nur gemäß Art. 1 Abs. 1 lit. a CISG anwendbar ist, bedeutet das nicht notwendig, dass auch der Schlussfolgerung zuzustimmen ist, welche die Vertreter dieser Ansicht ziehen (vgl. oben). Die Formulierung „für ihn nicht verbindlich" in Art. 95 CISG spricht vielmehr dagegen, dass der Vorbehalt auch die Gerichte der übrigen Vertragsstaaten bindet, die keinen Vorbehalt erklärt haben. Um mit dieser Schlussfolgerung vereinbar zu sein, müsste die Formulierung schon entweder ignoriert oder extensiv ausgelegt werden, etwa dahingehend, dass sie sich unabhängig vom angerufenen Gericht auf den Vorbehaltsstaat als solchen bezieht. Dies käme aber einem Ausschluss der Vertragsstaateneigenschaft gleich und ginge zu weit; ein Vorbehalt gemäß Art. 95 CISG wirkt sich gerade nicht auf die Eigenschaft als Vertragsstaat aus.[935]

Gegen die erstgenannte Schlussfolgerung spricht zudem ihre Inkonsequenz: Für die Gerichte eines Vorbehaltsstaats ist Art. 1 Abs. 1 lit. b CISG insgesamt nicht verbindlich, d.h. sie wenden das Übereinkommen nur gemäß Art. 1 Abs. 1 lit. a CISG an, selbst wenn die *lex fori* das Recht eines Vertragsstaats beruft, der keinen Vorbehalt erklärt hat.[936] Für dessen Gerichte ist Art. 1 Abs. 1 lit. b CISG hingegen verbindlich. Dennoch sollen sie die Regelung nicht befolgen, wenn die *lex fori* das Recht eines Vorbehaltsstaats beruft.

Zu bevorzugen ist daher ein konsequent wortlautgetreues Verständnis der Artt. 1 Abs. 1 lit. b, 95 CISG. Ebenso wie deren Wortlaut keinen Anknüpfungspunkt für eine Beschränkung des Vorbehalts auf die kollisionsrechtliche Funktion des Art. 1 Abs. 1 lit. b CISG bietet,[937] bietet er auch keinen Anknüpfungspunkt

---

934 Vgl. hierzu und zum Folgenden Schlechtriem/Schwenzer-*Ferrari*, Art. 1 Rn. 78; Ferrari [*et al.*]-*Mankowski*, Intl. Vertragsrecht, Art. 95 Rn. 10 f.; für eine konsequente Anwendung gemäß Art. 1 Abs. 1 lit. b CISG auch MüKoBGB-*Huber*, Art. 1 Rn. 54.

935 Dazu 2. a) bb); vgl. auch MüKoBGB-*Huber*, Art. 1 Rn. 54.

936 Siehe soeben (1).

937 Siehe (1).

dafür, dass die Anwendung des Übereinkommens von der Erklärung eines Vorbehalts durch einen anderen Vertragsstaat abhängt. Art. 1 Abs. 1 lit. b CISG verweist lediglich auf das Recht „[irgend-]eines Vertragsstaats".[938] Die Regelung ist also nicht nur dann verbindlich, wenn der betreffende Vertragsstaat kein Vorbehaltsstaat ist.[939] Aus der Sicht eines Vertragsstaats darf es daher nicht darauf ankommen, dass Vorbehaltsstaaten Art. 1 Abs. 1 lit. b CISG nicht für verbindlich halten, ebenso wie es aus der Sicht eines Vorbehaltsstaats nicht darauf ankommt, inwieweit andere Vertragsstaaten Art. 1 Abs. 1 lit. b CISG für verbindlich halten.[940]

Somit ist nur die zweitgenannte Schlussfolgerung konsequent. In Vertragsstaaten kann das Übereinkommen stets gemäß Art. 1 Abs. 1 lit. b CISG Anwendung finden. Zwar kann auch insofern auf denselben Sachverhalt unterschiedliches Recht Anwendung finden.[941] Denn das CISG bleibt unberücksichtigt, wenn ein Gericht eines Vorbehaltsstaats angerufen wird und die *lex fori* das eigene Recht beruft.[942] Hingegen findet das Übereinkommen nach der zweitgenannten Schlussfolgerung auf denselben Sachverhalt Anwendung, wenn ein Gericht eines Vertragsstaats angerufen wird, der keinen Vorbehalt erklärt hat (vgl. oben). Dies ermöglicht den Parteien *forum shopping*.[943]

Dieses Ergebnis folgt aber aus dem Umstand, dass Vertragsstaaten im Gegensatz zu Vorbehaltsstaaten gerade keinen Vorbehalt erklärt haben. Ihre völkerrechtlichen Verpflichtungen können sie daher nur vollständig erfüllen, indem ihre Gerichte Art. 1 Abs. 1 lit. b CISG auch in seiner Abgrenzungsfunktion befolgen.[944] Dazu darf die Bindungswirkung eines Vorbehalts aber nicht über den Vorbehaltsstaat hinaus reichen, zumal der Wortlaut von Art. 1 Abs. 1 lit. b CISG hierfür keinen Anknüpfungspunkt bietet (vgl. oben). Auch insofern existiert zur Verhinderung von *forum shopping* bereits eine konkrete Lösung, sodass es keiner abstrakten Lösung bedarf.[945]

---

938 Dazu bereits (1).

939 Vgl. auch Ferrari [*et al.*]-*Mankowski*, Intl. Vertragsrecht, Art. 95 Rn. 11.

940 Dazu (1).

941 Vgl. hierzu und zum Folgenden BT-Drucks. 11/3076, S. 6.

942 Siehe (1).

943 Vgl. auch Ferrari [*et al.*]-*Saenger*, Intl. Vertragsrecht, Art. 1 Rn. 20: Es drohten „hinkende Entscheidungen".

944 Vgl. auch Ferrari [*et al.*]-*Saenger*, Intl. Vertragsrecht, Art. 1 Rn. 20; MüKoBGB-*Huber*, Art. 1 Rn. 54.

945 Dazu (1).

Erneut sind die Konsequenzen aus der Einfügung und Ausgestaltung der Artt. 1 Abs. 1 lit. b, 95 CISG hinzunehmen: Dem Zweck des Art. 95 CISG entsprechend, findet das Übereinkommen keine Anwendung, wenn die *lex fori* eines Vorbehaltsstaats das eigene Recht beruft. Ein Vorbehalt bindet aber nur die Gerichte des ihn erklärenden Vertragsstaats.[946] Die Gerichte der übrigen Vertragsstaaten haben daher sowohl die kollisionsrechtliche als auch die Abgrenzungsfunktion des Art. 1 Abs. 1 lit. b CISG zu beachten.[947] Sie wenden das Übereinkommen somit stets gemäß Art. 1 Abs. 1 lit. b CISG an, selbst wenn die *lex fori* das Recht eines Vorbehaltsstaats beruft.

Für deutsche Gerichte gilt dies freilich nicht. Nach der gesetzgeberischen Anordnung in Art. 2 Zustimmungsgesetz[948] wenden sie Art. 1 Abs. 1 lit. b CISG nicht an, wenn das IPR zur Anwendung des Rechts eines Vorbehaltsstaats führt. Die deutschen Gerichte beachten also einen Vorbehalt gemäß Art. 95 CISG, obwohl die Bundesrepublik selbst kein Vorbehaltsstaat ist. Insbesondere enthält auch Art. 2 Zustimmungsgesetz keinen Vorbehalt im Sinne des Art. 95 CISG,[949] geschweige denn einen Teilvorbehalt, der unzulässig wäre (vgl. Art. 98 CISG).[950] Es handelt sich lediglich um eine „Auslegungsregel",[951] die eine einheitliche Rechtsanwendung in Vorbehaltsstaaten und der Bundesrepublik bezweckt.[952] Im Ergebnis statuiert Art. 2 Zustimmungsgesetz die hier abgelehnte Schlussfolgerung.[953] Aus Sicht der Bundesrepublik entspricht ein Vorbehalt gemäß Art. 95 CISG einem Ausschluss der Vertragsstaateneigenschaft.[954]

---

946 Vgl. hierzu und zum Folgenden auch Ferrari [*et al.*]-*Mankowski*, Intl. Vertragsrecht, Art. 95 Rn. 10.

947 Vgl. auch *Ferrari*, IHR 2006, 248, 251.

948 Dazu auch bereits B. I. 5.

949 Vgl. BGBl. 1990 II, S. 1477: Die Bundesrepublik gibt „keine Erklärung nach [Art. 95 CISG]" ab; vgl. auch OLG Düsseldorf IHR 2005, 24, 25; OLG Karlsruhe IHR 2004, 62, 64; vgl. hierzu und zum Folgenden auch Schlechtriem/Schwenzer-*Ferrari*, Art. 1 Rn. 79.

950 So aber Soergel-*Lüderitz/Fenge*, Art. 1 Rn. 16.

951 Staudinger-*Magnus*, Art. 95 Rn. 6; vgl. auch Staudinger-*ders.*, Art. 1 Rn. 111: „Auslegungshilfe", bzw. Art. 95 Rn. 5: „Interpretationserklärung"; so auch Ferrari [*et al.*]-*Mankowski*, Intl. Vertragsrecht, Art. 95 Rn. 8; Bamberger/Roth-*Saenger*, Art. 95 Rn. 2; MüKoBGB-*Huber*, Art. 95 Rn. 2.

952 Vgl. Staudinger-*Magnus*, Art. 1 Rn. 111; *Ferrari*, IHR 2006, 248, 251.

953 Vgl. auch MüKoBGB-*Huber*, Art. 1 Rn. 54.

954 Vgl. auch BGBl. 1990 II, S. 1477: Nach Ansicht der Bundesrepublik sind Vorbehaltsstaaten „nicht als Vertragsstaaten [im Sinne des Art. 1 Abs. 1 lit. b CISG] anzusehen".

Nach ihrer Kritik an Art. 1 Abs. 1 lit. b CISG und ihrem erfolglosen Antrag, die Regelung zu streichen,[955] ging der Bundesrepublik der als Kompromiss eingefügte Vorbehalt gemäß Art. 95 CISG offenbar nicht weit genug. Mit Art. 2 Zustimmungsgesetz hat sie die Vorschaltlösung zusätzlich eingeschränkt. Zugleich zeigt die Regelung, dass der deutsche Gesetzgeber die hier befürwortete Schlussfolgerung zumindest erkannt hat.[956] Denn Art. 2 Zustimmungsgesetz wäre rein deklaratorisch, entfaltete ein Vorbehalt gemäß Art. 95 CISG ohnehin auch außerhalb eines Vorbehaltsstaats Bindungswirkung. Die Existenz der Regelung zeigt allerdings auch, dass der deutsche Gesetzgeber die hier befürwortete Schlussfolgerung nicht teilt.[957]

Dies entkräftet jedoch nicht die dargestellten Erwägungen zu Wortlaut und Systematik der Artt. 1 Abs. 1 lit. b, 95 CISG, zumal Art. 2 Zustimmungsgesetz einen speziellen, einschränkenden Zweck verfolgt (vgl. oben) und nicht die Auslegung des CISG als völkerrechtliches Übereinkommen bestimmen kann. Insofern könnte die Regelung sogar in Konflikt mit dem Gebot der einheitlichen Auslegung geraten (vgl. Art. 7 Abs. 1 CISG), sollte sich international die Ansicht durchsetzen, dass das Übereinkommen in Vertragsstaaten stets gemäß Art. 1 Abs. 1 lit. b CISG Anwendung finden kann.[958] Dieser Konflikt wäre dann wohl nur durch eine Abschaffung des Art. 2 Zustimmungsgesetz zu lösen.[959] Denn auch wenn die Regelung dem übergeordneten Zweck des CISG widerspräche, einheitliche Vorschriften für den internationalen Warenkauf zu schaffen, änderte dies nichts an ihrer Verbindlichkeit für deutsche Gerichte. Mit der Beibehaltung des Art. 2 Zustimmungsgesetz würde die Bundesrepublik ihre völkerrechtlichen Verpflichtungen daher nicht mehr vollständig erfüllen.

(3) Gerichte eines Drittstaats

Die Gerichte eines Drittstaats bindet ein Vorbehalt gemäß Art. 95 CISG jedenfalls nicht.[960] Für sie ist bereits Art. 1 Abs. 1 lit. b CISG nicht verbindlich. Sie wenden das IPR unabhängig von Art. 1 Abs. 1 lit. b CISG an, um das Vertragsstatut zu ermitteln. Insofern besteht kein Unterschied zu den Gerichten eines

---

955 Siehe aa).

956 Vgl. auch BT-Drucks. 11/3076, S. 6.

957 Vgl. auch Ferrari [*et al.*]-*Mankowski*, Intl. Vertragsrecht, Art. 95 Rn. 8.

958 Vgl. hierzu und zum Folgenden Staudinger-*Magnus*, Art. 1 Rn. 111; vgl. auch *Ferrari*, IHR 2006, 248, 251.

959 A.A. offenbar Staudinger-*Magnus*, Art. 1 Rn. 111; *Ferrari*, IHR 2006, 248, 251.

960 Vgl. hierzu und zum Folgenden Schlechtriem/Schwenzer-*Ferrari*, Art. 1 Rn. 81; MüKoBGB-*Huber*, Art. 1 Rn. 55.

Vorbehaltsstaats.[961] Für drittstaatliche Gerichte enthält Art. 1 Abs. 1 lit. b CISG aber immerhin die Erklärung, das CISG sei als Bestandteil des Rechts eines Vertragsstaats vorrangig gegenüber den unvereinheitlichten Vorschriften anzuwenden.[962] Drittstaatliche Gerichte haben daher zwar nicht die kollisionsrechtliche, aber doch die Abgrenzungsfunktion des Art. 1 Abs. 1 lit. b CISG zu beachten.[963] Ob etwas anderes gilt, wenn die *lex fori* das Recht eines Vorbehaltsstaats beruft, fragt sich hier ebenso wie in dem Fall, dass ein Gericht eines Vertragsstaats angerufen wird.[964]

Denkbar ist einerseits, dass ein drittstaatliches Gericht den erklärten Vorbehalt beachtet und das CISG als Bestandteil des Rechts des Vorbehaltsstaats unberücksichtigt lässt.[965] Immerhin würden nach der hier befürworteten Ansicht auch die Gerichte des Vorbehaltsstaats das Übereinkommen unberücksichtigt lassen, wenn sein IPR das Recht eines anderen Vertragsstaats beruft.[966] Andererseits könnte ein drittstaatliches Gericht den erklärten Vorbehalt auch nicht beachten[967] und damit ebenso handeln wie nach der hier befürworteten Schlussfolgerung die Gerichte eines Vertragsstaats, die das Übereinkommen trotz des Vorbehalts gemäß Art. 1 Abs. 1 lit. b CISG anwenden würden.[968]

Insofern verbieten sich schematische Lösungen, die eine Bindungswirkung des Vorbehalts gemäß Art. 95 CISG in Drittstaaten pauschal bejahen oder ablehnen.[969] Insbesondere greifen Erwägungen zu Wortlaut und Systematik der Artt. 1 Abs. 1 lit. b, 95 CISG hier nicht, denn mangels Ratifikation des Übereinkommens sind dessen Vorschriften für drittstaatliche Gerichte nicht verbindlich (vgl. oben). Maßgeblich ist vielmehr das IPR des betreffenden Drittstaats; es muss selbst entscheiden, ob bzw. inwieweit die Artt. 1 Abs. 1 lit. b, 95 CISG zu beachten sind.[970] Dies ist konsequent, soll es doch nach der hier befürworteten Ansicht bzw. Schlussfolgerung auch innerhalb des Geltungsbereichs des

961 Siehe (1).
962 Siehe bereits (1); vgl. hierzu und zum Folgenden auch MüKoHGB-*Benicke*, Art. 1 Rn. 35; MüKoBGB-*Huber*, Art. 1 Rn. 52; Kröll/Mistelis/Viscasillas-*Mistelis*, Art. 1 Rn. 54.
963 Auch dazu bereits (1).
964 Dazu (2).
965 Dafür MüKoBGB-*Huber*, Art. 1 Rn. 55.
966 Siehe (1).
967 Dafür Schlechtriem/Schwenzer-*Ferrari*, Art. 1 Rn. 81.
968 Siehe (2).
969 Vgl. Ferrari [*et al.*]-*Mankowski*, Intl. Vertragsrecht, Art. 95 Rn. 12.
970 Siehe Fn. 969.

CISG nur auf die Sicht des jeweils betroffenen Vertragsstaats ankommen, ob das Übereinkommen nur gemäß Art. 1 Abs. 1 lit. a CISG anwendbar ist (Sicht eines Vorbehaltsstaats) oder stets auch gemäß Art. 1 Abs. 1 lit. b CISG Anwendung finden kann (Sicht der übrigen Vertragsstaaten). Erneut besteht zwar die Möglichkeit des *forum shopping*, da vor den Gerichten verschiedener Drittstaaten unterschiedliches Recht auf denselben Sachverhalt Anwendung finden kann. Außerhalb seines Geltungsbereichs kann und soll das CISG dies aber nicht verhindern.

bb) PR CESL

Der PR CESL enthält keinen Art. 95 CISG entsprechenden Vorbehalt. Bei Beteiligung einer drittstaatlichen Partei ist allerdings die Differenzierung zwischen B2B- und B2C-Verträgen zu beachten. Art. 4 Abs. 2, 3 lit. b PR CESL begnügt sich zwar mit der Forderung, dass von den betroffenen Staaten „mindestens einer" ein Mitgliedstaat ist, und erfasst damit auch den Fall, dass sowohl Mitglied- als auch Drittstaaten betroffen sind.[971] Indem die Regelung aber zwischen B2B-Verträgen (dazu (1)) und B2C-Verträgen differenziert (dazu (2)), könnte die Eröffnung des räumlichen Anwendungsbereichs bisweilen davon abhängen, welche der Parteien ihren gewöhnlichen Aufenthalt in einem Mitgliedstaat hat.

(1) B2B-Verträge

Bei B2B-Verträgen ist unerheblich, ob der Käufer seinen gewöhnlichen Aufenthalt in einem Mitgliedstaat hat (EU-Import) oder der Verkäufer (EU-Export).[972] Denn Art. 4 Abs. 2 PR CESL setzt lediglich voraus, dass „die Parteien ihren gewöhnlichen Aufenthalt in verschiedenen Staaten haben, von denen mindestens einer ein EU-Mitgliedstaat ist".

(2) B2C-Verträge

Für B2C-Verträge ist der Wortlaut von Art. 4 Abs. 3 PR CESL hingegen weniger eindeutig. Nach lit. a muss sich die Anschrift des Verbrauchers, die Liefer- oder Rechnungsanschrift in einem anderen Staat als dem gewöhnlichen Aufenthaltsstaat des Unternehmers befinden,[973] und nach lit. b muss „mindestens einer dieser Staaten" ein Mitgliedstaat sein. Ob sich dieser Verweis

---

971 Siehe a) bb).

972 Vgl. auch Schulze-*Wendehorst*, Art. 4 Rn. 12.

973 Dazu bereits 1. a) bb) (3), b) bb).

auch auf den gewöhnlichen Aufenthaltsstaat des Unternehmers bezieht, mit der Folge, dass der räumliche Anwendungsbereich auch bei Beteiligung von Verbrauchern aus Drittstaaten eröffnet sein kann, wird nicht einheitlich beantwortet.[974]

Eine Ansicht lehnt dies ab.[975] Danach soll der Verweis nur die Anschrift des Verbrauchers, die Liefer- und Rechnungsanschrift erfassen. Dementsprechend soll das DCESL nur für B2C-Verträge mit Verbrauchern aus Mitgliedstaaten zur Verfügung stehen. Demgegenüber erfasst Art. 4 Abs. 3 PR CESL nach einer anderen Ansicht auch B2C-Verträge mit Verbrauchern aus Drittstaaten.[976] Ebenso wie bei B2B-Verträgen[977] soll also unerheblich sein, welche der Parteien aus einem Mitgliedstaat ist.

Die erstgenannte Ansicht beruft sich auf Erwgr. (13) Satz 3 PR CESL.[978] Danach soll bei B2C-Verträgen die Anschrift des Verbrauchers, die Liefer- oder Rechnungsanschrift „in einem Mitgliedstaat, aber außerhalb des Staates [liegen], in dem der Unternehmer seinen gewöhnlichen Aufenthalt hat". Die Formulierung verwendet nur bzgl. des Verbrauchers den Begriff „Mitgliedstaat". Bzgl. des Unternehmers verwendet sie hingegen den neutralen Begriff „Staat". Dies spricht dafür, dass es im Rahmen des Art. 4 Abs. 3 PR CESL nicht darauf ankommt, wo ein Unternehmer seinen gewöhnlichen Aufenthalt hat, dass sich aber die Anschrift des Verbrauchers, die Liefer- oder Rechnungsanschrift in einem Mitgliedstaat befinden muss.

Dem stehen jedoch nicht nur der Wortlaut und die Systematik von Art. 4 Abs. 2, 3 PR CESL entgegen, sondern auch der Wortlaut von Erwgr. (13) Satz 3 PR CESL selbst:

Art. 4 Abs. 3 lit. a PR CESL formuliert bzgl. der Parteien jeweils im Singular. Danach muss sich die Anschrift des Verbrauchers, die Liefer- oder Rechnungsanschrift „in einem anderen Staat" befinden, und zwar in einem anderen „als dem Staat", in dem der Unternehmer seinen gewöhnlichen Aufenthalt hat. Art. 4

974 Vgl. Schulze-*Wendehorst*, Art. 4 Rn. 16.

975 *Ayad/Schnell*, BB 2012, 1487, 1488; vgl. hierzu und zum Folgenden auch Schulze-*Wendehorst*, Art. 4 Rn. 16.

976 Vgl. *Mankowski*, RIW 2012, 97, 99; *ders.*, IHR 2012, 45, 52; so auch *Stadler*, AcP 212 (2012), 473, 482; *Eidenmüller* [*et al.*], JZ 2012, 269, 274 (dort Fn. 67); wohl auch *Basedow*, in: Gemeinsames Europäisches Kaufrecht, S. 3, 15: B2C-Export eines britischen Unternehmers an „Verbraucher in den weltweit verstreuten Commonwealth-Staaten".

977 Dazu soeben (1).

978 Vgl. Schulze-*Wendehorst*, Art. 4 Rn. 16.

Abs. 3 lit. b PR CESL formuliert hingegen im Plural; „mindestens einer dieser Staaten" muss ein Mitgliedstaat sein (vgl. oben). Grammatikalisch kann sich dieser Verweis daher nicht nur auf den Staat beziehen, in dem sich die Anschrift des Verbrauchers, die Liefer- oder Rechnungsanschrift befindet. *De lege lata* muss er auch den gewöhnlichen Aufenthaltsstaat des Unternehmers erfassen.[979]

Hierfür spricht auch die Systematik des Art. 4 PR CESL, der für B2B-Verträge (Abs. 2) und für B2C-Verträge (Abs. 3) gesondert regelt, wann ein Vertrag grenzübergreifend ist. Beide Regelungen enthalten die Voraussetzung, dass von den betroffenen Staaten „mindestens einer [...] ein EU-Mitgliedstaat ist". Der einzige Unterschied zwischen ihnen ist, dass Abs. 3 lit. a hinsichtlich des Standorts von Verbrauchern nicht auf den gewöhnlichen Aufenthalt, sondern auf die Anschrift, die Liefer- oder Rechnungsanschrift abstellt. Es besteht jedoch kein Grund, warum deshalb die Formulierung „mindestens einer dieser Staaten" in Abs. 3 lit. b anders auszulegen sein sollte als die Formulierung „Staaten [...], von denen mindestens einer" in Abs. 2. Im Gegenteil: Die alternative Aufzählung in Abs. 3 lit. a bezweckt lediglich, dass das DCESL für möglichst viele B2C-Verträge zur Verfügung steht.[980] Dementsprechend definieren Abs. 4 und 5 auch nur den gewöhnlichen Aufenthalt des Unternehmers.[981] Die genannten Formulierungen in Abs. 2 und 3 lit. b bleiben davon aber unberührt. Sie sind daher gleich auszulegen. Da sich der Verweis in Abs. 2 auf die Standorte beider Parteien bezieht, muss dies auch für den Verweis in Abs. 3 lit. b gelten.

Dem steht auch Erwgr. (13) Satz 3 PR CESL nicht entgegen, der sich nur mit der Aufzählung der Anschriften in Art. 4 Abs. 3 lit. a PR CESL und dem Erfordernis der Internationalität befasst. Der Erwägungsgrund beantwortet hingegen nicht die Frage, ob sich der maßgebliche Standort einer bestimmten Partei in einem Mitgliedstaat befinden muss. Zwar verwendet er bzgl. des Verbrauchers den Begriff „Mitgliedstaat" (vgl. oben). Verwendete er diesen Begriff aber auch bzgl. des Unternehmers, wie es die erstgenannte Ansicht wohl erwartet hätte, forderte Erwgr. (13) Satz 3 PR CESL für B2C-Verträge, dass sogar ausschließlich Mitgliedstaaten betroffen sind – und setzte damit mehr voraus als Art. 4 Abs. 3 lit. b PR CESL („mindestens einer").

Schließlich übersieht die erstgenannte Ansicht offenbar Erwgr. (14) PR CESL. Nach dessen Satz 1 soll das DCESL auch zur Erleichterung des Handels zwischen Mitgliedstaaten und Drittstaaten zur Verfügung stehen. Satz 2 thematisiert

979 Vgl. auch *Eidenmüller* [*et al.*], JZ 2012, 269, 274 (dort Fn. 67).
980 Siehe 1. a) bb) (3).
981 Dazu bereits 1. a) bb) (1), (2).

sodann ausdrücklich die Vereinbarung eines *opt in* mit „Verbrauchern aus Drittstaaten".[982] Somit steht das DCESL auch bei Beteiligung von Verbrauchern aus Drittstaaten zur Verfügung.

5. Keine Betroffenheit von Vertrags- bzw. EU-Mitgliedstaaten

Selbst wenn keine Vertrags- bzw. Mitgliedstaaten betroffen sind, kann der räumliche Anwendungsbereich sowohl des CISG (dazu a)) als auch des PR CESL eröffnet sein (dazu b)).

a) CISG

Art. 1 Abs. 1 lit. b CISG lässt es für die Anwendung des Übereinkommens genügen, dass die *lex fori* das Recht eines Vertragsstaats beruft. Zwar gilt auch für diese Anwendungsalternative das Erfordernis der Internationalität, d.h. die Parteien müssen ihre Niederlassungen in verschiedenen Staaten haben.[983] Ob die betroffenen Staaten Vertragsstaaten sind, ist jedoch unerheblich.[984] Das CISG kann also auch dann Anwendung finden, wenn keine Partei ihre Niederlassung in einem Vertragsstaat hat.[985]

In diesem Fall ist ebenfalls unerheblich, ob ein Gericht eines Vertragsstaats oder ein drittstaatliches Gericht angerufen wird. Zwar bindet Art. 1 Abs. 1 lit. b CISG nur die Gerichte der Vertragsstaaten.[986] Insofern macht es jedoch keinen Unterschied, ob ein Gericht sein IPR gemäß Art. 1 Abs. 1 lit. b CISG anwendet, weil es das Gericht eines Vertragsstaats ist, oder ohnehin, weil es das Gericht eines Drittstaats ist; entscheidend ist stets, dass die *lex fori* das Recht eines Vertragsstaats beruft.[987] Dann wenden die Gerichte eines Vertragsstaats das Übereinkommen stets gemäß Art. 1 Abs. 1 lit. b CISG an, selbst wenn die *lex fori* das Recht eines Vorbehaltsstaats beruft.[988] Ob bzw. inwieweit drittstaatliche Gerichte

982 Zu Erwgr. (14) Satz 2 PR CESL auch *Leible*, in: Gemeinsames Europäisches Kaufrecht für die EU?, S. 21, 26 (Rn. 15 f.).

983 Siehe 1. b) aa).

984 Auch dazu bereits 1. b) aa).

985 Vgl. Schlechtriem/Schwenzer-*Ferrari*, Art. 1 Rn. 69; Staudinger-*Magnus*, Art. 1 Rn. 98 f.; Ferrari [*et al.*]-*Saenger*, Intl. Vertragsrecht, Art. 1 Rn. 16; Kröll/Mistelis/Viscasillas-*Mistelis*, Art. 1 Rn. 5, 11, 51.

986 Siehe 4. a) aa).

987 Auch dazu bereits 4. a) aa).

988 Dazu sowie zu Art. 2 Zustimmungsgesetz 4. b) aa) (2).

die Artt. 1 Abs. 1 lit. b, 95 CISG zu beachten haben, entscheidet hingegen das IPR des betreffenden Drittstaats.[989]

Wird ein Gericht eines Vorbehaltsstaats angerufen, ist das Übereinkommen nicht anzuwenden; in Vorbehaltsstaaten kann es nur anwendbar sein, wenn ausschließlich Parteien aus Vertragsstaaten beteiligt sind (vgl. Art. 1 Abs. 1 lit. a CISG).[990]

b) PR CESL

Im Gegensatz zu Art. 1 Abs. 1 lit. b CISG, der keine Qualifikation als Vertragsstaat voraussetzt, steht das DCESL sowohl für B2B- als auch für B2C-Verträge nur zur Verfügung, wenn „mindestens einer" der betroffenen Staaten ein Mitgliedstaat ist (vgl. Art. 4 Abs. 2, 3 lit. b PR CESL). Der räumliche Anwendungsbereich des Verordnungsentwurfs ist somit nicht eröffnet, wenn ausschließlich Parteien aus Drittstaaten beteiligt sind.[991]

Diese Einschränkung wird kritisiert.[992] Sie führt zu Konflikten, sofern die EU anderslautenden völkerrechtlichen Bindungen unterliegt, etwa gegenüber den Staaten des EWR oder Staaten wie der Türkei oder der Schweiz, mit denen Assoziierungs- oder bilaterale Abkommen bestehen, die Diskriminierungsverbote enthalten.[993] Zudem widerspricht das Erfordernis, dass mindestens eine Partei aus einem Mitgliedstaat beteiligt ist, der Ausgestaltung des DCESL als 2. Recht.[994] Soll es im Sinne der Vorschaltlösung zur Verfügung stehen, wenn die *lex fori* das Recht eines Mitgliedstaats beruft, darf es – so sollte man meinen – nicht darauf ankommen, wo die Parteien ihren gewöhnlichen Aufenthalt haben, zumal sie grundsätzlich das Recht jedes Mitgliedstaats vollumfänglich wählen könnten. Ausgerechnet das allen Mitgliedstaaten gemeinsame DCESL soll für Parteien aus Drittstaaten aber nicht zur Verfügung stehen.[995] *De lege lata* fordert der PR CESL gleich eine doppelte Verbindung zu den Mitgliedstaaten und geht damit über Art. 1 Abs. 1 lit. b CISG hinaus.[996]

---

989 Dazu 4. b) aa) (3).

990 Dazu 4. b) aa) (1).

991 Vgl. auch *Mankowski*, RIW 2012, 97, 99.

992 Vgl. Schmidt-Kessel-*ders.*, Artt. 8, 9 Rn. 9: „rechtspolitisch geradezu unverständlich"; *Basedow*, in: Gemeinsames Europäisches Kaufrecht, S. 3, 19: „kaum nachvollziehbar"; *Loacker*, EuZW 2014, 888, 890: „besonders störend".

993 Vgl. Schmidt-Kessel-*ders.*, Art. 4 Rn. 17.

994 Dazu C. II. 1. a); vgl. hierzu und zum Folgenden *Hellwege*, IHR 2012, 180, 186.

995 Vgl. *Loacker*, EuZW 2014, 888, 890.

996 Vgl. auch *Loacker*, EuZW 2014, 888, 889: „doppelt[es] Moppeln".

Freilich können Parteien aus Drittstaaten das DCESL auch außerhalb des räumlichen Anwendungsbereichs zur Anwendung bringen, indem sie es materiellrechtlich wählen.[997] Dies kommt vor allem in Betracht, wenn sie ohnehin auch mit Unternehmern bzw. Verbrauchern aus Mitgliedstaaten kontrahieren und insofern bereits das DCESL verwenden. Wegen der Bezeichnung als Gemeinsames „Europäisches" Kaufrecht bezweifelt *Mankowski* allerdings, dass das DCESL als neutrales Recht akzeptiert würde.[998] Dadurch werde vielmehr ein „unübersehbar starkes Signal" gesendet, wonach das DCESL ein rein europäisches Rechtsinstrument sei.

6. Zwischenergebnis

Beide Rechtsinstrumente fordern die Beteiligung von Parteien aus verschiedenen Staaten. Der PR CESL räumt den Mitgliedstaaten jedoch die Option ein, auf das Erfordernis der Internationalität zu verzichten. Im Gegensatz zum CISG differenziert der PR CESL zudem zwischen Unternehmern und Verbrauchern.[999] Hinsichtlich des Standorts von Unternehmern verwendet der Verordnungsentwurf zwar dieselbe Terminologie wie das CISG, indes in umgekehrter Funktion: Während das CISG primär auf die Niederlassung abstellt und den gewöhnlichen Aufenthalt nur für maßgeblich erklärt, falls eine Partei keine Niederlassung hat, stellt der PR CESL primär auf den gewöhnlichen Aufenthalt ab und verweist auf die Niederlassung nur im Zusammenhang mit dem Fall, dass ein Unternehmer über mehrere Standorte verfügt. Diesen Fall regeln beide Rechtsinstrumente, wenngleich sie insofern unbestimmte Formulierungen enthalten. Hinsichtlich des Standorts von Verbrauchern stellt der PR CESL auf die Anschrift, die Liefer- oder Rechnungsanschrift ab. Eine Lüge des Verbrauchers bzgl. dieser Anschriften ist stets beachtlich. Beide Rechtsinstrumente regeln die Frage unterschiedlich, ob die Internationalität des Sachverhalts für die Parteien erkennbar sein muss. Während das CISG insofern einen Anwendungsausschluss enthält, verzichtet der PR CESL auf entsprechende Regelung.

---

997 Dazu C. II. 4.; vgl. auch *Ayad/Schnell*, BB 2012, 1487, 1489, die meinen, insofern könnte das DCESL dem Schweizer Recht Konkurrenz machen.

998 Vgl. *Mankowski*, IHR 2012, 45, 47.

999 Bereits deshalb ist die Beschreibung von Art. 4 PR CESL als Pendant zu Art. 1 Abs. 1 CISG zweifelhaft; so aber Schmidt-Kessel-*ders.*, Art. 4 Rn. 2; vgl. auch Schulze-*Wendehorst*, Art. 4 Rn. 2: „equivalent".

Darüber hinaus enthalten sowohl das Übereinkommen als auch der Verordnungsentwurf Qualifikationen hinsichtlich der betroffenen Staaten. Das CISG stellt auf die Eigenschaft als Vertragsstaat ab, wobei sich die Vorbehalte gemäß Artt. 92 Abs. 1, 93 Abs. 1 Halbsatz 1 CISG auf diese Eigenschaft auswirken. Der PR CESL stellt hingegen auf die Eigenschaft als Mitgliedstaat ab. Eine Abgrenzung zu Drittstaaten bereitet keine Probleme.

Sind ausschließlich Vertrags- bzw. Mitgliedstaaten betroffen, ist der räumliche Anwendungsbereich beider Rechtsinstrumente eröffnet. Insofern verwenden sie allerdings eine unterschiedliche Regelungstechnik. Das CISG bestimmt seinen räumlichen Anwendungsbereich unmittelbar, wohingegen der PR CESL keine eigenen Kollisionsnormen enthält und die *lex fori* vorschaltet.

Die Vorschaltlösung verfolgen sodann beide Rechtsinstrumente für den Fall, dass nicht ausschließlich Vertrags- bzw. Mitgliedstaaten betroffen sind. Im Rahmen des CISG kann die Erklärung eines Vorbehalts gemäß Art. 95 CISG zu Besonderheiten führen. Nach der hier befürworteten Ansicht bindet dieser Vorbehalt nur die Gerichte des ihn erklärenden Staats, sodass das Übereinkommen in Vorbehaltsstaaten nur gemäß Art. 1 Abs. 1 lit. a CISG anwendbar ist, hingegen in den übrigen Vertragsstaaten stets auch gemäß Art. 1 Abs. 1 lit. b CISG Anwendung finden kann, selbst wenn die *lex fori* das Recht eines Vorbehaltsstaats beruft. Wird ein Gericht eines Drittstaats angerufen, entscheidet dessen IPR, ob bzw. inwieweit die Artt. 1 Abs. 1 lit. b, 95 CISG zu beachten sind. Im Rahmen des PR CESL ist die Differenzierung zwischen B2B- und B2C-Verträgen zu beachten. Sie führt allerdings nur vermeintlich zu Besonderheiten. Nach der hier befürworteten Ansicht hängt die Eröffnung des räumlichen Anwendungsbereichs weder bei B2B- noch bei B2C-Verträgen davon ab, welche der Parteien ihren gewöhnlichen Aufenthalt in einem Mitgliedstaat hat. Das DCESL steht daher insbesondere auch bei Beteiligung von Verbrauchern aus Drittstaaten zur Verfügung.

Schließlich können zwar beide Rechtsinstrumente auch Anwendung finden, wenn keine Vertrags- bzw. Mitgliedstaaten betroffen sind. Für das CISG sind erneut die Besonderheiten der Artt. 1 Abs. 1 lit. b, 95 CISG zu beachten (vgl. oben). Die Anwendung des DCESL hängt jedoch von einer materiellrechtlichen Wahl der Parteien außerhalb des räumlichen Anwendungsbereichs ab, da nicht mindestens eine Partei aus einem Mitgliedstaat beteiligt ist.

Maßgeblicher Zeitpunkt für die Eröffnung des räumlichen Anwendungsbereichs ist für das CISG der Vertragsschluss und für den PR CESL der Zeitpunkt des *opt in*.

III. Persönlicher Anwendungsbereich

Ebenso wie der räumliche ist auch der persönliche Anwendungsbereich von großer Bedeutung. Praxisrelevante Rechtsfragen stellen sich vor allem dort, wo ein Rechtsinstrument auf die Umstände des Vertragsschlusses abstellt bzw. darauf, ob sie der jeweils anderen Partei bekannt sind oder bekannt sein müssen.

Ähnlich der vergleichenden Darstellung des räumlichen Anwendungsbereichs werden zunächst die Qualifikationen hinsichtlich der Parteien untersucht. Das CISG enthält lediglich einen Anwendungsausschluss für Konsumentenkäufe, der PR CESL spricht hingegen von „Unternehmern" und „Verbrauchern" (dazu 1.). Sodann können die Konstellationen erfasst werden, in denen eine Eröffnung des persönlichen Anwendungsbereichs denkbar ist, nämlich dass ausschließlich (dazu 2.), auch (dazu 3.) oder keine Unternehmer[1000] beteiligt sind (dazu 4.).

1. Qualifikationen hinsichtlich der Parteien

Das CISG enthält keine Qualifikationen hinsichtlich der Parteien,[1001] sondern lediglich einen Anwendungsausschluss für Konsumentenkäufe (dazu a)). Demgegenüber unterscheidet der PR CESL zwischen „Unternehmern" und „Verbrauchern" (dazu b)). Beide Rechtsinstrumente verwenden insofern also eine unterschiedliche Regelungstechnik.[1002]

a) CISG

Mithilfe des Anwendungsausschlusses für Konsumentenkäufe in Art. 2 lit. a CISG lassen sich für das CISG Unternehmer (dazu aa)) von Konsumenten (dazu bb)) abgrenzen.

aa) Unternehmer

Unternehmer im Sinne des CISG kann grundsätzlich jede Person sein, die nicht Konsument ist. Abgesehen von Art. 2 lit. a CISG stellt das Übereinkommen keine Anforderungen an die Parteien. Art. 1 Abs. 3 CISG verwendet zwar den Begriff „Kaufmann". Danach ist für die Eröffnung des persönlichen

---

1000 Der Begriff „Konsument" kann für das CISG als Pendant zum Begriff „Verbraucher" im Sinne des PR CESL dienen. Für den Begriff „Unternehmer" findet sich indes kein geeignetes Pendant. Daher wird er im Folgenden einheitlich für beide Rechtsinstrumente verwendet, mögen sich auch inhaltliche Abweichungen ergeben.

1001 Vgl. auch Staudinger-*Magnus*, Art. 1 Rn. 5.

1002 Vgl. auch *Hellwege*, IHR 2012, 180, 182: „einen anderen Ansatz".

Anwendungsbereichs aber gerade nicht zu berücksichtigen, ob die Parteien Kaufleute oder Nichtkaufleute sind. Grund für diese Anordnung ist, dass der Kaufmannsbegriff international nicht einheitlich definiert wird.[1003] Einige Rechtsordnungen, z.B. der Schweiz und Italiens, sehen sogar überhaupt keine Zweiteilung von bürgerlich-rechtlichen Vorschriften und Sondervorschriften für Kaufleute vor. Dementsprechend musste das CISG auf eine Anknüpfung an die Kaufmannseigenschaft verzichten. Es ist somit zwar *de facto* auf die ausschließliche Beteiligung von gewerbsmäßig handelnden Personen zugeschnitten.[1004] Eine entsprechende Qualifikation erübrigt sich aber. Der persönliche Anwendungsbereich erfasst sowohl Kaufleute als auch Nichtkaufleute.[1005]

Die Kaufmannseigenschaft kann allerdings bei der Auslegung der materiellrechtlichen Vorschriften des Übereinkommens berücksichtigt werden.[1006] Dies verbietet Art. 1 Abs. 3 CISG nicht, insbesondere nicht durch die missverständliche Formulierung „[b]ei der Anwendung dieses Übereinkommens". Die englische Fassung verweist insofern ausdrücklich auf die Eröffnung des Anwendungsbereichs („in determining the application of this Convention"). Zudem ist die Regelung bei den Vorschriften zum „Anwendungsbereich" in Kapitel 1 verortet. Sie betrifft somit nur den Anwendungsbereich, nicht hingegen auch die Auslegung der materiellrechtlichen Vorschriften.

bb) Konsumenten

Art. 2 lit. a CISG enthält einen Anwendungsausschluss für Konsumentenkäufe.[1007] Danach findet das Übereinkommen keine Anwendung auf den Kauf von Ware für den persönlichen Gebrauch oder den Gebrauch in der Familie oder im Haushalt, es sei denn, dass der Verkäufer vor oder bei Vertragsschluss

---

1003 Vgl. hierzu und zum Folgenden Schlechtriem/Schwenzer-*Ferrari*, Art. 1 Rn. 60; Kröll/Mistelis/Viscasillas-*Mistelis*, Art. 1 Rn. 15; abweichend Soergel-*Lüderitz/Fenge*, Art. 1 Rn. 24: „*Ad-hoc*-Bestimmung (Erwerb im Rahmen einer gewerblichen Tätigkeit oder zum Zweck des Wiederverkaufs)".

1004 Vgl. Schlechtriem/Schwenzer-*Ferrari*, Art. 1 Rn. 60; Staudinger-*Magnus*, Art. 1 Rn. 125; Ferrari [*et al.*]-*Saenger*, Intl. Vertragsrecht, Art. 2 Rn. 2; Kröll/Mistelis/Viscasillas-*Spohnheimer*, Art. 2 Rn. 7.

1005 Vgl. auch OLG Düsseldorf IHR 2005, 24, 27: „[Das] CISG unterscheidet [...] nicht zwischen Kaufleuten und Nichtkaufleuten."

1006 Vgl. Staudinger-*Magnus*, Art. 1 Rn. 123; MüKoHGB-*Benicke*, Art. 1 Rn. 46; MüKoBGB-*Huber*, Art. 1 Rn. 64; Soergel-*Lüderitz/Fenge*, Art. 1 Rn. 24.

1007 Diesen Begriff verwendet Schlechtriem/Schwenzer-*Ferrari*, Art. 2 Rn. 7; vgl. auch Soergel-*Lüderitz/Fenge*, Art. 2 Rn. 2: „Konsumentengeschäfte"; Ferrari [*et al.*]-*Saenger*, Intl. Vertragsrecht, Art. 2 Rn. 2: „Verbraucherverträge bzw. Konsumentenkäufe".

weder wusste noch wissen musste, dass die Ware für einen solchen Gebrauch gekauft wurde.

Die Ausgestaltung dieser Regelung erwies sich als schwierig.[1008] Sie soll Verträge vom Anwendungsbereich des CISG ausnehmen, die trotz Internationalität des Sachverhalts[1009] wirtschaftlich nur von geringer Bedeutung sind.[1010] Seit der Wiener Konferenz haben internationale Konsumentenkäufe freilich stark zugenommen, vor allem aufgrund des Internets, durch Versandhandel und Teleshopping sowie den Tourismus und Grenzverkehr.[1011] Entsprechend ist auch ihre wirtschaftliche Gesamtbedeutung gestiegen. Der Anwendungsausschluss in Art. 2 lit. a CISG verfolgt allerdings noch einen weiteren Zweck. Er soll einen Konflikt des Übereinkommens mit nationalen Verbraucherschutzvorschriften weitestmöglich vermeiden.[1012] Konsumenten sind besonders schutzbedürftig. Ein ausreichendes Schutzniveau bietet das CISG aber nicht. Es ist vielmehr auf die ausschließliche Beteiligung von gewerbsmäßig handelnden Personen zugeschnitten.[1013] Seine Vorschriften, z.B. zur Rügeobliegenheit (vgl. Artt. 38 f. CISG), passen daher in aller Regel nicht für Verträge, an denen Konsumenten beteiligt sind. Zumindest insofern besteht also weiterhin das Bedürfnis nach einem Anwendungsausschluss, damit die speziellen nationalen Verbraucherschutzvorschriften eingreifen können.

Art. 2 lit. a CISG bestimmt die Voraussetzungen, unter denen ein Konsumentenkauf vorliegt, sodass das Übereinkommen grundsätzlich keine Anwendung findet (dazu (1)). Ausnahmsweise kann es jedoch trotz des Vorliegens eines Konsumentenkaufs anwendbar sein (dazu (2)). Neben der Frage nach dem maßgeblichen Zeitpunkt (dazu (3)) stellt sich auch die Frage nach der Verteilung der Beweislast (dazu (4)).

1008 Näher zur Entstehung Schlechtriem/Schwenzer-*Ferrari*, Art. 2 Rn. 3; Staudinger-*Magnus*, Art. 2 Rn. 4; vgl. auch MüKoBGB-*Huber*, Art. 2 Rn. 3; Kröll/Mistelis/Viscasillas-*Spohnheimer*, Art. 2 Rn. 6: „compromise".

1009 Dazu II. 1.

1010 Vgl. Schlechtriem/Schwenzer-*Ferrari*, Art. 2 Rn. 2; Staudinger-*Magnus*, Art. 2 Rn. 2; Ferrari [*et al.*]-*Saenger*, Intl. Vertragsrecht, Art. 2 Rn. 2; Kröll/Mistelis/Viscasillas-*Spohnheimer*, Art. 2 Rn. 3.

1011 Vgl. Staudinger-*Magnus*, Art. 2 Rn. 10; MüKoHGB-*Benicke*, Art. 2 Rn. 2.

1012 Vgl. Schlechtriem/Schwenzer-*Ferrari*, Art. 2 Rn. 7; näher zum Verhältnis zu (zwingenden) nationalen Verbraucherschutzvorschriften Schlechtriem/Schwenzer-*Ferrari*, Art. 2 Rn. 24 ff.; Staudinger-*Magnus*, Art. 2 Rn. 29 ff.; Ferrari [*et al.*]-*Saenger*, Intl. Vertragsrecht, Art. 2 Rn. 7; vgl. auch Kröll/Mistelis/Viscasillas-*Spohnheimer*, Art. 2 Rn. 21 ff.

1013 Siehe soeben aa); vgl. auch Ferrari [*et al.*]-*Saenger*, Intl. Vertragsrecht, Art. 2 Rn. 2.

(1) Grundsatz

Ein Konsumentenkauf liegt vor, wenn eine Partei Ware für den persönlichen Gebrauch oder den Gebrauch in der Familie oder im Haushalt kauft (vgl. Art. 2 lit. a CISG).[1014]

(aa) Kauf von Ware

Die Formulierung „Kauf von Ware für den [Privatgebrauch]“ in Art. 2 lit. a CISG zeigt zum einen, dass die Voraussetzungen eines Konsumentenkaufs nur an den Käufer anknüpfen.[1015] Der Anwendungsausschluss erfasst also im wörtlichen Sinne nur Konsumentenkäufe, nicht hingegen Konsumentenverkäufe.[1016] Kauft etwa ein Händler von einer Privatperson deren Gebrauchtwagen, um ihn in seinem Handel weiterzuverkaufen, kann der persönliche Anwendungsbereich eröffnet sein, da lediglich auf Verkäuferseite ein Konsument beteiligt ist. Etwas anderes gilt, wenn beide Parteien Privatpersonen sind. Dann findet das CISG keine Anwendung, da der Käufer Konsument ist; die Rolle des Verkäufers ist insofern unerheblich.

Zum anderen kommt es nicht auf den Vertragsgegenstand als solchen an,[1017] sondern auf dessen beabsichtigte Verwendung („Ware für den [Privatgebrauch]“).[1018] Die persönlichen Eigenschaften des Käufers, vor allem dessen Kaufmannseigenschaft,[1019] sind demnach ebenso unerheblich wie die gegenständlichen Eigenschaften der Ware. Eine Anwendung des Übereinkommens scheidet nicht bereits deshalb aus, weil die Ware üblicherweise dem Privatgebrauch dient, z.B. beim Kauf von Kleidung, Lebensmitteln oder Büchern. Vielmehr muss der konkrete Verwendungszweck ein privater sein. Kauft etwa ein Händler

---

1014 Im Folgenden erfasst der Begriff „Privatgebrauch“ bzw. die Formulierung „privater Gebrauch“ bzgl. des CISG alle drei Varianten des Art. 2 lit. a CISG (persönlicher Gebrauch, Gebrauch in der Familie, Gebrauch im Haushalt), sofern nicht aus dem Zusammenhang etwas anderes folgt.

1015 Vgl. hierzu und zum Folgenden Schlechtriem/Schwenzer-*Ferrari*, Art. 2 Rn. 11; Staudinger-*Magnus*, Art. 2 Rn. 11, 18.

1016 Vgl. auch Ferrari [*et al.*]-*Saenger*, Intl. Vertragsrecht, Art. 2 Rn. 3 (dort Fn. 3); Kröll/Mistelis/Viscasillas-*Spohnheimer*, Art. 2 Rn. 9.

1017 Zum Vertragsgegenstand noch IV. 1.

1018 Vgl. hierzu und zum Folgenden die Nachw. in Fn. 1015; vgl. auch Ferrari [*et al.*]-*Saenger*, Intl. Vertragsrecht, Art. 2 Rn. 1; MüKoHGB-*Benicke*, Art. 2 Rn. 3; MüKoBGB-*Huber*, Art. 2 Rn. 5; Kröll/Mistelis/Viscasillas-*Spohnheimer*, Art. 2 Rn. 8.

1019 Dazu bereits aa).

Kleidung nicht für sich selbst, sondern um sie in seinem Handel weiterzuverkaufen, kann der persönliche Anwendungsbereich durchaus eröffnet sein.[1020]

(bb) Persönlicher Gebrauch

Der Begriff „Gebrauch" in Art. 2 lit. a CISG erfasst auch den Verbrauch.[1021] Die englische Fassung formuliert entsprechend weit („use").[1022]

Ebenfalls missverständlich ist die Bezugnahme auf den „persönlichen" Gebrauch.[1023] Damit setzt Art. 2 lit. a CISG nicht etwa voraus, dass der Käufer den Vertragsgegenstand persönlich nutzt, sondern verweist vielmehr auf den erforderlichen privaten Verwendungszweck.[1024] Der Käufer mag also zwar Kleidung kaufen, um sie selbst zu tragen. Das allein begründet aber noch keinen „persönlichen" Gebrauch. Es kommt stattdessen darauf an, ob der Käufer eine private Verwendung beabsichtigt, z.B. weil er Gartenhandschuhe kauft, oder ob er eine professionelle[1025] Verwendung beabsichtigt, wie etwa beim Kauf von Berufsbekleidung. Insofern macht es für die Einordnung als „persönlicher" Gebrauch keinen Unterschied, wenn der Käufer Gartenhandschuhe kauft, um sie einem Freund zu schenken.[1026] Kauft er hingegen Kugelschreiber, um sie als Firmenwerbung zu verschenken, liegt ein professioneller Verwendungszweck vor.[1027]

Der Begriff „persönlich" bezieht sich demnach auf die Privatsphäre des Käufers und bezeichnet den Gegensatz zu seiner Berufs- und Geschäftssphäre.[1028] Dementsprechend kommt ein Konsumentenkauf nur in Betracht, wenn der

1020 Vgl. auch LG München IHR 2003, 24, 25; Kröll/Mistelis/Viscasillas-*Spohnheimer*, Art. 2 Rn. 11.

1021 Vgl. Schlechtriem/Schwenzer-*Ferrari*, Art. 2 Rn. 9 (dort Fn. 47); Staudinger-*Magnus*, Art. 2 Rn. 12; Ferrari [*et al.*]-*Saenger*, Intl. Vertragsrecht, Art. 2 Rn. 3; MüKoBGB-*Huber*, Art. 2 Rn. 6; Kröll/Mistelis/Viscasillas-*Spohnheimer*, Art. 2 Rn. 8.

1022 Vgl. auch Soergel-*Lüderitz/Fenge*, Art. 2 Rn. 2.

1023 Vgl. hierzu und zum Folgenden Schlechtriem/Schwenzer-*Ferrari*, Art. 2 Rn. 10; Ferrari [*et al.*]-*Saenger*, Intl. Vertragsrecht, Art. 2 Rn. 4; MüKoBGB-*Huber*, Art. 2 Rn. 6.

1024 Siehe soeben aa).

1025 Diesen Begriff verwenden auch MüKoBGB-*Huber*, Art. 2 Rn. 4; Kröll/Mistelis/Viscasillas-*Spohnheimer*, Art. 2 Rn. 8.

1026 I.E. auch Staudinger-*Magnus*, Art. 2 Rn. 14; vgl. hierzu und zum Folgenden ebda.

1027 Vgl. auch MüKoBGB-*Huber*, Art. 2 Rn. 6.

1028 Vgl. hierzu und zum Folgenden Schlechtriem/Schwenzer-*Ferrari*, Art. 2 Rn. 9; Staudinger-*Magnus*, Art. 2 Rn. 12; Ferrari [*et al.*]-*Saenger*, Intl. Vertragsrecht, Art. 2 Rn. 3 f.; MüKoHGB-*Benicke*, Art. 2 Rn. 3 f.; MüKoBGB-*Huber*, Art. 2 Rn. 4.

Käufer eine natürliche Person ist, während juristische Personen nicht unter Art. 2 lit. a CISG fallen.[1029] Dafür spricht neben dem Wortlaut („persönliche[r] Gebrauch") auch die Systematik der Regelung, die als weitere Varianten den „Gebrauch in der Familie oder im Haushalt" nennt.[1030]

Die Zuordnung zur Privats- bzw. Berufs- und Geschäftssphäre richtet sich nach den Umständen des Einzelfalls.[1031] Ein privater Verwendungszweck liegt insbesondere nahe, wenn der Käufer den Vertragsgegenstand zur persönlichen Lebenshaltung kauft, um seinen täglichen Bedarf zu decken oder als sonstige persönliche Anschaffung. Auch wenn die Ware üblicherweise dem privaten Gebrauch dient, kann dies zumindest als Anhaltspunkt dienen, mag auch der Vertragsgegenstand als solcher nicht maßgeblich sein.[1032] Demgegenüber ist ein professioneller Verwendungszweck insbesondere auch ein freiberuflicher oder landwirtschaftlicher.[1033] Kauft etwa ein Rechtsanwalt Möbel für seine Kanzleiräume oder ein Landwirt Saatgut für seine Felder, schließt Art. 2 lit. a CISG die Anwendung des Übereinkommens nicht aus.

Speziell für Sammler ist zu differenzieren:[1034] Beim Kauf eines Objekts für eine private Sammlung liegt auch ein privater Verwendungszweck vor. Dies gilt auch, wenn der Käufer darin eine Vermögensanlage sieht, und selbst dann, wenn er das Objekt einem Dritten zur Verfügung stellt, der damit eine professionelle Verwendung beabsichtigt. Lässt der Käufer z.B. einen Berufsmusiker seine wertvolle Geige nutzen oder verleiht er Kunstgegenstände aus seiner privaten Sammlung vorübergehend oder dauerhaft an ein Museum, ändert dies nichts daran, dass er die Objekte kauft, um seiner privaten Sammelleidenschaft nachzugehen. Kauft er sie hingegen, um sie Dritten entgeltlich zu überlassen, oder handelt der Käufer sogar mit Sammlerobjekten, liegt ein professioneller Verwendungszweck vor. Dies gilt vor allem für Museen, Galerien und Banken, die Kunstgegenstände,

---

1029 Vgl. auch OLG Stuttgart IHR 2008, 102, 104; Kröll/Mistelis/Viscasillas-*Spohnheimer*, Art. 2 Rn. 11; die Frage offen lassend Staudinger-*Magnus*, Art. 2 Rn. 12.

1030 Dazu (cc).

1031 Vgl. hierzu und zum Folgenden Ferrari [*et al.*]-*Saenger*, Intl. Vertragsrecht, Art. 2 Rn. 3, mit Beispielen; vgl. auch Kröll/Mistelis/Viscasillas-*Spohnheimer*, Art. 2 Rn. 11: „It can be rather difficult to determine whether the goods are bought for professional or personal use."

1032 Siehe (aa); vgl. auch Staudinger-*Magnus*, Art. 2 Rn. 14; Kröll/Mistelis/Viscasillas-*Spohnheimer*, Art. 2 Rn. 12.

1033 Vgl. hierzu und zum Folgenden Schlechtriem/Schwenzer-*Ferrari*, Art. 2 Rn. 9; Staudinger-*Magnus*, Art. 2 Rn. 15; vgl. auch Ferrari [*et al.*]-*Saenger*, Intl. Vertragsrecht, Art. 2 Rn. 4; MüKoBGB-*Huber*, Art. 2 Rn. 4.

1034 Vgl. hierzu und zum Folgenden auch Staudinger-*Magnus*, Art. 2 Rn. 19.

Sammlerobjekte, etc. kaufen, um mit ihnen Einnahmen zu erzielen, wenn auch nicht stets durch ihren Weiterverkauf. Für Versteigerungen enthält Art. 2 lit. b CISG einen separaten Anwendungsausschluss.[1035]

Besonders schwierig – und praxisrelevant – ist eine Abgrenzung zwischen der Privatsphäre des Käufers und seiner Berufs- und Geschäftssphäre, wenn er sowohl eine private als auch eine professionelle Verwendung der Ware beabsichtigt (sog. *dual use*), etwa beim Kauf eines Pkw, den er sowohl als Familienauto als auch als Firmenwagen nutzen möchte. Die Frage, inwiefern auch *dual use*-Käufe „für den persönlichen Gebrauch" im Sinne des Art. 2 lit. a CISG sind, beantwortet das CISG nicht ausdrücklich.[1036]

Die wohl überwiegende Ansicht fordert für einen „persönlichen Gebrauch", dass der Käufer ausschließlich eine private Verwendung beabsichtigt.[1037] *Dual use*-Käufe fallen danach nicht unter Art. 2 lit. a CISG, sodass das Übereinkommen auf sie Anwendung finden kann.

Auch nach einer abweichenden Ansicht ist ein *dual use*-Kauf zwar grundsätzlich kein Konsumentenkauf im Sinne des Art. 2 lit. a CISG. Es soll aber berücksichtigt werden, ob bereits andere internationale Vorschriften oder sie umsetzende nationale Vorschriften anwendbar sind.[1038] In diesem Fall soll in Bezug auf das CISG ein Konsumentenkauf angenommen werden, um dessen konkurrierende Anwendung auszuschließen.[1039] Rein nationale Vorschriften sollen hingegen unberücksichtigt bleiben.

Demgegenüber fordert eine andere Ansicht für einen „persönlichen Gebrauch" zwar nicht, dass der Käufer ausschließlich eine private Verwendung beabsichtigt.[1040] Auch ein *dual use*-Kauf kann also nach dieser Ansicht unter Art. 2 lit. a CISG fallen. Allerdings soll bereits dann kein Konsumentenkauf mehr

---

1035 Dazu noch IV. 2. e) bb) (1) (aa).

1036 Vgl. Soergel-*Lüderitz/Fenge*, Art. 2 Rn. 3; Kröll/Mistelis/Viscasillas-*Spohnheimer*, Art. 2 Rn. 14.

1037 Vgl. hierzu und zum Folgenden auch Schlechtriem/Schwenzer-*Ferrari*, Art. 2 Rn. 12; Ferrari [*et al.*]-*Saenger*, Intl. Vertragsrecht, Art. 2 Rn. 3; MüKoHGB-*Benicke*, Art. 2 Rn. 4; MüKoBGB-*Huber*, Art. 2 Rn. 7; *Hellwege*, IHR 2012, 180, 183 (dort Fn. 16).

1038 Vgl. hierzu und zum Folgenden Kröll/Mistelis/Viscasillas-*Spohnheimer*, Art. 2 Rn. 14, 23.

1039 Ausnahmsweise kann das CISG freilich trotz des Vorliegens eines Konsumentenkaufs anwendbar sein; dazu noch (2).

1040 Vgl. hierzu und zum Folgenden Staudinger-*Magnus*, Art. 2 Rn. 17; Soergel-*Lüderitz/Fenge*, Art. 2 Rn. 3.

vorliegen, wenn die beabsichtigte professionelle gegenüber der beabsichtigten privaten Verwendung nicht nur eine ganz untergeordnete Bedeutung hat. Auch insofern kann das Übereinkommen daher regelmäßig auf *dual use*-Käufe Anwendung finden.

Speziell für die abweichende Ansicht spricht zwar auf den ersten Blick Art. 90 CISG.[1041] Danach geht das Übereinkommen anderen „internationalen Vereinbarungen" nicht vor, die Vorschriften zu den vom CISG geregelten Rechtsfragen enthalten. Dem scheint die abweichende Ansicht zu entsprechen, indem sie die Beurteilung von *dual use*-Käufen anderen internationalen Vorschriften oder sie umsetzenden nationalen Vorschriften überlassen möchte. Zudem mag kein Bedürfnis nach einer konkurrierenden Anwendung des CISG bestehen, wenn bereits harmonisierte Vorschriften einschlägig sind.[1042]

Diese Ansicht beantwortet jedoch nicht die aufgeworfene Frage. Im Gegenteil: Sie weicht ihr aus, indem sie die Annahme eines Konsumentenkaufs von der Anwendbarkeit anderer Vorschriften abhängig macht. Dadurch wird sogar zusätzlich die ggf. ihrerseits schwierige Prüfung erforderlich, ob solche Vorschriften anwendbar sind.[1043] Dies widerspricht dem Gebot der einheitlichen Auslegung (vgl. Art. 7 Abs. 1 CISG).[1044] Auch Art. 90 CISG stützt diese Ansicht nicht. Die Vorschrift setzt voraus, dass (auch) das CISG anwendbar ist. Nur dann besteht überhaupt ein Konkurrenzverhältnis zu anderen internationalen Vereinbarungen, welches Art. 90 CISG regeln kann. Die aufgeworfene Frage betrifft aber gerade die Anwendbarkeit des CISG. Sie stellt sich daher außerhalb und unabhängig von Art. 90 CISG. Sofern die abweichende Ansicht die Beurteilung von *dual use*-Käufen auch nationalen Vorschriften überlassen möchte, ist Art. 90 CISG erst recht nicht einschlägig.[1045]

Die Anwendbarkeit anderer Vorschriften ist somit jedenfalls nicht zu berücksichtigen. Im Übrigen besteht Uneinigkeit darüber, ob *dual use*-Käufe von vornherein nicht unter Art. 2 lit. a CISG fallen oder es vielmehr darauf ankommt, ob die beabsichtigte professionelle gegenüber der beabsichtigten privaten Verwendung eine ganz untergeordnete Bedeutung hat (vgl. oben).

Für ersteres spricht zunächst die Entstehung des Art. 2 lit. a CISG.[1046] Ein norwegischer Antrag während der Vorarbeiten von UNCITRAL sah vor,

---

1041 Vgl. auch Kröll/Mistelis/Viscasillas-*Spohnheimer*, Art. 2 Rn. 14, 23.
1042 Vgl. Kröll/Mistelis/Viscasillas-*Spohnheimer*, Art. 2 Rn. 14, 23.
1043 Vgl. auch Staudinger-*Magnus*, Art. 2 Rn. 17.
1044 A.A. Kröll/Mistelis/Viscasillas-*Spohnheimer*, Art. 2 Rn. 14, 23.
1045 Vgl. auch MüKoBGB-*Huber*, Art. 2 Rn. 7 a.E.
1046 Vgl. hierzu und zum Folgenden Schlechtriem/Schwenzer-*Ferrari*, Art. 2 Rn. 12.

dass die Anwendung des Übereinkommens bereits ausgeschlossen sein sollte, wenn der Käufer „primär"[1047] eine private Verwendung beabsichtigt. Die UNCITRAL-Konferenz übernahm aber weder diese noch eine andere Einschränkung. Daraus lässt sich schließen, dass Art. 2 lit. a CISG nur eingreifen soll, wenn der Käufer ausschließlich eine private Verwendung beabsichtigt. Aufgrund seines Ausnahmecharakters ist der Anwendungsausschluss zudem restriktiv auszulegen.[1048]

Es ginge jedoch über eine restriktive Auslegung des Art. 2 lit. a CISG hinaus, *dual use*-Käufe pauschal dem CISG zu unterstellen.[1049] Das Übereinkommen würde dann bereits Anwendung finden, sobald der Käufer irgendeine professionelle Verwendung beabsichtigt, mag sie gegenüber der beabsichtigten privaten Verwendung auch noch so unbedeutend sein. Dieser Maßstab wäre indes zu streng. Er widerspräche auch dem Zweck des Art. 2 lit. a CISG, einen Konflikt des Übereinkommens mit nationalen Verbraucherschutzvorschriften weitestmöglich zu vermeiden.[1050] Auch wenn der Käufer eine professionelle Verwendung von ganz untergeordneter Bedeutung beabsichtigt, ist er besonders schutzbedürftig. Auch dann kann nicht angenommen werden, dass er über eine hinreichende geschäftliche Erfahrung verfügt, die eine Anwendung des Übereinkommens rechtfertigen würde.[1051] Das CISG ist aber auf die ausschließliche Beteiligung von gewerbsmäßig handelnden Personen zugeschnitten.[1052] Insbesondere die Rügeobliegenheit gemäß Artt. 38 f. CISG bedeutete für den Käufer eine unangemessene Härte.

Wer deshalb seine persönlichen Eigenschaften bei der Auslegung der materiellrechtlichen Vorschriften berücksichtigen möchte, etwa durch geringere Anforderungen im Rahmen der Artt. 38 f. CISG,[1053] offenbart damit lediglich, dass die Vorschriften des Übereinkommens in dieser Situation einfach nicht passen.[1054] Eine modifizierte Anwendung des CISG verspricht auch keine größere

---

1047 Vgl. auch Staudinger-*Magnus*, Art. 2 Rn. 17: „vorwiegend"; so auch Ferrari [*et al.*]-*Saenger*, Intl. Vertragsrecht, Art. 2 Rn. 3; MüKoHGB-*Benicke*, Art. 2 Rn. 4 (dort Fn. 15).

1048 Vgl. Ferrari [*et al.*]-*Saenger*, Intl. Vertragsrecht, Art. 2 Rn. 1; MüKoBGB-*Huber*, Art. 2 Rn. 7.

1049 Vgl. auch Soergel-*Lüderitz/Fenge*, Art. 2 Rn. 3: „übertrieben".

1050 Dazu bb).

1051 Vgl. hierzu und zum Folgenden Staudinger-*Magnus*, Art. 2 Rn. 17.

1052 Siehe aa).

1053 So Schlechtriem/Schwenzer-*Ferrari*, Art. 2 Rn. 12.

1054 Siehe auch bereits bb).

Rechtssicherheit als eine Abgrenzung bereits im Rahmen der Eröffnung des Anwendungsbereichs.[1055]

Auch ein *dual use*-Kauf fällt demnach unter Art. 2 lit. a CISG, sofern die beabsichtigte professionelle gegenüber der beabsichtigten privaten Verwendung eine ganz untergeordnete Bedeutung hat.

(cc) Gebrauch in der Familie oder im Haushalt

Neben dem persönlichen Gebrauch nennt Art. 2 lit. a CISG den Gebrauch in der Familie oder im Haushalt. Beide Varianten sind lediglich Unterfälle des persönlichen Gebrauchs.[1056] Eine genaue Abgrenzung ist daher kaum möglich, aber auch nicht nötig.

Der Begriff „Familie“ ist autonom und weit auszulegen, nicht hingegen unter Rückgriff auf das unvereinheitlichte Familienrecht.[1057] Maßgeblich ist eine soziologische Betrachtung. Daher fallen z.B. auch entferntere Verwandte und nichteheliche Lebenspartner, Stief- und Patenkinder, Schwiegereltern sowie alle Personen, die tatsächlich und dauerhaft mit dem Käufer in Gemeinschaft leben, unter Art. 2 lit. a CISG. Zutreffend weist *Magnus* darauf hin, dass die Regelung nur die „Familie“ des Käufers erfasst.[1058]

Der Begriff „Haushalt“ ist ebenfalls autonom und weit auszulegen.[1059] Er bezieht sich auf alle Räumlichkeiten des privaten Lebensbereichs des Käufers, sodass z.B. auch der Kauf von Holzlatten für einen Gartenzaun unter Art. 2 lit. a CISG fällt.

(2) Ausnahme

Trotz des Vorliegens eines Konsumentenkaufs kann das Übereinkommen ausnahmsweise („es sei denn“) anwendbar sein, wenn der Verkäufer vor oder bei Vertragsschluss weder wusste noch wissen musste, dass der Käufer die Ware

1055 So aber Schlechtriem/Schwenzer-*Ferrari*, Art. 2 Rn. 12.

1056 Vgl. auch MüKoBGB-*Huber*, Art. 2 Rn. 9: „klarstellende[r] Charakter“; Kröll/Mistelis/Viscasillas-*Spohnheimer*, Art. 2 Rn. 8.

1057 Vgl. hierzu und zum Folgenden Schlechtriem/Schwenzer-*Ferrari*, Art. 2 Rn. 13; Staudinger-*Magnus*, Art. 2 Rn. 16; Ferrari [*et al.*]-*Saenger*, Intl. Vertragsrecht, Art. 2 Rn. 3; MüKoBGB-*Huber*, Art. 2 Rn. 10; Kröll/Mistelis/Viscasillas-*Spohnheimer*, Art. 2 Rn. 13.

1058 Vgl. Staudinger-*Magnus*, Art. 2 Rn. 16.

1059 Vgl. hierzu und zum Folgenden auch MüKoBGB-*Huber*, Art. 2 Rn. 10; Kröll/Mistelis/Viscasillas-*Spohnheimer*, Art. 2 Rn. 13.

für den Privatgebrauch gekauft hat. Diese „Ausnahme von der Ausnahme"[1060] schützt das Vertrauen des Verkäufers auf die Anwendung des CISG, wenn er keinen Anlass zur Annahme eines Konsumentenkaufs hat.[1061]

Auf die Ausnahme in Art. 2 lit. a CISG kommt es freilich nur an, wenn auch tatsächlich ein Konsumentenkauf vorliegt.[1062] Beabsichtigt der Käufer hingegen eine professionelle Verwendung der Ware, greift die Regelung bereits mangels eines Konsumentenkaufs nicht ein. Dies gilt auch dann, wenn der Verkäufer fälschlicherweise annimmt, es liege ein Konsumentenkauf vor, z.B. weil er nicht weiß, dass der gekaufte Kaffee für die Büroküche bestimmt ist.[1063] Ein Vertrauen des Verkäufers auf die Anwendung des unvereinheitlichten Rechts schützt Art. 2 lit. a CISG nicht.

(aa) Unkenntnis

Die Gegenausnahme in Art. 2 lit. a CISG fordert zum einen, dass der Verkäufer nicht um den beabsichtigten Privatgebrauch wusste. Er darf insofern also keine positive Kenntnis gehabt haben.[1064] Diese erlangt er regelmäßig durch entsprechende Erklärungen des Käufers, der somit eine Anwendung des Übereinkommens verhindern kann, indem er den Verkäufer auf den beabsichtigten Privatgebrauch hinweist.[1065] Es genügt allerdings auch, wenn der Verkäufer anderweitig Kenntnis erlangt. Dies ergibt sich aus der Formulierung „es sei denn, da[ss] der Verkäufer [...] wu[ss]te" in Art. 2 lit. a CISG; sie stellt lediglich auf die Kenntnis des Verkäufers ab, nicht jedoch auf die Umstände der Kenntniserlangung.

1060 Vgl. Kröll/Mistelis/Viscasillas-*Spohnheimer*, Art. 2 Rn. 15: „exception from the exception"; vgl. auch Schlechtriem/Schwenzer-*Ferrari*, Art. 2 Rn. 15: „Unterausnahme"; Ferrari [*et al.*]-*Saenger*, Intl. Vertragsrecht, Art. 2 Rn. 5: „Einschränkung"; MüKoHGB-*Benicke*, Art. 2 Rn. 24: „Ausnahme von dem Ausschlusstatbestand".

1061 Vgl. Staudinger-*Magnus*, Art. 2 Rn. 4; MüKoHGB-*Benicke*, Art. 2 Rn. 6; MüKoBGB-*Huber*, Art. 2 Rn. 11; vgl. auch Soergel-*Lüderitz/Fenge*, Art. 2 Rn. 3; Kröll/Mistelis/Viscasillas-*Spohnheimer*, Art. 2 Rn. 16, 20.

1062 Vgl. hierzu und zum Folgenden Schlechtriem/Schwenzer-*Ferrari*, Art. 2 Rn. 17; Ferrari [*et al.*]-*Saenger*, Intl. Vertragsrecht, Art. 2 Rn. 5.

1063 Vgl. auch Staudinger-*Magnus*, Art. 2 Rn. 22.

1064 Vgl. hierzu und zum Folgenden Schlechtriem/Schwenzer-*Ferrari*, Art. 2 Rn. 16; Staudinger-*Magnus*, Art. 2 Rn. 21; Ferrari [*et al.*]-*Saenger*, Intl. Vertragsrecht, Art. 2 Rn. 5.

1065 Zum maßgeblichen Zeitpunkt noch (3).

(bb) Unerkennbarkeit

Zum anderen setzt die Gegenausnahme voraus, dass der Verkäufer vom beabsichtigten Privatgebrauch auch nichts wissen musste. Seine Unkenntnis darf also nicht auf Fahrlässigkeit beruhen.[1066] Ob bereits einfache oder erst grobe Fahrlässigkeit dazu führt, dass die Ausnahme in Art. 2 lit. a CISG nicht eingreift und es beim Anwendungsausschluss bleibt, wird nicht einheitlich beantwortet.[1067] Einigkeit besteht zumindest darüber, dass den Verkäufer keine Erkundigungsobliegenheit trifft, mag ihm eine schlichte Nachfrage nach der beabsichtigten Verwendung auch zu empfehlen sein, um etwaige Zweifel auszuräumen.[1068]

Im Übrigen genügt nach der wohl überwiegenden Ansicht bereits die einfach fahrlässige Unkenntnis des Verkäufers, damit er vom beabsichtigten Privatgebrauch „wissen mu[ss]te".[1069] Die Anwendung des Übereinkommens soll daher gemäß Art. 2 lit. a CISG ausgeschlossen bleiben, wenn eine durchschnittliche und vernünftige Person in derselben Situation wie der Verkäufer den beabsichtigten Privatgebrauch erkannt hätte (vgl. auch Art. 8 Abs. 2 CISG).[1070]

Demgegenüber greift die Gegenausnahme nach einer anderen Ansicht erst bei grob fahrlässiger Unkenntnis des Verkäufers nicht mehr ein.[1071] Der beabsichtigte Privatgebrauch muss sich also geradezu aufgedrängt haben. Bei nur einfach fahrlässiger Unkenntnis soll das CISG hingegen trotz des Vorliegens eines Konsumentenkaufs anwendbar sein.

Hierfür spricht zunächst, dass Art. 2 lit. a CISG zwar aufgrund seines Ausnahmecharakters grundsätzlich restriktiv auszulegen ist,[1072] um den persönlichen Anwendungsbereich des Übereinkommens nicht allzu sehr einzuschränken, dass aber die Gegenausnahme dementsprechend weit auszulegen ist. Lägen

---

1066 Vgl. Schlechtriem/Schwenzer-*Ferrari*, Art. 2 Rn. 20.

1067 Vgl. auch Kröll/Mistelis/Viscasillas-*Spohnheimer*, Art. 2 Rn. 17: „most difficult question to answer".

1068 Vgl. OLG Hamm IHR 2010, 59, 62; Staudinger-*Magnus*, Art. 2 Rn. 25; Ferrari [*et al.*]-*Saenger*, Intl. Vertragsrecht, Art. 2 Rn. 5; MüKoHGB-*Benicke*, Art. 2 Rn. 7; MüKoBGB-*Huber*, Art. 2 Rn. 13; Soergel-*Lüderitz/Fenge*, Art. 2 Rn. 3; *Piltz*, NJW 2011, 2261, 2262.

1069 Vgl. Schlechtriem/Schwenzer-*Ferrari*, Art. 2 Rn. 20; Staudinger-*Magnus*, Art. 2 Rn. 22; Ferrari [*et al.*]-*Saenger*, Intl. Vertragsrecht, Art. 2 Rn. 5; MüKoHGB-*Benicke*, Art. 2 Rn. 6; Kröll/Mistelis/Viscasillas-*Spohnheimer*, Art. 2 Rn. 17.

1070 Vgl. Staudinger-*Magnus*, Art. 2 Rn. 22; MüKoHGB-*Benicke*, Art. 2 Rn. 6.

1071 Vgl. hierzu und zum Folgenden MüKoBGB-*Huber*, Art. 2 Rn. 12.

1072 Siehe bereits (1) (bb).

ihre Voraussetzungen jedoch bereits bei einfach fahrlässiger Unkenntnis vom beabsichtigten Privatgebrauch nicht mehr vor, bliebe es regelmäßig beim Anwendungsausschluss. Eine Anwendung des Übereinkommens trotz des Vorliegens eines Konsumentenkaufs käme nur in Betracht, sofern die Unkenntnis des Verkäufers noch nicht einmal auf einfacher Fahrlässigkeit beruht. Dann genügte aber die Voraussetzung, dass der Verkäufer vom beabsichtigten Privatgebrauch nichts „wu[ss]te".[1073] Der weiteren Voraussetzung, dass er davon auch nichts „wissen mu[ss]te", bliebe kaum ein eigener Regelungsgehalt.

Dennoch sprechen der Wortlaut von Art. 2 lit. a CISG und die Systematik des Übereinkommens entscheidend für die erstgenannte Ansicht. Die Formulierung „wissen mu[ss]te" bietet keinen Anknüpfungspunkt dafür, dass die Gegenausnahme erst bei grob fahrlässiger Unkenntnis des Verkäufers nicht mehr eingreift. Sofern das CISG eine grob fahrlässige Unkenntnis fordert, verwendet es vielmehr durchweg eine andere Formulierung, nämlich dass der Verkäufer[1074] bzw. der Käufer[1075] über die jeweiligen Umstände „nicht in Unkenntnis sein konnte".[1076] Es besteht kein Grund, warum sich die Gegenausnahme in Art. 2 lit. a CISG auch ohne diese Formulierung auf eine grob fahrlässige Unkenntnis beziehen sollte.

Insbesondere widerspräche eine weite Auslegung zugunsten der Anwendung des Übereinkommens dem Zweck des Art. 2 lit. a CISG, einen Konflikt mit nationalen Verbraucherschutzvorschriften weitestmöglich zu vermeiden.[1077] Lägen die Voraussetzungen der Gegenausnahme erst bei grob fahrlässiger Unkenntnis des Verkäufers nicht mehr vor, könnte das CISG bei immerhin einfach fahrlässiger Unkenntnis trotz des Vorliegens eines Konsumentenkaufs anwendbar bleiben.

Hinzu kommt, dass der Vorwurf grober Fahrlässigkeit besonders begründungsbedürftig ist.[1078] Dem Verkäufer wird daher regelmäßig nur einfache Fahrlässigkeit vorgeworfen werden können. Um eine Anwendung des CISG sicher auszuschließen, müsste der Käufer auf den beabsichtigten Privatgebrauch hinweisen und damit für die positive Kenntnis des Verkäufers sorgen.[1079] Eine

1073 Dazu soeben (aa).
1074 Vgl. Artt. 40, 42 Abs. 1 CISG.
1075 Vgl. Artt. 35 Abs. 3, 42 Abs. 2 lit. a CISG.
1076 Vgl. Staudinger-*Magnus*, Art. 2 Rn. 22.
1077 Dazu bereits bb); vgl. auch Staudinger-*Magnus*, Art. 2 Rn. 22
1078 Vgl. auch Kröll/Mistelis/Viscasillas-*Spohnheimer*, Art. 2 Rn. 17 (dort Fn. 34).
1079 Dazu (aa).

derartige Hinweisobliegenheit darf den Käufer jedoch nicht treffen, wenn auch den Verkäufer keine Erkundigungsobliegenheit trifft (vgl. oben).

Somit genügt bereits die einfach fahrlässige Unkenntnis des Verkäufers, damit er vom beabsichtigten Privatgebrauch „wissen mu[ss]te und die Anwendung des Übereinkommens gemäß Art. 2 lit. a CISG ausgeschlossen bleibt.

(cc) Vermutung

Vor allem für die Erkennbarkeit des beabsichtigten Privatgebrauchs sind zwar die Umstände des Einzelfalls maßgeblich.[1080] Die Gegenausnahme in Art. 2 lit. a CISG ist aber als Vermutung zugunsten der Kenntnis bzw. Erkennbarkeit ausgestaltet („es sei denn, da[ss] der Verkäufer [...] weder wu[ss]te noch wissen mu[ss]te").[1081] Nur wenn die Umstände entgegen dem tatsächlich beabsichtigten Privatgebrauch auf einen professionellen Verwendungszweck hindeuten, kann der Verkäufer die Vermutung widerlegen und sich trotz des Vorliegens eines Konsumentenkaufs auf das CISG berufen.[1082]

Regelmäßig dient zunächst die Ware selbst als Anhaltspunkt für einen privaten oder professionellen Verwendungszweck.[1083] Auch die gekaufte Menge,[1084] der wirtschaftliche Wert und der vereinbarte Preis sind zu berücksichtigen. Eine abschließende Auflistung von Gegenständen, die üblicherweise einen bestimmten Verwendungszweck nahelegen, ist ebenso wenig möglich wie die Festlegung starrer Mengen-, Wert- und Preisgrenzen, ab denen ein privater Verwendungszweck für den Verkäufer nicht mehr erkennbar ist. Abstrakt lässt sich daher nur eine „Je-desto"-Formel aufstellen: Je unüblicher ein privater Gebrauch der Ware, je größer die gekaufte Menge desselben Gegenstands und je höher der Gesamtwert bzw. der Gesamtpreis,[1085] desto weniger liegt ein privater Verwendungszweck nahe.

1080 Vgl. auch Kröll/Mistelis/Viscasillas-*Spohnheimer*, Art. 2 Rn. 17.

1081 Vgl. Staudinger-*Magnus*, Art. 2 Rn. 23.

1082 Vgl. auch Kröll/Mistelis/Viscasillas-*Spohnheimer*, Art. 2 Rn. 19.

1083 Siehe auch bereits (1) (aa), (bb); vgl. hierzu und zum Folgenden Schlechtriem/Schwenzer-*Ferrari*, Art. 2 Rn. 17.

1084 Vgl. auch Staudinger-*Magnus*, Art. 2 Rn. 22: Kauf „in begrenzten Mengen"; Ferrari [*et al.*]-*Saenger*, Intl. Vertragsrecht, Art. 2 Rn. 5; MüKoHGB-*Benicke*, Art. 2 Rn. 7; MüKoBGB-*Huber*, Art. 2 Rn. 13; Kröll/Mistelis/Viscasillas-*Spohnheimer*, Art. 2 Rn. 18.

1085 Vgl. auch Staudinger-*Magnus*, Art. 2 Rn. 23: „größere Stückzahl" bzw. „für private Zwecke ungewöhnliche[r] Umfang oder Wert"; MüKoHGB-*Benicke*, Art. 2 Rn. 7.

Beim Kauf verschiedener Kleidungsstücke zu einem nicht allzu hohen Gesamtpreis muss der Verkäufer demnach einen privaten Verwendungszweck annehmen. Nimmt er fälschlicherweise etwas anderes an, kann er die Vermutung zugunsten der Erkennbarkeit des Konsumentenkaufs nicht widerlegen, und es bleibt beim Anwendungsausschluss gemäß Art. 2 lit. a CISG. Handelt es sich hingegen um zahlreiche Kleidungsstücke desselben, ggf. sogar hochpreisigen Models, darf der Verkäufer von einem professionellen Verwendungszweck ausgehen, ebenso beim Kauf von Gegenständen, die üblicherweise dem professionellen Gebrauch dienen, z.B. Büromöbel oder Buchhaltungs-Software.[1086] Beabsichtigt der Käufer dann tatsächlich eine private Verwendung, kann der Verkäufer die Vermutung in Art. 2 lit. a CISG widerlegen und sich dennoch auf das Übereinkommen berufen.

Die Vermutung zugunsten der Erkennbarkeit eines Konsumentenkaufs ist besonders relevant, sofern ein Gegenstand sowohl privat als auch professionell genutzt werden kann, wie z.B. ein Computer oder ein Pkw.[1087] *Magnus* spricht insofern von „neutralen" Gegenständen. Bei ihnen muss der Verkäufer daher grundsätzlich einen privaten Verwendungszweck annehmen, es sei denn, die Umstände deuten auf einen professionellen Verwendungszweck hin.

Weitere relevante Umstände sind etwa die Person des Käufers und sein Auftreten,[1088] eine Korrespondenz unter Nennung der Privat- oder Firmenanschrift, Verhandlungen und Vertragsschluss in den Privat- oder Geschäftsräumen des Käufers sowie eine Bestellung und Lieferung an seine Privat- oder Firmenanschrift.[1089]

1086 Vgl. Staudinger-*Magnus*, Art. 2 Rn. 24; vgl. auch Kröll/Mistelis/Viscasillas-*Spohnheimer*, Art. 2 Rn. 19; *Schmitt*, CR 2001, 145, 146; zu Software als Vertragsgegenstand noch IV. 1. a) bb) (4) (aa).

1087 Vgl. hierzu und zum Folgenden Staudinger-*Magnus*, Art. 2 Rn. 23; abweichend MüKoHGB-*Benicke*, Art. 2 Rn. 7, der für beide Gegenstände einen privaten Gebrauch als üblich annimmt.

1088 Vgl. auch OLG Hamm IHR 2012, 241: Anwendung des CISG, wenn der Käufer eines Pkw den Vertrag mit der Angabe „Händlergeschäft" und dem Kürzel „Fa." vor seinem Namen unterschreibt.

1089 Vgl. Schlechtriem/Schwenzer-*Ferrari*, Art. 2 Rn. 19; Staudinger-*Magnus*, Art. 2 Rn. 23 f.; Ferrari [*et al.*]-*Saenger*, Intl. Vertragsrecht, Art. 2 Rn. 5; MüKoHGB-*Benicke*, Art. 2 Rn. 7; MüKoBGB-*Huber*, Art. 2 Rn. 13; Kröll/Mistelis/Viscasillas-*Spohnheimer*, Art. 2 Rn. 18.

(3) Maßgeblicher Zeitpunkt

Für das Vorliegen eines Konsumentenkaufs ist der Zeitpunkt des Vertragsschlusses maßgeblich.[1090] Dies ergibt sich aus der Formulierung „Kauf […] für“ in Art. 2 lit. a CISG sowie daraus, dass auch die Gegenausnahme auf den Zeitpunkt des Vertragsschlusses abstellt („vor oder bei Vertragsabschlu[ss]“).[1091] Spätestens dann haben die Parteien also Gewissheit über die Anwendbarkeit des CISG. Hingegen ist unerheblich, wie der Käufer die Ware später tatsächlich verwendet bzw. ob er sie anders verwendet als zunächst beabsichtigt. Kauft etwa ein Händler von einer Privatperson deren Gebrauchtwagen, um ihn als Familienauto zu nutzen, liegt ein Konsumentenkauf vor, auch wenn er den Wagen später doch in seinem Handel weiterverkauft. Umgekehrt liegt kein Konsumentenkauf vor, wenn ein Händler Kleidung kauft, um sie in seinem Handel weiterzuverkaufen, selbst wenn er sie später doch für sich behält.

Soweit ersichtlich, wird der Fall, dass der Käufer bei Vertragsschluss noch keine bestimmte Verwendung beabsichtigt, nicht diskutiert. Er ist wohl auch kaum praktisch relevant, denn der Käufer wird äußerst selten Ware kaufen, ohne sich Gedanken über ihre Verwendung zu machen. Durchaus relevant ist hingegen der Fall, dass sich der Käufer noch nicht sicher ist, für welche von mehreren Gebrauchsmöglichkeiten er die Ware kauft.[1092] Auch insofern muss jedoch der Zeitpunkt des Vertragsschlusses maßgeblich sein.[1093] Die Unsicherheit des Käufers lässt sich mit der herkömmlichen Verteilung der Beweislast erfassen:[1094] Beruft er sich später auf einen Konsumentenkauf, muss er darlegen und ggf. beweisen, dass er bereits bei Vertragsschluss ausschließlich eine private Verwendung beabsichtigt hat bzw. eine auch beabsichtigte professionelle Verwendung von ganz untergeordneter Bedeutung ist. Beruft er sich hingegen auf die Anwendung des CISG, muss er nachweisen, dass er eine professionelle Verwendung beabsichtigt hat, die nicht nur ganz unbedeutend ist. Gelingt ihm

---

1090 Vgl. hierzu und zum Folgenden Schlechtriem/Schwenzer-*Ferrari*, Art. 2 Rn. 8; Staudinger-*Magnus*, Art. 2 Rn. 11; Ferrari [*et al.*]-*Saenger*, Intl. Vertragsrecht, Art. 2 Rn. 3; MüKoHGB-*Benicke*, Art. 2 Rn. 5; MüKoBGB-*Huber*, Art. 2 Rn. 5; Kröll/Mistelis/Viscasillas-*Spohnheimer*, Art. 2 Rn. 10.

1091 Vgl. auch OLG Stuttgart IHR 2008, 102, 104; Staudinger-*Magnus*, Art. 2 Rn. 26 f.; Ferrari [*et al.*]-*Saenger*, Intl. Vertragsrecht, Art. 2 Rn. 5.

1092 Vgl. auch MüKoBGB-*Huber*, Art. 2 Rn. 8.

1093 So auch MüKoBGB-*Huber*, Art. 2 Rn. 8.

1094 Dazu auch sogleich (4); nicht differenzierend hingegen MüKoBGB-*Huber*, Art. 2 Rn. 8: CISG „bleibt anwendbar“, wenn sich der Käufer bei Vertragsschluss noch nicht entschieden hat.

der jeweilige Nachweis nicht, wirkt dies zu seinen Lasten. Der Verkäufer ist im Übrigen durch die Gegenausnahme in Art. 2 lit. a CISG geschützt. Sie dient als Ausgleich für die Unkontrollierbarkeit der inneren Willensrichtung des Käufers.[1095]

(4) Verteilung der Beweislast

Die Frage, wie die Beweislast im Rahmen des Art. 2 lit. a CISG zu verteilen ist, wird nicht einheitlich beantwortet. Ein Rückgriff auf das unvereinheitlichte Recht ist jedenfalls nicht zulässig.[1096] Dies widerspräche dem internationalen Charakter des Übereinkommens und dem Gebot der einheitlichen Auslegung (vgl. Art. 7 Abs. 1 CISG). Abgesehen davon bieten der Wortlaut und die Entstehung des Art. 2 lit. a CISG durchaus Anknüpfungspunkte für die Verteilung der Beweislast: Die Gegenausnahme ist als Vermutung zugunsten der Kenntnis bzw. Erkennbarkeit ausgestaltet.[1097] Während der Wiener Konferenz wurde zudem ausdrücklich darauf hingewiesen, die Formulierung „es sei denn, da[ss] der Verkäufer […] weder wu[ss]te noch wissen mu[ss]te" stelle klar, dass der Verkäufer insofern die Beweislast trage. Die ehemalige ČSSR kritisierte zwar, die Regelung sei in dieser Fassung nicht praxistauglich, und schlug stattdessen die Formulierung „wenn der Verkäufer […] wusste oder wissen musste" vor. Die Wiener Konferenz lehnte diesen Antrag jedoch ab und brachte damit ihren Willen zum Ausdruck, die Beweislast zu verteilen.

Daran anknüpfend trägt nach einer Ansicht zunächst der Käufer die Beweislast dafür, dass ein Konsumentenkauf vorliegt.[1098] Sodann soll der Verkäufer darlegen und ggf. beweisen, dass er vom privaten Verwendungszweck weder wusste noch wissen musste.

Demgegenüber differenziert eine andere Ansicht:[1099] Regelmäßig wird sich in der Tat der Käufer auf einen Konsumentenkauf berufen, und der Verkäufer wird einwenden, er habe vom privaten Verwendungszweck weder gewusst noch

---

1095 Vgl. auch Staudinger-*Magnus*, Art. 2 Rn. 11.

1096 Vgl. hierzu und zum Folgenden auch Schlechtriem/Schwenzer-*Ferrari*, Art. 2 Rn. 22; Staudinger-*Magnus*, Art. 2 Rn. 28.

1097 Dazu bereits (2) (cc).

1098 Vgl. hierzu und zum Folgenden auch Staudinger-*Magnus*, Art. 2 Rn. 28, der diese Ansicht wohl zu Unrecht als „[h]errschend" deklariert.

1099 Vgl. hierzu und zum Folgenden Schlechtriem/Schwenzer-*Ferrari*, Art. 2 Rn. 23; MüKoHGB-*Benicke*, Art. 2 Rn. 25; vgl. auch Ferrari [*et al.*]-*Saenger*, Intl. Vertragsrecht, Art. 2 Rn. 13; MüKoBGB-*Huber*, Art. 2 Rn. 24; Soergel-*Lüderitz/Fenge*, Art. 2 Rn. 4; Kröll/Mistelis/Viscasillas-*Spohnheimer*, Art. 2 Rn. 45.

wissen müssen. Dann soll auch nach dieser Ansicht der Käufer die Beweislast bzgl. der Voraussetzungen des Anwendungsausschlusses tragen, woraufhin der Verkäufer darlegen und ggf. beweisen muss, dass die Gegenausnahme eingreift. Denkbar ist jedoch auch der Fall, dass sich der Käufer auf die Anwendung des CISG beruft, z.B. weil ihm das Übereinkommen weitergehende Gewährleistungsrechte einräumt als das unvereinheitlichte Recht. Widerspricht der Verkäufer, soll die Beweislast umgekehrt verteilt sein, d.h. der Verkäufer trägt sie bzgl. des Vorliegens eines Konsumentenkaufs und der Käufer bzgl. der Gegenausnahme.

Nach einer abweichenden Ansicht soll im letztgenannten Fall allein der Verkäufer, der sich auf das unvereinheitlichte Recht beruft, die Beweislast tragen.[1100] Er soll also nicht nur die Voraussetzungen des Anwendungsausschlusses darlegen und ggf. beweisen, sondern auch, dass die Gegenausnahme nicht eingreift.

Demnach besteht zumindest über den Regelfall Einigkeit, dass sich der Verkäufer trotz des Vorliegens eines Konsumentenkaufs auf das CISG beruft.[1101] Beruft sich hingegen der Käufer auf das Übereinkommen, sprechen zwar die Formulierung „es sei denn" und die Entstehung des Art. 2 lit. a CISG für eine strikte Beweislastverteilung im Sinne der erstgenannten Ansicht (vgl. oben). Dies führte aber zu dem widersinnigen Ergebnis, dass die Parteien ggf. beweisen müssten, was sie gar nicht beweisen wollen: Der Käufer müsste die Voraussetzungen des Anwendungsausschlusses auch dann nachweisen, wenn er sich gerade auf die Anwendung des CISG beruft. In diesem Fall hat er jedoch kein Interesse daran, zum Vorliegen eines Konsumentenkaufs vorzutragen, ist doch der Verkäufer derjenige, der sich darauf stützt. Der Verkäufer trüge indes die Beweislast bzgl. der Gegenausnahme in Art. 2 lit. a CISG, obwohl er die Anwendung des Übereinkommens gerade ablehnt. Dieses Ergebnis kann die erstgenannte Ansicht nicht wollen.[1102] Ggf. hat sie den Fall, dass sich der Käufer auf das CISG beruft, schlicht übersehen. Jedenfalls entspricht sie aber insofern nicht den Interessen der Parteien.

Anders die differenzierende Ansicht: Danach trägt stets die Partei die Beweislast bzgl. des Vorliegens eines Konsumentenkaufs, die sich auf das unvereinheitlichte Recht beruft, während die andere Partei die Beweislast bzgl. der

---

1100 Vgl. hierzu und zum Folgenden Staudinger-*Magnus*, Art. 2 Rn. 28.

1101 Vgl. auch Ferrari [*et al.*]-*Saenger*, Intl. Vertragsrecht, Art. 2 Rn. 13.

1102 Vgl. auch Soergel-*Lüderitz/Fenge*, Art. 2 Rn. 4 (dort Fn. 8): „nicht nachvollziehbar".

Gegenausnahme trägt.[1103] Diese Lösung birgt nicht etwa größere Rechtsunsicherheit als eine strikte Beweislastverteilung. Auch der Wortlaut von Art. 2 lit. a CISG lässt eine Differenzierung zu. Die Formulierung „es sei denn" bringt lediglich den Willen der Wiener Konferenz zum Ausdruck, die Beweislast auf beide Parteien zu verteilen (vgl. oben).[1104] Darüber hinaus enthält die Regelung aber gerade keine konkrete Zuteilung an den Käufer bzw. Verkäufer.

Folglich ist auch die abweichende Ansicht abzulehnen, nach welcher der Verkäufer allein die Beweislast tragen soll, falls er sich auf das unvereinheitlichte Recht beruft. Um die Beweislast einer Partei allein aufbürden zu können, müsste die Gegenausnahme in Art. 2 lit. a CISG als Bedingung bzw. weitere Voraussetzung formuliert sein („wenn der Verkäufer [...] wusste oder wissen musste"). Einen entsprechenden Vorschlag lehnte die Wiener Konferenz jedoch ab (vgl. oben). Es ist im Übrigen auch nicht unverhältnismäßig, dem Käufer, der die Anwendung des CISG erreichen möchte, die Beweislast bzgl. der Gegenausnahme zuzuteilen.

Somit richtet sich die Verteilung der Beweislast im Rahmen des Art. 2 lit. a CISG danach, welche Partei sich auf das unvereinheitlichte Recht beruft. Sie trägt dann die Beweislast bzgl. der Voraussetzungen des Anwendungsausschlusses. Die andere Partei trägt sodann die Beweislast bzgl. der Gegenausnahme.

b) PR CESL

Während das CISG keine Qualifikationen hinsichtlich der Parteien enthält, unterscheidet der PR CESL zwischen „Unternehmern" (dazu aa)) und „Verbrauchern" (dazu bb)).

Beide Begriffe definiert der Verordnungsentwurf in Art. 2 litt. e, f PR CESL und damit inmitten eines Katalogs mit Legaldefinitionen, wie er für europäische Rechtsakte üblich ist, um ihre Anwendung zu erleichtern und ihre einheitliche Auslegung zu gewährleisten.[1105] Der Katalog des Art. 2 PR CESL ist mit seinen 24 Legaldefinitionen allerdings besonders umfangreich und folgt offenbar keiner inneren Ordnung.[1106] Zudem stellt sich die Frage, warum die Kommission

---

1103 Vgl. MüKoHGB-*Benicke*, Art. 2 Rn. 23; vgl. auch Ferrari [*et al.*]-*Saenger*, Intl. Vertragsrecht, Art. 2 Rn. 13.

1104 Vgl. auch MüKoBGB-*Huber*, Art. 2 Rn. 24.

1105 Vgl. hierzu und zum Folgenden Schulze-*Wendehorst*, Art. 2 Rn. 1.

1106 Kritisch Schmidt-Kessel-*ders.*, Art. 2 Rn. 2 ff., 6: „sogar willkürlich"; vgl. auch Schulze-*Wendehorst*, Art. 2 Rn. 61.

manche Definitionen im PR CESL und nicht unmittelbar im DCESL verortet hat, das seinerseits weitere Definitionen enthält.[1107]

Im Gegensatz zu Art. 2 lit. a CISG kommt es im Rahmen des Art. 2 litt. e, f PR CESL nicht darauf an, ob bestimmte Umstände der jeweils anderen Partei bekannt sind oder sein müssen. Maßgeblicher Zeitpunkt für die Qualifikation als Unternehmer bzw. Verbraucher ist der Vertragsschluss.

aa) Unternehmer

Unternehmer im Sinne der vorgeschlagenen Verordnung ist jede natürliche oder juristische Person, die für die Zwecke ihrer gewerblichen, geschäftlichen, handwerklichen oder beruflichen Tätigkeit handelt (vgl. Art. 2 lit. e PR CESL).[1108] Diese Legaldefinition beruht auf Art. I. – 1:105 Abs. 2 DCFR. Sie ist zwar nicht identisch mit entsprechenden Definitionen anderer europäischer Rechtsakte, vor allem nicht mit Art. 2 Nr. 2 der Verbraucherrechte-Richtlinie, die nur knapp zwei Monate nach der Vorlage des PR CESL in Kraft trat.[1109] Mangels anderslautender Hinweise, z.B. in den Erwägungsgründen, ist aber nicht anzunehmen, dass die Kommission einen neuen, eigenständigen Unternehmerbegriff schaffen wollte. Zur Auslegung des Art. 2 lit. e PR CESL kann daher auch auf andere europäische Rechtsakte zurückgegriffen werden.[1110]

(1) Natürliche oder juristische Person

Unternehmer kann jede natürliche oder juristische Person sein (vgl. Art. 2 lit. e PR CESL). Im Unterschied zu Art. 2 Nr. 2 der Verbraucherrechte-Richtlinie verzichtet Art. 2 lit. e PR CESL auf die beiden Klarstellungen, wonach unerheblich ist, ob eine Person selbst oder durch eine andere Person tätig wird, die in ihrem Namen oder Auftrag handelt, und ob eine juristische Person privatrechtlicher oder öffentlich-rechtlicher Natur ist.[1111] Eine unterschiedliche Auslegung der beiden Definitionen folgt daraus nicht.[1112]

1107 Vgl. auch Schmidt-Kessel-*ders.*, Art. 2 Rn. 2: „Die Trennung von Definitionen und Normtext hat die Kommission hier besonders weit getrieben".

1108 *Eidenmüller* [*et al.*], JZ 2012, 269, 270 (dort Fn. 13), weisen darauf hin, entgegen der „bislang eingebürgerte[n] Terminologie" (B2B als Akronym für „business to business" bzw. B2C als Akronym für „business to consumer") definiere die englische Fassung nicht den Begriff „business", sondern den Begriff „trader".

1109 Vgl. hierzu und zum Folgenden Schulze-*Wendehorst*, Art. 2 Rn. 3, 12 f.; Schmidt-Kessel-*ders.*, Art. 2 Rn. 32.

1110 Vgl. auch *Mansel*, WM 2012, 1253, 1259.

1111 Vgl. auch Schulze-*Wendehorst*, Art. 2 Rn. 13: „rather brief".

1112 Vgl. Schulze-*Wendehorst*, Art. 2 Rn. 13.

Auch zum CISG besteht kein Unterschied. Da das Übereinkommen keine Qualifikationen hinsichtlich der Parteien enthält, können sowohl natürliche als auch juristische Personen Unternehmer sein.[1113]

(2) Handeln

Art. 2 lit. e PR CESL stellt darauf ab, dass die betreffende Person für die dort genannten Zwecke „handelt", nicht hingegen darauf, dass sie „kauft" oder „verkauft". Eine Qualifikation als Unternehmer setzt also keine Beteiligung in einer bestimmten Rolle voraus. Vielmehr kann sowohl der Käufer als auch der Verkäufer Unternehmer sein.[1114] Dies ist neu gegenüber anderen europäischen Rechtsakten, die auf B2C-Verträge zugeschnitten sind. Zwar formuliert auch Art. 2 Nr. 2 der Verbraucherrechte-Richtlinie neutral und fordert lediglich, dass die betreffende Person „tätig wird". Ein Kaufvertrag im Sinne des Art. 2 Nr. 5 der Verbraucherrechte-Richtlinie liegt aber nur vor, wenn der Käufer „Verbraucher" ist. Die entsprechende Definition in Art. 2 lit. k PR CESL beschreibt den Käufer hingegen schlicht als „andere Person".[1115]

Auch im Rahmen des CISG kann sowohl der Käufer als auch der Verkäufer Unternehmer sein. Das Übereinkommen ist sogar *de facto* auf die ausschließliche Beteiligung von gewerbsmäßig handelnden Personen zugeschnitten.[1116]

(3) Professionelle Zwecke

Weiterhin muss die betreffende Person für die Zwecke ihrer gewerblichen, geschäftlichen, handwerklichen oder beruflichen Tätigkeit handeln (vgl. Art. 2 lit. e PR CESL).[1117] Ebenso wie bei Art. 2 lit. a CISG[1118] kommt es nicht auf den Vertragsgegenstand als solchen an, sondern auf dessen beabsichtigte Verwendung.[1119] Die Legaldefinition in Art. 2 lit. e PR CESL verweist sogar ausdrücklich auf „Zwecke". Die persönlichen Eigenschaften einer Person und die gegenständlichen Eigenschaften der Ware sind daher unerheblich. Die gegenüber Art. 2 lit. a

---

1113 Dazu a) aa).

1114 Vgl. hierzu und zum Folgenden auch Schulze-*Wendehorst*, Art. 2 Rn. 14.

1115 Dazu noch IV. 2. a) aa) (2).

1116 Siehe a) aa).

1117 Im Folgenden erfasst die Formulierng „professionelle Tätigkeit" bzgl. des PR CESL alle Varianten des Art. 2 lit. e PR CESL (gewerbliche, geschäftliche, handwerkliche und berufliche Tätigkeit), sofern nicht aus dem Zusammenhang etwas anderes folgt.

1118 Dazu a) bb) (1) (aa).

1119 Vgl. auch Schulze-*Wendehorst*, Art. 2 Rn. 12: „a person is not a trader *per se*"; *Schinkels*, in: Gemeinsames Europäisches Kaufrecht, S. 23, 24 (dort Fn. 4).

CISG („Gebrauch")[1120] weitere Formulierung erfasst ohne Weiteres auch den Verbrauch des Vertragsgegenstands.

Eine „berufliche Tätigkeit" im Sinne des Art. 2 lit. e PR CESL kann sowohl eine selbständige als auch eine unselbständige berufliche Tätigkeit sein.[1121] Die Kommission hat die Einschränkung „self-employed" aus Art. I. – 1:105 Abs. 2 DCFR gerade nicht übernommen.[1122] Auch Art. 2 Nr. 2 der Verbraucherrechte-Richtlinie differenziert insofern nicht. Erneut besteht kein Unterschied zum CISG.[1123]

Im Übrigen überschneiden sich die Varianten der gewerblichen, geschäftlichen, handwerklichen und beruflichen Tätigkeit. Eine genaue Abgrenzung ist daher kaum möglich, aber auch nicht nötig.[1124] Nach dem Wortlaut von Art. 2 lit. e PR CESL ist die Aufzählung abschließend. Im Gegensatz zum Anwendungsausschluss des Art. 2 lit. a CISG, der sich auf die Privatsphäre des Käufers bezieht,[1125] knüpft Art. 2 lit. e PR CESL an die Berufs- und Geschäftssphäre an. Grund hierfür ist die unterschiedliche Regelungstechnik der beiden Rechtsinstrumente: Im Rahmen des CISG kann jede Person Unternehmer sein, die nicht Konsument ist.[1126] Demgegenüber enthält der PR CESL eine Legaldefinition des Unternehmerbegriffs. In beiden Fällen ist jedoch eine Abgrenzung zwischen der Privatsphäre und der Berufs- und Geschäftssphäre erforderlich. Für Art. 2 lit. e PR CESL gilt insofern nichts anderes als für Art. 2 lit. a CISG.[1127]

Speziell Non profit-Organisationen sind allerdings keine Unternehmer im Sinne des Art. 2 lit. e PR CESL.[1128] Ihre Tätigkeit fällt unter keine der dort genannten Varianten. Insbesondere eine berufliche Tätigkeit scheidet aus, weil begrifflich nur natürliche Personen eine solche Tätigkeit ausüben können. Wie zu zeigen sein wird,[1129] sind Non profit-Organisationen auch keine „Verbraucher".

1120 Dazu a) bb) (1) (bb).

1121 Vgl. hierzu und zum Folgenden auch Schulze-*Wendehorst*, Art. 2 Rn. 15, mit Beispielen.

1122 Vgl. auch *Mansel*, WM 2012, 1253, 1259.

1123 Dazu a) bb) (1) (bb).

1124 Vgl. Schulze-*Wendehorst*, Art. 2 Rn. 12.

1125 Siehe a) bb) (1) (bb).

1126 Siehe a) aa).

1127 Dazu a) bb) (1) (bb).

1128 Vgl. hierzu und zum Folgenden Schulze-*Wendehorst*, Art. 2 Rn. 18.

1129 Siehe sogleich bb) (1).

Zur Behandlung von *dual use*-Käufen schweigt auch der PR CESL.[1130] Gemäß Erwgr. (17) Satz 2 der Verbraucherrechte-Richtlinie sollte eine Person als Verbraucher betrachtet werden, wenn die beabsichtigte professionelle Verwendung „im Gesamtzusammenhang des Vertrags nicht überwiegend“ ist.[1131] Eine Person soll also Unternehmer sein, solange die beabsichtigte professionelle Verwendung mindestens gleichgewichtig zur beabsichtigten privaten Verwendung ist. Zwar enthält der PR CESL keinen entsprechenden Erwägungsgrund. Dies allein stützt aber keinen Umkehrschluss.[1132] Im Gegenteil: Die Kommission wollte mit dem Verordnungsentwurf keinen neuen Unternehmerbegriff schaffen.[1133] Art. 2 lit. e PR CESL und Art. 2 Nr. 2 der Verbraucherrechte-Richtlinie sind daher entsprechend auszulegen.

Dem steht auch die Rechtsprechung des EuGH zu den Verbraucherschutzvorschriften der Artt. 13 ff. EuGVÜ[1134] nicht entgegen.[1135] Danach ist eine Person bereits Unternehmer, sobald die beabsichtigte professionelle gegenüber der beabsichtigten privaten Verwendung nicht nur eine ganz untergeordnete Bedeutung hat.[1136] Diese Rechtsprechung ist jedoch nicht auf Art. 2 lit. e PR CESL zu übertragen, denn das EuGVÜ[1137] betrifft die internationale gerichtliche Zuständigkeit und die Anerkennung und Vollstreckung gerichtlicher Entscheidungen und damit ein anderes Rechtsgebiet als der PR CESL. Entsprechend gering ist das Zusammenspiel zwischen beiden Rechtsinstrumenten und der Bedarf nach deren einheitlicher Auslegung.[1138] Etwas anderes gilt freilich für den Verordnungsentwurf und die Verbraucherrechte-Richtlinie.

Im Rahmen des PR CESL erfolgt somit für *dual use*-Käufe eine Abgrenzung danach, ob die beabsichtigte professionelle Verwendung mindestens gleichgewichtig zur beabsichtigten privaten Verwendung ist. Dieses Ergebnis trägt auch der Wortlaut von Art. 2 litt. e, f PR CESL:[1139] Beide Legaldefinitionen stellen

---

1130 Kritisch *Stadler*, AcP 212 (2012), 473, 488.

1131 Vgl. auch *Stadler*, AcP 212 (2012), 473, 488: „immerhin“.

1132 So auch Schmidt-Kessel-*ders.*, Art. 2 Rn. 34.

1133 Siehe aa).

1134 Übereinkommen über die gerichtliche Zuständigkeit und die Vollstreckung gerichtlicher Entscheidungen in Zivil- und Handelssachen vom 27. September 1968, BGBl. 2000 III, S. 104; weitgehend identische Regelungen enthalten Artt. 15–17 Brüssel I-VO, 17–19 Brüssel Ia-VO.

1135 Vgl. auch Schulze-*Wendehorst*, Art. 2 Rn. 16.

1136 Vgl. EuGH NJW 2005, 653; siehe zu Art. 2 lit. a CISG a) bb) (1) (bb).

1137 Bzw. die Brüssel Ia-VO.

1138 Vgl. hierzu und zum Folgenden Schulze-*Wendehorst*, Art. 2 Rn. 16.

1139 Zu Art. 2 lit. f PR CESL sogleich bb).

darauf ab, dass eine Person „für die Zwecke ihrer [professionellen] Tätigkeit" handelt. Wäre eine Person jedoch bereits Unternehmer, sobald sie neben einer privaten auch eine nicht ganz unbedeutende professionelle Verwendung beabsichtigt, könnte Art. 2 litt. e, f PR CESL schlicht auf ein Handeln „für Zwecke" einer professionellen Tätigkeit abstellen. Die Regelung stellt aber auf „die" Zwecke ab. Durch den bestimmten Artikel drückt sie aus, dass die beabsichtigte professionelle Verwendung nicht hinter einer ebenfalls beabsichtigten privaten Verwendung zurückbleiben darf.

Bei künftigen Entwürfen eines europäischen Kaufrechts könnte die Kommission Rechtsunsicherheit vorbeugen, indem sie auf Erwgr. (17) Satz 2 der Verbraucherrechte-Richtlinie verweist, einen entsprechenden Erwägungsgrund aufnimmt oder gar im normativen Teil eine Regelung für *dual use*-Käufe trifft.[1140] Bisweilen besteht jedenfalls ein Unterschied zum CISG: Während dort eine Partei bereits Unternehmer ist, sobald sie eine nicht ganz unbedeutende professionelle Verwendung beabsichtigt,[1141] kommt eine Qualifikation als Unternehmer im Sinne des Art. 2 litt. e PR CESL erst in Betracht, wenn die beabsichtigte professionelle Verwendung mindestens gleichgewichtig zur beabsichtigten privaten Verwendung ist.

bb) Verbraucher

Verbraucher im Sinne der vorgeschlagenen Verordnung ist jede natürliche Person, die nicht für die Zwecke einer professionellen Tätigkeit handelt (vgl. Art. 2 lit. f PR CESL). Auch diese Legaldefinition beruht auf dem DCFR[1142] und ist im Einklang mit der entsprechenden Definition in Art. 2 Nr. 1 der Verbraucherrechte-Richtlinie auszulegen.[1143]

(1) Natürliche Person

Während auch juristische Personen Unternehmer sein können (vgl. Art. 2 lit. e PR CESL),[1144] können nur natürliche Personen Verbraucher sein (vgl. Art. 2 lit. f PR CESL).[1145] Non profit-Organisationen, die bereits keine Unternehmer sind,[1146]

1140 Vgl. auch Schulze-*Wendehorst*, Art. 2 Rn. 16.
1141 Siehe a) bb) (1) (bb).
1142 Vgl. Art. I. – 1:105 Abs. 1 DCFR.
1143 Vgl. auch Schmidt-Kessel-*ders.*, Art. 2 Rn. 32.
1144 Siehe aa) (1).
1145 So auch Art. 2 Nr. 1 der Verbraucherrechte-Richtlinie.
1146 Siehe aa) (3).

fallen somit insgesamt nicht in den persönlichen Anwendungsbereich des Verordnungsentwurfs.[1147] Dies gilt auch für Idealvereine.[1148]

In der Sache besteht kein Unterschied zum CISG. Auch dort kommt ein Konsumentenkauf nur in Betracht, wenn der Käufer eine natürliche Person ist.[1149]

(2) Handeln

Ebenso wie Art. 2 lit. e PR CESL[1150] stellt auch Art. 2 lit. f PR CESL lediglich darauf ab, dass die betreffende Person „handelt". Insofern ist jedoch nicht unerheblich, in welcher Rolle sie beteiligt ist, denn das DCESL steht nur zur Verfügung, wenn jedenfalls der Verkäufer Unternehmer ist (vgl. Art. 7 Abs. 1 Satz 1 PR CESL).[1151] Nur der Käufer darf also Verbraucher sein.

Im Gegensatz dazu kann der persönliche Anwendungsbereich des CISG auch eröffnet sein, wenn der Verkäufer Konsument ist. Der Anwendungsausschluss in Art. 2 lit. a CISG erfasst nur Konsumentenkäufe, nicht hingegen Konsumentenverkäufe.[1152]

(3) Private Zwecke

Schließlich darf die betreffende Person nicht für die Zwecke einer professionellen Tätigkeit handeln. Insofern wiederholt Art. 2 lit. f PR CESL lediglich die Definition des Unternehmerbegriffs in Art. 2 lit. e PR CESL.[1153] Deren Varianten dürfen für eine Qualifikation als Verbraucher eben „nicht" erfüllt sein. Der Verordnungsentwurf kommt dadurch mit weniger Tatbestandsmerkmalen aus, was im Interesse der Rechtssicherheit ist.

In Bezug auf die betreffende Person stellt lit. f im Gegensatz zu lit. e nicht auf die Zwecke „ihrer" professionellen Tätigkeit ab, sondern allgemein auf die Zwecke „einer" solchen Tätigkeit.[1154] Der Verbraucherbegriff erfasst damit auch Personen, die überhaupt keine professionelle Tätigkeit ausüben, z.B. Studierende oder Hausfrauen. Die englische Fassung formuliert insofern enger („that person's"). Dies sollte bei künftigen Entwürfen korrigiert werden.[1155]

1147 Vgl. Schulze-*Wendehorst*, Art. 2 Rn. 18; kritisch *Stadler*, AcP 212 (2012), 473, 488.
1148 Vgl. *Hellwege*, IHR 2012, 180, 183.
1149 Siehe a) bb) (1) (bb).
1150 Dazu aa) (2).
1151 Dazu noch 3. b).
1152 Siehe a) bb) (1) (aa).
1153 Dazu aa) (3).
1154 Vgl. hierzu und zum Folgenden *Stadler*, AcP 212 (2012), 473, 488 (dort Fn. 67).
1155 So auch *Stadler*, AcP 212 (2012), 473, 488 (dort Fn. 67).

2. Ausschließliche Beteiligung von Unternehmern

Sind ausschließlich Unternehmer beteiligt, ist der persönliche Anwendungsbereich des CISG eröffnet (dazu a)). Der PR CESL sieht indes weitere Voraussetzungen vor (dazu b)).

a) CISG

Der persönliche Anwendungsbereich des CISG ist ohne Weiteres eröffnet, wenn ausschließlich Unternehmer beteiligt sind. Das Übereinkommen ist *de facto* auf diesen Fall zugeschnitten.[1156]

b) PR CESL

Demgegenüber ist der persönliche Anwendungsbereich des PR CESL nur unter der weiteren Voraussetzung eröffnet, dass ein KMU beteiligt ist (dazu aa)). Der Verordnungsentwurf räumt den Mitgliedstaaten allerdings die Option ein, auf diese Voraussetzung zu verzichten (dazu bb)).

aa) Beteiligung eines KMU

Bei ausschließlicher Beteiligung von Unternehmern fordert Art. 7 Abs. 1 Satz 2 PR CESL für eine Verwendung des DCESL, dass mindestens einer von ihnen ein KMU ist, sei es der Käufer oder der Verkäufer.[1157] Diese Einschränkung soll grenzübergreifende Geschäfte unter Beteiligung von KMU fördern.[1158] Insofern könnte sie auch die Erweiterung des persönlichen Anwendungsbereichs von B2C- auf B2B-Verträge rechtfertigen.[1159]

Den Begriff des KMU definiert Art. 7 Abs. 2 PR CESL. Die Regelung setzt voraus, dass das betreffende Unternehmen kumulativ („und“) zwei objektive Kriterien erfüllt:[1160] ein personelles (dazu (2)) und ein finanzielles (dazu (3)).[1161] Jeweils dürfen während des maßgeblichen Zeitraums (dazu (4)) bestimmte Schwellenwerte nicht überschritten werden. Vorab ist jedoch der maßgebliche

---

1156 Siehe 1. a) aa).

1157 Vgl. auch Schmidt-Kessel-*ders.*, Art. 7 Rn. 3; *Mankowski*, IHR 2012, 1, 3.

1158 Vgl. auch Erwgr. (21) Satz 1 PR CESL; kritisch Schmidt-Kessel-*ders.*, Art. 7 Rn. 3: „Unverständlich“.

1159 Vgl. *Basedow*, in: Gemeinsames Europäisches Kaufrecht, S. 3, 18; *Wolffe*, in: PR CESL – the Lawyers' View, S. 93, 97.

1160 Vgl. Schulze-*Wendehorst*, Art. 7 Rn. 6; Schmidt-Kessel-*ders.*, Art. 7 Rn. 4.

1161 Bereits insofern kritisch *Pfeiffer*, in: Gemeinsames Europäisches Kaufrecht für die EU?, S. 35, 38 (Rn. 21): „klingt reichlich kompliziert“.

Unternehmensbegriff zu klären (dazu (1)). Von ihm hängt ab, welche wirtschaftliche Einheit überhaupt Gegenstand der Prüfung ist. Oft bestehen zwischen mehreren Unternehmen gesellschaftsrechtliche Beziehungen, z.B. weil sie einen Konzern bilden.[1162] Dann stellt sich die Frage, ob sie im Rahmen des Art. 7 Abs. 2 PR CESL dennoch eigenständig oder doch als Einheit zu betrachten sind.

Zur Auslegung von Art. 7 Abs. 2 PR CESL ist die KMU-Empfehlung der Kommission von 2003[1163] heranzuziehen. Auf sie verweist Erwgr. (21) Satz 2 PR CESL ausdrücklich.[1164] Die im Anhang der KMU-Empfehlung enthaltene Definition ist allerdings nicht verbindlich. Mit ihr bezweckte die Kommission zwar eine einheitliche Verwendung des KMU-Begriffs (vgl. auch Erwgr. (1) KMU-Empfehlung). Dies hat sie auch in Erwgr. (21) Satz 2 PR CESL anerkannt. Der dortige Verweis beruht offenkundig auf Art. 8 Abs. 1 Anhang KMU-Empfehlung. Danach sollten sich alle Vorschriften oder Programme der EU, die geändert oder noch verabschiedet werden und in denen der Begriff „KMU“ vorkommt, auf die KMU-Empfehlung beziehen. Bereits die Empfehlung als solche ist aber nicht verbindlich (vgl. Art. 288 UAbs. 5 AEUV). Ihre Definition eines KMU wird auch nicht durch den Verweis in Erwgr. (21) Satz 2 PR CESL verbindlich, der eben lediglich in einem Erwägungsgrund erfolgt und nicht im normativen Teil des Verordnungsentwurfs.[1165] Erwägungsgründe erläutern zwar die Gründe für den betreffenden Rechtsakt.[1166] Insofern dienen sie dessen Adressaten als Auslegungshilfe und dem EuGH zur Wahrnehmung seiner Kontrollaufgabe.[1167] Sie treffen hingegen keine unmittelbar anzuwendenden, verbindlichen Normaussagen.[1168]

(1) Maßgebliches Unternehmen

Art. 7 Abs. 2 PR CESL schweigt zum maßgeblichen Unternehmensbegriff. Er ist daher mithilfe der KMU-Empfehlung zu bestimmen. Ein solcher Rückgriff ist insbesondere nicht durch die Formulierung „ein KMU [ist] ein Unternehmer“

1162 Vgl. auch Schulze-*Wendehorst*, Art. 7 Rn. 11.

1163 Empfehlung der Kommission vom 6. Mai 2003 betreffend die Definition der Kleinstunternehmen sowie der kleinen und mittleren Unternehmen, ABl. EU 2003 Nr. L 124, S. 36.

1164 Vgl. auch Schmidt-Kessel-*ders.*, Art. 7 Rn. 4 (dort Fn. 2); *Stadler*, AcP 212 (2012), 473, 489.

1165 Vgl. auch Schulze-*Wendehorst*, Art. 7 Rn. 5.

1166 Vgl. hierzu und zum Folgenden *Mankowski*, RIW 2012, 98, 100 m.w.Nachw.

1167 Vgl. auch EuGH BeckRS 2004, 77493, Rn. 68; BeckRS 2004 74159, Rn. 62.

1168 Vgl. auch *Mansel*, WM 2012, 1253, 1261; *Schinkels*, in: Gemeinsames Europäisches Kaufrecht, S. 23, 26 (dort Fn. 9): „sophistische Diskussion“.

in Art. 7 Abs. 2 PR CESL gesperrt. Mit dem Begriff „Unternehmer" verweist die Regelung nicht auf die Legaldefinition in Art. 2 lit. e PR CESL.[1169] Vielmehr trennt der Verordnungsentwurf nicht sorgfältig zwischen den Begriffen „Unternehmer" und „Unternehmen", sondern verwendet sie synonym. So spricht etwa auch Erwgr. (21) Satz 2 PR CESL von Verträgen zwischen „Unternehmen und Verbrauchern" und zwischen „Unternehmen", anstatt jeweils auf „Unternehmer" abzustellen. Art. 7 Abs. 2 PR CESL bezieht sich daher nicht auf Unternehmer im Sinne des Art. 2 lit. e PR CESL, sondern auf Unternehmen im Sinne des Erwgr. (21) Satz 2 PR CESL in Verbindung mit der KMU-Empfehlung.

Gemäß Art. 1 Satz 1 ihres Anhangs gilt als Unternehmen jede Einheit, unabhängig von ihrer Rechtsform, die eine wirtschaftliche Tätigkeit ausübt.[1170] Dazu gehören insbesondere auch Einheiten, die eine handwerkliche Tätigkeit oder andere Tätigkeiten als Einpersonen- oder Familienbetriebe ausüben, sowie Personengesellschaften oder Vereinigungen, die regelmäßig einer wirtschaftlichen Tätigkeit nachgehen (vgl. Art. 1 Satz 2 Anhang KMU-Empfehlung). Die Bestimmung der Unternehmenseigenschaft anhand dieser weit gefassten Regelungen bereitet keine Probleme, zumal die Rechtsform unerheblich ist. Auch die Ausübung einer wirtschaftlichen Tätigkeit lässt sich ohne Weiteres feststellen.

Bestehen zwischen mehreren Unternehmen gesellschaftsrechtliche Beziehungen, ergibt sich aus Art. 3 Anhang KMU-Empfehlung, ob sie eigenständig oder als Einheit zu betrachten sind. Im letzteren Fall werden ihre Daten zusammengerechnet. Dann sind die Schwellenwerte in Art. 7 Abs. 2 PR CESL umso wahrscheinlicher überschritten,[1171] sodass eine Qualifikation als KMU ausscheidet. Art. 3 Anhang KMU-Empfehlung differenziert zwischen eigenständigen (dazu (aa)), verbundenen (dazu (bb)) und Partnerunternehmen (dazu (cc)).

(aa) Eigenständige Unternehmen

Für eigenständige Unternehmen begnügt sich Abs. 1 mit einer negativen Abgrenzung. Danach ist jedes Unternehmen eigenständig, das weder ein Partnerunternehmen noch ein verbundenes Unternehmen ist – mit anderen Worten: das keinerlei gesellschaftsrechtliche Beziehung zu einem anderen Unternehmen hat. Im Rahmen von Art. 7 Abs. 2 PR CESL zählen dann nur die Daten des eigenständigen Unternehmens (vgl. auch Art. 6 Abs. 1 Anhang KMU-Empfehlung).

1169 Dazu 1. b) aa).

1170 So das amtliche Dokument, wenngleich eine „Einheit" begrifflich wohl keine „Tätigkeit ausübt".

1171 Dazu noch (2)-(4).

(bb) Verbundene Unternehmen[1172]

Besteht zwischen Unternehmen eine der in Art. 3 Abs. 3 UAbs. 1 Anhang KMU-Empfehlung aufgezählten Beziehungen, sind sie „verbundene" Unternehmen. Maßgeblich ist, dass ein Unternehmen einen beherrschenden Einfluss auf ein anderes Unternehmen ausüben kann, weil es die Mehrheit der Stimmrechte hält (lit. a) oder aufgrund einer entsprechenden Vereinbarung mit anderen Gesellschaftern kontrolliert (lit. d), weil es die Mehrheit der Mitglieder eines Verwaltungs-, Leitungs- oder Aufsichtsorgans bestellen oder abberufen kann (lit. b) oder weil es durch einen (Beherrschungs-)Vertrag oder eine Satzungsklausel zur Ausübung eines beherrschenden Einflusses berechtigt ist (lit. c). Unternehmen gelten auch als verbunden, wenn ein beherrschender Einfluss mittelbar durch weitere, zwischengeschaltete Unternehmen ausgeübt werden kann (vgl. Art. 3 Abs. 3 UAbs. 3 Anhang KMU-Empfehlung). In Fällen personeller Verflechtung, in denen zwar keine der genannten Beziehungen besteht, aber eine natürliche Person oder eine gemeinsam handelnde Gruppe natürlicher Personen einen beherrschenden Einfluss auf mehrere Unternehmen ausüben kann, gelten diese Unternehmen ebenfalls als verbunden, sofern sie in demselben Markt oder in benachbarten Märkten tätig sind (vgl. Art. 3 Abs. 3 UAbs. 4, 5 Anhang KMU-Empfehlung sowie Erwgr. (12) KMU-Empfehlung).

Die Daten verbundener Unternehmen werden im Rahmen von Art. 7 Abs. 2 PR CESL zusammengerechnet (vgl. zu den Einzelheiten Art. 6 Abs. 2 UAbs. 1, 3, Abs. 3 UAbs. 1, Abs. 4 Anhang KMU-Empfehlung).

(cc) Partnerunternehmen

Partnerunternehmen sind schließlich solche Unternehmen, die zwar keine verbundenen sind oder als solche gelten,[1173] von denen aber ein Unternehmen, das sog. vorgeschaltete Unternehmen, allein oder gemeinsam mit einem oder mehreren verbundenen Unternehmen mindestens 25% des Kapitals oder der Stimmrechte eines anderen, des sog. nachgeschalteten Unternehmens hält (vgl. Art. 3 Abs. 2 UAbs. 1 Anhang KMU-Empfehlung).

Die Daten von Partnerunternehmen werden ebenso wie die Daten verbundener Unternehmen im Rahmen von Art. 7 Abs. 2 PR CESL zusammengerechnet, allerdings proportional zum jeweiligen Kapital- bzw. Stimmrechtsanteil (vgl.

1172 Die Reihenfolge der Darstellung weicht von der Reihenfolge in Art. 3 Abs. 2, 3 Anhang KMU-Empfehlung ab und folgt Schulze-*Wendehorst*, Art. 7 Rn. 12 ff.

1173 Dieser Verweis innerhalb des Art. 3 Anhang KMU-Empfehlung ist der Grund für die abweichende Reihenfolge der Darstellung (siehe Fn. 1172).

zu den Einzelheiten Art. 6 Abs. 2 UAbs. 1, 2, Abs. 3 UAbs. 2, Abs. 4 Anhang KMU-Empfehlung).

Darüber hinaus privilegiert Art. 3 Abs. 2 UAbs. 2 Anhang KMU-Empfehlung bestimmte Investoren, die bei Unternehmensgründungen, der Eigenmittelfinanzierung von Unternehmen und der ländlichen und lokalen Entwicklung „eine positive Rolle spielen" (Erwgr. (10) Satz 1 KMU-Empfehlung).[1174] Danach gilt ein nachgeschaltetes Unternehmen, mit dem ein privilegierter Investor auch nicht im Sinne des Art. 3 Abs. 3 Anhang KMU-Empfehlung verbunden ist,[1175] trotz eines Kapital- bzw. Stimmrechtsanteils des Investors von mindestens 25% weiterhin als eigenständig. Im Rahmen von Art. 7 Abs. 2 PR CESL zählen dann also nur die Daten des nachgeschalteten Unternehmens. Sie werden nicht mit den Daten des Investors zusammengerechnet.

Derart privilegiert sind staatliche Beteiligungsgesellschaften, Risikokapitalgesellschaften, natürliche Personen und Gruppen natürlicher Personen, die regelmäßig im Bereich der Risikokapitalinvestition tätig sind (sog. Business Angels) und Eigenmittel in nicht börsennotierte Unternehmen investieren, jedoch höchstens 1.250.000 Euro in dasselbe Unternehmen (lit. a), des Weiteren Universitäten und Forschungszentren ohne Gewinnzweck (lit. b), institutionelle Anleger einschließlich regionaler Entwicklungsfonds (lit. c) und autonome Gebietskörperschaften mit einem Jahreshaushalt von weniger als 10 Mio. Euro und weniger als 5.000 Einwohnern (lit. d). Auch öffentliche Stellen und Körperschaften des öffentlichen Rechts sind privilegiert (vgl. Art. 3 Abs. 4 Anhang KMU-Empfehlung).

(2) Personelles Kriterium

Nachdem die Unternehmenseigenschaft festgestellt und ggf. ermittelt ist, ob mehrere Unternehmen eigenständig oder als Einheit zu betrachten sind,[1176] müssen für eine Qualifikation als KMU die in Art. 7 Abs. 2 PR CESL genannten Kriterien erfüllt sein. Das personelle Kriterium knüpft an die Mitarbeiterzahl. Sie ist bzgl. der Größe eines Unternehmens besonders aussagekräftig (vgl. auch Erwgr. (4) Satz 1 KMU-Empfehlung: „eines der aussagekräftigsten" bzw. „Hauptkriterium").

1174 Vgl. auch Schulze-*Wendehorst*, Art. 7 Rn. 14.

1175 Vgl. auch Art. 3 Abs. 3 UAbs. 2 Anhang KMU-Empfehlung; danach wird vermutet, dass der Investor keinen beherrschenden Einfluss ausübt, sofern er sich – unbeschadet seiner Gesellschafterrechte – weder direkt noch indirekt in die Verwaltung des nachgeschalteten Unternehmens einmischt.

1176 Im Folgenden erfasst der Begriff „Unternehmen" bzgl. Art. 7 Abs. 2 PR CESL auch den Fall, dass mehrere Unternehmen als Einheit zu betrachten sind, sofern nicht aus dem Zusammenhang etwas anderes folgt.

Das personelle Kriterium ist erfüllt, wenn das betreffende Unternehmen weniger als 250 Personen beschäftigt (vgl. Art. 7 Abs. 2 lit. a PR CESL). Aufgrund der Formulierung „weniger als“ ist der Schwellenwert bereits ab der 250. Person überschritten (vgl. auch Art. 7 lit. d Anhang KMU-Empfehlung: „bis 249“).

Welche Personen zu berücksichtigen sind, ergibt sich aus Art. 5 Anhang KMU-Empfehlung. Nach dessen UAbs. 1 Satz 1 zählen diejenigen Personen, die im betreffenden Unternehmen oder auf seine Rechnung während des gesamten maßgeblichen Zeitraums[1177] einer Vollzeitbeschäftigung nachgegangen sind. Sofern Personen nicht durchgehend vollzeitbeschäftigt, teilzeitbeschäftigt oder als Saisonarbeiter tätig gewesen sind, werden sie entsprechend anteilig gezählt (vgl. Art. 5 UAbs. 1 Satz 2 Anhang KMU-Empfehlung).

Die maßgeblichen Beschäftigungsverhältnisse zählt sodann Art. 5 UAbs. 1 Satz 3 Anhang KMU-Empfehlung auf. Zu berücksichtigen sind Lohn- und Gehaltsempfänger (lit. a), zum Unternehmen in einem Unterordnungsverhältnis stehende Personen, die nach nationalem Recht Arbeitnehmern gleichgestellt sind (lit. b), mitarbeitende Eigentümer (lit. c) sowie Teilhaber, die eine regelmäßige Tätigkeit in dem Unternehmen ausüben und finanzielle Vorteile aus ihm ziehen (lit. d). Nicht berücksichtigt werden hingegen Auszubildende oder in der beruflichen Ausbildung stehende Personen, die einen Lehr- bzw. Berufsausbildungsvertrag haben (vgl. Art. 5 UAbs. 2 Satz 1 Anhang KMU-Empfehlung). Personen, die sich in Mutterschafts- bzw. Elternurlaub befunden haben, werden wiederum anteilig gezählt (vgl. Art. 5 UAbs. 2 Satz 2 Anhang KMU-Empfehlung).

Im Falle einer anteiligen Zählung kann die Mitarbeiterzahl Dezimalstellen enthalten. Dann sollte sie jedoch nicht auf „ganze“ Personen gerundet werden. Andernfalls würden durch Aufrunden Personen und Beschäftigungsverhältnisse fingiert, obwohl sie während des maßgeblichen Zeitraums tatsächlich nicht existierten, bzw. durch Abrunden nicht berücksichtigt, obwohl sie existierten. Hat ein Unternehmen etwa 249,75 Mitarbeiter, ist der Schwellenwert in Art. 7 Abs. 2 lit. a PR CESL also nicht überschritten, und das personelle Kriterium ist erfüllt.

(3) Finanzielles Kriterium

Das finanzielle Kriterium knüpft an die wirtschaftliche Größe an. Es ist eine „notwendige Ergänzung“, um neben der Mitarbeiterzahl auch die tatsächliche wirtschaftliche Bedeutung des betreffenden Unternehmens und seine Leistungsfähigkeit zu berücksichtigen (vgl. Erwgr. (4) Satz 1 KMU-Empfehlung).

1177 Dazu noch (4).

Das finanzielle Kriterium ist erfüllt, wenn das Unternehmen einen Jahresumsatz von höchstens 50 Mio. Euro oder eine Jahresbilanzsumme von höchstens 43 Mio. Euro hat (vgl. Art. 7 Abs. 2 lit. b PR CESL). Dieselben Schwellenwerte nennt Art. 2 Abs. 1 Anhang KMU-Empfehlung.[1178] Die Kommission sah offenbar auch nach acht Jahren keinen Anlass für eine betragsmäßige Anpassung. Beide Schwellenwerte sind alternativ genannt („oder“).[1179] Einer von ihnen darf also überschritten sein, ohne die Qualifikation als KMU auszuschließen (vgl. auch Erwgr. (4) Satz 3 KMU-Empfehlung a.E.). Hintergrund der alternativen Anknüpfung ist, dass allein der Umsatz die wirtschaftliche Bedeutung und vor allem die Leistungsfähigkeit eines Unternehmens bisweilen nicht angemessen abbildet, zumal Unternehmen sehr unterschiedlichen wirtschaftlichen Tätigkeiten nachgehen (vgl. Erwgr. (5) Satz 1 KMU-Empfehlung). Der Umsatz von Handelsunternehmen liegt z.B. naturgemäß über dem des verarbeitenden Gewerbes (vgl. Erwgr. (4) Satz 2 KMU-Empfehlung). Die Bilanzsumme spiegelt hingegen die Gesamtheit des Wertes eines Unternehmens wieder (vgl. Erwgr. (4) Satz 3 KMU-Empfehlung). Daher lassen es Artt. 7 Abs. 2 lit. b PR CESL, 2 Abs. 1 Anhang KMU-Empfehlung genügen, wenn das betreffende Unternehmen zumindest einen der beiden Schwellenwerte einhält.

Der Umsatz ist abzüglich der Mehrwertsteuer und sonstiger indirekter Steuern oder Abgaben zu berechnen (vgl. Art. 4 Abs. 1 Satz 3 Anhang KMU-Empfehlung).[1180] Abgesehen davon werfen die Begriffe „Umsatz“ und „Bilanzsumme“ allerdings Probleme auf, denn sie lassen sich nur unter Rückgriff auf nationales Bilanzrecht bestimmen.[1181] Insofern schafft auch die jüngste Bilanzrichtlinie[1182] keine Abhilfe, da sie das Bilanzrecht zwar weiter harmonisiert, aber nicht vereinheitlicht. Hinzu kommt, dass Uneinigkeit darüber besteht, wie das Bilanzstatut zu ermitteln ist.[1183] Je nach Lösung kann das Bilanzrecht verschiedener Staaten

---

1178 Vgl. zu deren Festsetzung Erwgr. (5) Satz 2, (6) KMU-Empfehlung.

1179 Vgl. auch Schulze-*Wendehorst*, Art. 7 Rn. 7, 17.

1180 Vgl. auch Schulze-*Wendehorst*, Art. 7 Rn. 17.

1181 Vgl. hierzu und zum Folgenden auch *Mansel*, WM 2012, 1253, 1260.

1182 Richtlinie 2013/34/EU des Europäischen Parlaments und des Rates vom 26. Juni 2013 über den Jahresabschluss, den konsolidierten Abschluss und damit verbundene Berichte von Unternehmen bestimmter Rechtsformen und zur Änderung der Richtlinie 2006/43/EG des Europäischen Parlaments und des Rates und zur Aufhebung der Richtlinien 78/660/EWG und 83/349/EWG des Rates, ABl. EU 2013 Nr. L 182, S. 19.

1183 Vgl. *Mansel*, WM 2012, 1253, 1260 m.w.Nachw. (dort Fn. 68).

zur Anwendung gelangen und dasselbe Unternehmen nicht stets als KMU zu qualifizieren sein.

Zudem enthält die KMU-Empfehlung keine Regelung für den Fall, dass ein Unternehmen seinen gewöhnlichen Aufenthalt[1184] in einem Dritt- oder Mitgliedstaat hat, dessen Währung nicht der Euro ist. Diesen Fall berücksichtigt zwar Art. 7 Abs. 2 lit. b PR CESL. Die Regelung ist aber unsorgfältig ausgestaltet. Sie verwendet zunächst den zu definierenden Begriff „KMU" innerhalb der Definition und setzt sodann voraus, dass der Umsatz bzw. die Bilanzsumme „den genannten Beträgen in der Währung des betreffenden Mitglied- oder Drittstaats entspricht". Diese Formulierung ist missverständlich. Sie könnte einerseits anordnen, dass die in Art. 7 Abs. 2 lit. b PR CESL genannten Beträge maßgeblich bleiben und lediglich die Währung „EUR" durch die einschlägige Währung zu ersetzen ist, z.B. 50 Mio. bzw. 43 Mio. britische Pfund.[1185] Andererseits könnten die Euro-Schwellenwerte nach dem jeweils aktuellen Wechselkurs umzurechnen sein.

Für ersteres spricht zwar der Verweis auf die „genannten [Beträge]". Ein solches, einfaches Vorgehen wäre auch im Interesse der Rechtssicherheit. Es führte jedoch zu widersprüchlichen Ergebnissen. Für Unternehmen aus Staaten, deren Währung nicht der Euro ist, hinge die Erfüllung des finanziellen Kriteriums weniger von ihrer wirtschaftlichen Größe ab als vielmehr davon, in welchem Verhältnis ihre Währung aktuell zum Euro steht. Aufgrund der bestehenden und sich ständig ändernden Wechselkurse würden die Euro-Schwellenwerte eine andere wirtschaftliche Größe abbilden als dieselben Werte in anderen Währungen.[1186] Die Diskrepanz wäre umso größer, je größer der Wechselunterschied. Ein deutsches Unternehmen mit einer Jahresbilanzsumme von 40 Mio. Euro ist wirtschaftlich deutlich größer als etwa ein chinesisches Unternehmen mit einer Jahresbilanzsumme von 45 Mio. Yuan. Dennoch würde das deutsche Unternehmen nach der erstgenannten Auslegung das finanzielle Kriterium erfüllen und könnte als KMU zu qualifizieren sein, das chinesische hingegen nicht. Dies widerspräche dem Zweck des finanziellen Kriteriums, die tatsächliche wirtschaftliche Bedeutung eines Unternehmens und seine Leistungsfähigkeit abzubilden (vgl. oben).

Die Euro-Schwellenwerte sind daher nach dem jeweils aktuellen Wechselkurs umzurechnen. Der Verweis auf die „genannten [Beträge]" erfasst nicht nur die Beträge an sich, sondern auch die Währung „EUR". Hierfür spricht auch die

---

1184 Dazu bereits II. 1. a) bb) (1).

1185 So wohl Schulze-*Wendehorst*, Art. 7 Rn. 18.

1186 Vgl. auch Schulze-*Wendehorst*, Art. 7 Rn. 18.

Formulierung, dass der Umsatz bzw. die Bilanzsumme des betreffenden Unternehmens den genannten Beträgen „entspricht". Sie legt nahe, dass die genannten Beträge nicht unverändert bleiben können, sondern eine Umrechnung erfolgen muss. Dadurch droht auch keine Rechtsunsicherheit, wenngleich Art. 7 Abs. 2 lit. b PR CESL nicht regelt, welcher Stichtag für die Umrechnung maßgeblich sein soll.[1187]

(4) Maßgeblicher Zeitraum

Der maßgebliche Zeitraum, währenddessen die beiden Kriterien in Art. 7 Abs. 2 PR CESL erfüllt sein müssen, beträgt ein Jahr. Für das finanzielle Kriterium folgt dies bereits aus dem Wortlaut von lit. b („Jahresumsatz" bzw. „Jahresbilanzsumme"). Im Übrigen ordnet Art. 4 Abs. 1 Satz 1 Anhang KMU-Empfehlung an, dass die Mitarbeiterzahl sowie Umsatz und Bilanzsumme eines Unternehmens „auf Jahresbasis berechnet" werden.

Der Berechnungszeitraum beginnt mit dem Stichtag des letzten Rechnungsabschlusses[1188] (vgl. Art. 4 Abs. 1 Satz 2 Anhang KMU-Empfehlung).[1189] Er endet dementsprechend ein Jahr später am Stichtag des darauffolgenden Rechnungsabschlusses. Sofern dann Schwellenwerte überschritten oder nicht mehr überschritten sind, hat dies jedoch noch keine Auswirkung auf die Qualifikation als KMU. Das betreffende Unternehmen erwirbt bzw. verliert die KMU-Eigenschaft erst, wenn die jeweiligen Schwellenwerte in zwei aufeinander folgenden Geschäftsjahren über- bzw. unterschritten sind (vgl. Art. 4 Abs. 2 Anhang KMU-Empfehlung). Beschäftigte ein eigenständiges Unternehmen etwa laut dessen letztem Rechnungsabschluss 249 Mitarbeiter, verliert es seine KMU-Eigenschaft nicht bereits dadurch, dass der aktuelle Rechnungsabschluss 250 Mitarbeiter ausweist, sondern erst, wenn es das personelle Kriterium auch im folgenden Geschäftsjahr nicht erfüllt.[1190] Bei neu gegründeten Unternehmen, die noch keinen „letzten Rechnungsabschluss" haben, werden die Daten im Laufe des ersten

1187 Vgl. auch *Wolffe*, in: PR CESL – the Lawyers' View, S. 93, 97; *Mansel*, WM 2012, 1253, 1260.

1188 Als Synonym verwendet die KMU-Empfehlung auch den Begriff „Jahresabschluss"; vgl. auch Art. 6 Abs. 2 UAbs. 1, 3, Abs. 3, 4 Anhang KMU-Empfehlung zu den Einzelheiten zu konsolidierten Jahresabschlüssen bei verbundenen bzw. Partnerunternehmen.

1189 Die Regelung übersieht offenbar *Mansel*, WM 2012, 1253, 1260, der kritisiert, es bleibe offen, auf welchen Rechnungsabschluss sich Art. 7 Abs. 2 PR CESL beziehe.

1190 Vgl. auch Schulze-*Wendehorst*, Art. 7 Rn. 9.

Geschäftsjahres nach Treu und Glauben geschätzt (vgl. Art. 4 Abs. 3 Anhang KMU-Empfehlung).[1191]

Die Anknüpfung an Berechnungszeiträume führt freilich dazu, dass die Parteien ggf. erst im Nachhinein Gewissheit über die Anwendbarkeit des PR CESL haben, wenn sie ihren Vertrag während eines Geschäftsjahres schließen, das für die KMU-Eigenschaft entscheidend ist.[1192]

bb) Option

Die Qualifikation eines Unternehmens als KMU birgt erhebliche Rechtsunsicherheit (dazu (1)). Der Verordnungsentwurf räumt den Mitgliedstaaten immerhin die Option ein, auf die Beteiligung eines KMU zu verzichten (dazu (2)).

(1) Rechtsunsicherheit bzgl. der KMU-Eigenschaft

Die Einschränkung für B2B-Verträge in Art. 7 Abs. 2 PR CESL mag den legitimen Zweck verfolgen, grenzübergreifende Geschäfte unter Beteiligung von KMU zu fördern.[1193] Die Ausführungen unter aa) zeigen jedoch, wie kompliziert die Bestimmung der KMU-Eigenschaft eines Unternehmens sein kann, vor allem aufgrund der ebenso umfangreichen wie technischen Vorschriften der KMU-Empfehlung. Das von Erwgr. (21) Satz 2 PR CESL forcierte Zusammenspiel zwischen Art. 7 Abs. 2 PR CESL und der KMU-Empfehlung dürfte kaum praxistauglich sein.[1194]

Insbesondere könnten nur Unternehmen, die sich ihrer KMU-Eigenschaft sicher sind, die Anwendung des DCESL ohne Risiko vorschlagen.[1195] Für sie ist unerheblich, ob (auch) ihr Vertragspartner ein KMU ist. Möchte hingegen ein

---

1191 Vgl. auch Schulze-*Wendehorst*, Art. 7 Rn. 10; kritisch *Pfeiffer*, in: Gemeinsames Europäisches Kaufrecht für die EU?, S. 35, 39 (Rn. 25).

1192 Insofern zutreffend *Mansel*, WM 2012, 1253, 1260.

1193 Siehe aa).

1194 Vgl. auch Schulze-*Wendehorst*, Art. 7 Rn. 19: „very complicated definition“ bzw. „mistakes [...] are likely to occur rather frequently”; *Pfeiffer*, in: Gemeinsames Europäisches Kaufrecht für die EU?, S. 35, 38 (Rn. 23 f.): „mehrseitiges Dokument, das man [...] also im Zweifel neben dem Telefon liegen haben muss, denn sonst weiß man nicht, woran man ist“; *Basedow*, in: Gemeinsames Europäisches Kaufrecht, S. 3, 18: „schlichtweg unpraktikabel“; *Magnus*, in: CISG vs. Regional Sales Law, S. 97, 100 (dort Fn. 12): „may raise considerable problems“; *Stadler*, AcP 212 (2012), 473, 489: „könnte noch viel Kummer bereiten“; *Eidenmüller* [*et al.*], JZ 2012, 269, 270 bzw. 275: „kaum handhabbar“; *Wagner*, ZEuP 2012, 455, 458: „ex ante nicht erkennbar und nicht verifizierbar“.

1195 Vgl. hierzu und zum Folgenden Schulze-*Wendehorst*, Art. 7 Rn. 19, 22.

Unternehmen das DCESL verwenden, ohne sich seiner KMU-Eigenschaft sicher zu sein, kommt es maßgeblich darauf an, ob zumindest sein Gegenüber ein KMU ist.[1196] Eine Offenlegung der relevanten Daten wird es allerdings häufig nicht verlangen, um die Vertragsverhandlungen nicht zu belasten.[1197] Eher wird es auf die Anwendung des DCESL verzichten. Selbst wenn eine Offenlegung erfolgt, z.B. im Rahmen einer längeren Geschäftsbeziehung, müssen die Parteien die KMU-Eigenschaft jährlich überprüfen.[1198] Nehmen sie fälschlicherweise die Beteiligung eines KMU an, geht ihr *opt in* ins Leere und kann lediglich als materiellrechtliche Wahl des DCESL ausgelegt werden.[1199] Überdies entsteht in den meisten Fällen erst im Laufe der Vertragsdurchführung Streit zwischen den Parteien.[1200] Eine nachträgliche Prüfung, ob das betreffende Unternehmen zum maßgeblichen Zeitpunkt noch oder schon ein KMU war, birgt umso größere Rechtsunsicherheit.

Auch Art. 3 Abs. 5 Satz 1 Anhang KMU-Empfehlung bietet insofern nur bedingt Abhilfe. Danach können Unternehmen eine Erklärung zu ihrer Qualität als eigenständiges, verbundenes oder Partnerunternehmen sowie zu den relevanten Daten für das personelle und das finanzielle Kriterium abgeben. Erwgr. (14) KMU-Empfehlung geht sogar davon aus, solche Erklärungen würden als „eidesstattliche" abgegeben. Sie sind auch „nach Treu und Glauben" möglich, wenn sich die Anteilseigner eines Unternehmens aufgrund der Kapitalstreuung nicht genau feststellen lassen und das Unternehmen daher nur „mit Recht davon ausgehen" kann, dass es sich nicht zu 25% oder mehr im Besitz eines anderen Unternehmens befindet (vgl. Art. 3 Abs. 5 Satz 2 Anhang KMU-Empfehlung).

In jedem Fall lässt eine Erklärung zur KMU-Eigenschaft aber die nationalen und europarechtlichen Kontroll- und Überprüfungsvorschriften unberührt (vgl. Art. 3 Abs. 5 Satz 3 Anhang KMU-Empfehlung). Selbst wenn ein Unternehmen eine solche Erklärung abgibt, um potentielle Vertragspartner von der Anwendung des DCESL zu überzeugen, wäre somit nicht nur zu klären, welche formellen und inhaltlichen Anforderungen an sie zu stellen sind, sondern auch,

---

1196 Vgl. auch *Basedow*, in: Gemeinsames Europäisches Kaufrecht, S. 3, 18; *Mansel*, WM 2012, 1253, 1260.

1197 Vgl. auch *Maier-Reimer*, in: PR CESL – the Lawyers' View, S. 79, 81: „may be cumbersome".

1198 Vgl. *Maier-Reimer*, in: PR CESL – the Lawyers' View, S. 79, 81, 88; *Wolffe*, in: PR CESL – the Lawyers' View, S. 93, 97.

1199 Dies übersehen *Ayad/Schnell*, BB 2012, 1487, 1490: Es sei „ungeklärt", was bei ausdrücklicher Wahl des DCESL außerhalb des Anwendungsbereichs des PR CESL gilt; so offenbar auch *Wolffe*, in: PR CESL – the Lawyers' View, S. 93, 97 f.

1200 Vgl. hierzu und zum Folgenden *Wolffe*, in: PR CESL – the Lawyers' View, S. 93, 97 f.

inwiefern sich der Empfänger rechtlich auf sie verlassen kann bzw. praktisch auf sie verlassen sollte.[1201] Gerade im grenzübergreifenden Geschäftsverkehr werden sich Unternehmen daher nicht mit einer Erklärung zur KMU-Eigenschaft begnügen, sondern vielmehr auf eine entsprechende vertragliche Garantie bestehen. Die mit einer Qualifikation als KMU verbundene Rechtsunsicherheit wird hierdurch allerdings nicht beseitigt – sie wird ignoriert, bis eine Partei Sekundärrechte geltend macht und Streit über die Anwendbarkeit des PR CESL entsteht.

(2) Verzicht durch die Mitgliedstaaten

Vor diesem Hintergrund wird die Einschränkung in Art. 7 Abs. 2 PR CESL kritisiert.[1202] Sie senkt die Attraktivität des DCESL für B2B-Verträge und ist auch nicht erforderlich, um die Erweiterung des persönlichen Anwendungsbereichs von B2C- auf B2B-Verträge zu rechtfertigen.[1203] Die Kommission hätte stattdessen, z.B. in Erwgr. (21) PR CESL, schlicht klarstellen können, dass sie mit dem Verordnungsentwurf auch den Schutz von KMU anstrebt. Auch der Subsidiaritäts- und der Verhältnismäßigkeitsgrundsatz (vgl. Artt. 5 Abs. 3 und 4, 12 lit. b EUV) erfordern keine Einschränkung. Im Gegenteil: Der PR CESL verfolgt weitergehende Zwecke als den Schutz von KMU, vor allem den Schutz von Verbrauchern. Aufgrund der Einschränkung des persönlichen Anwendungsbereichs ist die vorgeschlagene Verordnung jedoch weniger geeignet, diese Zwecke zu erreichen. Es wäre demnach mit dem Subsidiaritäts- und dem Verhältnismäßigkeitsgrundsatz vereinbar, gälte er für alle B2B-Verträge.

Immerhin räumt Art. 13 lit. b PR CESL den Mitgliedstaaten die Option ein, auf die Beteiligung eines KMU bei B2B-Verträgen zu verzichten.[1204] Hiervon kann ein Mitgliedstaat auch nur teilweise Gebrauch machen,[1205] zumal Art. 13 PR CESL

1201 Vgl. auch Schulze-*Wendehorst*, Art. 7 Rn. 20 f.

1202 Vgl. hierzu und zum Folgenden Schulze-*Wendehorst*, Art. 7 Rn. 22; vgl. auch *Lando*, in: Gemeinsames Europäisches Kaufrecht für die EU?, S. 15, 20 (Rn. 34): „unnecessary“; *Leible*, in: Gemeinsames Europäisches Kaufrecht für die EU?, S. 21, 32 (Rn. 38): „nur schwer [nachvollziehbar]“; *Basedow*, in: Gemeinsames Europäisches Kaufrecht, S. 3, 19: „eher unglücklich und unbegründet“; *Stadler*, AcP 212 (2012), 473, 490: „sachlich durch nichts zu [rechtfertigen]“.

1203 Dazu aa); vgl. hierzu und zum Folgenden Schulze-*Wendehorst*, Art. 7 Rn. 23.

1204 Dies empfiehlt *Maier-Reimer*, in: PR CESL – the Lawyers' View, S. 79, 88: „Otherwise, the CESL would be a dangerous instrument for b2b contracts“; vgl. auch Schmidt-Kessel-*ders.*, Art. 13 Rn. 2, 8: „sehr plausibel“.

1205 Siehe bereits II. 1. b) bb) (2) (bb); vgl. hierzu und zum Folgenden Schmidt-Kessel-*ders.*, Art. 13 Rn. 3, 8.

pauschal auf „Verträge" abstellt und lit. b lediglich negativ formuliert („wenn alle Vertragsparteien Unternehmer sind, aber keiner davon ein KMU […] ist"). In Betracht kommt z.B. ein Verzicht auf die Einschränkung in Art. 7 Abs. 2 PR CESL nur für bestimmte Vertragsarten. Ebenso kann ein Mitgliedstaat den persönlichen Anwendungsbereich weiterhin nicht für alle B2B-Verträge öffnen, sondern statt der Beteiligung eines KMU die Beteiligung einer anderen Unternehmergruppe fordern.

Nur ein Mitgliedstaat muss von der Option Gebrauch machen, damit das DCESL auch in den übrigen Mitgliedstaaten unabhängig von der Beteiligung eines KMU zur Verfügung steht.[1206] Denn im Gegensatz zu Art. 13 lit. a PR CESL[1207] enthält Art. 13 lit. b PR CESL nicht die Formulierung „in diesem Mitgliedstaat", beschränkt also die Wirkung der Option nicht auf den optierenden Mitgliedstaat.[1208] Daher könnten die Parteien, selbst wenn sie ihren gewöhnlichen Aufenthalt in anderen Mitglied- oder Drittstaaten haben, schlicht das Recht des optierenden Mitgliedstaats wählen und das DCESL als dessen Bestandteil verwenden.[1209] Sie müssten sich auch nicht damit abfinden, dass außerhalb des Regelungsbereichs des DCESL das für sie fremde Recht des optierenden Mitgliedstaats Anwendung fände. Sie könnten ihre Rechtswahl nämlich auch als Teilrechtswahl ausgestalten (vgl. Art. 3 Abs. 1 Satz 3 Rom I–VO).[1210] Diese Lösung wäre freilich komplex.[1211] Zudem wären die Einschränkungen an eine Rechtswahl gemäß Art. 3 Abs. 3, 4 Rom I–VO zu beachten.[1212]

Nichtsdestotrotz könnte bereits die Konzeption des Verordnungsentwurfs als solche die Mitgliedstaaten dazu veranlassen, von der Option gemäß Art. 13

1206 Vgl. hierzu und zum Folgenden Schulze-*Wendehorst*, Art. 13 Rn. 8, mit Beispiel; zustimmend Schmidt-Kessel-*ders.*, Art. 13 Rn. 9; vgl. auch *Pfeiffer*, in: Gemeinsames Europäisches Kaufrecht für die EU?, S. 35, 42 (Rn. 52); *Basedow*, in: Gemeinsames Europäisches Kaufrecht, S. 3, 18; *Wolffe*, in: PR CESL – the Lawyers' View, S. 93, 98; *Stadler*, AcP 212 (2012), 473, 490; *Hellwege*, IHR 2012, 180, 185; *Eidenmüller* [*et al.*], JZ 2012, 269, 274.

1207 Dazu II. 1. b) bb) (2) (bb).

1208 Vgl. auch Schmidt-Kessel-*ders.*, Art. 7 Rn. 5 (dort Fn. 3): „glücklicherweise".

1209 *Eidenmüller* [*et al.*], JZ 2012, 269, 275 (dort Fn. 85), fragen dennoch, „auf welchen Mitgliedstaat es ankommen soll" bzw. ob es genügt, wenn nur einer der betroffenen Mitgliedstaaten von der Option Gebrauch gemacht hat.

1210 Dies übersehen offenbar *Basedow*, in: Gemeinsames Europäisches Kaufrecht, S. 3, 18 f.; *Stadler*, AcP 212 (2012), 473, 490.

1211 So zutreffend *Eidenmüller* [*et al.*], JZ 2012, 269, 274 (dort Fn. 72).

1212 Vgl. auch *Stadler*, AcP 212 (2012), 473, 490.

lit. b PR CESL Gebrauch zu machen.[1213] Die Möglichkeit der Parteien, das DCESL mittels einer Rechtswahl zugunsten eines optierenden Mitgliedstaats auch unabhängig von der Beteiligung eines KMU zur Anwendung zu bringen (vgl. oben), entsteht durch die Ausgestaltung des DCESL als Bestandteil des mitgliedstaatlichen Rechts.[1214] Erwiese sich das DCESL für große Unternehmen als attraktiv, würde wohl jeder Mitgliedstaat die Option gemäß Art. 13 lit. b PR CESL ausüben, der eine Schwächung seines Rechtsstandorts fürchtet, weil Unternehmer zur Verwendung des DCESL auf das Recht eines anderen Mitgliedstaats ausweichen müssten.[1215] Da die Mitgliedstaaten von der Option allerdings auch nur teilweise Gebrauch machen können (vgl. oben), droht die bzgl. der KMU-Eigenschaft ohnehin bestehende Rechtsunsicherheit ggf. noch verstärkt zu werden.[1216]

3. Zumindest auch Beteiligung von Unternehmern

Auch wenn nicht ausschließlich Unternehmer beteiligt sind, kann der persönliche Anwendungsbereich des CISG (dazu a)) und des PR CESL eröffnet sein (dazu b)). Insofern kommt es jedoch auf die Rolle an, in der Konsumenten bzw. Verbraucher beteiligt sind.

a) CISG

Das CISG findet grundsätzlich keine Anwendung, wenn der Verkäufer Unternehmer und der Käufer Konsument ist (vgl. Art. 2 lit. a CISG).[1217] Ausnahmsweise kann es aber trotz des Vorliegens eines Konsumentenkaufs anwendbar sein, wenn der Verkäufer vom privaten Verwendungszweck weder wusste noch wissen musste.[1218]

Ist umgekehrt der Verkäufer Konsument und der Käufer Unternehmer, kann der persönliche Anwendungsbereich eröffnet sein. Der Anwendungsausschluss in Art. 2 lit. a CISG erfasst nur Konsumentenkäufe, nicht hingegen Konsumentenverkäufe.[1219] Freilich ist das Übereinkommen *de facto* auf

1213 Vgl. hierzu und zum Folgenden *Hellwege*, IHR 2012, 180, 185.

1214 Dazu bereits C. II. 1.

1215 Vgl. auch *Wolffe*, in: PR CESL – the Lawyers' View, S. 93, 98 f. (dort Fn. 26).

1216 Kritisch daher *Basedow*, in: Gemeinsames Europäisches Kaufrecht, S. 3, 18.

1217 Dazu 1. a) bb) (1).

1218 Dazu 1. a) bb) (2).

1219 Siehe 1. a) bb) (1) (aa); vgl. auch *Magnus*, in: CISG vs. Regional Sales Law, S. 97, 98 (dort Fn. 5); *Hellwege*, IHR 2012, 180, 183.

die ausschließliche Beteiligung von gewerbsmäßig handelnden Personen zugeschnitten.[1220]

b) PR CESL

Gemäß Art. 7 Abs. 1 Satz 1 PR CESL darf das DCESL nur verwendet werden, wenn der Verkäufer Unternehmer ist. Der persönliche Anwendungsbereich des Verordnungsentwurfs erfasst also nur Unternehmerverkäufe, im Gegensatz zum CISG jedoch keine Verbraucherverkäufe.[1221] Die Kommission hat auch keine Möglichkeit vorgesehen, auf diese Einschränkung zu verzichten.[1222] Grund hierfür könnte gewesen sein, dass den Verbraucher in seiner Rolle als Verkäufer auch die umfassenden vorvertraglichen Informationspflichten gemäß Artt. 13 ff. DCESL träfen, die er regelmäßig nicht erfüllen könnte.[1223]

Für B2C-Verträge steht das DCESL demnach ohne Weiteres zur Verfügung. Auf diesen Fall ist der Verordnungsentwurf sogar zugeschnitten, wie die Systematik von Art. 7 Abs. 1 PR CESL zeigt. Dessen Satz 1 fordert, dass der Verkäufer Unternehmer ist (vgl. oben), und erst Satz 2 regelt den Fall, dass sogar ausschließlich Unternehmer beteiligt sind.[1224] Der Verordnungsentwurf geht also davon aus, dass der Käufer grundsätzlich Verbraucher ist.[1225] Die wirtschaftliche Größe des Unternehmers auf Verkäuferseite ist insofern unerheblich.[1226] Die Beteiligung eines KMU ist nur bei ausschließlicher Beteiligung von Unternehmern erforderlich (vgl. Art. 7 Abs. 1 Satz 2 PR CESL: „Sind alle Parteien Unternehmer").

Für C2B-Verträge ist der persönliche Anwendungsbereich hingegen nicht eröffnet (vgl. Art. 7 Abs. 1 Satz 1 PR CESL). Insofern besteht ein Unterschied zum CISG (vgl. oben).

1220 Siehe 1. a) aa).

1221 Vgl. auch *Mansel*, WM 2012, 1253, 1259; *Hellwege*, IHR 2012, 180, 183; kritisch *Pfeiffer*, in: Gemeinsames Europäisches Kaufrecht für die EU?, S. 35, 39 f. (Rn. 29 ff.); vgl. auch *Mankowski*, IHR 2012, 1, 3: „erhebliche Besonderheit".

1222 Vgl. auch Schmidt-Kessel-*ders.*, Art. 7 Rn. 2.

1223 Vgl. *Mansel*, WM 2012, 1253, 1259.

1224 Dazu bereits 2. b) aa); vgl. auch *Hellwege*, IHR 2012, 180, 182 f., der die Einfügung des Wörtchens „nur" in Art. 7 Abs. 1 Satz 2 PR CESL vorschlägt: „Sind alle Parteien Unternehmer, kann das [DCESL] nur verwendet werden, wenn [...]".

1225 Vgl. auch *Basedow*, in: Gemeinsames Europäisches Kaufrecht, S. 3, 15, der darin „[a]ngesichts des zu erwartenden Anstiegs von grenzübergreifenden Online-Transaktionen durch Verbraucher" einen potentiellen Raum des PR CESL neben dem CISG sieht.

1226 Vgl. auch Schulze-*Wendehorst*, Art. 7 Rn. 3.

Denkbar ist auch der Fall, dass der Verkäufer zwar Unternehmer, der Käufer jedoch weder Unternehmer noch Verbraucher ist, sondern etwa eine Non profit-Organisation oder ein Idealverein.[1227] *Hellwege* meint, auch dann könne der persönliche Anwendungsbereich eröffnet sein, denn ausweislich des Art. 1 Abs. 2 PR CESL solle die vorgeschlagene Verordnung Unternehmern die Möglichkeit bieten, sich bei allen ihren grenzübergreifenden Geschäften auf gemeinsame Vorschriften zu stützen und dieselben Vertragsbestimmungen zu verwenden.[1228]

Die Legaldefinitionen in Art. 2 litt. e, f PR CESL sind jedoch abschließend. Insbesondere können nur natürliche Personen Verbraucher im Sinne der lit. f sein,[1229] und es ist nicht anzunehmen, dass es sich bei dieser Abweichung vom Unternehmerbegriff gemäß lit. e um ein Redaktionsversehen der Kommission handelt. Zutreffend erkennt *Hellwege* auch selbst, dass weder die Begründung zum Verordnungsentwurf[1230] noch die Erwägungsgründe den genannten Fall erwähnen, sondern dort „[g]anz im Gegenteil" nur von B2B- und B2C-Verträgen die Rede ist.[1231] Auch der normative Teil des PR CESL und das DCESL enthalten keine Regelung zu Verträgen, bei denen der Käufer weder Unternehmer noch Verbraucher ist. Damit hat die Kommission diesen Fall jedoch nicht „ignoriert".[1232] Sie hat ihn schlicht nicht geregelt. Ob eine Regelung „Sinn machen"[1233] würde, ist eine andere Frage. *De lege lata* ist der persönliche Anwendungsbereich jedenfalls nicht eröffnet. Diese „Regelungslücke" ist auch nicht durch eine entsprechende Anwendung von Vorschriften des PR CESL zu schließen.[1234]

4. Gar keine Beteiligung von Nicht-Konsumenten bzw. Unternehmern

Auch wenn keine Unternehmer beteiligt sind, liegt ein Konsumentenkauf im Sinne des Art. 2 lit. a CISG vor, da (auch) der Käufer Konsument ist; die Rolle des Verkäufers ist insofern unerheblich.[1235] Das Übereinkommen findet daher grundsätzlich keine Anwendung, der persönliche Anwendungsbereich kann

1227 Dazu 1. b) aa) (3) bzw. bb) (1).
1228 Vgl. *Hellwege*, IHR 2012, 180, 183 f.
1229 Dazu 1. b) bb) (1).
1230 KOM(2011) 635 endg., vor allem S. 2 f., 13.
1231 Vgl. *Hellwege*, IHR 2012, 180, 183.
1232 *Hellwege*, IHR 2012, 180, 183.
1233 *Hellwege*, IHR 2012, 180, 183.
1234 So aber *Hellwege*, IHR 2012, 180, 184, für Art. 4 Abs. 2 PR CESL.
1235 Siehe 1. a) bb) (1) (aa).

aber ausnahmsweise eröffnet sein, wenn der Konsument auf Verkäuferseite vom privaten Verwendungszweck weder wusste noch wissen musste.

Im Gegensatz dazu findet der PR CESL auf C2C-Verträge keine Anwendung.[1236] Das DCESL steht nicht zur Verfügung, da der Verkäufer nicht Unternehmer ist (vgl. Art. 7 Abs. 1 Satz 1 PR CESL).

5. Zwischenergebnis

Hinsichtlich der Parteien enthält das CISG keine Qualifikationen, sondern lediglich einen Anwendungsausschluss für Konsumentenkäufe (vgl. Art. 2 lit. a CISG). Ausnahmsweise kann der persönliche Anwendungsbereich trotz des Vorliegens eines Konsumentenkaufs eröffnet sein. Der PR CESL unterscheidet hingegen ausdrücklich zwischen Unternehmern und Verbrauchern (vgl. Art. 2 litt. e, f PR CESL). Insofern verwenden beide Rechtsinstrumente eine unterschiedliche Regelungstechnik. Jeweils ist aber eine Abgrenzung zwischen der Privatsphäre und der Berufs- und Geschäftssphäre erforderlich. Praktische Relevanz hat insbesondere die abweichende Behandlung von *dual use*-Käufen. Auf sie kann das CISG nach der hier befürworteten Ansicht Anwendung finden, wenn der Käufer eine nicht ganz unbedeutende professionelle Verwendung beabsichtigt. Auch der PR CESL erfasst *dual use*-Käufe. Dort ist eine Person allerdings als Verbraucher einzuordnen, solange die beabsichtigte professionelle Verwendung nicht überwiegt.

Sind ausschließlich Unternehmer beteiligt, ist der persönliche Anwendungsbereich des CISG ohne Weiteres eröffnet. Das Übereinkommen ist *de facto* auf diesen Fall zugeschnitten. Der PR CESL fordert hingegen als weitere Voraussetzung die Beteiligung eines KMU. Die Prüfung der KMU-Eigenschaft gemäß Art. 7 Abs. 2, Erwgr. (21) PR CESL in Verbindung mit der KMU-Empfehlung ist kompliziert und kaum praxistauglich. Immerhin räumt der Verordnungsentwurf den Mitgliedstaaten aber die Option ein, auf diese Voraussetzung zu verzichten, wobei nur ein Mitgliedstaat hiervon Gebrauch machen muss, damit das DCESL auch in den übrigen Mitgliedstaaten unabhängig von der Beteiligung eines KMU zur Verfügung steht.

Der persönliche Anwendungsbereich beider Rechtsinstrumente kann auch eröffnet sein, wenn nicht ausschließlich Unternehmer beteiligt sind. Insofern kommt es auf die Rolle des Konsumenten bzw. Verbrauchers an. Das CISG ist auf

1236 Vgl. auch *Mansel*, WM 2012, 1253, 1259; *Hellwege*, IHR 2012, 180, 183; kritisch *Stadler*, AcP 212 (2012): Ausklammerung von C2C-Verträgen „aus nicht nachvollziehbaren Gründen".

einen Konsumentenkauf nur ausnahmsweise anwendbar (vgl. oben). Für Konsumentenverkäufe ist der persönliche Anwendungsbereich hingegen eröffnet. Im Gegensatz dazu ist der Verordnungsentwurf auf B2C-Verträge zugeschnitten. Für C2B-Verträge steht das DCESL nicht zur Verfügung, da jedenfalls der Verkäufer Unternehmer sein muss (vgl. Art. 7 Abs. 1 Satz 1 PR CESL).

Sind keine Unternehmer beteiligt, kann der persönliche Anwendungsbereich des CISG wiederum ausnahmsweise eröffnet sein (vgl. Art. 2 lit. a CISG), nicht hingegen der Anwendungsbereich des PR CESL (vgl. Art. 7 Abs. 1 Satz 1 PR CESL).

IV. Sachlicher Anwendungsbereich

Der sachliche Anwendungsbereich ist von besonders großer Bedeutung. Er betrifft die Frage, ob bzw. inwieweit ein Rechtsinstrument den von den Parteien geschlossenen Vertrag erfasst. Aufgrund der Vielgestaltigkeit von Verträgen stellen sich auch insofern praxisrelevante Rechtsfragen.

Im Unterschied zum räumlichen und persönlichen Anwendungsbereich beinhaltet der sachliche Anwendungsbereich ungleich mehr Qualifikationen und Aspekte, die zunächst sorgfältig einzugrenzen sind, bevor eine vergleichende Darstellung ergiebig sein kann. Als Ausgangspunkt dient die Unterscheidung zwischen dem Vertragsgegenstand (dazu 1.) und der Vertragsart (dazu 2.).

Der Regelungsbereich (vgl. vor allem Art. 4 CISG) gehört hingegen nicht zum sachlichen Anwendungsbereich und daher auch nicht zum Gegenstand dieser Untersuchung.[1237] Zwar entfaltet der Anwendungsbereich eines Rechtsinstruments nur Wirkung, sofern es eine Rechtsfrage überhaupt regelt. Auch knüpft der Regelungsbereich ebenso wie der sachliche Anwendungsbereich an den geschlossenen Vertrag an. Insofern überrascht es nicht, dass manche Autoren beide Bereiche zusammenfassen.[1238] Bei näherem Hinsehen betrifft der Regelungsbereich jedoch nicht mehr das Ob der Anwendung, sondern bereits die Anwendung in der Sache. Erst wenn der Anwendungsbereich insgesamt eröffnet ist, kommt es auf den Regelungsbereich eines Rechtsinstruments an. Für die Eröffnung des (sachlichen) Anwendungsbereichs ist er dementsprechend unerheblich.

1237 Näher zum Regelungsbereich des PR CESL *Mansel*, WM 2012, 1253, 1265 ff.; *Stadler*, AcP 212 (2012), 473, 498 ff.; einen vergleichenden Überblick zu den Regelungsbereichen von CISG und PR CESL bietet *Magnus*, in: CISG vs. Regional Sales Law, S. 97, 110 ff.; vgl. auch *Eidenmüller* [*et al.*], JZ 2012, 269, 271 f.

1238 Vgl. Staudinger-*Magnus*, Art. 1 Rn. 4; Ferrari [*et al.*]-*Saenger*, Intl. Vertragsrecht, Art. 1 Rn. 1; Soergel-*Lüderitz/Fenge*, Art. 1 Rn. 23.

1. Vertragsgegenstand

Hinsichtlich des Vertragsgegenstands stellen sowohl das CISG als auch der PR CESL auf die Eigenschaft als Ware ab (dazu a)). Der Verordnungsentwurf enthält darüber hinaus zwei weitere Qualifikationen für digitale Inhalte (dazu b)) und verbundene Dienstleistungen (dazu c)). Schließlich stellt sich die Frage nach dem maßgeblichen Zeitpunkt (dazu d)).

a) Waren

Der Warenbegriff lässt sich für beide Rechtsinstrumente entsprechend definieren (dazu aa)). Unterschiede ergeben sich freilich bei den einzelnen Begriffsmerkmalen (dazu bb), cc)). Beide Rechtsinstrumente enthalten zudem Anwendungsausschlüsse, die bestimmte Gegenstände von einer Qualifikation als Ware ausnehmen (dazu dd)).

aa) Definition

(1) CISG

Den Begriff „Ware" definiert das CISG nicht.[1239] Er ist jedoch aufgrund des internationalen Charakters des Übereinkommens und des Gebots der einheitlichen Auslegung (vgl. Art. 7 Abs. 1 CISG) autonom auszulegen.[1240] Dabei kann auf die Formulierung „bewegliche körperliche Sache" zurückgegriffen werden, welche die Haager Kaufgesetze verwenden (vgl. z.B. Artt. 1 ULF, 1 Abs. 1 ULIS).[1241] Die abweichenden deutschen Übersetzungen beruhen lediglich auf den abweichenden Formulierungen der französischen Fassungen: Während die Haager Kaufgesetze auf „objets mobiliers corporels" abstellen,[1242] verwendet das CISG den Begriff „marchandises".[1243] Hiermit bezweckte die Wiener Konferenz allerdings

---

1239 Vgl. hierzu und zum Folgenden Schlechtriem/Schwenzer-*Ferrari*, Art. 1 Rn. 34; Staudinger-*Magnus*, Art. 1 Rn. 43; Ferrari [*et al.*]-*Saenger*, Intl. Vertragsrecht, Art. 1 Rn. 2; MüKoHGB-*Benicke*, Art. 1 Rn. 16; MüKoBGB-*Huber*, Art. 1 Rn. 13; Kröll/Mistelis/Viscasillas-*Mistelis*, Art. 1 Rn. 36.

1240 Vertiefend *Schmitt*, CR 2001, 145, 147 ff., zur Auslegung anhand von Wortlaut, Systematik und Entstehung sowie unter Berücksichtigung der englischen und der französischen Fassung, der ausländischen Rspr. und Literatur.

1241 Vgl. hierzu und zum Folgenden auch Soergel-*Lüderitz/Fenge*, Art. 1 Rn. 21; *Schmitt*, CR 2001, 145, 148.

1242 So auch bereits Art. 1 des Entwurfs von 1939 (dazu B. I. 1.); vgl. Staudinger-*Magnus*, Art. 1 Rn. 43.

1243 Vgl. auch Staudinger-*Magnus*, Art. 1 Rn. 43: „unverbrauchte[r] Ausdruck".

keine andere Auslegung, mag die Formulierung „bewegliche körperliche Sache" auch präziser sein als der Verweis auf „Ware".[1244] Die englischen Fassungen formulieren denn auch identisch („goods").

„Ware" im Sinne des Art. 1 Abs. 1 CISG ist demnach jeder bewegliche körperliche Gegenstand.[1245] Unerheblich ist, ob er bereits existiert, erst noch hergestellt oder erzeugt werden muss oder gerade entsteht (vgl. auch Art. 3 Abs. 1 CISG).[1246] Ebenso unerheblich ist, ob der Gegenstand neu oder gebraucht ist. Es kommt auch nicht auf seine Verkehrsfähigkeit nach dem unvereinheitlichten Recht bzw. darauf an, ob für ihn besondere Verkehrsbeschränkungen gelten, etwa des Arten-, Tier- oder Kulturgüterschutzes.[1247] Relevant ist die Verkehrsfähigkeit allenfalls für die materielle Gültigkeit des Vertrags. Diese betrifft das Übereinkommen aber gerade nicht (vgl. Art. 4 Satz 2 lit. a CISG). Es wäre daher inkonsequent, hinge seine Anwendbarkeit von der Vorfrage nach der Verkehrsfähigkeit und damit vom unvereinheitlichten Recht ab. Der Begriff „Ware" ist vielmehr autonom auszulegen (vgl. oben).

Er erfasst z.B. Maschinen, Pkw, Kleidung, Lebensmittel[1248] und Kunstgegenstände.[1249] Auch Pflanzen und Tiere fallen darunter.[1250] Nach deutschem Recht sind Tiere zwar keine Sachen (vgl. § 90a Satz 1 BGB). Die für Sachen geltenden Vorschriften sind aber grundsätzlich entsprechend anzuwenden (vgl. § 90a Satz 3 BGB). Der Warenbegriff erfasst außerdem Sachgesamtheiten, vor allem

---

1244 So zutreffend Staudinger-*Magnus*, Art. 1 Rn. 43; vgl. auch Soergel-*Lüderitz/Fenge*, Art. 1 Rn. 21: „Bezeichnungen sind damit teils volkstümlicher, aber auch unschärfer geworden".

1245 Vgl. hierzu und zum Folgenden Schlechtriem/Schwenzer-*Ferrari*, Art. 1 Rn. 34; Staudinger-*Magnus*, Art. 1 Rn. 42, 52; Ferrari [*et al.*]-*Saenger*, Intl. Vertragsrecht, Art. 1 Rn. 6; MüKoHGB-*Benicke*, Art. 1 Rn. 16 f.; Kröll/Mistelis/Viscasillas-*Mistelis*, Art. 1 Rn. 37.

1246 Zu Werklieferungsverträgen noch 2. b).

1247 Vgl. hierzu und zum Folgenden auch Schlechtriem/Schwenzer-*Ferrari*, Art. 1 Rn. 39; Staudinger-*Magnus*, Art. 1 Rn. 49.

1248 Vgl. auch BGH NJW-RR 2003, 1582 (Gurken); IHR 2003, 28 (Gemüse).

1249 Vgl. auch Staudinger-*Magnus*, Art. 1 Rn. 46: „[k]eine Frage"; vgl. hierzu und zum Folgenden Staudinger-*Magnus*, Art. 1 Rn. 48; Ferrari [*et al.*]-*Saenger*, Intl. Vertragsrecht, Art. 1 Rn. 6; MüKoBGB-*Huber*, Art. 1 Rn. 13; Soergel-*Lüderitz/Fenge*, Art. 1 Rn. 21; Kröll/Mistelis/Viscasillas-*Mistelis*, Art. 1 Rn. 37.

1250 Vgl. OLG Schleswig IHR 2003, 67 f. (Hengst); OLG Jena TransportR-IHR 2000, 25 (Fische); LG Flensburg IHR 2001, 67 (Schafe); vgl. auch MüKoHGB-*Benicke*, Art. 1 Rn. 17; *Piltz*, NJW 2007, 2159, 2160.

Warenlager.[1251] Erfasst sind schließlich auch Organe, sofern sie vom Körper getrennt sind,[1252] künstliche Gliedmaßen und Arzneimittel.

(2) PR CESL

Auch Waren im Sinne des PR CESL sind bewegliche körperliche Gegenstände. Im Gegensatz zum CISG regelt der Verordnungsentwurf dies ausdrücklich. Seine Legaldefinition in Art. 2 lit. h PR CESL ist identisch mit derjenigen in Art. 2 Nr. 3 Halbsatz 1 der Verbraucherrechte-Richtlinie.[1253] Auch insofern ist daher unerheblich, ob der Gegenstand bereits existiert, erst noch hergestellt oder erzeugt werden muss oder gerade entsteht (vgl. auch Art. 2 lit. k PR CESL)[1254] und ob er neu oder gebraucht ist. Die zu Art. 1 Abs. 1 CISG genannten Beispiele erfasst auch der Warenbegriff des PR CESL. Auf Lebensmittel beziehen sich die Artt. 13 Abs. 5 lit. a, 40 Abs. 2 lit. b DCESL sogar explizit.

Zudem darf es auch im Rahmen des Verordnungsentwurfs nicht auf die Verkehrsfähigkeit nach den autonomen Vorschriften ankommen. Ähnlich wie Art. 4 Satz 2 lit. a CISG[1255] nimmt Erwgr. (27) Satz 2 PR CESL „die Ungültigkeit eines Vertrags wegen […] Rechts- oder Sittenwidrigkeit" und „das Sachenrecht" vom Regelungsbereich aus. Die Verkehrsfähigkeit ist jedoch allenfalls für die Gültigkeit des Vertrags relevant und richtet sich nach dem Sachenrecht (vgl. für das deutsche Recht vor allem §§ 93 ff. BGB). Auch insofern wäre es inkonsequent, hinge die Anwendbarkeit des PR CESL von den autonomen Vorschriften ab.

Etwas anderes ergibt sich auch nicht aus Erwgr. (27) Satz 1 PR CESL. Danach unterliegen Rechtsfragen außerhalb des Regelungsbereichs dem autonomen Recht, welches die *lex fori* beruft. Die Verkehrsfähigkeit eines Gegenstands beurteilt sich etwa nach dem Sachenrechtsstatut. Maßgeblich ist in der Regel das Recht des Staats, in dem sich die Sache befindet (sog. *lex rei sitae*; vgl. für das deutsche Recht Art. 43 Abs. 1 EGBGB). Die Anwendbarkeit der autonomen Vorschriften außerhalb des Regelungsbereichs des PR CESL ist aber selbstredend. Erwgr. (27) Satz 1 PR CESL ist insofern rein deklaratorisch. Innerhalb seines Regelungsbereichs ist der PR CESL hingegen autonom auszulegen (vgl. auch Erwgr. (29) Satz 2–4 PR CESL).

1251 Vgl. auch Schlechtriem/Schwenzer-*Ferrari*, Art. 1 Rn. 34; Staudinger-*Magnus*, Art. 1 Rn. 51; zum Unternehmenskauf bb) (2) (aa).

1252 Andernfalls fehlt es an der Beweglichkeit; dazu noch cc).

1253 Vgl. auch Schulze-*Wendehorst*, Art. 2 Rn. 21; Schmidt-Kessel-*ders.*, Art. 2 Rn. 42.

1254 Zu Werklieferungsverträgen noch 2. b); vgl. auch Schmidt-Kessel-*ders.*, Art. 2 Rn. 61.

1255 Siehe soeben (1).

bb) Körperlichkeit

Waren im Sinne der Artt. 1 Abs. 1 CISG, 2 lit. h PR CESL sind zunächst nur körperliche Gegenstände. Das Merkmal der Körperlichkeit setzt voraus, dass der betreffende Gegenstand sinnlich wahrnehmbar ist bzw. einen Aggregatzustand hat.[1256] Auch Gas kann daher tauglicher Vertragsgegenstand sein, sofern es abgefüllt oder sonst transportabel und lieferbar ist.[1257] Für den PR CESL folgt dies bereits aus Art. 2 lit. h i), ii) PR CESL. Die Regelung nimmt Gas vom Warenbegriff aus, es sei denn, es wird „in einem begrenzten Volumen oder in einer bestimmten Menge zum Verkauf angeboten".[1258]

Im Übrigen ist das Merkmal der Körperlichkeit insbesondere bei Verträgen über Rechte (dazu (1)), Gesellschaftsanteile (dazu (2)), know-how (dazu (3)) und Software zu beachten (dazu (4)).

(1) Rechte

(aa) CISG

Rechte sind unkörperlich und daher keine Waren im Sinne des Art. 1 Abs. 1 CISG.[1259] Dies gilt etwa für Forderungen, Urheberrechte, Patente und Erbschaftsanteile, Emissions- und Verschmutzungsrechte. Auch Nutzungsrechte und sonstige Berechtigungen fallen nicht unter den Warenbegriff, so z.B. Lizenzen, Eintrittskarten oder Zeitanteile bei Time-Sharing-Verträgen, wie sie vor allem in der Tourismusbranche für die zeitweise Nutzung von Hotel-, Ferienhaus- oder anderen Wohneinheiten üblich sind.

Die Belastung eines körperlichen Gegenstands mit einem Recht schließt dessen Qualifikation als Ware hingegen nicht aus.[1260] Dies bestätigt auch Art. 42 CISG. Danach muss der Verkäufer Ware liefern, die frei von Rechten oder

---

1256 Vgl. für das CISG Staudinger-*Magnus*, Art. 1 Rn. 56; Kröll/Mistelis/Viscasillas-*Mistelis*, Art. 1 Rn. 37.

1257 Vgl. Staudinger-*Magnus*, Art. 1 Rn. 45; Schlechtriem/Schwenzer-*Ferrari*, Art. 2 Rn. 37; Ferrari [*et al.*]-*Saenger*, Intl. Vertragsrecht, Art. 1 Rn. 6; MüKoHGB-*Benicke*, Art. 1 Rn. 18; MüKoBGB-*Huber*, Art. 1 Rn. 14; Kröll/Mistelis/Viscasillas-*Spohnheimer*, Art. 2 Rn. 44.

1258 Zu den Anwendungsausschlüssen noch dd).

1259 Vgl. hierzu und zum Folgenden Schlechtriem/Schwenzer-*Ferrari*, Art. 1 Rn. 36; Staudinger-*Magnus*, Art. 1 Rn. 45, 56; Ferrari [*et al.*]-*Saenger*, Intl. Vertragsrecht, Art. 1 Rn. 6; MüKoHGB-*Benicke*, Art. 1 Rn. 16, 18; MüKoBGB-*Huber*, Art. 1 Rn. 14, 16; Kröll/Mistelis/Viscasillas-*Mistelis*, Art. 1 Rn. 39.

1260 Vgl. hierzu und zum Folgenden auch Staudinger-*Magnus*, Art. 1 Rn. 57; MüKoBGB-*Huber*, Art. 1 Rn. 16.

Ansprüchen Dritter aus geistigem Eigentum ist, sofern die weiteren Voraussetzungen des Abs. 1 vorliegen und keine Ausnahme eingreift (Abs. 2). Die Regelung betrifft lediglich die Vertragsmäßigkeit einer Ware (vgl. auch die amtliche Überschrift des Abschnitts II: „Vertragsmäßigkeit der Ware und Rechte oder Ansprüche Dritter“). Sie setzt damit logisch voraus, dass auch solche Gegenstände unter den Warenbegriff fallen, die mit Schutzrechten Dritter belastet sind. Es besteht kein Grund, warum außerhalb des Art. 42 CISG etwas anderes gelten sollte. Auch kann es keinen Unterschied machen, ob das betreffende Recht mitverkauft wird oder weiterhin dem Verkäufer oder Dritten zusteht.[1261] Wird es mitverkauft, findet das CISG insofern freilich keine Anwendung (vgl. oben).

(bb) PR CESL

Rechte sind auch keine Waren im Sinne des Art. 2 lit. h PR CESL.[1262] Auch insofern hindert jedoch die Belastung eines körperlichen Gegenstands mit einem Recht nicht dessen Qualifikation als Ware. Eine Art. 42 CISG entsprechende Regelung findet sich in Art. 102 DCESL. Dessen Abs. 1 fordert sogar allgemein, dass die Ware frei von Rechten oder nicht offensichtlich unbegründeten Ansprüchen Dritter ist. Speziell für Rechte und Ansprüche aus geistigem Eigentum regeln sodann die Abs. 2–5 weitere Voraussetzungen und Ausnahmen, wobei sie zwischen B2B- und B2C-Verträgen differenzieren. Auch Art. 102 DCESL betrifft lediglich die Vertragsmäßigkeit einer Ware (vgl. auch die Überschrift des Abschnitts 3: „Vertragsmäßigkeit der Waren“), setzt also die Qualifikation des belasteten Gegenstands als Ware logisch voraus. Insofern besteht kein Unterschied zum CISG.

(2) Gesellschaftsanteile

(aa) CISG

Auch Gesellschaftsanteile sind unkörperlich.[1263] Der sachliche Anwendungsbereich des CISG ist daher insbesondere nicht für einen Unternehmenskauf in Form eines sog. *share deals* eröffnet, bei dem Vertragsgegenstand die Gesamtheit aller Gesellschaftsanteile ist. Hierbei handelt es sich letztlich um

---

1261 Vgl. Staudinger-*Magnus*, Art. 1 Rn. 57.

1262 Vgl. auch Schmidt-Kessel-*ders.*, Art. 2 Rn. 43; *Stadler*, AcP 212 (2012), 473, 492.

1263 Vgl. hierzu und zum Folgenden Schlechtriem/Schwenzer-*Ferrari*, Art. 1 Rn. 34; Staudinger-*Magnus*, Art. 1 Rn. 51; Ferrari [*et al.*]-*Saenger*, Intl. Vertragsrecht, Art. 1 Rn. 6; MüKoHGB-*Benicke*, Art. 1 Rn. 18; Soergel-*Lüderitz/Fenge*, Art. 1 Rn. 21; Kröll/Mistelis/Viscasillas-*Mistelis*, Art. 1 Rn. 38 f.

einen Rechtskauf.[1264] Sofern Gesellschaftsanteile zudem in Wertpapieren verbrieft sind, findet das Übereinkommen gemäß Art. 2 lit. d CISG keine Anwendung.[1265]

Der sachliche Anwendungsbereich ist auch für einen sog. *asset deal* nicht eröffnet, bei dem Vertragsgegenstand die Gesamtheit aller Vermögensgegenstände eines Unternehmens ist.[1266] Der Warenbegriff erfasst zwar auch Sachgesamtheiten.[1267] Zu den Vermögensgegenständen eines Unternehmens gehören jedoch in den meisten Fällen auch unkörperliche und unbewegliche Gegenstände. Dennoch eine Anwendung des Übereinkommens zu ermöglichen, wäre mit erheblicher Rechtsunsicherheit verbunden. Dies übersieht offenbar *Magnus*, der ohne nähere Begründung nicht nur beim *asset deal*, sondern allgemein bei Sachgesamtheiten „ähnlich wie" gemäß Art. 3 Abs. 2 CISG das überwiegende Wertverhältnis entscheiden lassen möchte.[1268] Immerhin räumt *Magnus* aber ein, eine Anwendung des CISG scheide „meist" aus, da der reine Warenanteil selten überwiege.[1269]

(bb) PR CESL

Für den PR CESL ergibt sich kein Unterschied. Gesellschaftsanteile sind auch keine Waren im Sinne des Art. 2 lit. h PR CESL,[1270] sodass der sachliche Anwendungsbereich für einen *share deal* nicht eröffnet ist. Auch für einen *asset deal* steht das DCESL nicht zur Verfügung, sofern zu den Vermögensgegenständen eines Unternehmens unkörperliche oder unbewegliche Gegenstände gehören. Eine abwägende Lösung wäre im Rahmen des PR CESL erst recht mit Unsicherheit verbunden, denn der Verordnungsentwurf enthält bereits keine Art. 3 Abs. 2 CISG entsprechende Regelung, die als Anknüpfungspunkt dienen könnte.

1264 Dazu soeben (1) (aa).

1265 Vgl. auch Staudinger-*Magnus*, Art. 1 Rn. 51: „erst recht"; zu den Anwendungsausschlüssen noch cc).

1266 Vgl. hierzu und zum Folgenden auch Schlechtriem/Schwenzer-*Ferrari*, Art. 1 Rn. 36 m.w.Nachw. (dort Fn. 159); Ferrari [*et al.*]-*Saenger*, Intl. Vertragsrecht, Art. 1 Rn. 6.

1267 Siehe aa).

1268 Vgl. Staudinger-*Magnus*, Art. 1 Rn. 51; so wohl auch MüKoBGB-*Huber*, Art. 1 Rn. 17 f.; zu Art. 3 Abs. 2 CISG noch c) aa).

1269 Vgl. Staudinger-*Magnus*, Art. 1 Rn. 51.

1270 Vgl. Schulze-*Wendehorst*, Art. 5 Rn. 6.

(3) Know-how

(aa) CISG

Mangels Körperlichkeit fällt auch know-how nicht unter den Warenbegriff des CISG.[1271] Als Bestandteil eines körperlichen Mediums kann es hingegen tauglicher Vertragsgegenstand sein, so etwa, wenn wissenschaftliche Ergebnisse in einer Studie oder technisches Wissen in Konstruktionsplänen schriftlich fixiert sind.[1272] Der Begriff „Ware" mag zwar weniger präzise sein als die Formulierung „bewegliche körperliche Sache".[1273] Zugleich lässt er aber einen entsprechenden Auslegungsspielraum für Fälle, in denen ein unkörperlicher Gegenstand durch ein Medium verkörpert wird.[1274]

Insbesondere bei (verkörpertem) know-how ist jedoch zu beachten, dass der Begriff des Kaufvertrags eine endgültige Übertragung der Ware voraussetzt.[1275] Der sachliche Anwendungsbereich ist daher nicht eröffnet, wenn die Parteien lediglich eine vorübergehende Nutzung von know-how vereinbaren, wie üblicherweise beim Transfer von Technologie.[1276] Bei Gutachten oder Studien, die auf Anfrage erstellt werden, überwiegen zudem häufig nicht die Pflichten eines Verkäufers (vgl. Art. 30 CISG), sondern arbeits- oder dienstvertragliche Pflichten. Dann findet das Übereinkommen gemäß Art. 3 Abs. 2 CISG keine Anwendung.[1277]

(bb) PR CESL

Auch im Rahmen des PR CESL ist know-how als Bestandteil eines körperlichen Mediums tauglicher Vertragsgegenstand. Zwar stellt Art. 2 lit. h PR CESL ausdrücklich auf „bewegliche körperliche Gegenstände" ab. Entscheidend für

---

1271 Vgl. hierzu und zum Folgenden Schlechtriem/Schwenzer-*Ferrari*, Art. 1 Rn. 38; Staudinger-*Magnus*, Art. 1 Rn. 46; Ferrari [*et al.*]-*Saenger*, Intl. Vertragsrecht, Art. 1 Rn. 7.

1272 Vgl. auch MüKoHGB-*Benicke*, Art. 1 Rn. 18; weitergehend MüKoBGB-*Huber*, Art. 1 Rn. 23: Verkörperung sei nicht entscheidend, da know-how „meistens in irgendeiner Form körperlich festgehalten" werde.

1273 Dazu bereits aa) (1).

1274 Vgl. auch Staudinger-*Magnus*, Art. 1 Rn. 44: „erlaubt es etwas leichter".

1275 Dazu noch 2. a) aa) (1), bb).

1276 Vgl. auch Schlechtriem/Schwenzer-*Ferrari*, Art. 1 Rn. 38; Staudinger-*Magnus*, Art. 1 Rn. 46; Ferrari [*et al.*]-*Saenger*, Intl. Vertragsrecht, Art. 1 Rn. 7; MüKoBGB-*Huber*, Art. 1 Rn. 23.

1277 Vgl. auch Soergel-*Lüderitz/Fenge*, Art. 1 Rn. 21; Kröll/Mistelis/Viscasillas-*Mistelis*, Art. 1 Rn. 38.

eine Qualifikation als Ware spricht aber auch insofern, dass know-how durch die Fixierung auf einem körperlichen Medium eine gewisse Körperlichkeit erlangt. Freilich setzt auch der Kaufvertragsbegriff des Art. 2 lit. k PR CESL eine endgültige Übertragung voraus,[1278] und für den Fall, dass ein Gutachten oder eine Studie auf Anfrage erstellt wird, steht das DCESL gemäß Art. 6 Abs. 1 PR CESL nicht zur Verfügung.[1279] Zunächst besteht demnach kein Unterschied zum CISG.

Der Verordnungsentwurf enthält allerdings hinsichtlich des Vertragsgegenstands auch eine Qualifikation für digitale Inhalte (vgl. Art. 2 lit. j PR CESL).[1280] Deshalb erfasst der Warenbegriff des Art. 2 lit. h PR CESL verkörpertes know-how nur, wenn es nicht in digitaler Form auf einem Datenträger bereitgestellt wird. Die Qualifikation als Ware beschränkt sich also im Gegensatz zu Art. 1 Abs. 1 CISG vor allem auf Fälle, in denen know-how schriftlich fixiert ist.

(4) Software

(aa) CISG

Während Hardware unproblematisch unter den Warenbegriff fällt,[1281] ist Software als solche unkörperlich.[1282] Beispielhaft genannt seien nur System- und Grafikprogramme, Updates und Tools.[1283] Allerdings kann auch Software als Bestandteil eines körperlichen Mediums, z.B. einer CD-ROM, tauglicher Vertragsgegenstand sein.[1284] Für viele Lizenzverträge ist der sachliche Anwendungsbereich dennoch nicht eröffnet; sie gestatten üblicherweise nur eine vorübergehende Nutzung von Software, wohingegen der Begriff des Kaufvertrags eine endgültige Übertragung voraussetzt.[1285]

1278 Dazu noch 2. a) aa) (2), bb).

1279 Dazu noch 2. e) cc).

1280 Dazu b); zu verbundenen Dienstleistungen c).

1281 Vgl. Schlechtriem/Schwenzer-*Ferrari*, Art. 1 Rn. 38 (dort Fn. 164); Kröll/Mistelis/Viscasillas-*Mistelis*, Art. 1 Rn. 40.

1282 Vgl. Staudinger-*Magnus*, Art. 1 Rn. 56.

1283 Vgl. *Schmitt*, CR 2001, 145.

1284 Vgl. Schlechtriem/Schwenzer-*Ferrari*, Art. 1 Rn. 38; Staudinger-*Magnus*, Art. 1 Rn. 44; Ferrari [*et al.*]-*Saenger*, Intl. Vertragsrecht, Art. 1 Rn. 7; Soergel-*Lüderitz/Fenge*, Art. 1 Rn. 21; vgl. auch BGH NJW 2007, 3501, der die vorinstanzliche Anwendung des CISG auf einen Kauf von Software nicht beanstandet.

1285 Siehe bereits soeben (3); vgl. auch MüKoBGB-*Huber*, Art. 1 Rn. 21; *Piltz*, NJW 2007, 2159, 2160.

Nach vorzugswürdiger Ansicht ist unerheblich, ob das Medium mitverkauft wird, auf dem sich die Software befindet.[1286] Bei wirtschaftlicher Betrachtung handelt es sich um denselben Vertragsgegenstand. Es darf daher keinen Unterschied machen, ob Software auf einem Datenträger oder etwa über das Internet zur Verfügung gestellt wird und der Käufer sie auf sein eigenes Medium herunterlädt. Maßgeblich ist vielmehr, dass die Software zu jedem Zeitpunkt überhaupt Bestandteil (irgend-)eines körperlichen Mediums ist.[1287]

Die Parteien sind zwar gemäß Artt. 30, 53 CISG zur „Lieferung“ und „Abnahme“ der Ware verpflichtet, was dafür sprechen mag, dass eine tatsächliche Besitzübertragung erforderlich ist.[1288] Die Pflichten der Parteien bestehen aber nur „nach Maßgabe des Vertrages“. Sie können also selbst über die Modalitäten von Lieferung und Abnahme bestimmen (vgl. auch Art. 6 CISG). Auch der Begriff des Kaufvertrags setzt keine tatsächliche Besitzübertragung voraus; es genügt eine Übertragung aus dem Herrschaftsbereich einer Person in den Herrschaftsbereich einer anderen Person.[1289] Diese Anforderungen erfüllt ein Downloadvorgang.[1290] Hinzu kommt, dass das CISG auch im Übrigen nicht danach differenziert, wie der Vertragsgegenstand den Käufer erreicht.[1291] Ggf. steht bei Vertragsschluss auch noch gar nicht fest, wie „Lieferung“ und „Abnahme“ erfolgen sollen, oder die Parteien vereinbaren etwa, dass Software teilweise auf einem Datenträger und teilweise über das Internet zur Verfügung gestellt wird. Solche Abreden lassen aber den Warenbegriff unberührt. Es widerspräche schließlich dem rechtsvereinheitlichenden Zweck des Übereinkommens, hinge die Qualifikation verkörperter Software als Ware davon ab, ob das Medium mitverkauft wird.

Etwas anderes gilt, wenn Vertragsgegenstand nicht lediglich Standardsoftware ist, sondern die Parteien die Programmierung von Individualsoftware

---

1286 Vgl. hierzu und zum Folgenden Staudinger-*Magnus*, Art. 1 Rn. 44; Ferrari [*et al.*]-*Saenger*, Intl. Vertragsrecht, Art. 1 Rn. 7; MüKoHGB-*Benicke*, Art. 1 Rn. 18; MüKoBGB-*Huber*, Art. 1 Rn. 20; *Schmitt*, CR 2001, 145, 151; Schlechtriem/Schwenzer-*Ferrari*, Art. 1 Rn. 38 (dort Fn. 165).

1287 Weitergehend MüKoBGB-*Huber*, Art. 1 Rn. 20: Qualifikation „jegliche[r] Software“ als Ware, da Software „in irgendeiner Form […] immer verkörpert“ sei; siehe auch Fn. 1272.

1288 Vgl. hierzu und zum Folgenden *Schmitt*, CR 2001, 145, 148 f.

1289 Dazu noch 2. a) aa) (1).

1290 Vgl. auch *Schmitt*, CR 2001, 145, 148.

1291 Vgl. hierzu und zum Folgenden Ferrari [*et al.*]-*Saenger*, Intl. Vertragsrecht, Art. 1 Rn. 7; MüKoHGB-*Benicke*, Art. 1 Rn. 18.

vereinbaren.[1292] Dann steht weniger die bloße Überlassung als vielmehr die Entwicklung von Software im Vordergrund, sodass dienstvertragliche Pflichten gegenüber den Pflichten eines Verkäufers (vgl. Art. 30 CISG) überwiegen und das Übereinkommen gemäß Art. 3 Abs. 2 CISG keine Anwendung findet.[1293]

(bb) PR CESL

Während zumindest verkörperte Standardsoftware unter den Warenbegriff des CISG fällt, ist Software im Rahmen des PR CESL nicht als Ware, sondern als digitaler Inhalt zu qualifizieren.[1294] Art. 2 lit. j PR CESL bezieht sich explizit auch auf solche „Software", die „nach Kundenspezifikationen" hergestellt wird.[1295] Zudem ist für einen Vertrag über die Bereitstellung digitaler Inhalte gleich, ob sie auf einem Datenträger erfolgt oder nicht (vgl. Art. 5 lit. b PR CESL).[1296] Software ist somit unabhängig davon als digitaler Inhalt zu qualifizieren, ob ein Datenträger eingesetzt, geschweige denn mitverkauft wird.[1297] Insofern besteht auch ein Unterschied zur Verbraucherrechte-Richtlinie. Danach sollen digitale Inhalte, die auf einem Datenträger bereitgestellt werden, „Waren" sein (vgl. Erwgr. (19) Satz 3 der Verbraucherrechte-Richtlinie).

cc) Beweglichkeit

Der betreffende Gegenstand muss außerdem beweglich sein. Unbeweglich und damit keine Waren im Sinne der Artt. 1 Abs. 1 CISG, 2 lit. h PR CESL sind vor allem Immobilien, z.B. Grundstücke, Gebäude und Wohnungen, nicht hingegen

---

1292 Vgl. hierzu und zum Folgenden Schlechtriem/Schwenzer-*Ferrari*, Art. 1 Rn. 38, mit Beispielen aus der Rspr. (dort Fn. 171); Staudinger-*Magnus*, Art. 1 Rn. 44; Ferrari [*et al.*]-*Saenger*, Intl. Vertragsrecht, Art. 1 Rn. 7; MüKoHGB-*Benicke*, Art. 1 Rn. 18; Soergel-*Lüderitz/Fenge*, Art. 1 Rn. 21.

1293 Zu Art. 3 Abs. 2 CISG noch 2. c) aa); vgl. auch MüKoBGB-*Huber*, Art. 1 Rn. 20, 22; abweichend *Schmitt*, CR 2001, 145, 153: Programmierung von Individualsoftware als Werklieferungsvertrag, sodass Art. 3 Abs. 1 CISG anzuwenden wäre; zu dieser Regelung 2. b) bb).

1294 Vgl. auch Schulze-*Wendehorst*, Art. 5 Rn. 17; *Zenefels*, K&R 2012, 463, 465.

1295 Vgl. auch *Magnus*, in: CISG vs. Regional Sales Law, S. 97, 109 f.; *Mansel*, WM 2012, 1253, 1256: Anwendungsbereich des PR CESL ist bzgl. Software „klarer konturiert" als der des CISG.

1296 Dazu noch 2. d) bb).

1297 Abgesehen davon stellt sich aber dennoch die Frage nach der rechtlichen Behandlung eines eingesetzten Datenträgers; auch dazu 2. d) bb).

Wohnmobile, Wohn- und Bauwagen, die lediglich auf einem Grundstück abgestellt, aber nicht auf Dauer fest mit dem Grund und Boden verbunden sind.[1298]

Insbesondere für das Merkmal der Beweglichkeit ist zu beachten, dass die Verkehrsfähigkeit nach dem unvereinheitlichten Recht unerheblich ist.[1299] Im deutschen Recht gehören etwa Sachen, die fest und nicht nur zu einem vorübergehenden Zweck mit dem Grund und Boden verbunden sind, zu den wesentlichen Bestandteilen eines Grundstücks (vgl. §§ 94 Abs. 1 Satz 1, 95 Abs. 1 Satz 1 BGB).[1300] Als solche können sie nicht (mehr) Gegenstand besonderer Rechte sein (vgl. § 93 BGB). Die Verkehrsfähigkeit betrifft jedoch allenfalls die materielle Gültigkeit des Vertrags, die weder zum Regelungsbereich des CISG (vgl. Art. 4 Satz 2 lit. a CISG) noch zum Regelungsbereich des PR CESL gehört (vgl. Erwgr. (27) Satz 2 PR CESL).[1301] Auch in Bezug auf das Merkmal der Beweglichkeit wäre es daher inkonsequent, hinge die Anwendbarkeit beider Rechtsinstrumente etwa von der Vorfrage ab, ob der Gegenstand wesentlicher Bestandteil eines Grundstücks oder lediglich Zubehör ist (vgl. für das deutsche Recht § 97 BGB).[1302] Für den PR CESL weist auch *Schmidt-Kessel* zutreffend darauf hin, dass die „Grenze zur Unbeweglichkeit [...] autonom und unabhängig von den anzuwendenden Regeln des Sachenrechts zu ziehen" ist.[1303] Wesentliche Bestandteile eines Grundstücks sind allerdings regelmäßig auch unbeweglich im Sinne einer autonomen Auslegung.

dd) Anwendungsausschlüsse

Beide Rechtsinstrumente nehmen bestimmte Gegenstände von einer Qualifikation als Ware aus. Für Wertpapiere und Zahlungsmittel (dazu (1)) sowie für Wasser- und Luftfahrzeuge (dazu (2)) enthält nur das CISG ausdrückliche Regelungen. Einen Anwendungsausschluss für bestimmte Energieträger enthält hingegen auch der PR CESL (dazu (3)).

1298 Vgl. Schlechtriem/Schwenzer-*Ferrari*, Art. 1 Rn. 35; Staudinger-*Magnus*, Art. 1 Rn. 42, 53 ff.; Ferrari [*et al.*]-*Saenger*, Intl. Vertragsrecht, Art. 1 Rn. 6; MüKoHGB-*Benicke*, Art. 1 Rn. 16; MüKoBGB-*Huber*, Art. 1 Rn. 14 f.; Kröll/Mistelis/Viscasillas-*Mistelis*, Art. 1 Rn. 39; vgl. zum PR CESL Schulze-*Wendehorst*, Art. 5 Rn. 6; Schmidt-Kessel-*ders.*, Art. 2 Rn. 42.

1299 Dazu bereits aa); vgl. auch die Nachw. in Fn. 1298.

1300 Vgl. auch §§ 94, 95 BGB im Übrigen sowie § 96 BGB.

1301 Siehe bereits aa) (1) bzw. (2).

1302 So aber dennoch Staudinger-*Magnus*, Art. 1 Rn. 54.

1303 Vgl. Schmidt-Kessel-*ders.*, Art. 2 Rn. 42.

(1) Wertpapiere und Zahlungsmittel

(aa) CISG

Eine Qualifikation von Wertpapieren und Zahlungsmitteln als Waren ist zwar durchaus denkbar, wenn auch nicht unproblematisch.[1304] Art. 2 lit. d CISG stellt jedoch klar, dass das Übereinkommen insofern keine Anwendung findet. Es ist ohnehin nicht auf den internationalen Wertpapier- und Devisenhandel zugeschnitten,[1305] für den zudem sehr unterschiedliche, meist zwingende nationale Sondervorschriften gelten. Bereits die Haager Kaufgesetze enthielten einen entsprechenden Anwendungsausschluss (vgl. Artt. 1 ULF, 5 Abs. 1 lit. a ULIS).[1306]

Während die englische und die französische Fassung des Art. 2 lit. d CISG mehrere Alternativen aufzählen („stocks, shares, investment securities, negotiable instruments or money" bzw. „valeurs mobilières, effets de commerce et monnaies"), beschränkt sich die deutsche Übersetzung auf die beiden Oberbegriffe „Wertpapiere" und „Zahlungsmittel".

Der Wertpapierbegriff erfasst alle handelbaren verbrieften Rechte, die Gegenstand eines selbständigen Vertrags sein können, vor allem Aktien, Derivate, Zertifikate, Inhaberschuldverschreibungen, Wechsel und Schecks sowie verbriefte Emissions- und Verschmutzungsrechte.[1307] Bereits Rechte als solche sind keine Waren im Sinne des Art. 1 Abs. 1 CISG.[1308] Im Falle ihrer Verbriefung kann nichts anderes gelten, sonst drohte ein Wertungswiderspruch.[1309]

Der Anwendungsausschluss des Art. 2 lit. d Alt. 1 CISG greift nur ein, wenn ein Wertpapier den Vertragsgegenstand bildet. Er gilt deshalb nicht für einen sog. Dokumentenkauf.[1310] Hierbei erhält der Käufer zwar ein Wertpapier, etwa ein

---

1304 Vgl. hierzu und zum Folgenden Sekretariatskommentar, Art. 2 Rn. 7; Staudinger-*Magnus*, Art. 2 Rn. 2 f., 39; Ferrari [*et al.*]-*Saenger*, Intl. Vertragsrecht, Art. 2 Rn. 10; MüKoBGB-*Huber*, Art. 2 Rn. 1, 18; Soergel-*Lüderitz/Fenge*, Art. 2 Rn. 1; Kröll/Mistelis/Viscasillas-*Spohnheimer*, Art. 2 Rn. 32.

1305 Vgl. auch MüKoHGB-*Benicke*, Art. 2 Rn. 14.

1306 Vgl. auch Schlechtriem/Schwenzer-*Ferrari*, Art. 2 Rn. 1.

1307 Vgl. hierzu und zum Folgenden Schlechtriem/Schwenzer-*Ferrari*, Art. 2 Rn. 34 f.; Staudinger-*Magnus*, Art. 2 Rn. 39 f.; Ferrari [*et al.*]-*Saenger*, Intl. Vertragsrecht, Art. 2 Rn. 10; MüKoHGB-*Benicke*, Art. 2 Rn. 14 f.; MüKoBGB-*Huber*, Art. 2 Rn. 18; Kröll/Mistelis/Viscasillas-*Spohnheimer*, Art. 2 Rn. 34 f.

1308 Siehe bb) (1) (aa).

1309 Vgl. auch Soergel-*Lüderitz/Fenge*, Art. 2 Rn. 8; Kröll/Mistelis/Viscasillas-*Spohnheimer*, Art. 2 Rn. 32.

1310 Vgl. Schlechtriem/Schwenzer-*Ferrari*, Art. 2 Rn. 34; Staudinger-*Magnus*, Art. 2 Rn. 41; Ferrari [*et al.*]-*Saenger*, Intl. Vertragsrecht, Art. 2 Rn. 10; MüKoHGB-*Benicke*,

Konnossement, einen Lade- oder Orderschein, oder ein sonstiges Dokument, das ein Recht – vor allem das Eigentum – an den darin bezeichneten Gegenständen verbrieft. Mit dem Dokument legitimiert sich der Käufer sodann gegenüber dem Lieferanten. Die Bezeichnung als „Dokumentenkauf" ist jedoch missverständlich. Denn Vertragsgegenstand ist nach einhelliger Ansicht nicht das Dokument und auch nicht das verbriefte Recht, sondern die in dem Dokument bezeichneten Gegenstände.[1311] Dafür sprechen auch die Artt. 30, 34 Satz 1 CISG. Danach gehört es zu den Pflichten des Verkäufers, Dokumente zu übergeben, „die sich auf die Ware beziehen". Dies setzt voraus, dass die Dokumente nicht ihrerseits Vertragsgegenstand sind.[1312]

Ferrari hält das CISG selbst dann für anwendbar, „wenn im Vertrag ein Traditionspapier als Kaufgegenstand angegeben ist".[1313] Eine Auslegung zugunsten der Anwendung des Übereinkommens wider die ausdrückliche Erklärung der Parteien ist allerdings problematisch. Zwar bleibt ihnen die Möglichkeit eines *opt out* (vgl. Art. 6 CISG).[1314] Es darf jedoch bezweifelt werden, ob sie ihnen stets bewusst ist.

Eher theoretischer Natur als praktisch relevant ist die Frage, ob der Wertpapierbegriff des Art. 2 lit. d Alt. 1 CISG auch Namens- oder Rektapapiere erfasst, insbesondere einen Hypotheken-, Grundschuld- oder Rentenschuldbrief (vgl. für das deutsche Recht § 952 Abs. 2 BGB), ein Sparbuch oder eine Anweisung.[1315] Die genannten Papiere sind in aller Regel nicht selbst Vertragsgegenstand, sondern die darin verbrieften Rechte, denen das Recht am Papier folgt (vgl. für das deutsche Recht § 952 Abs. 1 Satz 1 BGB). Die verbrieften Rechte sind wiederum nicht nur keine Waren (vgl. oben), sondern beziehen sich zumeist auch nicht auf solche.

Der Begriff „Zahlungsmittel" erfasst alle in- und ausländischen Zahlungsmittel in geltender Währung, d.h. auch Devisentermingeschäfte, Zins- und

---

Art. 2 Rn. 17; MüKoBGB-*Huber*, Art. 2 Rn. 18; Kröll/Mistelis/Viscasillas-*Spohnheimer*, Art. 2 Rn. 33.

1311 Vgl. Sekretariatskommentar, Art. 2 Rn. 8; Schlechtriem/Schwenzer-*Ferrari*, Art. 1 Rn. 37; Staudinger-*Magnus*, Art. 1 Rn. 47; Kröll/Mistelis/Viscasillas-*Mistelis*, Art. 1 Rn. 41.

1312 Vgl. auch Soergel-*Lüderitz/Fenge*, Art. 2 Rn. 8.

1313 Vgl. Schlechtriem/Schwenzer-*Ferrari*, Art. 1 Rn. 37.

1314 Dazu bereits C. I. 1., 2.

1315 Dagegen Schlechtriem/Schwenzer-*Ferrari*, Art. 2 Rn. 36; Ferrari [*et al.*]-*Saenger*, Intl. Vertragsrecht, Art. 2 Rn. 10; vgl. hierzu und zum Folgenden ebda.; Staudinger-*Magnus*, Art. 2 Rn. 42; MüKoBGB-*Huber*, Art. 2 Rn. 18.

Währungsswapgeschäfte.[1316] Nicht erfasst sind hingegen Zahlungsmittel (oder Wertpapiere),[1317] die lediglich noch einen künstlerischen oder historischen Wert haben, etwa Sammlermünzen. Beim Kauf durch einen privaten Sammler findet das Übereinkommen aber grundsätzlich dennoch keine Anwendung (vgl. Art. 2 lit. a CISG).[1318]

(bb) PR CESL

Der PR CESL enthält keinen Art. 2 lit. d CISG entsprechenden Anwendungsausschluss. Das bedeutet jedoch nicht, dass Wertpapiere und Zahlungsmittel taugliche Vertragsgegenstände sind.[1319] Für Wertpapiere drohte auch insofern ein Wertungswiderspruch, stünde das DCESL zur Verfügung, obwohl Rechte als solche mangels Körperlichkeit keine Waren im Sinne des Art. 2 lit. h PR CESL sind.

Gegenteiliges lässt sich auch Art. 40 Abs. 2 lit. c DCESL nicht entnehmen.[1320] Die Regelung schließt das Widerrufsrecht des Verbrauchers aus Art. 40 Abs. 1 DCESL für Verträge über Waren aus, „deren Preis von Schwankungen auf dem Finanzmarkt abhängt". Daraus folgt jedoch nicht etwa, dass der sachliche Anwendungsbereich für Wertpapiere grundsätzlich eröffnet sein muss. Art. 40 Abs. 2 lit. c DCESL bezieht sich vielmehr seinerseits auf den Warenbegriff. Der europäische Gesetzgeber trennt indes zwischen dem Kauf von Waren und Finanzdienstleistungen, zu denen auch Finanzinstrumente gehören.[1321] Dementsprechend hat die Kommission Finanzdienstleistungen auch vom sachlichen Anwendungsbereich des PR CESL ausgenommen (vgl. Art. 2 litt. j, m iv) PR CESL).[1322]

1316 Vgl. hierzu und zum Folgenden Staudinger-*Magnus*, Art. 2 Rn. 43; Schlechtriem/Schwenzer-*Ferrari*, Art. 2 Rn. 37; Ferrari [*et al.*]-*Saenger*, Intl. Vertragsrecht, Art. 2 Rn. 10; MüKoBGB-*Huber*, Art. 2 Rn. 18; Soergel-*Lüderitz/Fenge*, Art. 2 Rn. 8; Kröll/Mistelis/Viscasillas-*Spohnheimer*, Art. 2 Rn. 36.

1317 Dies betont Schlechtriem/Schwenzer-*Ferrari*, Art. 2 Rn. 37; vgl. auch MüKoHGB-*Benicke*, Art. 2 Rn. 16.

1318 Siehe III. 1. a) bb) (1) (bb).

1319 Vgl. hierzu und zum Folgenden *Magnus*, in: CISG vs. Regional Sales Law, S. 97, 109.

1320 Vgl. hierzu und zum Folgenden *Stadler*, AcP 212 (2012), 473, 492.

1321 Siehe Fn. 1320; vgl. auch Schulze-*Wendehorst*, Art. 5 Rn. 6; vgl. z.B. Art. 2 lit. b der Richtlinie 2002/65/EG des Europäischen Parlaments und des Rates vom 23. September 2002 über den Fernabsatz von Finanzdienstleistungen an Verbraucher und zur Änderung der Richtlinie 90/619/EWG des Rates und der Richtlinien 97/7/EG und 98/27/EG, ABl. EG 2002 Nr. L 271, S. 16.

1322 Dazu noch b) bb), c) bb) (4).

Auch für einen Dokumentenkauf besteht kein Unterschied zum CISG. Eine Artt. 30, 34 Satz 1 CISG entsprechende Regelung findet sich in Art. 91 lit. e DCESL. Danach muss der Verkäufer Dokumente übergeben, „die Waren […] vertreten oder diese betreffen“.[1323] Diese muss der Käufer übernehmen (vgl. Art. 123 Abs. 1 lit. c DCESL, der dieselbe Formulierung verwendet).[1324] Auch das DCESL setzt somit voraus, dass die Dokumente nicht ihrerseits Vertragsgegenstand sind. Bezeichnen die Parteien sie dennoch als Vertragsgegenstand, sind sie bzgl. des PR CESL weniger schutzbedürftig als bzgl. des CISG. Die Anwendbarkeit des Verordnungsentwurfs ändert nämlich nichts daran, dass eine Anwendung des DCESL weiterhin ein *opt in* erfordert (vgl. Artt. 3, 8 Abs. 1 Satz 1 PR CESL).[1325] Speziell für B2C-Verträge gelten insofern strenge Anforderungen.[1326]

Für Zahlungsmittel ist der sachliche Anwendungsbereich des PR CESL trotz eines fehlenden Anwendungsausschlusses ebenso wie gemäß Art. 2 lit. d Alt. 2 CISG nicht eröffnet. Ein „Kauf“ von Zahlungsmitteln stellt letztlich einen Tausch dar.[1327] Ein Tauschvertrag gehört jedoch nicht zu den von Art. 5 PR CESL erfassten Vertragsarten.[1328] Zahlungsmittel mit künstlerischem oder historischem Wert sind hingegen taugliche Vertragsgegenstände. Im Gegensatz zum CISG erfasst der Verordnungsentwurf auch Käufe durch private Sammler, denn er ist auf B2C-Verträge zugeschnitten.[1329]

(2) Wasser- und Luftfahrzeuge[1330]

(aa) CISG

Seeschiffe, Binnenschiffe, Luftkissenfahrzeuge und Luftfahrzeuge nimmt das CISG ebenfalls von einer Qualifikation als Ware aus (vgl. Art. 2 lit. e CISG). Auch insofern gelten sehr unterschiedliche nationale Sondervorschriften sowie Eintragungspflichten.[1331] Bereits Art. 5 Abs. 1 lit. b ULIS enthielt daher einen

---

1323 Vgl. auch Artt. 94 Abs. 1 litt. b, c, 96 Abs. 2 DCESL; vgl. speziell für B2B-Verträge auch Artt. 143 Abs. 1, 145 Abs. 4 DCESL.

1324 Vgl. auch Art. 129 lit. b DCESL.

1325 Dazu bereits C. II. 1. a), 2.

1326 Dazu C. II. 2. c).

1327 Vgl. auch *Magnus*, in: CISG vs. Regional Sales Law, S. 97, 109.

1328 Dazu noch 2. a) cc) (2) (cc) (β).

1329 Siehe bereits III. 3. b).

1330 Die Terminologie folgt Staudinger-*Magnus*, Art. 2 Rn. 44; Schlechtriem/Schwenzer-*Ferrari*, Art. 2 Rn. 38.

1331 Vgl. hierzu und zum Folgenden Staudinger-*Magnus*, Art. 2 Rn. 9, 44; MüKoHGB-*Benicke*, Art. 2 Rn. 18; MüKoBGB-*Huber*, Art. 2 Rn. 19 (dort Fn. 71); Soergel-*Lüderitz/Fenge*, Art. 2 Rn. 9; Kröll/Mistelis/Viscasillas-*Mistelis*, Art. 1 Rn. 37.

Anwendungsausschluss für eingetragene und eintragungspflichtige Seeschiffe, Binnenschiffe und Luftfahrzeuge.[1332]

In der Regel betreffen nationale Sondervorschriften aber lediglich dingliche Rechte, vor allem das Eigentum an Wasser- und Luftfahrzeugen (vgl. für das deutsche Recht z.B. §§ 1 ff. SchiffRG[1333], § 929a BGB).[1334] Das CISG betrifft demgegenüber gerade nicht die Wirkungen eines Vertrags auf das Eigentum am Vertragsgegenstand (vgl. Art. 4 Satz 2 lit. b CISG).[1335] Insofern droht also von vornherein keine Kollision mit dem unvereinheitlichten Recht. Dennoch übernahm die Wiener Konferenz den Anwendungsausschluss aus Art. 5 Abs. 1 lit. b ULIS, obwohl der Handel mit Wasser- und Luftfahrzeugen häufig grenzübergreifend ist.[1336] Sie verzichtete sogar auf die Beschränkung auf eingetragene und eintragungspflichtige Fahrzeuge, um die mit Art. 5 Abs. 1 lit. b ULIS verbundene Rechtsunsicherheit zu vermeiden.[1337] Uneinigkeit bestand insbesondere darüber, wie das Registerstatut zu ermitteln ist, nach dem sich die Eintragungspflicht bzw. die Voraussetzungen für eine Eintragung richten. Nunmehr gilt Art. 2 lit. e CISG pauschal für die dort genannten Wasser- und Luftfahrzeuge. Nur für Landfahrzeuge gilt der Anwendungsausschluss jedenfalls nicht.[1338]

(α) Wasserfahrzeuge

Die Varianten „Seeschiffe“ und „Binnenschiffe“ erfassen alle Schiffe, die zu einer dauernden Fortbewegung bestimmt sind oder waren.[1339] Ortsfeste Hausboote, Schwimmdocks, Bohrinseln und Pontons sind hingegen nicht erfasst. Mangels Beweglichkeit sind sie jedoch auch keine Waren im Sinne des Art. 1 Abs. 1 CISG.

1332 Vgl. auch Schlechtriem/Schwenzer-*Ferrari*, Art. 2 Rn. 1, 38.

1333 RGBl. 1940 I, S. 1499.

1334 Vgl. auch MüKoHGB-*Benicke*, Art. 2 Rn. 1.

1335 Eine entsprechende Regelung enthielt bereits Art. 8 Satz 2 ULIS.

1336 Kritisch daher Staudinger-*Magnus*, Art. 2 Rn. 9.

1337 Vgl. hierzu und zum Folgenden auch Sekretariatskommentar, Art. 2 Rn. 9; Schlechtriem/Schwenzer-*Ferrari*, Art. 2 Rn. 1, 38; MüKoHGB-*Benicke*, Art. 2 Rn. 19; MüKoBGB-*Huber*, Art. 2 Rn. 19; Soergel-*Lüderitz/Fenge*, Art. 2 Rn. 9; Kröll/Mistelis/Viscasillas-*Spohnheimer*, Art. 2 Rn. 37.

1338 Vgl. auch Schlechtriem/Schwenzer-*Ferrari*, Art. 2 Rn. 44.

1339 Vgl. hierzu und zum Folgenden Schlechtriem/Schwenzer-*Ferrari*, Art. 2 Rn. 39, 45; Staudinger-*Magnus*, Art. 2 Rn. 45, 47; Ferrari [*et al.*]-*Saenger*, Intl. Vertragsrecht, Art. 2 Rn. 11; MüKoBGB-*Huber*, Art. 2 Rn. 20; Kröll/Mistelis/Viscasillas-*Spohnheimer*, Art. 2 Rn. 38 f., 42.

Art. 2 lit. e CISG schließt eine Anwendung des Übereinkommens unabhängig davon aus, ob das betreffende Schiff durch Motor- oder Windkraft oder auch gar nicht betrieben und lediglich gezogen wird.[1340] Unerheblich ist auch die Art der Nutzung, etwa als Handels- oder Kriegsschiff. Auch Lastkähne, Baggerschiffe, Schwimmkräne und U-Boote sind daher von einer Qualifikation als Ware ausgenommen, selbst wenn sie nicht mehr fahrtüchtig sind und verschrottet werden sollen.[1341] Der Anwendungsausschluss erfasst zudem im Bau befindliche Schiffe, sofern sich der Vertrag auf das fertige Schiff bezieht.[1342] Einzelteile und Materialien zum Schiffsbau, z.B. der Motor, die Schiffsschraube und Stahl, sind hingegen noch keine Schiffe im Sinne des Art. 2 lit. e CISG. Sie fallen unter den Warenbegriff, auch wenn sie spätere wesentliche Bestandteile eines Schiffs werden.[1343]

Die Variante „Luftkissenfahrzeuge" wurde zur Klarstellung eingefügt.[1344] Die Zuordnung solcher Fahrzeuge zu den See- und Binnenschiffen wäre sonst nicht unproblematisch.[1345]

Die Frage, ob Wasserfahrzeuge eine gewisse Größe haben müssen, damit sie „Schiffe" sind und der Anwendungsausschluss des Art. 2 lit. e CISG eingreift, wird nicht einheitlich beantwortet:

Nach einer Ansicht soll weiterhin maßgeblich sein, ob ein Wasserfahrzeug eingetragen bzw. eintragungspflichtig ist.[1346] Auch wenn hierfür je nach Rechtsordnung unterschiedliche Anforderungen gelten, dürften diese entweder ausdrücklich oder zumindest logisch eine gewisse Größe voraussetzen.

Eine abweichende Ansicht fordert zwar ebenfalls eine gewisse Größe, damit Art. 2 lit. e CISG eingreift.[1347] Maßgeblich soll jedoch nicht die Eintragung oder Eintragungspflichtigkeit eines Wasserfahrzeugs sein. Vielmehr soll der Anwendungsausschluss je nach den Umständen des Einzelfalls auch solche Wasserfahrzeuge vom Warenbegriff ausnehmen, die aufgrund ihrer Größe nicht eingetragen oder eintragungspflichtig sind.

1340 Vgl. hierzu und zum Folgenden die Nachw. in Fn. 1339.

1341 Vgl. auch Schlechtriem/Schwenzer-*Ferrari*, Art. 2 Rn. 41.

1342 MüKoHGB-*Benicke*, Art. 2 Rn. 21, begründet dies mit der Verkehrsauffassung.

1343 Siehe bereits cc); vgl. auch MüKoHGB-*Benicke*, Art. 2 Rn. 21; *Piltz*, NJW 2009, 2258, 2259.

1344 Vgl. auch Schlechtriem/Schwenzer-*Ferrari*, Art. 2 Rn. 1, 43; MüKoBGB-*Huber*, Art. 2 Rn. 20.

1345 Vgl. Staudinger-*Magnus*, Art. 2 Rn. 49.

1346 Vgl. Soergel-*Lüderitz/Fenge*, Art. 2 Rn. 9; wohl auch MüKoHGB-*Benicke*, Art. 2 Rn. 19: „spezielle nationale Sonderregeln, wie eine Registrierungspflicht".

1347 Vgl. hierzu und zum Folgenden Staudinger-*Magnus*, Art. 2 Rn. 46.

Demgegenüber grenzt eine andere Ansicht nicht anhand der Größe, sondern anhand der Funktion eines Wasserfahrzeugs ab.[1348] Dient es als Transportmittel, soll das Übereinkommen gemäß Art. 2 lit. e CISG keine Anwendung finden.[1349] Sportgeräte sollen hingegen taugliche Vertragsgegenstände sein.[1350]

Die Entstehung des Anwendungsausschlusses spricht zunächst gegen die erstgenannte Ansicht. Die Wiener Konferenz verzichtete bewusst darauf, Art. 2 lit. e CISG auf eingetragene und eintragungspflichtige Fahrzeuge zu beschränken.[1351] Sie fügte auch kein anderes Merkmal ein, das stattdessen gelten sollte. Man mag dies befürworten oder kritisieren. *De lege lata* erfasst Art. 2 lit. e CISG jedenfalls auch Wasserfahrzeuge, die nicht eingetragen oder eintragungspflichtig sind.[1352] Dem widerspräche es, gälten weiterhin die Voraussetzungen des Art. 5 Abs. 1 lit. b ULIS.[1353]

Dies lässt sich auch nicht damit begründen, ohne eine Abgrenzung anhand der Eintragung bzw. Eintragungspflichtigkeit könne Art. 11 Satz 1 CISG mit etwaigen Formerfordernissen des Registerstatuts in Konflikt geraten.[1354] Zwar brauchen Kaufverträge gemäß Art. 11 Satz 1 CISG nicht schriftlich geschlossen zu werden und unterliegen auch sonst keinen Formvorschriften.[1355] Als „wichtige Ausnahme"[1356] zu Art. 4 Satz 2 lit. a CISG betrifft die Regelung aber die materielle Gültigkeit von Verträgen. Hingegen führt die Verletzung etwaiger Formerfordernisse nach dem Registerstatut in aller Regel nicht zur Unwirksamkeit des Vertrags, sondern hindert lediglich die Eintragung. Insofern droht von vornherein kein Konflikt zwischen Art. 11 Satz 1 CISG und dem Registerstatut.[1357] Ein Konflikt ist nur denkbar, falls etwaige Formerfordernisse Wirksamkeitsvoraussetzung für den Vertrag sind. Diese Konsequenz aus der bewussten Erweiterung des Art. 2 lit. e CISG gegenüber Art. 5 Abs. 1 lit. b ULIS wäre jedoch hinzunehmen.

1348 Vgl. hierzu und zum Folgenden Schlechtriem/Schwenzer-*Ferrari*, Art. 2 Rn. 41; Ferrari [*et al.*]-*Saenger*, Intl. Vertragsrecht, Art. 2 Rn. 11; Kröll/Mistelis/Viscasillas-*Spohnheimer*, Art. 2 Rn. 39.

1349 In diese Richtung auch MüKoBGB-*Huber*, Art. 2 Rn. 21: Abgrenzung danach, ob das Wasserfahrzeug (primär) dem Transport von Personen oder Sachen dient.

1350 Insofern a.A. Kröll/Mistelis/Viscasillas-*Spohnheimer*, Art. 2 Rn. 39.

1351 Siehe soeben (aa).

1352 So auch MüKoBGB-*Huber*, Art. 2 Rn. 21.

1353 Vgl. auch Staudinger-*Magnus*, Art. 2 Rn. 46.

1354 So aber Soergel-*Lüderitz/Fenge*, Art. 2 Rn. 9. Im deutschen Recht sieht das SchiffRG für die Eintragung keine Formerfordernisse vor.

1355 Dazu auch bereits C. I. 3. b).

1356 Vgl. Ferrari [*et al.*]-*Saenger*, Intl. Vertragsrecht, Art. 4 Rn. 4.

1357 Dies übersehen offenbar Soergel-*Lüderitz/Fenge*, Art. 2 Rn. 9.

Wortlaut und Entstehung des Anwendungsausschlusses sprechen außerdem gegen eine Abgrenzung anhand der Funktion eines Wasserfahrzeugs. Die Wiener Konferenz hat gerade kein Merkmal eingefügt, das anstelle der Beschränkung auf eingetragene und eintragungspflichtige Fahrzeuge gelten soll (vgl. oben). Die Regelung bietet daher keinen Anknüpfungspunkt für eine anderweitige Abgrenzung.[1358] Insbesondere stellen auch die Begriffe „Seeschiffe" und „Binnenschiffe" keinen Bezug zur Funktion eines Schiffs als Transportmittel oder Sportgerät her. Mit ihnen stellt Art. 2 lit. e CISG lediglich klar, dass Schiffe unabhängig von der Art des Gewässers, in dem sie betrieben werden, nicht unter den Warenbegriff fallen. Demnach steht „ein von der Größe verschiedenes [...] Kriterium" auch nicht im Einklang mit dem Gebot der einheitlichen Auslegung (vgl. Art. 7 Abs. 1 CISG).[1359]

Im Übrigen hinge auch eine Abgrenzung anhand der Funktion eines Wasserfahrzeugs von den Umständen des Einzelfalls ab und verspräche insofern keinen Gewinn an Rechtssicherheit gegenüber einer Abgrenzung anhand der Größe. Für letztere bietet Art. 2 lit. e CISG aber immerhin einen Anknüpfungspunkt, indem er sich auf „-schiffe" bezieht und nicht etwa auf „Boote".[1360] Daraus folgert *Magnus*, die Größe eines Wasserfahrzeugs könne nicht unerheblich sein.[1361] Dies überzeugt zwar nur bedingt, denn die Begriffe „Schiff" und „Boot" werden im allgemeinen Sprachgebrauch häufig synonym verwendet. Einer begrifflichen Differenzierung ist jedoch zuzugeben, dass sie nicht nur mit dem Wortlaut von Art. 2 lit. e CISG vereinbar ist, sondern auch eine restriktive Auslegung ermöglicht, die aufgrund des Ausnahmecharakters der Regelung geboten ist.[1362]

Für Wasserfahrzeuge gilt Art. 2 lit. e CISG somit unabhängig von ihrer Eintragung oder Eintragungspflichtigkeit. Je nach den Umständen des Einzelfalls müssen sie aber eine gewisse Größe haben, damit ihre Ausnahme vom Warenbegriff gerechtfertigt ist. Freilich führt eine Abgrenzung anhand der Funktion bisweilen zum selben Ergebnis.[1363] Art. 2 lit. e CISG erfasst etwa nach beiden Ansichten auch nicht eingetragene oder eintragungspflichtige Segel- und Motorjachten. Demgegenüber sind kleinere Sport-, Ruder-, Paddel-, Tret- und Schlauchboote,

---

1358 Vgl. auch Soergel-*Lüderitz/Fenge*, Art. 2 Rn. 9: „nicht vertretbar".

1359 So aber Schlechtriem/Schwenzer-*Ferrari*, Art. 2 Rn. 41.

1360 Vgl. hierzu und zum Folgenden Staudinger-*Magnus*, Art. 2 Rn. 46.

1361 Vgl. auch Soergel-*Lüderitz/Fenge*, Art. 2 Rn. 9.

1362 Vgl. auch Ferrari [*et al.*]-*Saenger*, Intl. Vertragsrecht, Art. 2 Rn. 1.

1363 Vgl. hierzu und zum Folgenden Schlechtriem/Schwenzer-*Ferrari*, Art. 2 Rn. 41 (dort Fn. 204); Staudinger-*Magnus*, Art. 2 Rn. 46; MüKoBGB-*Huber*, Art. 2 Rn. 21; *Piltz*, NJW 2007, 2159, 2160.

Kanus und Modell(bau)schiffe nach beiden Ansichten keine „Schiffe".[1364] Für sie kann der sachliche Anwendungsbereich eröffnet sein. Im Falle eines Konsumentenkaufs findet das Übereinkommen jedoch grundsätzlich keine Anwendung (vgl. Art. 2 lit. a CISG).[1365] Dies gilt „[e]rst recht" für Flöße und Surfbretter.[1366]

Aufgrund der verbleibenden Rechtsunsicherheit[1367] ist den Parteien umso mehr eine ausdrückliche Abrede zur Anwendung des CISG zu empfehlen,[1368] sofern ihnen denn die Möglichkeit bzw. das Erfordernis eines *opt out* bewusst ist.[1369]

(β) Luftfahrzeuge

Auch die Variante „Luftfahrzeuge" setzt voraus, dass das betreffende Fluggerät zu einer dauernden Fortbewegung bestimmt ist oder war, wobei die Art seines Antriebs (Motor- oder Windkraft) ebenso unerheblich ist wie die Art der Nutzung.[1370] Art. 2 lit. e CISG erfasst daher neben Personen- und Frachtflugzeugen auch Segelflugzeuge, Hubschrauber, Heißluftballons und Zeppeline. Ebenfalls erfasst sind im Bau befindliche Luftfahrzeuge, sofern sich der Vertrag auf das fertige Fluggerät bezieht, nicht hingegen Einzelteile und Materialien zum Flugzeugbau.[1371]

Auch für Luftfahrzeuge ist eine gewisse Größe zu fordern.[1372] Zwar bietet Art. 2 lit. e CISG nur in Bezug auf Wasserfahrzeuge einen Anknüpfungspunkt für eine Abgrenzung anhand der Größe,[1373] wohingegen die Regelung für Fluggeräte nicht etwa auf „Flugzeuge" abstellt, sondern lediglich allgemein formuliert.

1364 Vgl. auch Ferrari [*et al.*]-*Saenger*, Intl. Vertragsrecht, Art. 2 Rn. 11; MüKoHGB-*Benicke*, Art. 2 Rn. 19; MüKoBGB-*Huber*, Art. 2 Rn. 21; Kröll/Mistelis/Viscasillas-*Spohnheimer*, Art. 2 Rn. 39; Soergel-*Lüderitz/Fenge*, Art. 2 Rn. 9.

1365 Dazu bereits III. 1. a) bb) (1) (bb).

1366 Vgl. Staudinger-*Magnus*, Art. 2 Rn. 47.

1367 Vgl. auch Staudinger-*Magnus*, Art. 2 Rn. 9: „erhebliche Auslegungsprobleme", bzw. Rn. 46: „unklare Grenzziehung"; MüKoBGB-*Huber*, Art. 2 Rn. 21: „in der Praxis schwierig".

1368 Dazu C. I. 1., 2.; vgl. auch Kröll/Mistelis/Viscasillas-*Spohnheimer*, Art. 2 Rn. 40.

1369 Siehe bereits (1) (aa).

1370 Vgl. hierzu und zum Folgenden Schlechtriem/Schwenzer-*Ferrari*, Art. 2 Rn. 42; Staudinger-*Magnus*, Art. 2 Rn. 48; Ferrari [*et al.*]-*Saenger*, Intl. Vertragsrecht, Art. 2 Rn. 11; MüKoHGB-*Benicke*, Art. 2 Rn. 20; MüKoBGB-*Huber*, Art. 2 Rn. 22; Kröll/Mistelis/Viscasillas-*Spohnheimer*, Art. 2 Rn. 41.

1371 Vgl. auch Soergel-*Lüderitz/Fenge*, Art. 2 Rn. 9.

1372 Vgl. auch Staudinger-*Magnus*, Art. 2 Rn. 48; a.A. Schlechtriem/Schwenzer-*Ferrari*, Art. 2 Rn. 42.

1373 Dazu soeben (α).

Die Systematik der Aufzählung sowie ohnehin der Ausnahmecharakter des Anwendungsausschlusses sprechen jedoch auch insofern für eine restriktive Auslegung. *Magnus* bemüht erneut den Wortlaut und folgert aus der Bezugnahme auf „-fahrzeuge“, ein Fluggerät müsse zumindest dem herkömmlichen Luftverkehr dienen und dürfe keine ganz unbedeutende Größe haben.[1374] Demnach gilt Art. 2 lit. e CISG z.B. nicht für Satelliten, Raumfahrzeuge und -stationen, Raketen, Hängegleiter, Drachen und Modell(bau)flugzeuge.[1375]

(bb) PR CESL

Der PR CESL enthält keinen entsprechenden Anwendungsausschluss. Im Gegensatz zum CISG sind Wasser- und Luftfahrzeuge somit unabhängig von ihrer Größe taugliche Vertragsgegenstände.[1376]

(3) Energieträger

(aa) CISG

Schließlich findet das Übereinkommen auch auf elektrische Energie keine Anwendung (vgl. Art. 2 lit. f CISG). Auch insofern wäre eine Qualifikation als Ware zwar durchaus denkbar, wenngleich sich das Merkmal der Körperlichkeit nicht ohne Weiteres bejahen ließe.[1377] Abgesehen von der gegenteiligen Klarstellung in Art. 2 lit. f CISG ist das Übereinkommen aber ohnehin nicht auf internationale Stromlieferverträge zugeschnitten. Bereits die Haager Kaufgesetze enthielten einen entsprechenden Anwendungsausschluss (vgl. Artt. 1 ULF, 5 Abs. 1 lit. c ULIS).[1378]

Vor allem für lit. f ist zu beachten, dass der Katalog des Art. 2 CISG abschließend ist und keine Analogie zulässt.[1379] Andere Energieträger wie z.B. Öl oder

---

1374 Vgl. hierzu und zum Folgenden Staudinger-*Magnus*, Art. 2 Rn. 48.

1375 Vgl. auch die Nachw. in Fn. 1370; kritisch MüKoBGB-*Huber*, Art. 2 Rn. 22.

1376 Vgl. auch *Pfeiffer*, in: Gemeinsames Europäisches Kaufrecht für die EU?, S. 35, 40 (Rn. 37), der eine klarstellende Regelung fordert.

1377 Zu Wertpapieren bereits (1) (aa); vgl. hierzu und zum Folgenden Sekretariatskommentar, Art. 2 Rn. 7, 10; Staudinger-*Magnus*, Art. 2 Rn. 2, 50; Ferrari [*et al.*]-*Saenger*, Intl. Vertragsrecht, Art. 2 Rn. 12; MüKoBGB-*Huber*, Art. 2 Rn. 1, 23; Soergel-*Lüderitz/Fenge*, Art. 2 Rn. 1; Kröll/Mistelis/Viscasillas-*Spohnheimer*, Art. 2 Rn. 43; *Schmitt*, CR 2001, 145, 148.

1378 Vgl. auch Staudinger-*Magnus*, Art. 2 Rn. 3.

1379 Vgl. hierzu und zum Folgenden Staudinger-*Magnus*, Art. 2 Rn. 7, 50; Schlechtriem/Schwenzer-*Ferrari*, Art. 2 Rn. 46; Ferrari [*et al.*]-*Saenger*, Intl. Vertragsrecht, Art. 2 Rn. 12; MüKoBGB-*Huber*, Art. 2 Rn. 2, 23; Soergel-*Lüderitz/Fenge*, Art. 2 Rn. 1.

Gas fallen daher weiterhin unter den Warenbegriff. Zwar gelten auch insofern unterschiedliche nationale Sondervorschriften, mit denen das CISG in Konflikt geraten könnte.[1380] *De lege lata* erfasst Art. 2 lit. f CISG aber nur elektrische Energie. Eine weitere Formulierung lehnte die Wiener Konferenz bewusst ab.[1381] Im Übrigen widerspräche eine analoge Anwendung auch dem Ausnahmecharakter des Anwendungsausschlusses.[1382]

(bb) PR CESL

Der Verordnungsentwurf enthält ebenfalls einen Anwendungsausschluss für Energieträger.[1383] Art. 2 lit. h PR CESL nimmt unter i) Strom und Erdgas sowie unter ii) Wasser und andere Formen von Gas vom Warenbegriff aus, es sei denn, sie werden in einem begrenzten Volumen oder in einer bestimmten Menge zum Verkauf angeboten.

Der Begriff „Strom" bezieht sich ebenso wie Art. 2 lit. f CISG auf elektrische Energie.[1384] Auch Art. 2 lit. h PR CESL ist abschließend und erfasst keine anderen als die dort genannten Energieträger. Öl fällt daher unter den Warenbegriff beider Rechtsinstrumente.

Im Übrigen ist die Regelung des Art. 2 lit. h PR CESL missglückt.[1385] Sie enthält etwa keine einheitliche Ausnahme für Gas, sondern nennt unter i) zunächst Erdgas und sodann unter ii) „andere Formen von Gas". Ein Grund für diese Differenzierung ist nicht ersichtlich. Die gemeinsame Aufzählung mit „Wasser" könnte allenfalls dafür sprechen, dass die Formulierung „andere Formen von Gas" speziell auf Flüssiggas abzielt. Flüssiggas wäre aber auch von einer einheitlichen Ausnahme erfasst.

Darüber hinaus ist die Gegenausnahme unter ii) im Plural formuliert („es sei denn, sie werden [...] angeboten") und insofern missverständlich. Sie könnte sich einerseits nur auf „andere Formen von Gas" beziehen, andererseits

1380 Kritisch daher auch MüKoHGB-*Benicke*, Art. 2 Rn. 22; Soergel-*Lüderitz/Fenge*, Art. 2 Rn. 10.

1381 Vgl. hierzu und zum Folgenden Kröll/Mistelis/Viscasillas-*Spohnheimer*, Art. 2 Rn. 44.

1382 So auch MüKoBGB-*Huber*, Art. 2 Rn. 2.

1383 Kritisch *Stadler*, AcP 212 (2012), 473, 491 f., unter Verweis auf die ökonomische Bedeutung von Energielieferungsverträgen.

1384 Vgl. auch die englische und die französische Fassung des Art. 2 lit. h i) PR CESL („electricity" bzw. „l'électricité"); *Magnus*, in: CISG vs. Regional Sales Law, S. 97, 109; Schlechtriem/Schwenzer-*Ferrari*, Art. 2 Rn. 46 (dort Fn. 223).

1385 Vgl. auch Schulze-*Wendehorst*, Art. 5 Rn. 6: „rather cumbersome description".

auch auf „Wasser". Die Systematik der Regelung spricht für Letzteres.[1386] Zudem ist Art. 2 lit. h ii) PR CESL aufgrund seines Ausnahmecharakters zwar grundsätzlich restriktiv auszulegen. Die Gegenausnahme ist aber dementsprechend weit auszulegen. Sie soll die Anwendung des DCESL ermöglichen, sofern der Vertragsgegenstand nicht unbegrenzt durch Leitungen, Rohre oder Pipelines strömt.[1387] Auch Wasser kann jedoch in bestimmter Menge verkauft werden, wenn es z.B. in Flaschen oder Kanister abgefüllt ist.[1388] Die Gegenausnahme erfasst somit beide Alternativen unter ii).

Schließlich ist auch die Verortung der Gegenausnahme unter ii) problematisch. *De lege lata* gilt sie nur für die dort genannten Ausnahmen. Es besteht aber kein Grund, warum sie nicht auch für die unter i) genannten Ausnahmen „Strom" und „Erdgas" gelten sollte.[1389] Offenbar ist die Kommission hier lediglich ihrer Regelungstechnik gefolgt, Ausnahmen separat aufzuzählen (vgl. z.B. auch Art. 2 litt. j, m PR CESL[1390]), ohne dabei zu berücksichtigen, dass die Gegenausnahme wiederum separat zu verorten gewesen wäre, etwa in einem nachgelagerten Halbsatz. Eine streng an Wortlaut und Systematik haftende Auslegung würde indes zu widersprüchlichen Ergebnissen führen, die auch die Kommission nicht gewollt haben kann: Der Zweck der Gegenausnahme (vgl. oben) ist auch bei Strom und Erdgas betroffen.[1391] Warum z.B. Batterien und Gaskartuschen dennoch keine tauglichen Vertragsgegenstände sein sollen, leuchtet nicht ein.[1392] Für die Differenzierung zwischen Erdgas und anderen Formen von Gas, die bereits als solche fragwürdig ist (vgl. oben), bedeutete eine auf Art. 2 lit. h ii) PR CESL beschränkte Geltung der Gegenausnahme, dass das DCESL zwar für „andere Formen von Gas" in bestimmter Menge zur Verfügung stünde, keinesfalls jedoch für Erdgas. Ein sachlicher Grund für eine solche Differenzierung besteht nicht.

Wortlaut und Systematik des Art. 2 lit. h PR CESL bieten außerdem Anknüpfungspunkte dafür, dass sich die Gegenausnahme auch auf die unter i) genannten Ausnahmen erstreckt. Insbesondere verwendet sie zwei Alternativen

---

1386 So wohl auch Schmidt-Kessel-*ders.*, Art. 2 Rn. 42 a.E.; vgl. auch *Mansel*, WM 2012, 1253, 1256.

1387 Vgl. Schulze-*Wendehorst*, Art. 5 Rn. 6; vgl. auch *Mansel*, WM 2012, 1253, 1256 (dort Fn. 38), mit Beispiel: Lieferung eines bestimmten Volumens auf Abruf.

1388 Vgl. auch *Mansel*, WM 2012, 1253, 1256.

1389 Dafür auch *Mansel*, WM 2012, 1253, 1256.

1390 Dazu sogleich b), c).

1391 So auch *Mansel*, WM 2012, 1253, 1256.

1392 Vgl. auch Schulze-*Wendehorst*, Art. 5 Rn. 6: Batterien und Gaskartuschen seien natürlich („of course") taugliche Vertragsgegenstände.

(Verkauf „in einem begrenzten Volumen oder in einer bestimmten Menge“) und ermöglicht so eine weite Auslegung. Der zweiten Alternative bliebe auch kaum ein eigener Regelungsgehalt, bezöge sich die Gegenausnahme nur auf Wasser und andere Formen von Gas. Denn jedenfalls Wasser und Flüssiggas werden üblicherweise in Volumen-Einheiten bemessen. Der weiteren, allgemein formulierten Alternative „oder in einer bestimmten Menge“ hätte es demnach nicht bedurft, sollte die Gegenausnahme nicht auch für andere Fälle gelten. Sie passt vor allem für Strom, der kein Volumen hat. Hinzu kommt, dass die separaten Aufzählungen unter i) und ii) im Gegensatz zu anderen Aufzählungen (vgl. z.B. Art. 2 litt. j, m PR CESL) nicht lediglich durch ein Komma oder das Wörtchen „und“ verbunden sind, sondern durch ein „sowie“. Dies bewirkt eine enge(re) Zusammengehörigkeit.

b) Digitale Inhalte

Hinsichtlich des Vertragsgegenstands enthält der PR CESL neben der Qualifikation als Ware noch zwei weitere Qualifikationen. Dort können zunächst auch digitale Inhalte Vertragsgegenstand sein. Viele Rechtsordnungen, auch die deutsche, behandeln digitale Inhalte bislang „allenfalls stiefmütterlich“.[1393] Die Kommission wollte sie daher als neue, eigenständige Kategorie von Vertragsgegenständen einführen. Dadurch werden zugleich bestimmte Gegenstände aus dem Warenbegriff ausgegliedert.[1394] Entsprechend der dortigen Regelungstechnik enthält der Verordnungsentwurf auch für digitale Inhalte eine Legaldefinition[1395] (dazu aa)) mit Ausnahmen (dazu bb)).

aa) Definition

Digitale Inhalte im Sinne der vorgeschlagenen Verordnung sind Daten, die – ggf. auch nach Kundenspezifikationen – in digitaler Form hergestellt und bereitgestellt werden, darunter Video-, Audio-, Bild- oder schriftliche Inhalte, digitale Spiele, Software und digitale Inhalte, die eine Personalisierung bestehender Hardware oder Software ermöglichen (vgl. Art. 2 lit. j PR CESL).

Diese Regelung ist deutlich umfangreicher als Art. 2 Nr. 11 der Verbraucherrechte-Richtlinie, der sich mit einem Verweis auf Daten begnügt, „die in digitaler

1393 Vgl. *Zenefels*, K&R 2012, 463; vgl. hierzu und zum Folgenden Schmidt-Kessel-*ders.*, Art. 2 Rn. 44.
1394 Zu know-how und Software bereits a) bb) (3) (bb), (4) (bb).
1395 Vgl. aber Schulze-*Wendehorst*, Art. 2 Rn. 23: „not so much a definition [...] as a rule on scope“.

Form hergestellt und bereitgestellt werden". Allerdings zählt auch Erwgr. (19) Satz 1 der Verbraucherrechte-Richtlinie bereits digitale Inhalte auf, welche die Kommission nunmehr in Art. 2 lit. j PR CESL und damit im normativen Teil verortet hat.[1396] Beide Aufzählungen sind beispielhaft.[1397] Erwgr. (19) Satz 1 der Verbraucherrechte-Richtlinie nennt zwar im Gegensatz zu Art. 2 lit. j PR CESL auch Apps und Streaming. Dies allein stützt aber keinen Umkehrschluss. Apps sind auch digitale Inhalte im Sinne des Art. 2 lit. j PR CESL.[1398] Und auch für Streaming steht das DCESL zur Verfügung,[1399] wenngleich nicht ohne Weiteres.[1400]

Im Übrigen formuliert die Legaldefinition weit und erfasst die relevantesten Fälle,[1401] etwa auch E-Books und Podcasts.[1402] Sie bezieht sich auch explizit auf Standard- und Individualsoftware.[1403] Der Einschub „gegebenenfalls auch nach Kundenspezifikationen" weicht allerdings von der selbst festgelegten Terminologie des Verordnungsentwurfs ab.[1404] Danach sind „Kunden" eigentlich Personen, die verbundene Dienstleistungen erwerben (vgl. Art. 2 lit. o PR CESL).[1405] Für digitale Inhalte müsste Art. 2 lit. j PR CESL daher auf „Käuferspezifikationen" abstellen.

Das Erfordernis der Herstellung „in digitaler Form" zeigt zum einen, dass nicht der Inhalt der betreffenden Daten maßgeblich ist, sondern ihre äußere Form.[1406] Dementsprechend verweist die Legaldefinition auch nur allgemein auf „Video-, Audio-, Bild- oder schriftliche Inhalte, […] Spiele, Software". Die Daten müssen freilich Gegenstand eines selbständigen Vertrags sein können, und diese „Verkehrsfähigkeit"[1407] folgt regelmäßig erst aus ihrem vereinbarten Inhalt.

1396 Vgl. hierzu und zum Folgenden *Zenefels*, K&R 2012, 463, 464.

1397 Vgl. Erwgr. (19) Satz 1 der Verbraucherrechte-Richtlinie: „wie etwa"; Art. 2 lit. j PR CESL: „darunter".

1398 Vgl. auch Schulze-*Wendehorst*, Art. 5 Rn. 23: „clearly"; siehe aber zu den Ausnahmen bb).

1399 Vgl. auch Schmidt-Kessel-*ders.*, Art. 2 Rn. 66; *Mansel*, WM 2012, 1253, 1257; *Stadler*, AcP 212 (2012), 473, 492 f.

1400 Dazu noch 2. d) cc).

1401 Vgl. auch Schulze-*Wendehorst*, Art. 5 Rn. 17: „Core examples".

1402 Vgl. *Zenefels*, K&R 2012, 463, 464.

1403 Dazu bereits a) bb) (4) (bb); vgl. auch *Pfeiffer*, in: Gemeinsames Europäisches Kaufrecht für die EU?, S. 35, 40 f. (Rn. 38).

1404 Vgl. hierzu und zum Folgenden auch Schmidt-Kessel-*ders.*, Art. 2 Rn. 41.

1405 Dazu noch c) sowie 2. c) bb).

1406 Vgl. hierzu und zum Folgenden Schmidt-Kessel-*ders.*, Art. 2 Rn. 45.

1407 Schmidt-Kessel-*ders.*, Art. 2 Rn. 45.

Zum anderen sind analoge Aufnahmen, vor allem auf Audio- oder Videokassetten, nicht „in digitaler Form hergestellt" und damit keine digitalen Inhalte im Sinne des Art. 2 lit. j PR CESL.[1408] Der Wortlaut ist insofern eindeutig. *Wendehorst* gibt zwar zu bedenken, es leuchte einem durchschnittlichen Käufer, zumal einem Verbraucher, nicht unmittelbar ein, warum z.B. eine CD rechtlich anders behandelt werden soll als eine Audiokassette.[1409] Jeweils könnten sich die gleichen Probleme ergeben, etwa wenn der Käufer im Falle der Beendigung und Rückabwicklung des Vertrags (vgl. Artt. 106 Abs. 1 lit. c, 114 ff., 172 ff. DCESL) vor der Rückgabe des Mediums noch eine Kopie des Inhalts anfertigt. Auch *Wendehorst* zweifelt freilich an einer Qualifikation analoger Aufnahmen als digitale Inhalte.[1410] Sie führe zu der schwierigen Folgefrage, wie gedruckte Daten zu behandeln seien; diese könne der Käufer ebenfalls kopieren. Offenbar übersieht *Wendehorst* jedoch, dass Medien mit analogen Aufnahmen jedenfalls bewegliche körperliche Gegenstände und damit Waren im Sinne des Art. 2 lit. h PR CESL sind. Demnach drohen weder widersprüchliche Ergebnisse noch liegt eine Regelungslücke vor, die Voraussetzung für eine analoge Anwendung des Art. 2 lit. j PR CESL wäre.

Schließlich sind digitale Inhalte von reinen Dienstleistungen abzugrenzen, die lediglich digital erbracht werden.[1411] Solche Dienstleistungen können nur als verbundene Dienstleistungen im Sinne des Art. 2 lit. m PR CESL tauglicher Vertragsgegenstand sein.[1412] Eine Abgrenzung muss mit Blick auf den Vertragsgegenstand erfolgen:[1413] Nur wenn die betreffenden Daten selbst Vertragsgegenstand sind, im Falle einer Dienstleistung diese also „in digitaler Form" herzustellen ist, kommt eine Qualifikation als digitaler Inhalt in Betracht. *Schmidt-Kessel* fordert anschaulich eine „Verkörperung" der Dienstleistung im digitalen Inhalt.[1414] Ist hingegen eine Dienstleistung Vertragsgegenstand und sind Daten bzw. digitale Inhalte lediglich Mittel zum Zweck ihrer Erbringung, kommt allenfalls eine Qualifikation als verbundene Dienstleistung in Betracht. Dies gilt insbesondere, wenn digitale Inhalte bloß zur Kommunikation genutzt werden.

1408 Vgl. auch Schulze-*Wendehorst*, Art. 5 Rn. 18: „preferable not to include"; vgl. hierzu und zum Folgenden ebda.

1409 Siehe Fn. 1408.

1410 Siehe Fn. 1408.

1411 Vgl. Schmidt-Kessel-*ders.*, Art. 2 Rn. 46.

1412 Dazu c).

1413 Vgl. hierzu und zum Folgenden Schmidt-Kessel-*ders.*, Art. 2 Rn. 46 f., der zwischen „Leistungsgegenstand" und „Leistungsmittel" differenziert.

1414 Siehe Fn. 1413.

bb) Anwendungsausschlüsse

Art. 2 lit. j PR CESL nimmt diverse Gegenstände von einer Qualifikation als digitale Inhalte aus, namentlich elektronische Finanzdienstleistungen, einschließlich Online-Banking (i)), Rechts- und Finanzberatungsleistungen, die in elektronischer Form erbracht werden (ii)), elektronische Gesundheitsdienstleistungen (iii)), elektronische Kommunikationsdienste und -netze mit den dazugehörigen Einrichtungen und Diensten (iv)), Glücksspiele (v)), die Erstellung neuer und die Veränderung vorhandener digitaler Inhalte durch den Verbraucher bei B2C-Verträgen sowie jede sonstige Interaktion mit den Schöpfungen anderer Nutzer (vi)).

Für elektronische Finanz- und Gesundheitsdienstleistungen und für Glücksspiele enthält auch Art. 3 Abs. 3 der Verbraucherrechte-Richtlinie entsprechende Ausnahmen (litt. b-d). Vor allem der sensible Bereich der Glücksspiele soll weiterhin von den Mitgliedstaaten selbst geregelt werden.[1415] Darüber hinaus nimmt Art. 2 lit. j iv) PR CESL den gesamten Telekommunikationsbereich aus, also z.B. auch Internettelefonie via Skype.[1416]

Die lediglich sektorspezifischen Ausnahmen könnten jedoch zu Auslegungs- und Abgrenzungsproblemen führen.[1417] Vor allem Apps sind zwar grundsätzlich digitale Inhalte.[1418] Aufgrund ihrer Vielgestaltigkeit betreffen sie aber häufig Bereiche, die in Art. 2 lit. j i)-vi) PR CESL genannt sind.[1419] So könnten z.B. Apps, die den Schlaf beobachten oder vor Pollenflug warnen, unter iii) fallen („elektronische Gesundheitsdienstleistungen“).[1420] Ob eine generelle Ausnahme für elektronisch erbrachte Dienstleistungen größere Rechtssicherheit versprochen hätte,[1421] darf allerdings bezweifelt werden.

Sofern der Ausnahmenkatalog Dienstleistungen nennt, steht häufig nicht die Bereitstellung von Daten im Vordergrund, sondern es handelt sich um reine Dienstleistungen, die lediglich digital erbracht werden.[1422] Art. 2 lit. j ii) PR CESL spricht sogar ausdrücklich von Beratungsleistungen, „die in elektronischer Form erbracht werden“. In diesen Fällen liegen jedoch bereits keine digitalen

1415 Vgl. hierzu und zum Folgenden *Zenefels*, K&R 2012, 463, 464.

1416 Vgl. auch *Mansel*, WM 2012, 1253, 1256.

1417 Vgl. hierzu und zum Folgenden Schulze-*Wendehorst*, Art. 5 Rn. 22 f.

1418 Siehe soeben aa).

1419 Vgl. auch *Stadler*, AcP 212 (2012), 473, 492: „einiges unklar“.

1420 Siehe Fn. 1417.

1421 So wohl Schulze-*Wendehorst*, Art. 5 Rn. 23: „would have been much more helpful“.

1422 Dazu soeben aa); vgl. auch *Zenefels*, K&R 2012, 463, 464; *Pfeiffer*, in: Gemeinsames Europäisches Kaufrecht für die EU?, S. 35, 40 f. (Rn. 38).

Inhalte vor, ohne dass es auf die Ausnahmen unter i)-vi) ankäme. Denkbar wäre allenfalls eine Qualifikation als verbundene Dienstleistungen (vgl. Art. 2 lit. m PR CESL).[1423] *Schmidt-Kessel* stellt insofern zutreffend fest, die Ausnahmen unter i)-vi) seien „ganz überwiegend überflüssig".[1424]

Die Ausnahme unter vi) ist obendrein missglückt. Entgegen ihrer Systematik bildet die „sonstige Interaktion mit den Schöpfungen anderer Nutzer" den Grundfall.[1425] Die „Erstellung neuer [und] die Veränderung vorhandener digitaler Inhalte durch den Verbraucher" sind lediglich Unterfälle. Daraus folgt im Umkehrschluss, dass sich der Grundfall auch auf B2B-Verträge bezieht.[1426]

Eine „Interaktion" erfordert ein gemeinschaftliches Zusammenwirken. Lediglich einseitige Weisungen genügen nicht. Sie fallen bereits unter den Begriff „Kundenspezifikationen", den Art. 2 lit. j PR CESL zur Definition digitaler Inhalte verwendet,[1427] und können daher nicht zugleich eine „Interaktion" im Sinne der Ausnahme sein.[1428] Der pauschale Verweis auf „Schöpfungen" anderer Nutzer ist sodann missverständlich. Auch die Daten anderer Nutzer, mit denen eine Interaktion erfolgt, müssen als digitale Inhalte zu qualifizieren sein. Eine „Erstellung neuer" bzw. „Veränderung vorhandener" digitaler Inhalte liegt etwa vor, wenn der Verbraucher Bilder anderer verfremdet, ein Gästebuch auf einer Homepage oder soziale Netzwerke nutzt.

c) Verbundene Dienstleistungen

Schließlich enthält der PR CESL auch für verbundene Dienstleistungen eine Legaldefinition[1429] (dazu aa)) mit Ausnahmen (dazu bb)).

aa) Definition

Eine verbundene Dienstleistung im Sinne der vorgeschlagenen Verordnung ist jede Dienstleistung im Zusammenhang mit Waren oder digitalen Inhalten wie Montage, Installierung, Instandhaltung, Reparatur oder sonstige Handreichungen,

---

1423 Siehe soeben aa).

1424 Schmidt-Kessel-*ders.*, Art. 2 Rn. 48.

1425 Vgl. hierzu und zum Folgenden Schmidt-Kessel-*ders.*, Art. 2 Rn. 49.

1426 Dies übersieht offenbar *Zenefels*, K&R 2012, 463, 464: Interaktion „zwischen einem Verbraucher und einem anderen Nutzer".

1427 Dazu soeben aa).

1428 Kritisch zu dieser Terminologie *Zenefels*, K&R 2012, 463, 464; vgl. hierzu und zum Folgenden ebda.

1429 Vgl. aber Schulze-*Wendehorst*, Art. 2 Rn. 26: „not a definition […], but a rule on scope"; siehe auch bereits Fn. 1395.

die vom Verkäufer der Waren oder vom Lieferanten der digitalen Inhalte erbracht werden (vgl. Art. 2 lit. m PR CESL).[1430] Die Verbraucherrechte-Richtlinie kennt diese Kategorie von Vertragsgegenständen nicht.

Den Begriff „Dienstleistung" definiert der Verordnungsentwurf nicht eigens.[1431] Er erfasst jedenfalls weder Waren noch digitale Inhalte (*arg. e* Art. 2 litt. h, j PR CESL). Zudem folgt aus Art. 148 DCESL, dass es nicht darauf ankommt, ob die Parteien die Herbeiführung eines Erfolgs oder lediglich eine sorgfältige und fachkundige Tätigkeit vereinbaren.[1432] Die Vorschrift verpflichtet den Dienstleister zunächst, „jedweden vertraglich geschuldeten Erfolg herbeizuführen" (Abs. 1), und sodann, „[i]n Ermangelung" einer vertraglichen Abrede, zur Erbringung der Dienstleistung „mit der Sorgfalt und Fachkunde [...], die ein vernünftig handelnder Dienstleister [...] anwenden würde" (Abs. 2).[1433] Offenbar sieht die Kommission die in Abs. 1 verortete Herbeiführung eines Erfolgs sogar als Regelfall einer (verbundenen) Dienstleistung an. Nach deutschem Recht läge darin grundsätzlich keine Dienstleistung, sondern eine Werkleistung (vgl. §§ 611 Abs. 2, 631 Abs. 2 BGB).

Besteht der vertraglich geschuldete Erfolg gerade in der Herstellung oder Erzeugung von Waren oder digitalen Inhalten, scheidet eine Qualifikation als (verbundene) Dienstleistung aus. Auch diese Leistungen erfasst der Verordnungsentwurf bereits anderweitig (vgl. Art. 2 litt. j, k PR CESL).[1434] Insofern hat die Qualifikation für verbundene Dienstleistungen eher Auffangcharakter. Abgesehen davon erfasst die beispielhafte („wie") Aufzählung in Art. 2 lit. m PR CESL die relevantesten Fälle.[1435] Sie nennt insbesondere auch die „Instandhaltung" und die „Reparatur". Der Zeitraum, über den eine Leistung erbracht werden soll, ist demnach unerheblich; auch Langzeitverträge über mehrere Monate oder sogar Jahre sind erfasst.

1430 Die weiteren Aspekte in Art. 2 lit. m PR CESL betreffen die Vertragsart; dazu noch 2. c) bb).

1431 Vgl. hierzu und zum Folgenden auch Schmidt-Kessel-*ders.*, Art. 2 Rn. 50.

1432 Vgl. auch *Mansel*, WM 2012, 1253, 1257.

1433 Vgl. zur Bestimmung der zu erwartenden Sorgfalt und Fachkunde Art. 148 Abs. 3 DCESL.

1434 Speziell zu Werklieferungsverträgen noch 2. b) aa) (2).

1435 Vgl. auch Schulze-*Wendehorst*, Art. 5 Rn. 26: „typical examples"; Schmidt-Kessel-*ders.*, Art. 2 Rn. 54: „Klärung typischer Kernfälle"; vgl. hierzu und zum Folgenden ebda.

Eine Dienstleistung wird „im Zusammenhang“ mit Waren oder digitalen Inhalten erbracht (vgl. Art. 2 lit. m PR CESL), wenn zwischen ihr und der Ware bzw. den digitalen Inhalten eine gewisse Verbindung besteht.[1436] Erwgr. (19) PR CESL beschreibt diese Verbindung zwar als „unmittelbar und eng“ und legt damit eine restriktive Auslegung nahe.[1437] Art. 2 lit. m PR CESL verzichtet jedoch auf diese Einschränkung.[1438] Auch die weit gefassten Ausnahmen[1439] sprechen dafür, dass das Erfordernis des Zusammenhangs zunächst großzügig zu handhaben ist. Maßgeblich sind ohnehin die Umstände des Einzelfalls.[1440] Die aufgezählten Beispiele in Art. 2 lit. m PR CESL zeigen, dass eine ausreichende Verbindung jedenfalls dann besteht, wenn die Dienstleistung auf einen Umgang mit der Ware bzw. den digitalen Inhalten oder zumindest darauf gerichtet ist, ihren Gebrauch durch den Käufer zu erleichtern oder zu verbessern, eben z.B. durch eine „Montage“, „Installierung“ oder „Reparatur“.[1441]

Die Aufzählung zeigt zudem, dass die im Zusammenhang mit Waren oder digitalen Inhalten erbrachte Dienstleistung einen untergeordneten Charakter haben muss und nicht die vertragscharakteristische Leistung darstellen darf.[1442] Andernfalls kann nicht von einer „verbundenen“ Dienstleistung die Rede sein. Ein untergeordneter Charakter verbundener Dienstleistungen ist auch in Art. 147 Abs. 2 DCESL angelegt. Danach endet mit der Beendigung eines Kaufvertrags oder eines Vertrags über die Bereitstellung digitaler Inhalte auch der Vertrag über verbundene Dienstleistungen, ohne dass im umgekehrten Fall Entsprechendes gälte. Der Kunde kann dem Dienstleister sogar jederzeit mitteilen, dass die verbundene Dienstleistung nicht länger benötigt wird (vgl. Art. 158 Abs. 1 DCESL). Durch die Mitteilung entfällt schlicht das Recht bzw. die Verpflichtung des Dienstleisters zur Erbringung der Dienstleistung (vgl. Art. 158 Abs. 2 lit. a DCESL). Der Kaufvertrag bzw. der Vertrag über die Bereitstellung digitaler Inhalte bleibt hiervon allerdings unberührt.

1436 Vgl. Schulze-*Wendehorst*, Art. 5 Rn. 26.
1437 Vgl. hierzu und zum Folgenden auch Schmidt-Kessel-*ders.*, Art. 2 Rn. 51.
1438 Zum fehlenden normativen Charakter von Erwägungsgründen bereits III. 2. b) aa).
1439 Dazu sogleich bb).
1440 Vgl. auch Schmidt-Kessel-*ders.*, Art. 2 Rn. 51: „objektive Verkehrsanschauung“.
1441 Vgl. Schulze-*Wendehorst*, Art. 5 Rn. 26; Schmidt-Kessel-*ders.*, Art. 2 Rn. 54.
1442 Vgl. hierzu und zum Folgenden Schmidt-Kessel-*ders.*, Art. 2 Rn. 51, 53; *Stadler*, AcP 212 (2012), 473, 493.

Ob zur Bestimmung eines untergeordneten Charakters ähnlich wie gemäß Art. 3 Abs. 2 CISG[1443] das Wertverhältnis zwischen Dienstleistung und Ware bzw. digitalen Inhalten entscheidend ist, lässt der Wortlaut von Art. 2 lit. m PR CESL offen.[1444]

bb) Anwendungsausschlüsse

Art. 2 lit. m PR CEL nimmt Transportleistungen (dazu (1)), Schulungen (dazu (2)), Unterstützungsleistungen im Telekommunikationsbereich (dazu (3)) und Finanzdienstleistungen (dazu (4)) von einer Qualifikation als verbundene Dienstleistung aus. Auch insofern drohen Auslegungs- und Abgrenzungsprobleme.[1445]

(1) Transportleistungen

Die Ausnahme für „Transportleistungen" unter i) könnte sich auf die Beförderung von Personen beziehen, sie könnte aber auch – oder sogar ausschließlich – die Beförderung von Waren erfassen. Für erstere Auslegung sprechen Wortlaut und Systematik des Verordnungsentwurfs:

Aus den Artt. 93 Abs. 1, 96 DCESL folgt, dass das DCESL auch für Vertragsgestaltungen zur Verfügung steht, welche die Beförderung von Waren beinhalten, insbesondere für Versendungskäufe und Streckengeschäfte.[1446] Bei einem Versendungskauf hat der Verkäufer für die Beförderung zu sorgen, beim Streckengeschäft hat er sogar selbst keinen physischen Kontakt mit dem Vertragsgegenstand.[1447] Diese Fälle erfasst Art. 93 Abs. 1 DCESL. Die Regelung stellt zunächst einleitend darauf ab, dass „der Ort der Lieferung nicht anderweitig bestimmt werden" kann. Die Parteien können also vorrangig einen Lieferort vereinbaren. Sodann regelt Art. 93 Abs. 1 lit. a DCESL den Lieferort unter anderem für Verträge, in denen sich „der Verkäufer verpflichtet hat, für die Beförderung bis zum Käufer zu sorgen". Ein Vertrag kann auch „die Beförderung der Waren durch einen Beförderer oder eine Reihe von Beförderern" einschließen (vgl.

1443 Dazu noch 2. b) bb), c) aa).

1444 Vgl. auch Schmidt-Kessel-*ders.*, Art. 2 Rn. 53: „bleibt dunkel"; dagegen wohl *Magnus*, in: CISG vs. Regional Sales Law, S. 97, 108: „value ratio […] is irrelevant".

1445 Zu Art. 2 lit. j i)-vi) PR CESL bereits b) bb); vgl. auch Schulze-*Wendehorst*, Art. 5 Rn. 27: „not very clear"; Schmidt-Kessel-*ders.*, Art. 2 Rn. 55: „erheblicher Auslegungsbedarf".

1446 Vgl. auch *Stadler*, AcP 212 (2012), 473, 493.

1447 Dazu auch noch 2. a) bb) (2) (cc).

Art. 93 Abs. 1 lit. b i) PR CESL).[1448] Die Verpflichtungen des Verkäufers bzgl. einer vereinbarten Beförderung ergeben sich aus Art. 96 DCESL.[1449]

Vor diesem Hintergrund widerspräche es der Systematik des Verordnungsentwurfs, nähme Art. 2 lit. m i) PR CESL gerade die Beförderung von Waren von einer Qualifikation als verbundene Dienstleistung aus. Dies hätte zur Folge, dass der sachliche Anwendungsbereich für eine vertraglich vereinbarte Beförderung der Ware nicht eröffnet sein könnte, denn das DCESL darf nicht für Mischverträge verwendet werden, die neben dem Kauf von Waren, der Bereitstellung digitaler Inhalte oder der Erbringung verbundener Dienstleistungen noch andere Elemente beinhalten (vgl. Art. 6 Abs. 1 PR CESL).[1450] Ein solches anderes Element wäre aber die Beförderung der Ware, fiele sie nicht unter den Begriff der verbundenen Dienstleistung. Dieses Ergebnis kann die Kommission mit der Ausnahme in Art. 2 lit. m i) PR CESL nicht gewollt haben, zumal grenzübergreifende Versendungskäufe und Streckengeschäfte von erheblicher praktischer Bedeutung sind.[1451]

Der Wille der Kommission kommt vielmehr in Artt. 93 Abs. 1, 96 DCESL zum Ausdruck, die explizit auf eine „Beförderung“ bzw. eine „Beförderung der Waren“ abstellen (vgl. oben). Der Begriff „Transportleistungen“ in Art. 2 lit. m i) PR CESL ist demgegenüber nicht etwa als Oberbegriff für die Beförderung von Personen und Waren zu verstehen, sondern restriktiv auszulegen. Dies gebietet der Ausnahmecharakter des Anwendungsausschlusses. Etwas anderes ergibt sich auch nicht aus Art. 96 Abs. 3 DCESL, der vom Abschluss einer „Transportversicherung“ spricht. Insofern mag die Terminologie des Verordnungsentwurfs uneinheitlich sein. Sie entkräftet aber nicht dessen Wortlaut und Systematik im Übrigen.

Die Ausnahme in Art. 2 lit. m i) PR CESL bezieht sich somit nur auf die Beförderung von Personen. Diese Dienstleistung wird freilich nur selten „im Zusammenhang“ mit Waren oder digitalen Inhalten angeboten, sodass häufig bereits keine verbundene Dienstleistung vorliegt.[1452]

(2) Schulungen

Die Ausnahme für „Schulungen“ unter ii) setzt mehr voraus als dass der Verkäufer lediglich eine Anleitung oder sonstiges erklärendes Material zur Verfügung stellt.[1453] Sie erfordert darüber hinaus einen persönlichen Bezug. Der

---

1448 Vgl. auch Art. 94 Abs. 1 lit. b DCESL: „Versendung“.

1449 Vgl. auch Art. 96 Abs. 2 DCESL: „Versendung“; Schmidt-Kessel-*ders.*, Art. 2 Rn. 55.

1450 Dazu noch 2. e) cc).

1451 Vgl. auch Schulze-*Wendehorst*, Art. 5 Rn. 28.

1452 Vgl. auch Schulze-*Wendehorst*, Art. 5 Rn. 28.

1453 Vgl. hierzu und zum Folgenden Schulze-*Wendehorst*, Art. 5 Rn. 29.

Verkäufer, einer seiner Mitarbeiter oder ein sonst von ihm Beauftragter muss den Käufer individuell instruieren, um ihm den Gebrauch der Ware bzw. digitalen Inhalte zu ermöglichen oder zu erleichtern. Der natürliche Wortsinn des Begriffs „Schulung" spricht zudem dafür, dass die Instruktion eine gewisse Dauer und inhaltliche Tiefe haben muss. Maßgeblich sind die Umstände des Einzelfalls.

Auch insofern drohen zwar Abgrenzungsprobleme. Einer Abgrenzung bedarf es jedoch nur, wenn die betreffende Dienstleistung zum vereinbarten Vertragsgegenstand gehört.[1454] Nimmt sich hingegen der Verkäufer einer neuen Heizungsanlage nach deren Installation beim Käufer noch eine halbe Stunde Zeit, um die Anlage zu erklären,[1455] werden die Parteien diese „Dienstleistung" zuvor nicht vereinbart, sondern lediglich einen Kaufvertrag über Waren geschlossen haben (vgl. Artt. 5 lit. a, 2 litt. k, h PR CESL).[1456] Dann ist der sachliche Anwendungsbereich eröffnet. Die nicht vertraglich vereinbarte, überobligatorische Erklärung der Heizungsanlage ist bereits keine verbundene Dienstleistung im Sinne des Art. 2 lit. m PR CESL, ohne dass es auf die Ausnahme für „Schulungen" ankäme. Dies übersieht offenbar *Wendehorst*, die bezweifelt, ob die Kommission diesen Fall wirklich ausschließen wollte.[1457]

Entsprechendes gilt für Service-Hotlines.[1458] Auch diese betreiben Verkäufer regelmäßig überobligatorisch und gleichsam neben dem Vertrag, sodass bereits keine verbundene Dienstleistung vorliegt. Etwas anderes ergibt sich auch nicht aus Art. 21 der Verbraucherrechte-Richtlinie. Die Regelung betrifft zwar die telefonische Kommunikation zwischen den Parteien und gilt für den Fall, dass „der Unternehmer eine Telefonleitung eingerichtet hat, um mit ihm im Zusammenhang mit dem geschlossenen Vertrag telefonischen Kontakt aufzunehmen". Sie bestimmt aber lediglich das zulässige Entgelt für eine Service-Hotline („nicht [...] mehr als de[r] Grundtarif"), ordnet jedoch nicht etwa deren Zugehörigkeit zum Vertragsgegenstand an.[1459] Insofern ist auch unerheblich, dass der PR CESL keine entsprechende Regelung enthält.[1460]

1454 Vgl. auch Schmidt-Kessel-*ders.*, Art. 2 Rn. 55: „echte Dienstleistungen".

1455 Diesen Fall nennt Schulze-*Wendehorst*, Art. 5 Rn. 29.

1456 Zum Warenbegriff bereits a); zum Begriff des Kaufvertrags noch 2. a).

1457 Vgl. Schulze-*Wendehorst*, Art. 5 Rn. 29.

1458 Auch diesen Fall nennt Schulze-*Wendehorst*, Art. 5 Rn. 29; dazu auch sogleich (3).

1459 So aber Schmidt-Kessel-*ders.*, Art. 2 Rn. 55: „zum Leistungspaket des Verkäufers".

1460 Vgl. aber Schmidt-Kessel-*ders.*, Art. 2 Rn. 55: „befremdlich".

(3) Unterstützungsleistungen im Telekommunikationsbereich

Auch die Ausnahme für „Unterstützungsleistungen im Telekomunikationsbereich" unter iii) ist missverständlich.[1461] Sie könnte Dienstleistungen meinen, die speziell im Zusammenhang mit Waren oder digitalen Inhalten der Telekommunikationstechnologie erbracht werden, etwa eine Beratung, um ihren Gebrauch zu erleichtern. Sie könnte sich aber auch auf Unterstützungsleistungen mit Mitteln der Telekommunikationstechnologie beziehen, eben z.B. eine Service-Hotline.

Erstere Auslegung ist jedenfalls abzulehnen.[1462] Aus der englischen und der französischen Fassung folgt, dass Art. 2 lit. m iii) PR CESL nicht auf Dienstleistungen im Zusammenhang mit Waren oder digitalen Inhalten der Telekommunikationstechnologie abstellt. Es ist auch kein Grund ersichtlich, warum das DCESL ausgerechnet für solche Dienstleistungen nicht zur Verfügung stehen sollte. Die Formulierungen „telecommunications support services" bzw. „d'assistance aux télécommunications" zeigen vielmehr, dass sich die Ausnahme auf Unterstützungsleistungen mit Mitteln der Telekommunikationstechnologie bezieht.

Auch dies überzeugt jedoch nur bedingt, und zwar weniger weil das DCESL dann allein aufgrund einer vom Verkäufer betriebenen Service-Hotline nicht mehr zur Verfügung stehen könnte,[1463] sondern weil eine Service-Hotline ebenso wie andere „Unterstützungsleistungen" regelmäßig nicht zum vereinbarten Vertragsgegenstand gehört, sodass bereits keine verbundene Dienstleistung vorliegt und die Ausnahme unter iii) ins Leere läuft.[1464] Dies übersieht erneut *Wendehorst*, die einen Ausschluss von Service-Hotlines kritisiert.[1465]

(4) Finanzdienstleistungen

Die Ausnahme für „Finanzdienstleistungen" unter iv) bereitet noch am wenigsten Probleme.[1466] Bereits gemäß Art. 6 Abs. 2 PR CESL darf das DCESL nicht für Verbraucherkreditverträge verwendet werden.[1467] Daraus folgt im Umkehrschluss, dass sich Art. 2 lit. m iv) PR CESL vor allem auf B2B-Verträge und Verbraucherversicherungsverträge bezieht. Auch solche Verträge gehören allerdings regelmäßig nicht zum vereinbarten Leistungsgegenstand, sondern werden

---

1461 Vgl. hierzu und zum Folgenden Schulze-*Wendehorst*, Art. 5 Rn. 30.

1462 Siehe Fn. 1461.

1463 So Schulze-*Wendehorst*, Art. 5 Rn. 30.

1464 Siehe auch soeben (2); a.A. wohl Schmidt-Kessel-*ders.*, Art. 2 Rn. 55.

1465 Vgl. Schulze-*Wendehorst*, Art. 5 Rn. 30: „very strange result".

1466 Vgl. hierzu und zum Folgenden Schulze-*Wendehorst*, Art. 5 Rn. 31.

1467 Dazu noch 2. a) cc) (2) (aa).

vom Verkäufer lediglich vermittelt.[1468] *Schmidt-Kessel* hält die Ausnahme daher für „überwiegend überflüssig".[1469]

d) Maßgeblicher Zeitpunkt

Sowohl im Rahmen des CISG als auch im Rahmen des PR CESL ist maßgeblicher Zeitpunkt für die Qualifikation des Vertragsgegenstands als Ware (bzw. digitaler Inhalt oder verbundene Dienstleistung) nicht etwa der Vertragsschluss, sondern die Lieferung.[1470] Dies ergibt sich bereits aus dem Umstand, dass für die Definition des Warenbegriffs unerheblich ist, ob der betreffende Gegenstand bei Vertragsschluss bereits existiert, erst noch hergestellt oder erzeugt werden muss oder gerade entsteht.[1471]

Vor allem für das Merkmal der Beweglichkeit[1472] kommt es daher nicht darauf an, ob der Vertragsgegenstand bei Vertragsschluss noch fest mit dem Grund und Boden verbunden ist, ob sich also z.B. die Ernte noch auf dem Halm befindet (vgl. für das deutsche Recht § 94 Abs. 1 Satz 2) oder Bodenschätze noch im Gestein gebunden sind.[1473] Trotz eines tauglichen Vertragsgegenstands findet das CISG aber ggf. keine Anwendung, wenn die Parteien vereinbaren, dass der Käufer – vor der Lieferung – eine feste Verbindung selbst trennen soll. Indem er z.B. erntet, Bodenschätze abbaut, Maschinen ausbaut oder ein Wrack ausschlachtet, liefert er ggf. selbst „einen wesentlichen Teil der [...] notwendigen Stoffe", sodass eine Anwendung des Übereinkommens ausgeschlossen ist (vgl. Art. 3 Abs. 1 CISG).[1474] Soll hingegen der Verkäufer – nach der Lieferung – die Ware fest mit dem Grund und Boden verbinden, überwiegen ggf. seine arbeits- oder dienstvertraglichen Pflichten gegenüber seinen Pflichten aus Art. 30 CISG. Dann findet das Übereinkommen gemäß Art. 3 Abs. 2 CISG keine Anwendung.[1475]

Der PR CESL enthält keine Art. 3 CISG entsprechende Regelung. Die genannten Abreden der Parteien haben daher grundsätzlich keinen Einfluss auf

---

1468 Vgl. Schmidt-Kessel-*ders.*, Art. 2 Rn. 55.

1469 Siehe Fn. 1468.

1470 Vgl. für das CISG Schlechtriem/Schwenzer-*Ferrari*, Art. 1 Rn. 34; Staudinger-*Magnus*, Art. 1 Rn. 50; Ferrari [*et al.*]-*Saenger*, Intl. Vertragsrecht, Art. 1 Rn. 6; MüKoHGB-*Benicke*, Art. 1 Rn. 16; Kröll/Mistelis/Viscasillas-*Mistelis*, Art. 1 Rn. 37.

1471 Siehe a) aa).

1472 Dazu a) cc).

1473 Vgl. hierzu und zum Folgenden die Nachw. in Fn.1470; vgl. auch MüKoBGB-*Huber*, Art. 1 Rn. 15.

1474 Dazu noch 2. b) bb).

1475 Dazu noch 2. c) aa).

die Eröffnung des sachlichen Anwendungsbereichs. Nur wenn der Verkäufer die Ware nach der Lieferung fest mit dem Grund und Boden verbinden soll und dies nicht als verbundene Dienstleistung im Sinne des Art. 2 lit. m PR CESL zu qualifizieren ist, scheidet eine Anwendung des DCESL aufgrund des Anwendungsausschlusses für Mischverträge in Art. 6 Abs. 1 PR CESL[1476] ebenso aus wie eine Anwendung des CISG.

2. Vertragsart

Hinsichtlich der Vertragsart beziehen sich beide Rechtsinstrumente auf Kaufverträge (dazu a)). Sie erfassen zudem Werklieferungsverträge (dazu b)). Den Fall, dass Dienstleistungen Vertragsbestandteil sind, berücksichtigt das CISG lediglich in einem Anwendungsausschluss, wohingegen der PR CESL Verträge über verbundene Dienstleistungen als eigenständige Vertragskategorie regelt (dazu c)). Darüber hinaus erfasst der Verordnungsvorschlag entsprechend der weiteren Qualifikationen hinsichtlich des Vertragsgegenstands[1477] auch Verträge über die Bereitstellung digitaler Inhalte (dazu d)). Beide Rechtsinstrumente enthalten wiederum Anwendungsausschlüsse (dazu e)). Schließlich stellt sich die Frage nach dem maßgeblichen Zeitpunkt (dazu f)).

a) Kaufvertrag

Der Kaufvertragsbegriff lässt sich für beide Rechtsinstrumente entsprechend definieren (dazu aa)). Ebenso wie beim Warenbegriff ergeben sich allerdings Unterschiede bei den einzelnen Begriffsmerkmalen (dazu bb), cc)).

aa) Definition

(1) CISG

Den Begriff „Kaufvertrag" definiert das CISG nicht,[1478] sondern setzt ihn als bekannt voraus.[1479] Er ist jedoch aufgrund des internationalen Charakters des Übereinkommens und des Gebots der einheitlichen Auslegung (vgl. Art. 7 Abs. 1

1476 Dazu noch 2. e) cc).

1477 Dazu 1. b), c).

1478 Vgl. hierzu und zum Folgenden Schlechtriem/Schwenzer-*Ferrari*, Art. 1 Rn. 12 f., mit zahlreichen Beispielen aus der Rspr. (dort Fn. 48); Ferrari [*et al.*]-*Saenger*, Intl. Vertragsrecht, Art. 1 Rn. 2 f.; MüKoHGB-*Benicke*, Art. 1 Rn. 7; MüKoBGB-*Huber*, Art. 1 Rn. 3; Kröll/Mistelis/Viscasillas-*Mistelis*, Art. 1 Rn. 2, 25.

1479 So Soergel-*Lüderitz/Fenge*, Art. 1 Rn. 22.

CISG) autonom auszulegen.[1480] Dabei können die Artt. 30, 53 CISG herangezogen werden, welche die Pflichten der Parteien regeln. Danach ist der Verkäufer verpflichtet, die Ware zu liefern, die sie betreffenden Dokumente zu übergeben und das Eigentum an der Ware zu übertragen (vgl. Art. 30 CISG). Der Käufer ist hingegen zur Zahlung des Kaufpreises und zur Annahme der Ware verpflichtet (vgl. Art. 53 CISG).[1481]

Ein Kaufvertrag im Sinne des Art. 1 Abs. 1 CISG ist demnach ein Austauschvertrag, bei dem eine entgeltliche und endgültige Übertragung von Ware aus dem Herrschaftsbereich einer Person in den Herrschaftsbereich einer anderen Person erfolgt – kurz: der Austausch von Ware gegen Geld.[1482] Unerheblich ist, wie die Parteien ihren Vertrag bezeichnen, etwa zutreffend oder fälschlicherweise als Kaufvertrag oder anders.[1483]

(2) PR CESL

Im Gegensatz zum CISG enthält Art. 2 lit. k PR CESL eine Legaldefinition des Kaufvertragsbegriffs.[1484] Danach ist ein Kaufvertrag im Sinne der vorgeschlagenen Verordnung ein Vertrag, nach dem ein Unternehmer, der Verkäufer, das Eigentum an einer Ware auf eine andere Person, den Käufer, überträgt oder sich zur Übertragung des Eigentums verpflichtet und der Käufer den Preis zahlt oder sich zur Zahlung des Preises verpflichtet. Die Regelung beruht auf Art. 2 Nr. 5 der Verbraucherrechte-Richtlinie.[1485]

Sie verwendet unter anderem den Begriff „Vertrag". Diesen definiert Art. 2 lit. a PR CESL als Vereinbarung, die darauf abzielt, Verpflichtungen oder andere rechtliche Wirkungen herbeizuführen.[1486] Den Begriff „Verpflichtung"

1480 Vgl. auch Staudinger-*Magnus*, Art. 1 Rn. 4, 13; Soergel-*Lüderitz/Fenge*, Art. 1 Rn. 22; *Piltz*, NJW 2013, 2567, 2568.

1481 Näher zur Erfüllung dieser Pflichten beim Kauf von Software *Schmitt*, CR 2001, 145, 152 f.; vgl. für das deutsche Recht § 433 BGB; dazu Schlechtriem/Schwenzer-*Ferrari*, Art. 1 Rn. 14.

1482 Dazu, dass keine tatsächliche Besitzübertragung erforderlich ist, bereits 1. a) bb) (4) (aa); vgl. hierzu und zum Folgenden Schlechtriem/Schwenzer-*Ferrari*, Art. 1 Rn. 13; Staudinger-*Magnus*, Art. 1 Rn. 14.

1483 Vgl. auch OLG Köln IHR 2002, 21: fälschlicherweise Bezeichnung als „Kommission" (zum Kommissionsvertrag noch bb) (2) (ff)); Schlechtriem/Schwenzer-*Ferrari*, Art. 1 Rn. 15 (dort Fn. 68); *Piltz*, NJW 2009, 2258, 2259.

1484 Vgl. aber Schulze-*Wendehorst*, Art. 5 Rn. 3: „This has nothing to do with a definition, but is rather a rule on scope"; vgl. auch Schulze-*Wendehorst*, Art. 2 Rn. 24.

1485 Vgl. auch Schmidt-Kessel-*ders.*, Art. 2 Rn. 59.

1486 Näher dazu Schmidt-Kessel-*ders.*, Art. 2 Rn. 10 f.

definiert wiederum Art. 2 lit. y PR CESL.[1487] Diese Definitionen beruhen auf dem DCFR.[1488] Sie sind allerdings für sich genommen kaum relevant, zumal ob ihrer weiten Formulierung.[1489]

Zwar schweigt Art. 2 lit. k PR CESL zu einer Lieferpflicht des Verkäufers und einer Abnahmepflicht des Käufers.[1490] Das DCESL regelt diese Pflichten aber ebenso wie Artt. 30, 53 CISG als „Hauptverpflichtungen" der Parteien (vgl. Artt. 91 lit. a Alt. 1, 123 Abs. 1 lit. a Alt. 1 DCESL). Insbesondere muss der Verkäufer ggf. auch die Ware betreffende Dokumente übergeben, und der Käufer muss sie übernehmen (vgl. Artt. 91 lit. e, 123 Abs. 1 lit. c DCESL).

Auch im Rahmen des PR CESL ist ein Kaufvertrag demnach ein Austauschvertrag, bei dem eine entgeltliche und endgültige Übertragung von Ware aus dem Herrschaftsbereich einer Person in den Herrschaftsbereich einer anderen Person erfolgt. Auch insofern ist unerheblich, wie die Parteien ihren Vertrag bezeichnen.

Art. 2 lit. k PR CESL definiert darüber hinaus auch die beteiligten Parteien, den Verkäufer und den Käufer.[1491] Die Regelung setzt voraus, dass der Verkäufer „ein Unternehmer" ist, wohingegen der Käufer auch „eine andere Person" sein kann. Grund für die abweichende Formulierung ist der persönliche Anwendungsbereich des Verordnungsentwurfs:[1492] Gemäß Art. 7 Abs. 1 Satz 1 PR CESL darf das DCESL nur verwendet werden, wenn der Verkäufer Unternehmer ist.[1493] Entsprechend konkret formuliert Art. 2 lit. k PR CESL. Hingegen ist unerheblich, ob der Käufer Unternehmer oder Verbraucher ist.[1494] Insofern stellt Art. 2 lit. k PR CESL lediglich auf „eine andere Person" ab.

Speziell für B2C-Verträge definiert schließlich Art. 2 lit. l PR CESL den Begriff des Verbraucherkaufvertrags erwartungsgemäß als „Kaufvertrag, bei dem der Verkäufer ein Unternehmer und der Käufer ein Verbraucher ist".[1495] Mit Blick

1487 Vgl. auch Art. 2 litt. w, x PR CESL zu den Begriffen „Gläubiger" und „Schuldner"; näher dazu Schmidt-Kessel-*ders.*, Art. 2 Rn. 12 f., 30 f.

1488 Vgl. Art. II. – 1:101 Abs. 1 Satz 1 DCFR bzw. Art. III. – 1:102 Abs. 1 DCFR; vgl. auch Schmidt-Kessel-*ders.*, Art. 2 Rn. 10, 12.

1489 Vgl. Schulze-*Wendehorst*, Art. 2 Rn. 4.

1490 Vgl. hierzu und zum Folgenden auch Schmidt-Kessel-*ders.*, Art. 2 Rn. 59.

1491 Vgl. auch Schmidt-Kessel-*ders.*, Art. 2 Rn. 35: „Klammerdefinition".

1492 Vgl. auch Schulze-*Wendehorst*, Art. 5 Rn. 4; Schmidt-Kessel-*ders.*, Art. 2 Rn. 36.

1493 Dazu III. 2. b) aa) (1).

1494 Dazu III. 3. b), 4.; vgl. auch Schulze-*Wendehorst*, Art. 5 Rn. 5.

1495 Dazu Schmidt-Kessel-*ders.*, Art. 2 Rn. 73.

auf die Verbrauchsgüterkauf-Richtlinie wäre freilich die Bezeichnung als „Verbrauchsgüterkauf“ zu bevorzugen.[1496]

bb) Endgültige Übertragung von Ware

Eine Qualifikation als Kaufvertrag im Sinne der Artt. 1 Abs. 1 CISG, 2 lit. k PR CESL setzt zunächst voraus, dass der betreffende Vertrag eine endgültige Übertragung von Ware aus dem Herrschaftsbereich einer Person in den Herrschaftsbereich einer anderen Person vorsieht. Dies erfordert eine Übertragung des Eigentums bzw. eine entsprechende Verpflichtung (dazu (1)). Abgesehen davon wählen die Parteien häufig besondere Vertragsgestaltungen, um den Umständen des Einzelfalls und ihren Bedürfnissen Rechnung zu tragen (dazu (2)).

(1) Im Allgemeinen

Für die Anwendbarkeit beider Rechtsinstrumente ist unerheblich, ob das Eigentum wie z.B. in Frankreich und Italien bereits durch den Kaufvertrag selbst übergeht oder (später) getrennt davon durch etwaige Erfüllungsakte.[1497]

Der Wortlaut von Art. 30 CISG ist insofern zwar nicht eindeutig.[1498] Danach ist der Verkäufer „verpflichtet, [...] das Eigentum [...] zu übertragen“. Eine solche Verpflichtung entsteht allerdings gar nicht erst, wenn das Eigentum bereits durch den Vertragsschluss übergeht. Das bedeutet jedoch nicht, dass in diesen Fällen der sachliche Anwendungsbereich nicht eröffnet ist. Entscheidend ist vielmehr, dass eine endgültige Übertragung der Ware aus dem Herrschaftsbereich des Verkäufers in den Herrschaftsbereich des Käufers erfolgt, und zwar unabhängig davon, wie sie erfolgt. Dies ergibt sich auch aus dem Umstand, dass das Übereinkommen gerade nicht die Wirkungen eines Vertrags auf das Eigentum am Vertragsgegenstand betrifft (vgl. Art. 4 Satz 2 lit. b CISG).[1499]

Im Gegensatz zu Art. 30 CISG nennt Art. 2 lit. k PR CESL ausdrücklich die beiden denkbaren Fälle, und zwar sowohl bzgl. der Übertragung der Ware („Vertrag, nach dem [der Verkäufer] das Eigentum an einer Ware auf [den Käufer] überträgt oder sich [hierzu] verpflichtet“) als auch bzgl. der Zahlung des Kaufpreises („Vertrag, nach dem [...] [der Käufer] den Preis zahlt oder sich [hierzu]

1496 Vgl. Schmidt-Kessel-*ders.*, Art. 2 Rn. 71.

1497 Vgl. für das CISG Schlechtriem/Schwenzer-*Ferrari*, Art. 1 Rn. 14; Staudinger-*Magnus*, Art. 1 Rn. 14; MüKoBGB-*Huber*, Art. 1 Rn. 4; vgl. für den PR CESL Schmidt-Kessel-*ders.*, Art. 2 Rn. 60; *Pfeiffer*, in: Gemeinsames Europäisches Kaufrecht für die EU?, S. 35, 40 (Rn. 35); *Zenefels*, K&R 2012, 463, 468.

1498 Vgl. hierzu und zum Folgenden die Nachw. in Fn. 1497.

1499 Vgl. auch MüKoBGB-*Huber*, Art. 1 Rn. 4.

verpflichtet"). Die jeweilige Differenzierung ist nicht etwa umständlich und verzichtbar,[1500] sondern präzise. Auch der Verordnungsentwurf betrifft nicht „das Sachenrecht einschließlich der Eigentumsübertragung" (vgl. Erwgr. (27) Satz 2 PR CESL). Insofern ist in der Regel die *lex rei sitae* maßgeblich (vgl. für das deutsche Recht Art. 43 Abs. 1 EGBGB).[1501]

(2) Im Besonderen

Besondere Vertragsgestaltungen können den Vertrag als solchen betreffen (dazu (aa)), an den Vertragsgegenstand Ware anknüpfen (dazu (bb)) oder an ihre Lieferung (dazu (cc)). In diesen Zusammenhang gehört auch die Frage, ob bzw. inwieweit auch ein Mietkauf- (dazu (dd)), ein Leasing- (dazu (ee)), ein Kommissions- (dazu (ff)) und ein Rahmenvertrag (dazu (gg)) unter den Kaufvertragsbegriff der Artt. 1 Abs. 1 CISG, 2 lit. k PR CESL fallen.

(aa) Gestaltungen den Vertrag betreffend

Unerheblich ist zunächst, ob die Parteien eine sofortige oder spätere Durchführung des Vertrags vereinbaren.[1502] Der sachliche Anwendungsbereich beider Rechtsinstrumente erfasst daher auch bedingte[1503] und befristete Verträge, insbesondere Kaufoptionen[1504] und den Kauf unter Eigentumsvorbehalt.[1505]

Ändern die Parteien nachträglich einen Kaufvertrag oder heben ihn auf, z.B. im Rahmen eines Vergleichs,[1506] unterfällt diese Abrede ebenfalls beiden Rechtsinstrumenten. Das CISG enthält hierfür eine eigenständige Regelung (vgl. Art. 29 Abs. 1 CISG).[1507] Zwar fehlt eine entsprechende Regelung im PR CESL. Es besteht jedoch kein Grund, warum für den Verordnungsentwurf etwas anderes gelten

1500 So aber Schmidt-Kessel-*ders.*, Art. 5 Rn. 3.

1501 Siehe auch bereits 1. a) aa) (2); vgl. auch BGH IHR 2010, 103; *Maier-Reimer*, in: PR CESL – the Lawyers' View, S. 79, 82.

1502 Zur Übertragung des Eigentums bereits (1); vgl. hierzu und zum Folgenden für das CISG Staudinger-*Magnus*, Art. 1 Rn. 14; vgl. für den PR CESL Schulze-*Wendehorst*, Art. 5 Rn. 9.

1503 Vgl. auch OLG Schleswig IHR 2003, 67, 69; Schlechtriem/Schwenzer-*Ferrari*, Art. 1 Rn. 15.

1504 Vgl. auch Schlechtriem/Schwenzer-*Ferrari*, Art. 1 Rn. 21; Ferrari [*et al.*]-*Saenger*, Intl. Vertragsrecht, Art. 1 Rn. 3; MüKoBGB-*Huber*, Art. 1 Rn. 5.

1505 Vgl. auch Schlechtriem/Schwenzer-*Ferrari*, Art. 1 Rn. 13 (dort Fn. 56).

1506 Dazu *Magnus*, ZEuP 2015, 159, 167.

1507 Vgl. auch OLG Karlsruhe IHR 2004, 62, 64; Schlechtriem/Schwenzer-*Ferrari*, Art. 1 Rn. 19, mit Beispielen aus der Rspr. (dort Fn. 81); Staudinger-*Magnus*, Art. 1 Rn. 19; Kröll/Mistelis/Viscasillas-*Mistelis*, Art. 1 Rn. 26 f.

sollte, zumal Art. 2 lit. a PR CESL den Vertragsbegriff weit definiert.[1508] Es wäre auch inkonsequent, die nachträgliche Änderung oder Aufhebung eines Kaufvertrags vom Kaufvertragsbegriff auszunehmen. Dies gebieten auch nicht die zwingenden Vorschriften des DCESL, von denen die Parteien „nicht abweichen und deren Wirkung sie nicht abändern dürfen" (vgl. Art. 2 lit. v PR CESL).[1509] Der ausdrückliche Verweis auf den zwingenden Charakter setzt vielmehr logisch voraus, dass der sachliche Anwendungsbereich für jedwede nachträglichen Abreden zunächst eröffnet ist.

Behält sich der Verkäufer in dem Vertrag das Recht zum Wiederkauf vor (vgl. für das deutsche Recht §§ 456 ff. BGB), berührt dies nicht die Qualifikation als Kaufvertrag im Sinne des Art. 1 Abs. 1 CISG.[1510] Entsprechendes gilt, wenn die Parteien ein Vorkaufsrecht vereinbaren (vgl. für das deutsche Recht §§ 463 ff. BGB), sei es zugunsten des Verkäufers[1511] oder zugunsten eines Dritten.[1512] Denn jeweils erfolgt zunächst eine entgeltliche und (vorerst) endgültige Übertragung der Ware, wohingegen Wiederkaufs- und Vorkaufsrechte lediglich die Situation nach der Übertragung betreffen. Deshalb erfasst der Kaufvertragsbegriff des Art. 1 Abs. 1 CISG auch den Fall, dass die Parteien quasi spiegelbildlich zu einem Wiederkaufsrecht des Verkäufers ein Wiederverkaufsrecht des Käufers vereinbaren, wonach dieser die Ware an den Verkäufer zurückverkaufen kann, wenn ihm selbst kein Weiterverkauf gelingt.[1513] Übt der jeweilige Berechtigte später sein Recht aus, ist der dadurch zustande kommende Vertrag (vgl. für das deutsche Recht §§ 456 Abs. 1 Satz 1, 463 Abs. 2 BGB) ebenfalls ein Kaufvertrag im Sinne des Art. 1 Abs. 1 CISG.

Entsprechendes gilt für den PR CESL. Dem steht auch nicht entgegen, dass der Verordnungsentwurf zwischen B2B- und B2C-Verträgen differenziert. Im Gegenteil: Bei einem B2C-Vertrag ist ein Wiederkaufsrecht des Verkäufers ebenso wie ein Vorkaufsrecht zu dessen Gunsten – und je nachdem, um wen es sich handelt, auch zugunsten eines Dritten – für den Verbraucher rechtlich nachteilhaft. Mit der Ausübung des jeweiligen Rechts wird er verpflichtet, die Ware

---

1508 Siehe bereits aa) (2).

1509 Dazu auch bereits C. II. 3. b).

1510 Vgl. hierzu und zum Folgenden auch Staudinger-*Magnus*, Art. 1 Rn. 22; Ferrari [*et al.*]-*Saenger*, Intl. Vertragsrecht, Art. 1 Rn. 3; MüKoBGB-*Huber*, Art. 1 Rn. 5.

1511 Zur Abgrenzung zum Wiederkaufsrecht für diesen Fall MüKoBGB-*Westermann*, § 456 Rn. 5.

1512 Zur Möglichkeit der Begründung eines Vorkaufsrechts durch Vertrag zugunsten Dritter (vgl. § 328 Abs. 1 BGB) Bamberger/Roth-*Faust*, § 463 Rn. 13.

1513 Vgl. Schlechtriem/Schwenzer-*Ferrari*, Art. 1 Rn. 22.

zurück- bzw. weiterzuverkaufen, auch wenn er sie im Falle eines Wiederkaufsrechts eigentlich nicht verkaufen möchte bzw. im Falle eines Vorkaufsrechts an einen anderen als den Berechtigten weiterverkaufen möchte. Zwar entsteht dem Verbraucher kein wirtschaftlicher Nachteil, sofern der ursprüngliche Kaufpreis auch für den Wiederkauf gilt (vgl. für das deutsche Recht § 456 Abs. 2 BGB) bzw. für den Vorkauf dieselben Bestimmungen gelten, die er mit einem (anderen) Dritten vereinbart hat (vgl. für das deutsche Recht § 464 Abs. 2 BGB). Wiederkaufs- und Vorkaufsrecht erweitern aber einseitig die Rechtsposition des Verkäufers (bzw. des Dritten). Es wäre daher inkonsequent, könnten die Parteien das DCESL gerade für diese besonderen Vertragsgestaltungen nicht verwenden, obwohl es für möglichst viele B2C-Verträge zur Verfügung stehen und Verbrauchern ein „hohes Schutzniveau garantieren" soll (Erwgr. (11) Satz 2 PR CESL).[1514] Folglich muss das DCESL auch für den Fall zur Verfügung stehen, dass die Parteien ein Wiederverkaufsrecht des Verbrauchers vereinbaren.

Übt der jeweilige Berechtigte später sein Recht aus, ist der Anwendungsbereich des PR CESL für den dadurch zustande kommenden Vertrag allerdings nicht ohne Weiteres eröffnet. Insofern sind die Einschränkungen bzgl. des persönlichen Anwendungsbereichs zu beachten: Kommt der spätere Vertrag ausschließlich zwischen Unternehmern zustande, weil bereits der ursprüngliche Kaufvertrag ein B2B-Vertrag ist, darf das DCESL nur verwendet werden, wenn mindestens einer von ihnen ein KMU ist (vgl. Art. 7 Abs. 1 Satz 2 PR CESL).[1515] Hingegen ist der Anwendungsbereich für den späteren Vertrag von vornherein nicht eröffnet, wenn der ursprüngliche Kaufvertrag ein B2C-Vertrag ist. Dann wird nämlich der Verbraucher zum (Wieder- bzw. Weiter-)Verkäufer. Das DCESL darf jedoch nur verwendet werden, wenn der Verkäufer Unternehmer ist (vgl. Art. 7 Abs. 1 Satz 1 PR CESL).[1516]

(bb) Gestaltungen den Vertragsgegenstand Ware betreffend

Der Kaufvertragsbegriff der Artt. 1 Abs. 1 CISG, 2 lit. k PR CESL erfasst Verträge unabhängig davon, ob die Parteien den Vertragsgegenstand, die Ware, nach ihrer Identität bestimmen (sog. Stückkauf) oder lediglich nach ihren Eigenschaften (sog. Gattungskauf).[1517] Dies ergibt sich bereits aus den jeweiligen Regelungen

---

1514 Siehe auch bereits C. II. 1. b).

1515 Dazu III. 2. b) aa).

1516 Dazu III. 3. b).

1517 Vgl. für das CISG Staudinger-*Magnus*, Art. 1 Rn. 28; Ferrari [*et al.*]-*Saenger*, Intl. Vertragsrecht, Art. 1 Rn. 3; MüKoBGB-*Huber*, Art. 1 Rn. 5.

zur Vertragsmäßigkeit. Sowohl Art. 35 Abs. 1 CISG als auch Art. 99 Abs. 1 lit. a DCESL fordern, dass der Verkäufer Ware liefert, die „den Anforderungen des Vertrages" entspricht.

Beide Rechtsinstrumente erfassen auch den Kauf nach Probe oder Muster.[1518] Bei dieser Form des Gattungskaufs sind die Eigenschaften einer vor Vertragsschluss vorgelegten Probe bzw. eines Musters maßgeblich für die später gelieferte Ware. Entsprechende Regelungen zur Vertragsmäßigkeit enthalten Artt. 35 Abs. 2 lit. c CISG, 100 lit. c DCESL.

Eine eigene Vorschrift enthält das CISG zudem für den Spezifikationskauf, einen weiteren Unterfall des Gattungskaufs, bei dem der Käufer die Form, die Maße oder andere Merkmale der Ware näher zu bestimmen hat (vgl. Art. 65 Abs. 1 CISG).[1519] Hierzu gehören auch sog. *Requirement*-Verträge, bei denen der Käufer je nach Bedarf die benötigte Menge einer Ware abrufen kann und sie dann ggf. auch noch bzgl. weiterer Merkmale näher bestimmen muss. Obwohl der PR CESL keine entsprechende Regelung enthält, erfasst auch er den Spezifikationskauf. Dafür sprechen die Artt. 2 lit. j PR CESL, 40 Abs. 2 lit. d DCESL, die auf „Kundenspezifikationen"[1520] bzw. darauf abstellen, dass Waren auch „nach Spezifikationen des [Käufers] angefertigt werden" können. Zudem ändert eine Pflicht des Käufers zur Spezifikation der Ware nichts am Vorliegen eines Austauschvertrags im definierten Sinne.

Schließlich erfassen beide Rechtsinstrumente auch den Kauf auf Probe oder Besichtigung.[1521] Hierbei steht die Billigung der Ware im Belieben des Käufers. Ggf. schließen die Parteien den Vertrag sogar unter der aufschiebenden Bedingung der Billigung (vgl. für das deutsche Recht § 454 Abs. 1 BGB). Diese Vertragsgestaltung regelt weder das CISG noch der PR CESL ausdrücklich. Einen Anknüpfungspunkt bieten insbesondere die Artt. 38 Abs. 1 CISG, 121 Abs. 1 DCESL nicht. Die Regelungen statuieren zwar eine Prüfungspflicht des Käufers, stellen aber die Billigung der Ware nicht in sein Belieben. Er kann sie vielmehr nur dann zurückweisen, wenn sie nicht vertragsgemäß im

---

1518 Vgl. für das CISG Schlechtriem/Schwenzer-*Ferrari*, Art. 1 Rn. 16; Staudinger-*Magnus*, Art. 1 Rn. 17; Ferrari [*et al.*]-*Saenger*, Intl. Vertragsrecht, Art. 1 Rn. 3; MüKoBGB-*Huber*, Art. 1 Rn. 5.

1519 Vgl. hierzu und zum Folgenden Schlechtriem/Schwenzer-*Ferrari*, Art. 1 Rn. 17; Staudinger-*Magnus*, Art. 1 Rn. 16; Ferrari [*et al.*]-*Saenger*, Intl. Vertragsrecht, Art. 1 Rn. 3.

1520 Siehe auch bereits 1. b) aa).

1521 So für das CISG auch Ferrari [*et al.*]-*Saenger*, Intl. Vertragsrecht, Art. 1 Rn. 3; vgl. hierzu und zum Folgenden für das CISG Staudinger-*Magnus*, Art. 1 Rn. 21.

Sinne der Artt. 35 f., 41 f. CISG, 91 lit. c, 99–102 DCESL ist. Ebenfalls keinen Anknüpfungspunkt bietet Art. 40 Abs. 1 DCESL. Die Regelung gewährt dem Verbraucher bei einem B2C-Vertrag ein Widerrufsrecht „ohne Angaben von Gründen". Insofern steht die Billigung der Ware also in seinem Belieben. Dies gilt jedoch nur für Fernabsatzverträge und für außerhalb von Geschäftsräumen geschlossene Verträge über mehr als 50 Euro (vgl. § 40 Abs. 1 litt. a, b DCESL). Darüber hinaus listet Art. 40 Abs. 2, 3 DCESL zahlreiche Fälle auf, in denen kein Widerrufsrecht besteht. Zudem ist das Widerrufsrecht form- und fristgebunden (vgl. Artt. 41, 42 DCESL). Es bewirkt auch keine aufschiebende Bedingung. Der Vertrag wird vielmehr unbedingt geschlossen. Mit dem Widerruf endet lediglich die Verpflichtung der Parteien, ihn zu erfüllen (vgl. Art. 43 lit. a DCESL).

Auch ein Kauf auf Probe oder Besichtigung ist jedoch ein Austauschvertrag im definierten Sinne. Dem steht auch nicht entgegen, dass die entgeltliche und endgültige Übertragung der Ware von ihrer Billigung durch den Käufer abhängt. Mit dieser Abrede weichen die Parteien lediglich von den Bestimmungen des CISG bzw. des DCESL ab (vgl. Artt. 6 CISG, 1 Abs. 2 DCESL),[1522] deren sachlicher Anwendungsbereich zunächst eröffnet ist.

(cc) Gestaltungen die Lieferung betreffend

Vereinbaren die Parteien nicht nur eine, sondern mehrere aufeinanderfolgende Lieferungen, berührt dies nicht die Qualifikation als Kaufvertrag im Sinne der Artt. 1 Abs. 1 CISG, 2 lit. k PR CESL.[1523] Das CISG enthält sogar eine eigene Vorschrift für Sukzessivlieferungsverträge (vgl. Art. 73 CISG).[1524] Das DCESL steht zudem für B2C-Verträge zur Verfügung, bei denen Waren gleicher Art „regelmäßig geliefert" und vom Verbraucher für die Dauer der Leistungen in Raten bezahlt werden (vgl. Art. 6 Abs. 2 Satz 2 PR CESL).[1525] Dies muss erst recht für B2B-Verträge und unabhängig davon gelten, ob die Gesamtmenge der Waren bereits bei Vertragsschluss feststeht oder zunächst noch offen bleibt.

1522 Zu dieser Möglichkeit bereits C. I. 3. bzw. II. 3.; vgl. hierzu und zum Folgenden für das CISG Schlechtriem/Schwenzer-*Ferrari*, Art. 1 Rn. 23.

1523 Vgl. für das CISG Schlechtriem/Schwenzer-*Ferrari*, Art. 1 Rn. 15, mit Beispielen aus der Rspr. (dort Fn. 70); Staudinger-*Magnus*, Art. 1 Rn. 15; Ferrari [*et al.*]-*Saenger*, Intl. Vertragsrecht, Art. 1 Rn. 3; Kröll/Mistelis/Viscasillas-*Mistelis*, Art. 1 Rn. 26: „quite common in business practice".

1524 Vgl. auch OLG Düsseldorf IHR 2011, 116, 120; MüKoBGB-*Huber*, Art. 1 Rn. 5.

1525 Dazu auch noch cc) (2) (aa).

Der Kaufvertragsbegriff erfasst auch Versendungskäufe und Streckengeschäfte. Für das CISG folgt dies aus Art. 31 CISG.[1526] Die Vorschrift konkretisiert die Lieferpflicht des Verkäufers (vgl. Art. 30 CISG). Danach kann die Ware auch „an einem anderen bestimmten Ort zu liefern" sein bzw. der Vertrag kann „eine Beförderung der Ware" erfordern (vgl. Art. 31 lit. a CISG).[1527] Die Parteien können also vorrangig einen Lieferort vereinbaren bzw. den Verkäufer zur Beförderung der Ware verpflichten. Für den PR CESL folgt Entsprechendes aus den Artt. 93 Abs. 1, 96 DCESL.[1528] Daran ändert auch die Ausnahme für „Transportleistungen" in Art. 2 lit. m i) PR CESL nichts, die sich nur auf die Beförderung von Personen bezieht.[1529]

Schließlich erfassen beide Rechtsinstrumente auch den Fixkauf, bei dem die Parteien vereinbaren, dass die Lieferung der Ware zu einem bestimmten Zeitpunkt oder innerhalb eines bestimmten Zeitraums erfolgen muss und sich der Käufer andernfalls vom Vertrag lösen kann. Für das CISG ergibt sich dies aus den Artt. 33 litt. a, b, 49 Abs. 1 lit. a CISG.[1530] Haben die Parteien einen Zeitpunkt bzw. Zeitraum für die Lieferung „im Vertrag bestimmt", hat der Verkäufer die Ware „zu diesem Zeitpunkt" bzw. „innerhalb dieses Zeitraums" zu liefern (Art. 33 litt. a, b CISG). Verletzt er diese Pflicht, ermöglicht Art. 49 Abs. 1 lit. a CISG dem Käufer die Vertragsaufhebung. Da er bei einem Fixkauf ein besonderes Interesse an der fristgemäßen Lieferung hat, liegt eine „wesentliche Vertragsverletzung" im Sinne des Art. 49 Abs. 1 lit. a CISG vor, wenn der Verkäufer die Frist versäumt.[1531] Dies ergibt sich auch aus Art. 25 CISG. Danach ist eine Vertragsverletzung „wesentlich", wenn sie für die andere Partei einen solchen Nachteil zur Folge hat, dass ihr im wesentlichen[1532] entgeht, was

---

1526 Vgl. hierzu und zum Folgenden auch BGH NJW 1998, 3205, 3206; Schlechtriem/Schwenzer-*Ferrari*, Art. 1 Rn. 18; Staudinger-*Magnus*, Art. 1 Rn. 18; Ferrari [*et al.*]-*Saenger*, Intl. Vertragsrecht, Art. 1 Rn. 3; MüKoBGB-*Huber*, Art. 1 Rn. 5; Kröll/Mistelis/Viscasillas-*Mistelis*, Art. 1 Rn. 26.

1527 Vgl. auch OLG Saarbrücken IHR 2010, 202, 204.

1528 Dazu bereits 1. c) bb) (1).

1529 Siehe Fn. 1528.

1530 Vgl. auch LG München IHR 2003, 24, 26; Schlechtriem/Schwenzer-*Ferrari*, Art. 1 Rn. 20; Staudinger-*Magnus*, Art. 1 Rn. 20.

1531 Vgl. auch OLG Düsseldorf IHR 2005, 24 ff.; Schlechtriem/Schwenzer-*Müller-Chen*, Art. 49 Rn. 5; Staudinger-*Magnus*, Art. 49 Rn. 10; Ferrari [*et al.*]-*Saenger*, Intl. Vertragsrecht, Art. 49 Rn. 4; MüKoBGB-*Gruber*, Art. 25 Rn. 21; MüKoHGB-*Benicke*, Art. 49 Rn. 19; Kröll/Mistelis/Viscasillas-*Björklund*, Art. 49 Rn. 33 ff.

1532 So die amtliche Übersetzung, die damit den zu definierenden Begriff innerhalb der Definition verwendet.

sie nach dem Vertrag hätten erwarten dürfen. Beim Fixkauf darf der Käufer jedoch eine fristgemäße Lieferung erwarten.

Für den PR CESL sind die Artt. 95 Abs. 1, 106 Abs. 1 lit. c, 115 Abs. 1 DCESL maßgeblich. Zunächst setzt Art. 95 Abs. 1 DCESL voraus, dass „sich der Lieferzeitpunkt nicht anderweitig bestimmen“ lässt. Die Parteien können also vorrangig einen Zeitpunkt bzw. Zeitraum für die Lieferung vereinbaren. Liefert der Verkäufer dann nicht fristgemäß, hat er „eine Verpflichtung nicht erfüllt“, sodass der Käufer den Vertrag beenden kann (Art. 106 Abs. 1 lit. c DCESL). Es bedarf auch keiner Nachfrist gemäß Art. 115 Abs. 1 DCESL. Sie ist entbehrlich, da bei einem Fixkauf die verspätete Lieferung „als solche als wesentlich anzusehen ist“ (vgl. Art. 115 Abs. 1 DCESL). Eine Art. 25 CISG weitgehend entsprechende Definition des Begriffs „wesentlich“ enthält Art. 87 Abs. 2 lit. a DCESL.

(dd) Mietkaufvertrag

Ein Mietkauf beinhaltet üblicherweise eine entgeltliche Gebrauchsüberlassung auf Zeit, wobei dem Mieter das Recht eingeräumt wird, die Ware am Ende der Vertragslaufzeit durch Zahlung eines Kaufpreises zu erwerben.[1533] Zunächst erfolgt also keine Übertragung des Eigentums. Der Vermieter bleibt während der Gebrauchsüberlassung und bis zum Erwerb durch den Käufer für die Ware verantwortlich, insbesondere für ihre Vertragsmäßigkeit.

(α) CISG

Ob ein Mietkauf unter den Kaufvertragsbegriff des Art. 1 Abs. 1 CISG fällt, wird nicht einheitlich beantwortet. Nach der wohl überwiegenden Ansicht ist maßgeblich, ob nach den Umständen des Einzelfalls das Interesse der Parteien, vor allem des Vermieters, am späteren Erwerb der Ware durch den Mieter überwiegt.[1534] Demgegenüber differenziert eine andere Ansicht nicht. Sie ordnet den Mietkauf stets als Mietvertrag ein.[1535]

Hierfür spricht auf den ersten Blick, dass bei Vertragsschluss noch gar nicht feststeht, ob der Mieter sein Erwerbsrecht ausüben wird.[1536] Der sachliche Anwendungsbereich des CISG erfasst allerdings auch bedingte und befristete Verträge,

---

1533 Vgl. hierzu und zum Folgenden auch Staudinger-*Magnus*, Art. 1 Rn. 33.

1534 Vgl. Ferrari [*et al.*]-*Saenger*, Intl. Vertragsrecht, Art. 1 Rn. 4; vgl. auch *Fogt*, IPRax 2003, 364, 368 f.: „wirtschaftliche und zweckgerichtete Betrachtungsweise“.

1535 Vgl. Schlechtriem/Schwenzer-*Ferrari*, Art. 1 Rn. 27.

1536 So auch Schlechtriem/Schwenzer-*Ferrari*, Art. 1 Rn. 27.

insbesondere Kaufoptionen.[1537] Diese verpflichten den Verkäufer durchaus zu einer entgeltlichen und endgültigen Übertragung der Ware. Zum Zeitpunkt des Vertragsschlusses steht lediglich noch nicht fest, ob er dieser Pflicht später auch nachkommen muss. Dies hängt von der einseitigen Ausübung der Option durch den Käufer ab. Entsprechendes gilt für den Mietkauf. Bei dem Erwerbsrecht des Mieters handelt es sich letztlich um eine Kaufoption, die den Vermieter unter der Bedingung ihrer Ausübung zur Übertragung des Eigentums an der Ware verpflichtet. Insofern ist unerheblich, ob der Mieter sein Erwerbsrecht später tatsächlich ausübt. Auf diesen nachträglichen, ggf. erst nach langer Vertragslaufzeit eintretenden Umstand kann es bereits deshalb nicht ankommen, weil die Parteien spätestens bei Vertragsschluss Gewissheit über die Anwendbarkeit des CISG haben müssen.

Für die erstgenannte Ansicht spricht zudem, dass das Übereinkommen auch an anderer Stelle anhand eines Überwiegens abgrenzt. Für Verträge, die neben kauf- auch dienstvertragliche Elemente enthalten, schließt Art. 3 Abs. 2 CISG die Anwendung des Übereinkommens aus, wenn „der überwiegende Teil" der Pflichten des Verkäufers dienstvertraglich ist.[1538] Folglich ist der sachliche Anwendungsbereich eröffnet, wenn die kaufvertraglichen Elemente mindestens gleichgewichtig zu den dienstvertraglichen Elementen sind. Es besteht jedoch kein Grund, warum ein Mietkauf, der kauf- und mietvertragliche Elemente enthält, einer solchen Abgrenzung nicht zugänglich sein, sondern *per se* außerhalb des sachlichen Anwendungsbereichs liegen sollte.[1539] Allein das Fehlen einer Art. 3 Abs. 2 CISG entsprechenden Regelung rechtfertigt dies jedenfalls nicht. Eine Abgrenzung anhand des überwiegenden Interesses birgt auch keine größere Rechtsunsicherheit als andere Kriterien, die von den Umständen des Einzelfalls abhängen. Vor allem die Dauer der Gebrauchsüberlassung, der zu entrichtende Mietzins und der vereinbarte Kaufpreis können Aufschluss darüber geben, ob den Parteien mehr an der Vermietung der Ware oder an ihrer künftigen Übertragung liegt. Verbleiben Zweifel, greift die allgemeine Verteilung der Beweislast: Wer sich auf die Anwendung des Übereinkommens beruft, muss darlegen und ggf. beweisen, dass das Interesse der Parteien an der späteren Veräußerung überwiegt.

1537 Siehe (aa).
1538 Dazu noch c) aa).
1539 Vgl. auch MüKoBGB-*Huber*, Art. 1 Rn. 12, der sogar für eine analoge Anwendung des Art. 3 Abs. 2 CISG plädiert.

(β) PR CESL

Im Unterschied zum CISG fällt ein Mietkauf nicht unter den Kaufvertragsbegriff des Art. 2 lit. k PR CESL. Der Verordnungsentwurf enthält mit Art. 6 Abs. 1 PR CESL eine Regelung, die deutlich strenger ist als Art. 3 Abs. 2 CISG. Danach darf das DCESL „nicht für Mischverträge verwendet werden, die neben dem Kauf von Waren […] noch andere Elemente beinhalten".[1540] Ein solches anderes Element ist die entgeltliche Gebrauchsüberlassung auf Zeit als Bestandteil des Mietkaufs.

Ein anderes Ergebnis lässt sich auch nicht durch eine restriktive Auslegung des Art. 6 Abs. 1 PR CESL erreichen. Nach dessen Wortlaut ist unerheblich, welchen Teil des Vertrags andere Elemente ausmachen. Die Regelung ermöglicht insbesondere keine Abgrenzung anhand eines Überwiegens.[1541] *De lege lata* scheidet eine Anwendung des DCESL bereits aus, wenn der Vertrag überhaupt noch andere Elemente beinhaltet.[1542] Die englische Fassung formuliert sogar noch klarer („any other elements").[1543] Umso mehr bedarf es, wenn auch nur aus rechtspolitischen Gründen, einer restriktiven Auslegung des Art. 6 Abs. 1 PR CESL.[1544] Andernfalls bärge jede Nebenabrede der Parteien das Risiko, dass ihr *opt in* ins Leere geht. Zum einen darf der Anwendungsausschluss daher erst eingreifen, wenn andere Elemente den Charakter des Vertrags grundlegend verändern.[1545] Dies ist der Fall, wenn die betreffenden Elemente über bloße Nebenpflichten hinausgehen und einen bestimmten, nicht unter Art. 5 litt. a-c PR CESL fallenden Vertragstyp prägen.[1546] Zum anderen muss das DCESL zur Verfügung stehen, wenn sich die verschiedenartigen Elemente eines Mischvertrags derart aufteilen lassen, dass die Parteien auch zwei separate Verträge schließen könnten. Die bloße Zusammenführung eigenständiger Regelungskomplexe in einer einheitlichen Vertragsurkunde darf nicht dazu führen, dass Art. 6 Abs. 1 PR CESL

1540 Dazu auch noch e) cc).

1541 Vgl. auch Schulze-*Wendehorst*, Art. 6 Rn. 5: „clear wording […] does not leave room for an interpretation according to which the [DCESL] is available if only the preponderant part of the parties' obligations falls under [Art. 5 litt. a-c PR CESL]".

1542 Vgl. Schulze-*Wendehorst*, Art. 6 Rn. 5; kritisch daher Schmidt-Kessel-*ders.*, Art. 6 Rn. 5: „Ausschluss ist in seinem Wortlaut deutlich zu breit geraten"; vgl. auch *Stadler*, AcP 212 (2012), 473, 493: „sehr weit geraten".

1543 Vgl. Schmidt-Kessel-*ders.*, Art. 6 Rn. 5.

1544 Vgl. hierzu und zum Folgenden Schmidt-Kessel-*ders.*, Art. 6 Rn. 5 ff.

1545 Vgl. hierzu und zum Folgenden *Mansel*, WM 2012, 1253, 1258.

1546 Vgl. auch *Mansel*, WM 2012, 1253, 1258: „vertragstypusprägend".

die Anwendung des DCESL insgesamt verhindert. Es muss dann zumindest für den kaufvertraglichen Teil zur Verfügung stehen.

Diese restriktive Auslegung ermöglicht dennoch nicht die Qualifikation eines Mietkaufs als Kaufvertrag im Sinne des Art. 2 lit. k PR CESL. Das kaufvertragsfremde Element der entgeltlichen Gebrauchsüberlassung auf Zeit verändert grundlegend den Charakter des Vertrags, mögen die Parteien auch eine Kaufoption vereinbaren. Ihr Interesse an der späteren Veräußerung der Ware kann zwar überwiegen – und im Rahmen des CISG beachtlich sein.[1547] Im Gegensatz dazu lässt Art. 6 Abs. 1 PR CESL aber allenfalls eine abstrakte Abgrenzung anhand des Vertragscharakters zu, die unabhängig von einer Gewichtung seitens der Parteien erfolgt.

(ee) Leasingvertrag

Ebenso wie ein Mietkauf beinhaltet auch ein Leasingvertrag üblicherweise eine entgeltliche Gebrauchsüberlassung auf Zeit, verbunden mit einer Kaufoption des Leasingnehmers. Auch insofern erfolgt zunächst keine Übertragung des Eigentums an der Ware. Anders als beim Mietkauf schließen die Parteien jedoch die (mietrechtliche) Verantwortlichkeit des Leasinggebers aus. Ab dem Zeitpunkt der Lieferung ist der Leasingnehmer daher selbst für die Ware verantwortlich. Dafür tritt ihm der Leasinggeber seine kaufrechtlichen Gewährleistungsrechte gegenüber dem Lieferanten ab.[1548]

(α) CISG

Der genannte Unterschied ändert nichts daran, dass für den Leasingvertrag dieselbe Abgrenzung gilt wie für den Mietkauf.[1549] Auch insofern ist maßgeblich, ob nach den Umständen des Einzelfalls das Interesse der Parteien am späteren Erwerb der Ware durch den Leasingnehmer überwiegt.

Bei einem Leasingvertrag ist dies allerdings regelmäßig nicht der Fall, denn anders als beim Mietkauf stehen insofern das Interesse des Leasinggebers an der Amortisation seiner Kosten durch die Leasingraten und das Interesse des Leasingnehmers am aktuellen Gebrauch der Ware im Vordergrund.[1550] Die Kaufoption

1547 Siehe (α).

1548 Näher zum Leasingvertrag Bamberger/Roth-*Ehlert*, § 535 Rn. 46 ff.

1549 So auch Ferrari [*et al.*]-*Saenger*, Intl. Vertragsrecht, Art. 1 Rn. 4; auch insofern a.A. Schlechtriem/Schwenzer-*Ferrari*, Art. 1 Rn. 28.

1550 Vgl. hierzu und zum Folgenden Schlechtriem/Schwenzer-*Ferrari*, Art. 1 Rn. 28; Staudinger-*Magnus*, Art. 1 Rn. 34; vgl. auch MüKoBGB-*Huber*, Art. 1 Rn. 12; MüKoHGB-*Benicke*, Art. 1 Rn. 11; Kröll/Mistelis/Viscasillas-*Mistelis*, Art. 1 Rn. 35.

des Leasingnehmers ist hingegen nur von untergeordneter Bedeutung.[1551] Zwar wählt der Leasingnehmer in der Regel den Leasinggeber aus, und das mietrechtliche Gewährleistungsrecht orientiert sich „oft" am kaufrechtlichen Gewährleistungsrecht.[1552] Vor allem beim Finanzierungsleasing fungiert jedoch der Leasinggeber gleichsam als Kreditgeber des Leasingnehmers, indem er die Ware beschafft und ihm entgeltlich zum Gebrauch überlässt. Das Interesse der Parteien an dieser Phase der Vertragsdurchführung überwiegt. Im Übrigen befindet sich das internationale Finanzierungsleasing bereits „auf dem Weg zu einer eigenen Rechtsvereinheitlichung".[1553] Es wird durch die UNIDROIT Convention on International Financial Leasing vom 28. Mai 1988 geregelt.[1554] Das UCIFL erfasst insbesondere auch den Fall, dass die Parteien dem Leasingnehmer eine Kaufoption einräumen (vgl. Art. 1 Abs. 3 UCIFL).[1555] Bislang ist das Übereinkommen immerhin in zehn Staaten in Kraft getreten, darunter Frankreich, Italien, Russland und die Vereinigten Staaten.[1556]

Ein Leasingvertrag kann somit nur als Kaufvertrag im Sinne des Art. 1 Abs. 1 CISG zu qualifizieren sein, wenn aufgrund einer besonderen Vertragsgestaltung das Interesse der Parteien an der späteren Veräußerung der Ware ausnahmsweise doch überwiegt.[1557] Der Vertrag, den der Leasinggeber zur Beschaffung der Ware mit dem Lieferanten schließt, fällt indes ohne Weiteres unter den Kaufvertragsbegriff.[1558] Die Gewährleistungsrechte des Leasinggebers gegenüber dem Lieferanten unterstehen auch nach ihrer Abtretung an den Leasingnehmer weiterhin dem CISG.

1551 A.A. Soergel-*Lüderitz/Fenge*, Art. 3 Rn. 6.

1552 Vgl. Soergel-*Lüderitz/Fenge*, Art. 3 Rn. 6, freilich nur aus der Sicht des deutschen Rechts und noch vor dem Gesetz zur Modernisierung des Schuldrechts vom 26. November 2001, BGBl. 2001 I, S. 3138.

1553 Soergel-*Lüderitz/Fenge*, Art. 3 Rn. 6.

1554 Abgedr. u.a. in RabelsZ 51 (1987), 730 ff.; vgl. auch Staudinger-*Magnus*, Art. 1 Rn. 35 m.w.Nachw.

1555 Vgl. aber Soergel-*Lüderitz/Fenge*, Art. 3 Rn. 6: geregelt würden „vor allem die häufigeren Fälle ohne Kaufoption".

1556 Eine Liste aller Vertragsstaaten ist abrufbar unter http://www.unidroit.org/fr/etat-leasing-conv-1989. Die Bundesrepublik hat das UCIFL weder unterzeichnet noch ratifiziert.

1557 Vgl. Staudinger-*Magnus*, Art. 1 Rn. 35; vgl. auch BGH NJW-RR 2014, 1202, 1203.

1558 Vgl. hierzu und zum Folgenden Staudinger-*Magnus*, Art. 1 Rn. 35; Schlechtriem/Schwenzer-*Ferrari*, Art. 1 Rn. 28; Ferrari [*et al.*]-*Saenger*, Intl. Vertragsrecht, Art. 1 Rn. 4; MüKoHGB-*Benicke*, Art. 1 Rn. 12 f.; MüKoBGB-*Huber*, Art. 1 Rn. 12; Soergel-*Lüderitz/Fenge*, Art. 3 Rn. 6.

Ein Unterfall des Leasingvertrags ist das sog. *Sale-and-lease-back*-Geschäft, bei dem der Leasinggeber die Ware zunächst vom Leasingnehmer erwirbt und sie ihm dann entgeltlich zum Gebrauch überlässt.[1559] Ähnlich wie beim Finanzierungsleasing fungiert der Leasinggeber als Kreditgeber und erhält dafür das Eigentum an der Ware. Insofern ähnelt ein *Sale-and-lease-back*-Geschäft auch einer Sicherungsübereignung. Regelmäßig schließen die Parteien allerdings zwei selbständige Verträge: einen Kaufvertrag und einen Leasingvertrag. Nur für ersteren kann der sachliche Anwendungsbereich eröffnet sein.[1560] Ein *Sale-and-lease-back*-Geschäft betrifft jedoch nicht selten ein Grundstück, sodass bereits kein tauglicher Vertragsgegenstand vorliegt.[1561]

(β) PR CESL

Für den PR CESL besteht im Ergebnis kein Unterschied zum CISG. Ein Leasingvertrag ist auch kein Kaufvertrag im Sinne des Art. 2 lit. k PR CESL, denn er fällt ebenso wie ein Mietkauf unter den Anwendungsausschluss des Art. 6 Abs. 1 PR CESL.[1562] Für den Vertrag, den der Leasinggeber zur Beschaffung der Ware mit dem Lieferanten schließt.[1563] ist der sachliche Anwendungsbereich des Verordnungsentwurfs hingegen eröffnet, ebenso für den Kaufvertrag, den die Parteien im Rahmen eines *Sale-and-lease-back*-Geschäfts schließen.[1564]

(ff) Kommissionsvertrag

Durch einen Kommissionsvertrag verpflichtet sich der Kommissionär gegenüber dem Kommittenten, in eigenem Namen für dessen Rechnung Ware von einem Dritten zu kaufen (vgl. für das deutsche Recht auch § 383 Abs. 1 HGB).[1565] Der Kaufvertrag, den der Kommissionär daraufhin im Außenverhältnis schließt, ist ein Kaufvertrag im Sinne der Artt. 1 Abs. 1 CISG, 2 lit. k PR CESL.[1566] Für die Kommissionsabrede im Innenverhältnis ist der sachliche Anwendungsbereich

---

1559 Vgl. hierzu und zum Folgenden Schlechtriem/Schwenzer-*Ferrari*, Art. 1 Rn. 29; Staudinger-*Magnus*, Art. 1 Rn. 36; vgl. auch Kröll/Mistelis/Viscasillas-*Mistelis*, Art. 1 Rn. 35.

1560 Vgl. auch MüKoBGB-*Huber*, Art. 1 Rn. 12.

1561 Siehe 1. a) cc).

1562 Vgl. auch Schulze-*Wendehorst*, Art. 6 Rn. 5; *Mansel*, WM 2012, 1253, 1258.

1563 Näher dazu *Graf v. Westphalen*, BB 2012, 1495 ff.

1564 Vgl. auch *Ayad/Schnell*, BB 2012, 1487, 1488.

1565 Siehe zur maßgeblichen Niederlassung für das Kriterium der Internationalität bereits II. 1. a) aa) (1).

1566 Vgl. hierzu und zum Folgenden für das CISG Staudinger-*Magnus*, Art. 1 Rn. 23.

beider Rechtsinstrumente hingegen nicht eröffnet. Sie verpflichtet den Kommissionär lediglich zur Herausgabe des Erlangten an den Kommittenten (vgl. für das deutsche Recht § 384 Abs. 2 Halbsatz 2 HGB) und ist kein Austauschvertrag im definierten Sinne.[1567] Ein solcher kommt auch nicht zwischen dem Kommittenten und dem Dritten zustande; da der Kommissionär im Außenverhältnis in eigenem Namen handelt, wird nur er Vertragspartei.[1568]

Ein Kommissionsvertrag kann jedoch unter den Kaufvertragsbegriff der Artt. 1 Abs. 1 CISG, 2 lit. k PR CESL fallen, wenn er nicht einem Kauf, sondern einem Verkauf des Kommittenten dient und dieser die Ware hierfür zunächst an den Kommissionär verkauft. Zugleich vereinbaren die Parteien dann in aller Regel ein Wiederverkaufsrecht des Kommissionärs für den Fall, dass er die Ware nicht erfolgreich weiterverkaufen kann (sog. Kauf in Kommission).[1569] Alternativ kommt auch die Vereinbarung in Betracht, dass der Kommissionär nach Ablauf einer Weiterverkaufsfrist Eigentümer der Ware wird.[1570] Dann handelt er im Außenverhältnis als verdeckter Stellvertreter des Kommittenten und trägt das Verkaufsrisiko.[1571] Auch für diese Vertragsgestaltung ist der sachliche Anwendungsbereich beider Rechtsinstrumente eröffnet, da der Kaufvertragsbegriff auch bedingte Verträge erfasst.[1572] Der Kommissionsvertrag wird in diesem Fall nicht erst mit dem Fristablauf zum Kaufvertrag.[1573]

(gg) Rahmenvertrag

Ein Rahmenvertrag regelt ein Geschäftsverhältnis zwischen den Parteien, innerhalb dessen sie konkrete Einzellieferungen vereinbaren bzw. Kaufverträge schließen. Für diese ist der sachliche Anwendungsbereich beider Rechtsinstrumente eröffnet.[1574] Dies gilt auch, wenn der Rahmenvertrag noch vor dem Beginn der

---

1567 Vgl. zur Abgrenzung auch OLG Köln IHR 2002, 21, 23.

1568 Vgl. auch Staudinger-*Magnus*, Art. 1 Rn. 23; Ferrari [*et al.*]-*Saenger*, Intl. Vertragsrecht, Art. 1 Rn. 4; *Piltz*, NJW 2009, 2258, 2259.

1569 Zum Wiederverkaufsrecht bereits (aa); vgl. auch OLG Köln IHR 2002, 21, 23; MüKoBGB-*Huber*, Art. 1 Rn. 7.

1570 Vgl. hierzu und zum Folgenden Staudinger-*Magnus*, Art. 1 Rn. 23.

1571 Zur maßgeblichen Niederlassung bei der Einschaltung eines Stellvertreters bereits II. 1. a) aa) (1).

1572 Siehe (aa).

1573 So aber Staudinger-*Magnus*, Art. 1 Rn. 23.

1574 Vgl. hierzu und zum Folgenden für das CISG Schlechtriem/Schwenzer-*Ferrari*, Art. 1 Rn. 31, mit zahlreichen Beispielen aus der Rspr. (dort Fn. 122); Staudinger-*Magnus*, Art. 1 Rn. 37; vgl. auch OLG Köln IHR 2007, 200, 204 f.; IHR 2005, 161, 162; Ferrari [*et al.*]-*Saenger*, Intl. Vertragsrecht, Art. 1 Rn. 5; MüKoBGB-*Huber*, Art. 1 Rn. 11;

Anwendbarkeit geschlossen wurde.[1575] Er selbst ist hingegen grundsätzlich kein Kaufvertrag im Sinne der Artt. 1 Abs. 1 CISG, 2 lit. k PR CESL.[1576] In Bezug auf das CISG kommt eine entsprechende Qualifikation nur in Betracht, wenn der Rahmenvertrag bereits kaufvertragliche Rechte und Pflichten begründet und die kaufvertragsfremden Regelungen, z.B. zu Wettbewerbsverboten und Exklusivität, nicht überwiegen (vgl. auch Art. 3 Abs. 2 CISG).[1577] In Bezug auf den PR CESL scheitert auch in diesem Fall eine Qualifikation an Art. 6 Abs. 1 PR CESL.[1578]

Die Abgrenzung für Rahmenverträge und daraufhin geschlossene Kaufverträge gilt auch für Vertragshändler-, Agentur-, Joint Venture-,[1579] Kooperations-, Franchising- und Lizenzverträge,[1580] ebenso für Vermarktungs- und Geschäftsbesorgungsverträge.[1581]

cc) Entgeltlichkeit

Eine Qualifikation als Kaufvertrag im Sinne der Artt. 1 Abs. 1 CISG, 2 lit. k PR CESL setzt nicht nur eine endgültige, sondern auch eine entgeltliche Übertragung von Ware voraus. Dies erfordert die Zahlung eines Kaufpreises (dazu (1)). Auch insofern wählen die Parteien häufig besondere Vertragsgestaltungen (dazu (2)).

(1) Im Allgemeinen

Während sich Art. 53 CISG darauf beschränkt, den Käufer zur Zahlung des Kaufpreises zu verpflichten, differenziert Art. 2 lit. k PR CESL. Die Regelung stellt darauf ab, dass der Käufer „den Preis zahlt oder sich zur Zahlung des Preises verpflichtet".[1582] Erneut ist allerdings für beide Rechtsinstrumente unerheblich,

---

MüKoHGB-*Benicke*, Art. 1 Rn. 14; Soergel-*Lüderitz/Fenge*, Art. 1 Rn. 22; Kröll/Mistelis/Viscasillas-*Mistelis*, Art. 1 Rn. 28, 33; *Piltz*, NJW 2013, 2567, 2568.

1575 Dazu I. 1. a) bb) bzw. b) bb); vgl. auch OLG Koblenz RIW 1993, 934, 936.

1576 Vgl. auch OLG Düsseldorf NJW-RR 1997, 822 f.

1577 Zu Art. 3 Abs. 2 CISG bereits (dd) (α); siehe auch noch c) aa).

1578 Dazu auch bereits (dd) (β).

1579 Insofern abweichend Schlechtriem/Schwenzer-*Ferrari*, Art. 1 Rn. 28: pauschaler Ausschluss von Joint Venture-Verträgen.

1580 Vgl. OLG Düsseldorf IHR 2003, 121, 125; Schlechtriem/Schwenzer-*Ferrari*, Art. 1 Rn. 32; Staudinger-*Magnus*, Art. 1 Rn. 38 f.; Ferrari [*et al.*]-*Saenger*, Intl. Vertragsrecht, Art. 1 Rn. 4 f.; MüKoHGB-*Benicke*, Art. 1 Rn. 15; Kröll/Mistelis/Viscasillas-*Mistelis*, Art. 1 Rn. 34; *Piltz*, NJW 2005, 2126, 2127.

1581 Zur Abgrenzung BGH NJW-RR 2003, 1582 f.

1582 Siehe auch bereits bb) (1).

ob bereits der Kaufvertrag die Eigentumsverhältnisse ändert oder weitergehende Erfüllungsakte erforderlich sind.[1583]

(2) Im Besonderen

Abgesehen von Vertragsgestaltungen, welche die Zahlungsmodalitäten betreffen (dazu (aa)), bedarf es insbesondere einer Abgrenzung zur Schenkung (dazu (bb)) und zum Tausch (dazu (cc)).

(aa) Gestaltungen die Zahlungsmodalitäten betreffend

Abreden über die Zahlungsmodalitäten, etwa dass der Käufer den Kaufpreis in Raten zahlt, ändern nichts daran, dass eine entgeltliche Übertragung der Ware erfolgt, und berühren somit nicht die Qualifikation als Kaufvertrag im Sinne des Art. 1 Abs. 1 CISG.[1584] Freilich ist der Käufer bei einem Ratenkauf nicht selten Konsument, sodass das Übereinkommen gemäß Art. 2 lit. a CISG keine Anwendung findet.

Zu einem ähnlichen Ergebnis führt Art. 6 Abs. 2 Satz 1 PR CESL.[1585] Danach darf das DCESL nicht für B2C-Verträge verwendet werden, bei denen der Unternehmer dem Verbraucher einen Kredit in Form eines Zahlungsaufschubs, eines Darlehens oder einer vergleichbaren Finanzierungshilfe gewährt oder zu gewähren verspricht. Für B2B-Verträge steht das DCESL hingegen trotz besonderer Zahlungsmodalitäten zur Verfügung (*arg. e* Art. 6 Abs. 2 Satz 1 PR CESL).

Der Anwendungsausschluss soll einen Konflikt mit der Verbraucherkredit-Richtlinie[1586] vermeiden.[1587] Er formuliert daher weitgehend identisch mit der Legaldefinition des Begriffs „Kreditvertrag" in Art. 2 lit. c der Verbraucherkredit-Richtlinie.[1588] Deren immerhin 31 Artikel und drei Anhänge in den PR CESL zu übernehmen, hätte den Verordnungsentwurf noch umfangreicher und komplexer gemacht.[1589] Das mag sein. Es besteht jedoch kein Grund,

---

1583 Dazu bereits bb) (1).

1584 Vgl. hierzu und zum Folgenden Schlechtriem/Schwenzer-*Ferrari*, Art. 1 Rn. 26; Staudinger-*Magnus*, Art. 1 Rn. 25.

1585 Vgl. auch *Magnus*, in: CISG vs. Regional Sales Law, S. 97, 108.

1586 Richtlinie 2008/48/EG des Europäischen Parlaments und des Rates vom 23. April 2008 über Verbraucherkreditverträge und zur Aufhebung der Richtlinie 87/102/EWG des Rates, ABl. EU 2008 Nr. L 133, S. 66.

1587 Vgl. Schmidt-Kessel-*ders.*, Art. 6 Rn. 4; dies übersieht offenbar Schulze-*Wendehorst*, Art. 6 Rn. 3: „ratio […] largely remains in the dark".

1588 Vgl. auch Schulze-*Wendehorst*, Art. 6 Rn. 4: „formulated so as to match".

1589 Vgl. Schulze-*Wendehorst*, Art. 6 Rn. 3; *Stadler*, AcP 212 (2012), 473, 493; *Staudenmayer*, NJW 2011, 3491, 3494.

Verbraucherkreditverträge mit Blick auf die vollharmonisierende Richtlinie vom sachlichen Anwendungsbereich des PR CESL auszunehmen.[1590] Im Gegenteil: Aufgrund der Vollharmonisierung ist ein Anwendungsausschluss gerade nicht erforderlich. Der PR CESL regelt auch andere Bereiche, die bereits (voll) harmonisiert sind, vor allem durch die Verbraucherrechte-Richtlinie.[1591]

Art. 6 Abs. 2 Satz 1 PR CESL erfasst auch die Vereinbarung einer Ratenzahlung; hierin liegt die Gewährung „eines Zahlungsaufschubs" durch den Verkäufer. Etwas anderes folgt auch nicht aus Art. 6 Abs. 2 Satz 2 PR CESL. Die dortige Formulierung, wonach der Verbraucher „in Raten bezahlt", ist missverständlich. Die Regelung bezieht sich nicht auf einen Ratenkauf, sondern betrifft vielmehr regelmäßige Lieferungen von Waren gleicher Art, für die der Käufer jeweils erneut den (vollständigen) vereinbarten Kaufpreis zahlen muss.[1592]

Im Übrigen ist Art. 6 Abs. 2 Satz 1 PR CESL restriktiv auszulegen.[1593] Zwar sind bloße Rabatte noch kein „Kredit in Form [...] einer vergleichbaren Finanzierungshilfe".[1594] Nach dem Wortlaut der Regelung scheidet eine Anwendung des DCESL aber bereits aus, wenn der Unternehmer in irgendeiner Form in Vorleistung geht, obwohl der Verbraucher durchaus ein Interesse daran haben kann, etwa wenn er bei einem Vertragsschluss über das Internet per Kreditkarte zahlt oder der Unternehmer auf Rechnung liefert.[1595] Für solche Verträge muss der sachliche Anwendungsbereich daher eröffnet sein. Dies gilt umso mehr, als die Verbraucherkredit-Richtlinie sie nicht erfasst (vgl. auch Erwgr. (13) und Art. 2 Abs. 2 lit. f der Verbraucherkredit-Richtlinie) und somit der Zweck des Art. 6 Abs. 2 Satz 1 PR CESL nicht betroffen ist (vgl. oben). Abgesehen von der grundsätzlichen Kritik an der Regelung wäre es zudem einfacher gewesen, ausdrücklich auf den Gegenstand, den Geltungsbereich und die Begriffsbestimmungen

---

1590 Vgl. hierzu und zum Folgenden *Eidenmüller* [*et al.*], JZ 2012, 269, 275; vgl. auch *Stadler*, AcP 212 (2012), 473, 493.

1591 Kritisch daher auch Schmidt-Kessel-*ders.*, Art. 6 Rn. 4: „man könnte auch sagen, die Kommission habe vor den Umsetzungsanforderungen des eigenen Verbraucherkreditrechts kapituliert".

1592 Dazu auch bereits bb) (2) (cc).

1593 Zu Art. 6 Abs. 2 Satz 1 PR CESL bereits bb) (2) (dd) (β); vgl. hierzu und zum Folgenden Schmidt-Kessel-*ders.*, Art. 6 Rn. 8 f.

1594 So aber *Magnus*, in: CISG vs. Regional Sales Law, S. 97, 108 (dort Fn. 57), der offenbar übersieht, dass sich der Begriff „Kredit" auch auf die Variante der „vergleichbaren Finanzierungshilfe" bezieht.

1595 Vgl. auch *Stadler*, AcP 212 (2012), 473, 494.

gemäß Artt. 1–3 der Verbraucherkredit-Richtlinie zu verweisen, um einen Gleichlauf beider Rechtsinstrumente zu gewährleisten.

(bb) Schenkungsvertrag

Eine Schenkung liegt vor, wenn die Übertragung der Ware unentgeltlich erfolgt (vgl. für das deutsche Recht § 516 Abs. 1 BGB). Mangels Entgeltlichkeit ist ein Schenkungsvertrag daher kein Kaufvertrag im Sinne der Artt. 1 Abs. 1 CISG, 2 lit. k PR CESL.[1596] Auf die Zahlung eines Preises verzichtet der Verordnungsentwurf nur bei Verträgen über die Bereitstellung digitaler Inhalte und bei Verträgen über verbundene Dienstleistungen (vgl. Art. 5 litt. b, c PR CESL; vgl. auch Artt. 123 Abs. 2, 153 Abs. 1 DCESL).[1597]

Problematisch sind Fälle einer sog. gemischten Schenkung. Hierbei vereinbaren die Parteien zwar einen Kaufpreis, ihnen ist aber bewusst, dass dieser unterhalb des Warenwerts liegt und der Käufer objektiv bereichert wird, da er die Ware insofern unentgeltlich erhält.[1598]

In Bezug auf das CISG erfüllt die Vereinbarung eines Kaufpreises grundsätzlich auch bei einer gemischten Schenkung das Merkmal der Entgeltlichkeit, sodass der sachliche Anwendungsbereich eröffnet sein kann.[1599] Das Wertverhältnis der gegenseitigen Leistungen kann zwar bei der Anwendung der materiellen Vorschriften zu berücksichtigen sein. *Magnus* schlägt etwa vor, eine unangemessen scharfe Haftung des Verkäufers auf Schadensersatz durch eine restriktive Auslegung des Merkmals der Voraussehbarkeit in Art. 74 Satz 2 CISG zu vermeiden.[1600] Im Übrigen kennt das Übereinkommen jedoch keine Angemessenheitskontrolle der Gegenleistung. Insbesondere Art. 53 CISG verpflichtet den Käufer lediglich „nach Maßgabe des Vertrages [...], den Kaufpreis zu zahlen“. Dem widerspräche es auch, im Falle einer gemischten Schenkung den Vertragsgegenstand, sofern er es überhaupt zulässt, in einen entgeltlichen und einen unentgeltlichen Teil aufzuspalten und das CISG nur auf den entgeltlichen

---

1596 Vgl. für das CISG Schlechtriem/Schwenzer-*Ferrari*, Art. 1 Rn. 33; Staudinger-*Magnus*, Art. 1 Rn. 32; Ferrari [*et al.*]-*Saenger*, Intl. Vertragsrecht, Art. 1 Rn. 4; MüKoBGB-*Huber*, Art. 1 Rn. 8; MüKoHGB-*Benicke*, Art. 1 Rn. 10; vgl. für den PR CESL *Zenefels*, K&R 2012, 463, 466; Schulze-*Wendehorst*, Art. 5 Rn. 14.

1597 Dazu noch c) bb) (3) bzw. d) dd).

1598 Näher zum Begriff der gemischten Schenkung MüKoBGB-*Koch*, § 516 Rn. 34 f.; Bamberger/Roth-*Gehrlein*, § 516 Rn. 12.

1599 Vgl. auch Schlechtriem/Schwenzer-*Ferrari*, Art. 1 Rn. 33; Staudinger-*Magnus*, Art. 1 Rn. 32; MüKoBGB-*Huber*, Art. 1 Rn. 8; vgl. hierzu und zum Folgenden ebda.

1600 Siehe Fn. 1599.

Teil anzuwenden.[1601] Den Parteien steht es vielmehr frei, über das Wertverhältnis ihrer gegenseitigen Leistungen ohne Folgen für die Anwendbarkeit des CISG zu bestimmen und z.B. lediglich einen „Freundschaftspreis" zu vereinbaren.

Zu beachten ist allerdings, dass ein unangemessen niedriger, ggf. auch nur symbolischer Kaufpreis (sog. symbolischer Euro) nicht nur dafür sprechen kann, dass die Parteien „in Wahrheit" einen Schenkungsvertrag geschlossen haben.[1602] Er kann auch zur Unwirksamkeit des Vertrags führen.[1603] Dies richtet sich nach dem unvereinheitlichten Recht, da das Übereinkommen die materielle Gültigkeit von Verträgen nicht betrifft (vgl. Art. 4 Satz 2 lit. a CISG).[1604]

Für den PR CESL gilt Entsprechendes. Auch der Verordnungsentwurf kennt keine Angemessenheitskontrolle der Gegenleistung und überlässt die Frage nach der Unwirksamkeit eines Vertrags „wegen Rechts- oder Sittenwidrigkeit" dem nationalen Recht (vgl. Erwgr. (27) Satz 2 PR CESL). Bis zu dieser Grenze können die Parteien frei über das Wertverhältnis ihrer gegenseitigen Leistungen bestimmen und das DCESL verwenden. Insofern wirkt sich auch nicht die Differenzierung zwischen B2B- und B2C-Verträgen aus; die Vereinbarung eines Kaufpreises unterhalb des Warenwerts ist für den Käufer (Verbraucher) sogar rechtlich vorteilhaft.

(cc) Tauschvertrag

Bei einem Tausch vereinbaren die Parteien zwar im Gegensatz zur Schenkung eine Gegenleistung für die Übertragung der Ware. Diese besteht jedoch nicht in der Zahlung eines Kaufpreises, sondern ihrerseits in der Übertragung eines Sachwerts.[1605]

(α) CISG

Die Frage, ob auch ein Tauschvertrag unter den Kaufvertragsbegriff des Art. 1 Abs. 1 CISG fällt, wird nicht einheitlich beantwortet. Aufgrund des internationalen Charakters des Übereinkommens und des Gebots der einheitlichen

---

1601 So auch MüKoBGB-*Huber*, Art. 1 Rn. 8; a.A. MüKoHGB-*Benicke*, Art. 1 Rn. 10; wohl auch Staudinger-*Magnus*, Art. 1 Rn. 32; freilich unterstellen beide den gesamten Vertrag dem CISG, wenn eine Aufspaltung nicht möglich ist.

1602 Staudinger-*Magnus*, Art. 1 Rn. 32, meint damit wohl eine Auslegung des Vertrags; vgl. auch MüKoHGB-*Benicke*, Art. 1 Rn. 10.

1603 Vgl. hierzu und zum Folgenden MüKoBGB-*Huber*, Art. 1 Rn. 8; vgl. auch Schlechtriem/Schwenzer-*Ferrari*, Art. 1 Rn. 33.

1604 Vgl. für das deutsche Recht z.B. § 138 Abs. 1 BGB.

1605 Näher zum Begriff MüKoBGB-*Westermann*, § 480 Rn. 1 ff.; Bamberger/Roth-*Gehrlein*, § 480 Rn. 1 ff.

Auslegung (vgl. Art. 7 Abs. 1 CISG) kommt es jedenfalls nicht darauf an, ob bzw. inwieweit das nationale Recht Tauschverträge den Kaufverträgen gleichstellt (vgl. für das deutsche Recht § 480 BGB).[1606]

Nach vorzugswürdiger Ansicht ist ein Tauschvertrag kein Kaufvertrag im Sinne des Art. 1 Abs. 1 CISG.[1607] Hierfür spricht bereits der Wortlaut von Art. 53 CISG. Die Regelung verpflichtet den Käufer, „den Kaufpreis zu zahlen", d.h. eine in gängigen Zahlungsmitteln ausgedrückte Geldsumme zu entrichten.[1608] Das CISG enthält hingegen keinen Hinweis darauf, dass der Kaufpreis auch in etwas anderem als Geld bestehen kann. Einen Anknüpfungspunkt bietet insbesondere Art. 53 CISG nicht, der den Käufer nur „nach Maßgabe des Vertrages" zur Zahlung des Kaufpreises verpflichtet. Die Formulierung bezieht sich allein auf die Zahlungsmodalitäten, vor allem die Höhe des Kaufpreises. Sie ändert indes nichts daran, dass der Käufer „zahlen" muss.

Gegen die Qualifikation eines Tauschs als Kaufvertrag spricht auch die Entstehung des Übereinkommens.[1609] Bereits die Haager Konferenz lehnte einen Antrag ab, auch Vorschriften für Tauschverträge aufzunehmen. Während der Wiener Konferenz wurde ein entsprechender Antrag nicht erneut gestellt. UNCITRAL hat sich vielmehr um ein eigenständiges Übereinkommen für Tausch- und Gegengeschäfte bemüht.[1610]

Tauschverträge und ihre Unterfälle, z.B. Kompensations- und Gegengeschäfte, liegen somit außerhalb des sachlichen Anwendungsbereichs des CISG.[1611] Etwas anderes gilt allerdings, wenn es sich bei dem betreffenden Vertrag nicht um einen einheitlichen (Tausch-)Vertrag handelt, sondern um einen sog. Doppelkauf.[1612] Dieser besteht aus zwei selbständigen Kaufverträgen, welche die

---

1606 Vgl. Schlechtriem/Schwenzer-*Ferrari*, Art. 1 Rn. 30; Staudinger-*Magnus*, Art. 1 Rn. 29.

1607 Siehe die Nachw. in Fn. 1606; vgl. auch Ferrari [*et al.*]-*Saenger*, Intl. Vertragsrecht, Art. 1 Rn. 4; MüKoHGB-*Benicke*, Art. 1 Rn. 8; MüKoBGB-*Huber*, Art. 1 Rn. 9; Kröll/Mistelis/Viscasillas-*Mistelis*, Art. 1 Rn. 30; Soergel-*Lüderitz/Fenge*, Art. 1 Rn. 22; a.A. *Schwenzer/Kee*, IHR 2009, 229, 231 ff.

1608 Vgl. Staudinger-*Magnus*, Art. 53 Rn. 7.

1609 Vgl. auch MüKoBGB-*Huber*, Art. 1 Rn. 9; vgl. hierzu und zum Folgenden Staudinger-*Magnus*, Art. 1 Rn. 29.

1610 Vgl. UNCITRAL YB IX (1978), S. 190 f.; UNCITRAL YB X (1979), S. 37.

1611 Siehe die Nachw. in Fn. 1606 f.; vgl. auch Kröll/Mistelis/Viscasillas-*Mistelis*, Art. 1 Rn. 30; *Piltz*, NJW 2007, 2159, 2160.

1612 Vgl. hierzu und zum Folgenden Schlechtriem/Schwenzer-*Ferrari*, Art. 1 Rn. 30; Staudinger-*Magnus*, Art. 1 Rn. 30; Ferrari [*et al.*]-*Saenger*, Intl. Vertragsrecht, Art. 1

Parteien lediglich in einem engen (zeitlichen) Zusammenhang schließen. Für sie kann der sachliche Anwendungsbereich durchaus eröffnet sein.

Nach den Ausführungen zur gemischten Schenkung[1613] fällt ein Vertrag auch dann unter den Kaufvertragsbegriff des Art. 1 Abs. 1 CISG, wenn die vereinbarte Gegenleistung sowohl aus der Zahlung eines Kaufpreises als auch aus der Übertragung eines Sachwerts besteht.[1614] Dies gilt unabhängig davon, ob ein solcher Vertrag (ohnehin) als Kaufvertrag mit einer Ersetzungsbefugnis des Käufers, als Doppelkauf mit einer Aufrechnungsabrede der Parteien, als ein typengemischter Vertrag oder als Vertrag *sui generis* einzuordnen ist.[1615] Ebenso wie bei einer gemischten Schenkung ist entscheidend, dass durch die Vereinbarung eines Kaufpreises das Merkmal der Entgeltlichkeit erfüllt wird. Insofern kommt es nicht darauf an, welchen Teil der Gegenleistung der Kaufpreis ausmacht.[1616] Der Vertrag ist auch nicht in einen entgeltlichen und einen tauschvertraglichen Teil aufzuspalten.[1617]

(β) PR CESL

Ein Tauschvertrag ist auch kein Kaufvertrag im Sinne des Art. 2 lit. k PR CESL.[1618] Die Regelung setzt voraus, dass der Käufer „den Preis zahlt oder sich zur Zahlung des Preises verpflichtet". Den Begriff „Preis" definiert Art. 2 lit. i PR CESL separat, und zwar als Geld, das im Austausch für eine gekaufte Ware geschuldet ist.

Der Geldbegriff erfasst wiederum alle in- und ausländischen Zahlungsmittel in geltender Währung, wobei eine Zahlung in Euro nicht erforderlich ist, die Parteien also beliebig zwischen den Währungen aller Staaten wählen können (vgl. auch Art. 166 Abs. 2 DCESL sowie Art. 128 AEUV).[1619] Nicht erfasst sind hingegen sonstige, andere als monetäre wirtschaftliche Vorteile, etwa Waren, digitale

---

Rn. 4; vgl. auch MüKoBGB-*Huber*, Art. 1 Rn. 9; MüKoHGB-*Benicke*, Art. 1 Rn. 9, mit Beispielen aus der Rspr. (dort Fn. 9).

1613 Siehe soeben (bb).

1614 So auch MüKoBGB-*Huber*, Art. 1 Rn. 9.

1615 Näher dazu, insbesondere zur Inzahlungnahme eines Kfz, Staudinger-*Schermaier*, § 480 Rn. 9 ff. m.w.Nachw.; vgl. auch Palandt-*Weidenkaff*, § 480 Rn. 6.

1616 Abweichend Staudinger-*Magnus*, Art. 1 Rn. 30: Der Kaufpreis müsse „überwiegend in Geld zu zahlen sein", dies lasse sich „auf den Gedanken stützen, den Art. 3 Abs. 2 CISG enthält".

1617 Dazu soeben (bb).

1618 Vgl. auch Schulze-*Wendehorst*, Art. 5 Rn. 13.

1619 Näher dazu Schmidt-Kessel-*ders.*, Art. 2 Rn. 56.

Inhalte oder Dienstleistungen, der Zugang zu persönlichen Daten (vgl. auch Erwgr. (18) Satz 1 PR CESL), die Bereitschaft zu einer Bestellung, die Aussicht auf Weiterempfehlung oder einen guten Ruf.[1620] Daher liegt auch kein Kaufvertrag im Sinne des Art. 2 lit. k PR CESL vor, wenn ein Anbieter ein „Willkommensgeschenk" verspricht, falls der Interessent einen Vertrag vor einem bestimmten Datum abschließt, oder wenn er ein Mobiltelefon „für 0 Euro" anbietet, falls der Vertrag mit einer bestimmten Mindestlaufzeit abgeschlossen wird. Diese Auslegung des Geldbegriffs ist nicht zu eng,[1621] sondern wortlautgetreu. Bereits der natürliche Wortsinn spricht dagegen, dass der Begriff „Geld" auch andere als monetäre wirtschaftliche Vorteile erfasst.

Für einen Doppelkauf steht das DCESL jedoch zur Verfügung, und das Merkmal der Entgeltlichkeit ist auch im Rahmen des PR CESL erfüllt, wenn die Parteien eine Gegenleistung vereinbaren, die sich aus der Zahlung eines Kaufpreises und der Übertragung eines Sachwerts zusammensetzt. Auch insofern besteht kein Unterschied zum CISG.

b) Werklieferungsvertrag

Beide Rechtsinstrumente erfassen neben Kaufverträgen auch Werklieferungsverträge, also Verträge über die Lieferung von Waren, die noch hergestellt oder erzeugt werden müssen, z.B. eine Maschine oder ein landwirtschaftliches Produkt (dazu aa)).[1622] Das CISG nimmt allerdings bestimmte Werklieferungsverträge vom sachlichen Anwendungsbereich aus (dazu bb)).

aa) Grundsatz

(1) CISG

Gemäß Art. 3 Abs. 1 CISG stehen Werklieferungsverträge den Kaufverträgen gleich.[1623] Auf reine Werkverträge findet das Übereinkommen hingegen keine Anwendung.[1624] Deshalb ist jeweils vorab zu prüfen, ob die Parteien tatsächlich

---

1620 Vgl. hierzu und zum Folgenden Schulze-*Wendehorst*, Art. 5 Rn. 14.

1621 So aber Schulze-*Wendehorst*, Art. 5 Rn. 39.

1622 Vgl. nur Schlechtriem/Schwenzer-*Ferrari*, Art. 3 Rn. 4; Staudinger-*Magnus*, Art. 3 Rn. 13.

1623 Vgl. auch BGH IHR 2015, 8, 10; OLG Saarbrücken IHR 2010, 202, 204; OLG Karlsruhe IHR 2008, 194, 195; OLG Oldenburg IHR 2008, 112, 117; Schlechtriem/Schwenzer-*Ferrari*, Art. 3 Rn. 5; Soergel-*Lüderitz/Fenge*, Art. 3 Rn. 1 f. Kröll/Mistelis/Viscasillas-*Mistelis/Raymond*, Art. 3 Rn. 5.

1624 Vgl. Staudinger-*Magnus*, Art. 1 Rn. 26.

einen einheitlichen Vertrag oder vielmehr zwei selbständige Verträge geschlossen haben, einen Werkvertrag und einen Kaufvertrag, die lediglich in einem engen (zeitlichen) Zusammenhang stehen.[1625] Dann kann der sachliche Anwendungsbereich nur für den Kaufvertrag eröffnet sein.

Ob die Einheitlichkeit des Vertrags mithilfe der Vorschriften des CISG oder unter Rückgriff auf das unvereinheitlichte Recht zu ermitteln ist, wird zwar nicht einheitlich beantwortet. Einerseits gehört die Teilbarkeit von Verträgen nicht zum Regelungsbereich des CISG,[1626] andererseits muss das Übereinkommen selbst über seinen Anwendungsbereich entscheiden können und ist autonom auszulegen (vgl. Art. 7 Abs. 1 CISG).[1627] Die Frage ist jedoch eher theoretischer Natur als praktisch relevant, denn sowohl im Rahmen des CISG als auch nach dem unvereinheitlichten Recht dürfte stets der Parteiwille maßgeblich sein, der im Wege der Vertragsauslegung zu bestimmen ist.[1628] Abgesehen davon ist bei einem wirtschaftlich einheitlichen Geschäft regelmäßig auch eine rechtliche Einheit anzunehmen.[1629] Liegt ein einheitlicher Vertrag vor, findet das CISG grundsätzlich auf den gesamten Vertrag Anwendung.[1630] Eine Anwendung nur auf bestimmte Vertragsteile kommt ausnahmsweise in Betracht, wenn die Vorschriften des Übereinkommens für die kaufvertragsfremden Regelungen „keinesfalls passen".[1631] Auf sie findet dann das unvereinheitlichte Recht Anwendung.[1632]

1625 Vgl. hierzu und zum Folgenden Staudinger-*Magnus*, Art. 3 Rn. 9; vgl. auch Ferrari [*et al.*]-*Saenger*, Intl. Vertragsrecht, Art. 3 Rn. 1.

1626 Daher für einen Rückgriff auf das unvereinheitlichte Recht Sekretariatskommentar, Art. 3 Rn. 3; vgl. auch *Fogt*, IPRax 2003, 364, 368.

1627 Daher für eine Prüfung mithilfe der Vorschriften des CISG Schlechtriem/Schwenzer-*Ferrari*, Art. 3 Rn. 12, zu Art. 3 Abs. 2 CISG; Ferrari [*et al.*]-*Saenger*, Intl. Vertragsrecht, Art. 3 Rn. 1; MüKoBGB-*Huber*, Art. 3 Rn. 11; Soergel-*Lüderitz/Fenge*, Art. 3 Rn. 5; wohl auch Kröll/Mistelis/Viscasillas-*Mistelis/Raymond*, Art. 3 Rn. 21 f.

1628 Vgl. auch OLG Dresden IHR 2008, 162, 165; Schlechtriem/Schwenzer-*Ferrari*, Art. 3 Rn. 12; Staudinger-*Magnus*, Art. 3 Rn. 10; Ferrari [*et al.*]-*Saenger*, Intl. Vertragsrecht, Art. 3 Rn. 1; MüKoBGB-*Huber*, Art. 3 Rn. 11.

1629 Vgl. Staudinger-*Magnus*, Art. 3 Rn. 10; MüKoBGB-*Huber*, Art. 3 Rn. 11.

1630 Vgl. hierzu und zum Folgenden Staudinger-*Magnus*, Art. 3 Rn. 11; Ferrari [*et al.*]-*Saenger*, Intl. Vertragsrecht, Art. 3 Rn. 7.

1631 Staudinger-*Magnus*, Art. 3 Rn. 11.

1632 Näher zur Möglichkeit einer Aufspaltung *Fogt*, IPRax 2003, 364, 366 ff.

Die Gleichstellung von Werklieferungsverträgen mit Kaufverträgen bezweckt eine Erweiterung des sachlichen Anwendungsbereichs.[1633] Werklieferungsverträge sind im internationalen Warenverkehr von erheblicher Bedeutung.[1634] Ein vereinheitlichtes Kaufrecht kommt daher nicht umhin, sie den Kaufverträgen gleichzustellen.[1635] Bereits Art. 2 des ersten Entwurfs von UNIDROIT von 1935 enthielt eine entsprechende Regelung, ebenso der zweite Entwurf von 1939, die Entwürfe von 1956 und 1963 (dort jeweils in Art. 10), die Haager Kaufgesetze (vgl. Artt. 1 Abs. 7 ULF, 6 ULIS), der Genfer Entwurf von 1977 und der New Yorker Entwurf von 1978 (dort jeweils in Art. 3).[1636] Auch die Wiener Konferenz stellte eine Gleichstellung nicht ernsthaft in Frage, zumal sie auch nach den Rechtsordnungen vieler Vertragsstaaten erfolgt (vgl. für das deutsche Recht § 651 Satz 1 BGB).[1637]

(2) PR CESL

Im Gegensatz zum CISG bemüht der PR CESL für Werklieferungsverträge keine separate Regelung, sondern regelt sie als Unterfall des Kaufvertrags (vgl. Art. 2 lit. k PR CESL: „einschließlich Verträgen über die Lieferung von Waren, die noch hergestellt oder erzeugt werden müssen"). Beide Rechtsinstrumente verwenden insofern also eine unterschiedliche Regelungstechnik. Für reine Werkverträge steht auch das DCESL nicht zur Verfügung, sodass vorab die Einheitlichkeit des Vertrags zu überprüfen ist. Hierfür dürfte unabhängig von den anzuwendenden Vorschriften (PR CESL oder autonomes Recht) der Parteiwille maßgeblich sein.

Aufgrund ihrer Regelung als Unterfall des Kaufvertrags gilt auch für Werklieferungsverträge die Voraussetzung, dass der Verkäufer „das Eigentum […] überträgt oder sich zur Übertragung des Eigentums […] verpflichtet" (Art. 2 lit. k

1633 Vgl. auch Ferrari [*et al.*]-*Saenger*, Intl. Vertragsrecht, Art. 3 Rn. 1.

1634 Vgl. Schlechtriem/Schwenzer-*Ferrari*, Art. 3 Rn. 4 f., mit zahlreichen Beispielen aus der Rspr. (dort Fn. 20); ebenso Staudinger-*Magnus*, Art. 3 Rn. 1, 13.

1635 Siehe Fn. 1634; vgl. auch Kröll/Mistelis/Viscasillas-*Mistelis/Raymond*, Art. 3 Rn. 1; Sekretariatskommentar, Art. 3 Rn. 4.

1636 Vgl. hierzu und zum Folgenden Schlechtriem/Schwenzer-*Ferrari*, Art. 3 Rn. 1; Staudinger-*Magnus*, Art. 3 Rn. 6; zur Entstehung des CISG bereits B. I.

1637 Anders als § 651 Satz 1 BGB differenziert Art. 3 Abs. 1 CISG freilich nicht zwischen vertretbaren und nicht vertretbaren Sachen; vgl. auch OLG Saarbrücken IHR 2001, 64; Schlechtriem/Schwenzer-*Ferrari*, Art. 3 Rn. 5; Staudinger-*Magnus*, Art. 3 Rn. 2, 13; Ferrari [*et al.*]-*Saenger*, Intl. Vertragsrecht, Art. 3 Rn. 2; MüKoHGB-*Benicke*, Art. 3 Rn. 2; MüKoBGB-*Huber*, Art. 3 Rn. 4; Soergel-*Lüderitz/Fenge*, Art. 3 Rn. 2.

PR CESL).[1638] Die Übertragung als solche richtet sich in der Regel nach der *lex rei sitae* (vgl. für das deutsche Recht Art. 43 Abs. 1 EGBGB), denn „das Sachenrecht einschließlich der Eigentumsübertragung" gehört nicht zum Regelungsbereich des Verordnungsentwurfs (vgl. Erwgr. (27) Satz 2 PR CESL).[1639]

Bei einem Werklieferungsvertrag kann der Verkäufer eine Eigentumsübertragung ohne Weiteres bewirken, wenn er selbst über alle Stoffe[1640] verfügt, die für die Herstellung oder Erzeugung der Ware notwendig sind, oder wenn er sie von einem Dritten beschafft.[1641] Dann ist nämlich der Verkäufer (bzw. der Dritte) ursprünglicher Eigentümer der Stoffe, und eine Eigentumsübertragung auf den Käufer ist möglich. Auch wenn der Käufer aus seinem Eigentum Stoffe zur Verfügung stellt, kann in einigen Rechtsordnungen dennoch zunächst der Verkäufer kraft Gesetzes durch die Herstellung der Ware ihr alleiniger Eigentümer werden (vgl. für das deutsche Recht §§ 947 Abs. 2, 948 Abs. 1, 949 Satz 3, 950 BGB). Auch in diesem Fall ist eine Eigentums(rück)übertragung auf den Käufer möglich.

Liegen jedoch die Voraussetzungen für einen gesetzlichen Eigentumserwerb des Verkäufers nicht vor oder kennt die *lex rei sitae* keinen solchen Erwerb durch eine verarbeitende Tätigkeit, wird der Käufer zumindest Miteigentümer der auch aus seinen Stoffen hergestellten Ware (vgl. für das deutsche Recht §§ 947 Abs. 1, 948 Abs. 1, 949 Satz 2 BGB).[1642] Insofern ist keine Eigentumsübertragung auf den Käufer möglich bzw. eine entsprechende Verpflichtung des Verkäufers geht ins Leere.

Nach vorzugswürdiger Ansicht hindert dies aber nicht die Qualifikation als Werklieferungsvertrag im Sinne des Art. 2 lit. k PR CESL.[1643] Da das dingliche Recht gerade nicht zum Regelungsbereich des PR CESL gehört (vgl. oben), wäre es inkonsequent, hinge dessen Anwendbarkeit von der Vorfrage ab, ob bzw. inwieweit der Verkäufer nach den autonomen Vorschriften das Eigentum an den Stoffen des Käufers erwerben kann. Entscheidend ist vielmehr, dass der Käufer nach dem Vertrag letztlich Eigentümer der hergestellten Ware sein soll. Es muss daher genügen, dass eine Eigentumsübertragung seitens des Verkäufers entweder tatsächlich erforderlich ist oder, sofern der Käufer bereits kraft Gesetzes Miteigentümer der Ware wird, zumindest hypothetisch erforderlich wäre.

Dies gilt auch für das CISG. Das Übereinkommen regelt Werklieferungsverträge nicht als Unterfall des Kaufvertrags, sondern stellt sie ihnen lediglich

1638 Dazu bereits a) bb) (1).

1639 Siehe Fn. 1638; vgl. auch Schulze-*Wendehorst*, Art. 5 Rn. 11.

1640 Zu diesem Begriff noch bb) (1).

1641 Vgl. hierzu und zum Folgenden auch Schulze-*Wendehorst*, Art. 5 Rn. 11 f.

1642 Vgl. hierzu und zum Folgenden auch Schulze-*Wendehorst*, Art. 5 Rn. 12.

1643 Vgl. hierzu und zum Folgenden Schulze-*Wendehorst*, Art. 5 Rn. 12.

gleich (vgl. Art. 3 Abs. 1 CISG).[1644] Dadurch entsteht ein Auslegungsspielraum im Hinblick auf die Übertragung der Pflichten eines Verkäufers gemäß Art. 30 CISG. Sofern der Besteller[1645] Stoffe zur Verfügung stellt und bereits kraft Gesetzes Miteigentümer der Ware wird, lässt sich mit der genannten Erwägung eine Einschränkung der Pflicht zur Eigentumsübertragung begründen (vgl. oben).

bb) Ausnahme

Art. 3 Abs. 1 CISG nimmt Werklieferungsverträge vom sachlichen Anwendungsbereich aus, bei denen der Käufer „einen wesentlichen Teil der [...] notwendigen Stoffe selbst zur Verfügung zu stellen hat". Die Regelung begrenzt die Gleichstellung mit Kaufverträgen somit auf Fälle, in denen eine tatsächlich erforderliche Eigentumsübertragung durch den Verkäufer im Vordergrund steht. Andernfalls drohte diese Pflicht aus Art. 30 CISG ihre Abgrenzungsfunktion gegenüber reinen Werkverträgen und Dienstverträgen zu verlieren.[1646]

(1) Zur Verfügung Stellen notwendiger Stoffe

Der Begriff „Stoffe" entspricht dem Warenbegriff, erfasst also alle beweglichen körperlichen Gegenstände.[1647] Die abweichende Terminologie lässt sich damit erklären, dass das CISG eine Qualifikation als Ware nur hinsichtlich des Vertragsgegenstands vorsieht. Vom Käufer selbst zur Verfügung gestellte Gegenstände gehören jedoch nicht zum Vertragsgegenstand, sodass Art. 3 Abs. 1 CISG insofern nicht ebenfalls auf „Ware" abstellen kann.

Zu den „für die Herstellung oder Erzeugung notwendigen" Stoffen zählen nicht Hilfsmittel, die lediglich bei der Herstellung eingesetzt werden, aber in keiner Form in die Ware eingehen, z.B. Produktionsmaschinen oder Werkzeug.[1648]

1644 Dazu soeben (1).

1645 Diesen Begriff verwendet Art. 3 Abs. 1 CISG; er drückt aber lediglich aus, dass die Ware noch hergestellt oder erzeugt werden muss, und ist im Übrigen Synonym für den Begriff „Käufer". Dieser Begriff wird daher im Folgenden auch bzgl. Art. 3 Abs. 1 CISG verwendet.

1646 Vgl. auch Staudinger-*Magnus*, Art. 3 Rn. 13.

1647 Zu diesen Merkmalen bereits 1. a); vgl. auch Schlechtriem/Schwenzer-*Ferrari*, Art. 3 Rn. 10; Staudinger-*Magnus*, Art. 3 Rn. 24; Ferrari [*et al.*]-*Saenger*, Intl. Vertragsrecht, Art. 3 Rn. 3; MüKoHGB-*Benicke*, Art. 3 Rn. 4; MüKoBGB-*Huber*, Art. 3 Rn. 5 f., auch unter Berücksichtigung der englischen und der französischen Fassung; Soergel-*Lüderitz/Fenge*, Art. 3 Rn. 3; Kröll/Mistelis/Viscasillas-*Mistelis/Raymond*, Art. 3 Rn. 14.

1648 Vgl. hierzu und zum Folgenden MüKoBGB-*Huber*, Art. 3 Rn. 5 f.

Auch Stoffe, die der Käufer zu anderen Zwecken zur Verfügung stellt, z.B. Verpackungen oder Transportmittel, sind nicht zu berücksichtigen.[1649]

Schließlich zeigt die Formulierung „zur Verfügung zu stellen hat" zum einen, dass der Käufer vertraglich zur Überlassung notwendiger Stoffe verpflichtet sein muss („zu stellen hat").[1650] Nicht zu berücksichtigen sind demnach Stoffe, die er dem Verkäufer überobligatorisch oder sonst freiwillig überlässt. Die Abgrenzung bereitet in der Regel keine Probleme, zumal wenn die Parteien ausdrücklich festgelegt haben, welche Stoffe zur Verfügung zu stellen sind. Liefert der Käufer sie nicht, haftet er nach den Vorschriften des CISG.[1651] Zum anderen sind nur solche Stoffe relevant, die der Käufer unentgeltlich überlässt („zur Verfügung [...] stellen").[1652] Es schadet nicht, wenn die Parteien beim Kaufpreis für die Ware berücksichtigen, dass der Käufer Stoffe zur Verfügung stellt.[1653] Maßgeblich ist vielmehr, dass sie bzgl. der Stoffe keinen separaten Kaufvertrag schließen.[1654] Dann wäre Art. 3 Abs. 2 CISG nicht einschlägig. Ob die Parteien einen einheitlichen Vertrag geschlossen haben, ist eine Frage der Vertragsauslegung.[1655]

(2) Wesentlicher Teil

Im Kern geht es bei der Ausnahme in Art. 3 Abs. 1 CISG um die Frage, ob der Käufer „einen wesentlichen Teil" der notwendigen Stoffe zur Verfügung stellt. Dies ist jedenfalls anzunehmen, wenn er alle Stoffe beisteuert.[1656] Verfügt hingegen umgekehrt der Verkäufer bereits über alle Stoffe, bleibt es bei der Gleichstellung des Werklieferungsvertrags, ohne dass es auf eine Abgrenzung anhand der Wesentlichkeit ankommt.[1657] Abgesehen davon ist das Kriterium der Wesentlichkeit unbestimmt, was Rechtsunsicherheit birgt.[1658] Umso mehr ist den Parteien

---

1649 Vgl. auch Schlechtriem/Schwenzer-*Ferrari*, Art. 3 Rn. 6 (dort Fn. 26); Staudinger-*Magnus*, Art. 3 Rn. 20; Ferrari [*et al.*]-*Saenger*, Intl. Vertragsrecht, Art. 3 Rn. 3.

1650 Vgl. Schlechtriem/Schwenzer-*Ferrari*, Art. 3 Rn. 6 (dort Fn. 27); Staudinger-*Magnus*, Art. 3 Rn. 17; Ferrari [*et al.*]-*Saenger*, Intl. Vertragsrecht, Art. 3 Rn. 3; vgl. auch MüKoBGB-*Huber*, Art. 3 Rn. 8.

1651 Vgl. Schlechtriem/Schwenzer-*Ferrari*, Art. 3 Rn. 7 (dort Fn. 37).

1652 Vgl. Staudinger-*Magnus*, Art. 3 Rn. 19; abweichend die amtliche Übersetzung der Schweiz: „liefert".

1653 Vgl. hierzu und zum Folgenden MüKoBGB-*Huber*, Art. 3 Rn. 9.

1654 Vgl. auch MüKoHGB-*Benicke*, Art. 3 Rn. 7.

1655 Dazu auch bereits aa) (1).

1656 Vgl. Schlechtriem/Schwenzer-*Ferrari*, Art. 3 Rn. 8.

1657 Vgl. auch Staudinger-*Magnus*, Art. 3 Rn. 13.

1658 Vgl. Staudinger-*Magnus*, Art. 3 Rn. 5; vgl. auch MüKoBGB-*Huber*, Art. 3 Rn. 7: „nicht abschließend geklärt".

eine ausdrückliche Abrede zur Anwendung des CISG zu empfehlen,[1659] sofern ihnen denn die Möglichkeit bzw. das Erfordernis eines *opt out* bewusst ist.[1660]

Der Begriff „wesentlich" ist autonom auszulegen.[1661] Maßgeblich ist, ob der Käufer nach den Umständen des Einzelfalls einen erheblichen, ins Gewicht fallenden Teil der notwendigen Stoffe zur Verfügung stellt. „Einigkeit"[1662] besteht zumindest darüber, dass die Ausnahme nicht erst ab der Mehrheit der Stoffe eingreift, sondern auch weniger als die Hälfte „wesentlich" sein kann. Dies ergibt sich aus der Systematik des Art. 3 CISG.[1663] Im Gegensatz zu Abs. 1 stellt Abs. 2 darauf ab, ob „der überwiegende Teil" der Pflichten des Verkäufers in der Ausführung von Arbeiten oder anderen Dienstleistungen besteht.[1664] Jedenfalls dieses Kriterium bezieht sich auf die Mehrheit der Pflichten.[1665] Die Existenz zweier unterschiedlicher Kriterien in derselben Vorschrift zeigt aber, dass sich beide Kriterien nicht entsprechen können, zumal Abs. 1 und Abs. 2 in einem Exklusivitätsverhältnis zueinander stehen. Während Abs. 2 für Verträge gilt, die Arbeits- oder Dienstleistungen als zusätzliche Pflichten begründen, gilt Abs. 1 für Werklieferungsverträge, bei denen Arbeits- und Dienstleistungen bereits immanenter Bestandteil der Herstellung oder Erzeugung der Ware sind.[1666] Im Umkehrschluss aus Art. 3 Abs. 2 CISG folgt daher, dass an das Kriterium der Wesentlichkeit in Art. 3 Abs. 1 CISG nicht ebenso strenge Anforderungen zu stellen sind wie an das Kriterium des Überwiegens.[1667] Auch weniger als die Hälfte der notwendigen Stoffe kann somit einen „wesentlichen Teil" bilden.

Die Frage, ob der Begriff „wesentlich" im Übrigen nur quantitativ oder auch qualitativ zu bestimmen ist, wird nicht einheitlich beantwortet.[1668] Der Wortlaut

---

1659 Dazu C. I. 1., 2.; vgl. auch Staudinger-*Magnus*, Art. 3 Rn. 12: „dringend zu empfehlen".

1660 Siehe auch bereits 1. a) dd) (1) (aa).

1661 Vgl. hierzu und zum Folgenden Schlechtriem Schlechtriem/Schwenzer-*Ferrari*, Art. 3 Rn. 6; Staudinger-*Magnus*, Art. 3 Rn. 16; vgl. auch Ferrari [*et al.*]-*Saenger*, Intl. Vertragsrecht, Art. 3 Rn. 4.

1662 Staudinger-*Magnus*, Art. 3 Rn. 22.

1663 Vgl. auch MüKoHGB-*Benicke*, Art. 3 Rn. 4a.

1664 Dazu noch c) aa) (2).

1665 Vgl. auch Schlechtriem/Schwenzer-*Ferrari*, Art. 3 Rn. 15; Staudinger-*Magnus*, Art. 3 Rn. 22.

1666 Vgl. Staudinger-*Magnus*, Art. 3 Rn. 3; Ferrari [*et al.*]-*Saenger*, Intl. Vertragsrecht, Art. 3 Rn. 1; MüKoHGB-*Benicke*, Art. 3 Rn. 10; MüKoBGB-*Huber*, Art. 3 Rn. 2, 10.

1667 Vgl. auch MüKoBGB-*Huber*, Art. 3 Rn. 7; Kröll/Mistelis/Viscasillas-*Mistelis/Raymond*, Art. 3 Rn. 6.

1668 Einen Überblick bieten Schlechtriem/Schwenzer-*Ferrari*, Art. 3 Rn. 7 ff.; Staudinger-*Magnus*, Art. 3 Rn. 14 ff.; Kröll/Mistelis/Viscasillas-*Mistelis/Raymond*, Art. 3 Rn. 7 ff.

von Art. 3 Abs. 1 CISG enthält insofern keine nähere Umschreibung.[1669] Nach der wohl überwiegenden Ansicht kommt es allein auf das wirtschaftliche Wertverhältnis der jeweils beigesteuerten Stoffe an.[1670] In Rechtsprechung und Literatur werden Prozentuntergrenzen von 15%, 20%, 33% und sogar 50% genannt, ab denen der Beitrag des Käufers „wesentlich" sein soll.[1671] Eine Untergrenze von 50% überzeugt freilich nicht, da auch weniger als die Hälfte „wesentlich" sein kann (vgl. oben).

Nach einer abweichenden Ansicht gilt ebenfalls ein rein quantitativer Maßstab. Es soll jedoch auf das Verhältnis der vom Käufer beigesteuerten Stoffe zum vereinbarten Kaufpreis ankommen.[1672]

Demgegenüber sind nach einer anderen Ansicht auch qualitative Faktoren zu berücksichtigen, z.B. die Natur eines Stoffs, seine Bedeutung für die Herstellung der Ware, seine Verfügbarkeit am Markt für den Käufer bzw. Verkäufer sowie vom Käufer ggf. getätigte Aufwendungen auf den Stoff.[1673]

Dagegen spricht allerdings das Exklusivitätsverhältnis der beiden Absätze des Art. 3 CISG. Als qualitative Faktoren kommen vor allem Arbeits- und Dienstleistungen in Betracht, die der Käufer über die bloße Beschaffung eines Stoffs hinaus übernimmt. Damit diese überhaupt berücksichtigt werden können, darf der Käufer sie nicht freiwillig übernehmen, sondern er muss hierzu vertraglich verpflichtet sein (vgl. Art. 3 Abs. 1 CISG: „zu stellen hat").[1674] Für Verträge, die Arbeits- oder Dienstleistungen als zusätzliche Pflichten begründen, gilt aber ausschließlich Abs. 2 (vgl. oben). Insofern kann es auch keinen Unterschied machen, ob zusätzliche Pflichten des Verkäufers oder des Käufers begründet werden. Aus der Sicht des Verkäufers sind Arbeits- und Dienstleistungen im Rahmen des Abs. 1 immanenter Bestandteil der Herstellung oder Erzeugung der Ware (vgl. oben). Wären sie auf Seiten des Käufers zu berücksichtigen, drohte ein Wertungswiderspruch, der zugleich das Exklusivitätsverhältnis zu Abs. 2 aufweichen würde.

1669 Vgl. Ferrari [*et al.*]-*Saenger*, Intl. Vertragsrecht, Art. 3 Rn. 3.

1670 Vgl. Staudinger-*Magnus*, Art. 3 Rn. 14, 16; Soergel-*Lüderitz/Fenge*, Art. 3 Rn. 3; Ferrari [*et al.*]-*Saenger*, Intl. Vertragsrecht, Art. 3 Rn. 3 f.

1671 Vgl. OLG Stuttgart IHR 2011, 236; Staudinger-*Magnus*, Art. 3 Rn. 20; MüKoBGB-*Huber*, Art. 3 Rn. 7 (dort Fn. 21); *Piltz*, NJW 2013, 2567, 2568.

1672 Vgl. Staudinger-*Magnus*, Art. 3 Rn. 14 m.w.Nachw.

1673 Vgl. OLG München IHR 2001, 25; Schlechtriem/Schwenzer-*Ferrari*, Art. 3 Rn. 8; MüKoHGB-*Benicke*, Art. 3 Rn. 5; MüKoBGB-*Huber*, Art. 3 Rn. 7; Kröll/Mistelis/Viscasillas-*Mistelis/Raymond*, Art. 3 Rn. 8, 10; vgl. auch *Piltz*, NJW 2009, 2258, 2259.

1674 Dazu soeben (1).

Häufig bedarf es auch keiner gesonderten Berücksichtigung qualitativer Faktoren. Sofern sie den wirtschaftlichen Wert eines Stoffs beeinflussen, finden sie bereits mittelbar im Rahmen des Wertverhältnisses Berücksichtigung. Für die wohl überwiegende Ansicht spricht zudem der Wortlaut von Art. 3 Abs. 1 CISG. Die Formulierung „einen wesentlichen Teil [...] der [...] Stoffe" verknüpft das Kriterium der Wesentlichkeit mit dem Begriff „Stoffe", der sich auf bewegliche körperliche Gegenstände bezieht.[1675] Arbeits- und Dienstleistungen sind jedoch ebenso wie die weiteren genannten Beispiele unkörperlich und deshalb keine „Stoffe". Dementsprechend können sie auch nicht für die Frage relevant sein, ob die zur Verfügung gestellten Stoffe „einen wesentlichen Teil" bilden.[1676] Etwas anderes folgt auch nicht aus der französischen Fassung. Auf sie stützt sich *Ferrari* mit dem pauschalen Hinweis, dort werde „auf die 'part essentielle', also auf die 'Wesentlichkeit' abgestellt".[1677] Darin liegt nicht nur keine Begründung, geht es doch gerade um die Auslegung des Begriffs „wesentlich". Auch die französische Fassung verknüpft das Kriterium der Wesentlichkeit mit dem Stoffbegriff („une part essentielle des éléments matériels").

Einem rein quantitativen Maßstab steht auch die Entstehung des Art. 3 CISG nicht entgegen. Während der Wiener Konferenz wurde zwar ein Antrag, die Formulierung „the major part in value" aufzunehmen, mangels Unterstützung zurückgenommen.[1678] Er betraf jedoch Abs. 2. Seine Rücknahme zeigt daher nur, dass das Kriterium des Überwiegens nicht allein quantitativ zu bestimmen ist.[1679] Für das Kriterium der Wesentlichkeit in Abs. 1 kann allerdings etwas anderes gelten, zumal ob des Exklusivitätsverhältnisses zu Abs. 2 (vgl. oben). Die mangelnde Unterstützung des Antrags lässt sich auch damit erklären, dass der wirtschaftliche Wert von Arbeits- und Dienstleistungen bisweilen nur schwer zu ermitteln ist. Deshalb kommt Art. 3 Abs. 2 CISG nicht ohne die Mitberücksichtigung anderer, qualitativer Faktoren aus. Der Wert von Stoffen ist hingegen leichter zu ermitteln. Wären dennoch auch qualitative Faktoren zu berücksichtigen, würde die Bestimmung der Wesentlichkeit unnötig verkompliziert.[1680]

1675 Siehe (1).

1676 Vgl. auch Staudinger-*Magnus*, Art. 3 Rn. 14.

1677 Vgl. Schlechtriem/Schwenzer-*Ferrari*, Art. 3 Rn. 8; so auch MüKoBGB-*Huber*, Art. 3 Rn. 7; zur englischen Fassung („substantial part") Kröll/Mistelis/Viscasillas-*Mistelis/Raymond*, Art. 3 Rn. 11 ff.; vgl. auch OLG München IHR 2001, 25, 26.

1678 Vgl. hierzu und zum Folgenden auch Staudinger-*Magnus*, Art. 3 Rn. 8; Schlechtriem/Schwenzer-*Ferrari*, Art. 3 Rn. 14.

1679 Dazu auch noch c) aa) (2).

1680 Vgl. auch Staudinger-*Magnus*, Art. 3 Rn. 14.

Die wohl überwiegende Ansicht birgt auch ihrerseits keine größere Rechtsunsicherheit. Dass in Rechtsprechung und Literatur verschiedene Prozentuntergrenzen genannt werden, bestätigt lediglich, dass die Umstände des Einzelfalls maßgeblich sind (vgl. oben). Bereits deshalb verbietet sich eine starre Prozentuntergrenze.[1681]

Die abweichende Ansicht, es komme auf das Verhältnis der vom Käufer beigesteuerten Stoffe zum vereinbarten Kaufpreis an, ist schließlich abzulehnen. Der Wortlaut von Art. 3 Abs. 1 CISG bietet hierfür keinen Anknüpfungspunkt. Auch schutzwürdige Interessen der Parteien werden nicht beeinträchtigt. Sie können eine Anwendung des CISG unabhängig vom Kriterium der Wesentlichkeit sicherstellen oder sicher ausschließen, indem sie es (materiellrechtlich) wählen oder ein *opt out* vereinbaren.[1682]

Der Begriff „wesentlich" ist somit allein quantitativ zu bestimmen. Das CISG findet daher häufig keine Anwendung auf einen Reparatur-, Generalüberholungs- oder Veredelungsvertrag.[1683] Der Käufer wird einen solchen Vertrag nur schließen, wenn der betreffende Gegenstand wertmäßig gegenüber den vom Verkäufer eingesetzten Stoffen zumindest erheblich ins Gewicht fällt; dann greift die Ausnahme in Art. 3 Abs. 1 CISG ein.

c) Dienstleistungen als Vertragsbestandteil

Den Fall, dass Dienstleistungen Vertragsbestandteil sind, berücksichtigt das CISG lediglich in einem Anwendungsausschluss (dazu aa)), wohingegen der PR CESL Verträge über verbundene Dienstleistungen als eigenständige Vertragskategorie regelt (dazu bb)).

aa) CISG

Art. 3 Abs. 2 CISG nimmt Verträge, die neben kaufvertraglichen auch dienstvertragliche Elemente enthalten,[1684] vom sachlichen Anwendungsbereich aus, wenn der überwiegende Teil der Pflichten des Verkäufers in der Ausführung

---

1681 Vgl. auch Schlechtriem/Schwenzer-*Ferrari*, Art. 3 Rn. 8 (dort Fn. 39); MüKoBGB-*Huber*, Art. 3 Rn. 7; Kröll/Mistelis/Viscasillas-*Mistelis/Raymond*, Art. 3 Rn. 9 f.

1682 Dazu C. I. 1., 2. bzw. 4.

1683 Vgl. Schlechtriem/Schwenzer-*Ferrari*, Art. 3 Rn. 9; Staudinger-*Magnus*, Art. 3 Rn. 15; Ferrari [*et al.*]-*Saenger*, Intl. Vertragsrecht, Art. 3 Rn. 4; MüKoHGB-*Benicke*, Art. 3 Rn. 4.

1684 Vgl. auch Ferrari [*et al.*]-*Saenger*, Intl. Vertragsrecht, Art. 3 Rn. 1: „gemischte Verträge"; so auch MüKoHGB-*Benicke*, Art. 3 Rn. 1; MüKoBGB-*Huber*, Art. 3 Rn. 10.

von Arbeiten oder anderen Dienstleistungen besteht.[1685] Die Haager Kaufgesetze enthielten noch keinen entsprechenden Anwendungsausschluss.[1686] Die von UNCITRAL eingesetzte Arbeitsgruppe[1687] schlug dann zunächst eine Regelung vor, die auf „im Wesentlichen" andere Leistungen als die Lieferung von Waren abstellte. Diese Formulierung wurde aber während der weiteren Vorarbeiten bewusst nicht übernommen, da befürchtet wurde, sie sei zu allgemein. Der Genfer Entwurf von 1977 und der New Yorker Entwurf von 1978 enthielten Regelungen, die bereits weitgehend dem jetzigen Art. 3 Abs. 2 CISG entsprachen. Die Wiener Konferenz nahm nur noch kleinere Änderungen vor. Insbesondere kehrte sie die Reihenfolge der beiden Absätze des Art. 3 CISG um und ersetzte die Formulierung „seller" durch „party who furnishes the goods". Zudem lehnte sie einen Antrag der ehemaligen ČSSR ab, Abs. 2 zu streichen.[1688]

Aus Art. 3 Abs. 2 CISG folgt, dass das Übereinkommen auf reine Dienstverträge keine Anwendung findet. Auch insofern ist daher jeweils vorab zu prüfen, ob die Parteien einen einheitlichen Vertrag oder vielmehr zwei selbständige Verträge geschlossen haben.[1689] Liegt ein einheitlicher Vertrag vor, findet das CISG grundsätzlich auf den gesamten Vertrag Anwendung.[1690] Ein teilweise Rückgriff auf das unvereinheitlichte Recht kommt nur ausnahmsweise in Betracht,[1691] z.B. wenn die Parteien ein Kündigungsrecht regeln wollen und auch eine Abweichung (vgl. Art. 6 CISG) von naheliegenden Bestimmungen des Übereinkommens ausscheidet, etwa von Art. 73 CISG.[1692]

1685 Siehe auch soeben b) bb) (2); vgl. auch Staudinger-*Magnus*, Art. 3 Rn. 5; Kröll/Mistelis/Viscasillas-*Mistelis/Raymond*, Art. 3 Rn. 15, 17, mit Beispielen aus der Rspr. (dort Fn. 23, 29).

1686 Vgl. MüKoBGB-*Huber*, Art. 3 Rn. 1; vgl. hierzu und zum Folgenden Staudinger-*Magnus*, Art. 3 Rn. 7 f. m.w.Nachw.; Schlechtriem/Schwenzer-*Ferrari*, Art. 3 Rn. 12.

1687 Dazu bereits B. I. 3.

1688 Zu dem Antrag, die Formulierung „the major part in value" aufzunehmen, bereits b) bb) (2).

1689 Zu Werklieferungsverträgen und der Frage, nach welchen Vorschriften die Einheitlichkeit zu ermitteln ist, bereits b) aa); vgl. auch Schlechtriem/Schwenzer-*Ferrari*, Art. 3 Rn. 12; MüKoHGB-*Benicke*, Art. 3 Rn. 11; MüKoBGB-*Huber*, Art. 3 Rn. 11; Soergel-*Lüderitz/Fenge*, Art. 3 Rn. 5.

1690 Vgl. Schlechtriem/Schwenzer-*Ferrari*, Art. 3 Rn. 16; MüKoHGB-*Benicke*, Art. 3 Rn. 8; vgl. hierzu und zum Folgenden auch Staudinger-*Magnus*, Art. 3 Rn. 29; Ferrari [*et al.*]-*Saenger*, Intl. Vertragsrecht, Art. 3 Rn. 7; MüKoBGB-*Huber*, Art. 3 Rn. 16 f.

1691 Auch dazu bereits b) aa).

1692 Abweichend Schlechtriem/Schwenzer-*Ferrari*, Art. 3 Rn. 16: unmittelbarer Rückgriff auf das unvereinheitlichte Recht; vgl. auch Kröll/Mistelis/Viscasillas-*Mistelis/Raymond*, Art. 3 Rn. 21 f.

(1) Ausführung von Arbeiten oder anderen Dienstleistungen

Die Formulierung „Arbeiten oder [andere] Dienstleistungen“ ist weit auszulegen.[1693] Sie erfasst die Lagerung, Montage und Wartung der Ware,[1694] nicht hingegen ihre Herstellung und Verpackung (*arg. e* Art. 3 Abs. 1 CISG). Auch die Erteilung von Lizenzen und der Einsatz von know-how sind nicht erfasst; hierdurch stellt der Verkäufer lediglich bereits vorhandene Erkenntnisse zur Verfügung.[1695]

Der Begriff „Ausführung“ zeigt, dass die betreffende Leistung ein Tun voraussetzen muss.[1696] Vertriebsbindungen, Exklusivitätsvereinbarungen und Wettbewerbsverbote erfordern hingegen lediglich ein Unterlassen.

(2) Überwiegender Teil

Ebenso wie das Kriterium der Wesentlichkeit in Art. 3 Abs. 1 CISG[1697] ist auch das Kriterium des Überwiegens in Abs. 2 unbestimmt, sodass den Parteien eine ausdrückliche Abrede zur Anwendung des CISG zu empfehlen ist.[1698]

Auch der Begriff „überwiegend“ ist autonom auszulegen.[1699] Maßgeblich ist, ob die zusätzlich vereinbarten arbeits- oder dienstvertraglichen Pflichten nach den Umständen des Einzelfalls die Mehrheit aller Pflichten des Verkäufers ausmachen.[1700] Bei Gleichwertigkeit kann der sachliche Anwendungsbereich also noch eröffnet sein.[1701]

Nach einer weitergehenden Ansicht müssen die kaufvertragsfremden Pflichten sogar deutlich überwiegen, damit der Anwendungsausschluss eingreift.[1702]

1693 Vgl. hierzu und zum Folgenden Staudinger-*Magnus*, Art. 3 Rn. 23; MüKoBGB-*Huber*, Art. 3 Rn. 10; Kröll/Mistelis/Viscasillas-*Mistelis/Raymond*, Art. 3 Rn. 15.

1694 Vgl. auch MüKoHGB-*Benicke*, Art. 3 Rn. 8.

1695 Vgl. auch Schlechtriem/Schwenzer-*Ferrari*, Art. 3 Rn. 13 (dort Fn. 74); siehe aber noch (2) zu ihrer Berücksichtigung.

1696 Vgl. hierzu und zum Folgenden Staudinger-*Magnus*, Art. 3 Rn. 23.

1697 Dazu b) bb) (2).

1698 Vgl. Staudinger-*Magnus*, Art. 3 Rn. 5.

1699 Vgl. hierzu und zum Folgenden Schlechtriem/Schwenzer-*Ferrari*, Art. 3 Rn. 6.

1700 Siehe auch bereits b) bb) (2); vgl. auch Ferrari [*et al.*]-*Saenger*, Intl. Vertragsrecht, Art. 3 Rn. 6; MüKoHGB-*Benicke*, Art. 3 Rn. 9; MüKoBGB-*Huber*, Art. 3 Rn. 15; Soergel-*Lüderitz/Fenge*, Art. 3 Rn. 4; Kröll/Mistelis/Viscasillas-*Mistelis/Raymond*, Art. 3 Rn. 3, 17.

1701 Vgl. OLG München IHR 2001, 25, 26; Staudinger-*Magnus*, Art. 3 Rn. 22; *Piltz*, NJW 2009, 2258, 2259.

1702 Vgl. auch Soergel-*Lüderitz/Fenge*, Art. 3 Rn. 4: „evident“, „ganz erheblich“; Kröll/Mistelis/Viscasillas-*Mistelis/Raymond*, Art. 3 Rn. 3: „significantly higher“;

Sonst drohe Rechtsunsicherheit, da sich ein bloßes Überwiegen verschiedenartiger Pflichten bei Mischverträgen häufig nur schwer feststellen lasse.[1703] Der Wortlaut von Art. 3 Abs. 2 CISG bietet jedoch keinen entsprechenden Anknüpfungspunkt.[1704] Auch aufgrund seines Ausnahmecharakters ist der Anwendungsausschluss zwar restriktiv auszulegen. Dies rechtfertigt aber nicht ein weitergehendes, ungeschriebenes Tatbestandsmerkmal. Eine Abgrenzung anhand eines deutlichen Überwiegens verspräche zudem keine größere Rechtssicherheit als eine wortlautgetreue Anwendung des Art. 3 Abs. 2 CISG.[1705] Vielmehr würden in Rechtsprechung und Literatur verschiedene Prozentuntergrenzen genannt,[1706] die letztlich nur bestätigten, dass es auch insofern auf die Umstände des Einzelfalls ankommt.[1707] Im Übrigen können die Parteien eine Anwendung des CISG auch unabhängig von Art. 3 Abs. 2 CISG sicherstellen oder sicher ausschließen, indem sie es (materiellrechtlich) wählen oder ein *opt out* vereinbaren.[1708]

Sodann stellt sich ebenso wie für das Kriterium der Wesentlichkeit[1709] die Frage, ob der Begriff „überwiegen" nur quantitativ oder auch qualitativ zu bestimmen ist. Soweit ersichtlich, besteht insofern allerdings Einigkeit:[1710] Maßgeblich ist nicht allein das wirtschaftliche Wertverhältnis der verschiedenartigen Pflichten.[1711] Es sind vielmehr auch andere, qualitative Faktoren zu berücksichtigen, z.B. die Gewichtung aus Sicht der Parteien, wie sie ggf. auch im Vertrag zum

---

Schlechtriem/Schwenzer-*Ferrari*, Art. 3 Rn. 15, mit Beispielen aus der ausländischen Rspr. (dort Fn. 93).

1703 Vgl. hierzu und zum Folgenden auch Staudinger-*Magnus*, Art. 3 Rn. 22.

1704 Vgl. auch Schlechtriem/Schwenzer-*Ferrari*, Art. 3 Rn. 15: „ fraglich (und im Lichte des Wortlautes nicht zwingend)"; MüKoHGB-*Benicke*, Art. 3 Rn. 9 (dort Fn. 21): „zu weitgehend".

1705 Vgl. auch MüKoBGB-*Huber*, Art. 3 Rn. 15: „Problem [...] wird nur verschoben, aber nicht gelöst".

1706 Zum Kriterium der Wesentlichkeit bereits b) bb) (2).

1707 Vgl. auch MüKoBGB-*Huber*, Art. 3 Rn. 15.

1708 Dazu C. I. 1., 2. bzw. 4.

1709 Siehe b) bb) (2).

1710 Vgl. hierzu und zum Folgenden Staudinger-*Magnus*, Art. 3 Rn. 21.

1711 Missverständlich Staudinger-*Magnus*, Art. 3 Rn. 21: „Preisanteil"; vgl. auch Kröll/Mistelis/Viscasillas-*Mistelis/Raymond*, Art. 3 Rn. 3, 18 ff.; Schlechtriem/Schwenzer-*Ferrari*, Art. 3 Rn. 13 f.; Ferrari [*et al.*]-*Saenger*, Intl. Vertragsrecht, Art. 3 Rn. 6; MüKoHGB-*Benicke*, Art. 3 Rn. 9; Soergel-*Lüderitz/Fenge*, Art. 3 Rn. 4.

Ausdruck kommt,[1712] die Erteilung von Lizenzen und der Einsatz von know-how oder Spezialwerkzeug.[1713]

Entscheidend für diese Auslegung spricht die Entstehung des Art. 3 CISG.[1714] Die Rücknahme des Antrags, in Abs. 2 die Formulierung „the major part in value" aufzunehmen, während der Wiener Konferenz zeigt, dass das Kriterium des Überwiegens nicht allein quantitativ zu bestimmen ist.[1715] Der wirtschaftliche Wert von Arbeits- und Dienstleistungen ist bisweilen auch nur schwer zu ermitteln,[1716] sodass die Regelung nicht ohne die Mitberücksichtigung anderer, qualitativer Faktoren auskommt.[1717] Freilich dürften diese nur selten das Ergebnis einer quantitativen Betrachtung ändern.[1718] *Magnus* nennt den Fall, dass ein Maler eine Decke mit echter Goldfarbe streichen soll.[1719] Grundsätzlich übersteigt der wirtschaftliche Wert der Arbeitsleistung eines Malers (Streichen) den Wert seiner kaufvertraglichen Pflichten bzgl. der eingesetzten Farbe, sodass Art. 3 Abs. 2 CISG die Anwendung des Übereinkommens ausschließt. Berücksichtigt man aber die Art der Farbe und ihren Wert für die Parteien, tritt die Arbeitsleistung in den Hintergrund und das Ergebnis der quantitativen Betrachtung ändert sich dahingehend, dass der Anwendungsausschluss doch nicht eingreift.

Auch bei einem Kaufvertrag über die Lieferung einer vollständigen, schlüsselfertigen Anlage (sog. *Turn-Key-Contract*) können sich qualitative Faktoren auswirken, vor allem die Gewichtung zusätzlicher Pflichten aus Sicht der Parteien (vgl. oben).[1720] Regelt der Vertrag neben der entgeltlichen Übertragung der Anlage etwa gegenseitige Mitwirkungs- und Hilfspflichten und stehen diese im Vordergrund, schließt Art. 3 Abs. 2 CISG die Anwendung des Übereinkommens aus.[1721] Je nach Größe der Anlage enthalten *Turn-Key-Contracts* häufig bereits so detaillierte Regelungen, dass ohnehin nur eine ergänzende Anwendung des

---

1712 Vgl. auch OLG Karlsruhe IHR 2008, 194, 195: „Interesse des Kunden".

1713 Siehe auch bereits (1); vgl. auch OLG München IHR 2001, 25; MüKoBGB-*Huber*, Art. 3 Rn. 14.

1714 Vgl. auch MüKoHGB-*Benicke*, Art. 3 Rn. 9: „eindeutig".

1715 Dazu bereits b) bb) (2).

1716 Näher dazu MüKoBGB-*Huber*, Art. 3 Rn. 13.

1717 Siehe Fn. 1715.

1718 Vgl. auch Staudinger-*Magnus*, Art. 3 Rn. 21: „Ausnahme"; Ferrari [*et al.*]-*Saenger*, Intl. Vertragsrecht, Art. 3 Rn. 6: „in Ausnahmefällen".

1719 Vgl. Staudinger-*Magnus*, Art. 3 Rn. 21.

1720 Vgl. auch Staudinger-*Magnus*, Art. 3 Rn. 27; zurückhaltend MüKoHGB-*Benicke*, Art. 3 Rn. 9: „im Einzelfall […] zu ermitteln".

1721 Vgl. *Piltz*, NJW 2005, 2126, 2127 m.w.Nachw.; vgl. auch Schlechtriem/Schwenzer-*Ferrari*, Art. 3 Rn. 18: „in der Regel […] Nichtanwendung"; Ferrari [*et al.*]-*Saenger*,

CISG in Betracht kommt.[1722] Bei einem Bauvertrag überwiegen üblicherweise ebenfalls die kaufvertragsfremden Pflichten.[1723] Der sachliche Anwendungsbereich kann lediglich eröffnet sein, wenn die Lieferung der Baumaterialien oder des Bauwerks, z.B. eines Fertighauses oder Wohncontainers, im Vordergrund steht.

Sofern ein Reparatur-, Generalüberholungs- oder Veredelungsvertrag nicht bereits unter die Ausnahme in Art. 3 Abs. 1 CISG fällt,[1724] greift jedenfalls der Anwendungsausschluss des Art. 3 Abs. 2 CISG ein.[1725] In aller Regel überwiegen die Pflichten bzgl. der Reparatur, Überholung bzw. Veredelung. Entsprechendes gilt für einen reinen Montagevertrag.[1726] Verpflichtet sich der Verkäufer hingegen lediglich im Rahmen eines üblichen Kaufvertrags auch zur Montage oder Wartung, überwiegen weiterhin seine Pflichten aus Art. 30 CISG.[1727]

Art. 3 Abs. 2 CISG gilt schließlich analog für Verträge, die neben kaufvertraglichen andere als dienstvertragliche Elemente enthalten, etwa miet- oder gesellschaftsrechtlicher Art.[1728] Speziell für die Erbringung von Finanzdienstleistungen im Zusammenhang mit der gekauften Ware schließen die Parteien allerdings häufig einen separaten Vertrag, für den der sachliche Anwendungsbereich bereits mangels tauglichen Vertragsgegenstands nicht eröffnet ist.

bb) PR CESL

Im Gegensatz zum CISG erfasst der PR CESL den Fall, dass Dienstleistungen Vertragsbestandteil sind, durch eine eigenständige Vertragskategorie. Die Kommission hatte bereits in ihrem Grünbuch von 2010[1729] darauf hingewiesen, das CISG gelte nur für Warenkaufverträge.[1730] Unter dem Eindruck des stetig wachsenden

---

Intl. Vertragsrecht, Art. 3 Rn. 8; vgl. hierzu und zum Folgenden auch Kröll/Mistelis/Viscasillas-*Mistelis/Raymond*, Art. 3 Rn. 16.

1722 Vgl. auch Staudinger-*Magnus*, Art. 3 Rn. 27; Soergel-*Lüderitz/Fenge*, Art. 3 Rn. 4.

1723 Vgl. hierzu und zum Folgenden Staudinger-*Magnus*, Art. 3 Rn. 28.

1724 Siehe b) bb) (2).

1725 Vgl. auch Schlechtriem/Schwenzer-*Ferrari*, Art. 3 Rn. 9 (dort Fn. 53).

1726 Vgl. hierzu und zum Folgenden Staudinger-*Magnus*, Art. 3 Rn. 26; Ferrari [*et al.*]-*Saenger*, Intl. Vertragsrecht, Art. 3 Rn. 8.

1727 Vgl. auch Schlechtriem/Schwenzer-*Ferrari*, Art. 3 Rn. 17.

1728 Vgl. hierzu und zum Folgenden Staudinger-*Magnus*, Art. 3 Rn. 30; vgl. auch Schlechtriem/Schwenzer-*Ferrari*, Art. 3 Rn. 19; Ferrari [*et al.*]-*Saenger*, Intl. Vertragsrecht, Art. 3 Rn. 6; MüKoBGB-*Huber*, Art. 3 Rn. 3: Ausdruck eines allgemeinen Grundsatzes im Sinne des Art. 7 Abs. 2 CISG.

1729 Dazu B. II. 4.

1730 Vgl. KOM(2010) 348 endg., S. 3 f.

Dienstleistungssektors steht das DCESL auch für Verträge über verbundene Dienstleistungen zur Verfügung (vgl. Art. 5 lit. c PR CESL).[1731] Die Verbraucherrechte-Richtlinie kennt diesen Vertragstyp nicht. Sie definiert lediglich den „Dienstleistungsvertrag“ (vgl. Art. 2 Nr. 6 der Verbraucherrechte-Richtlinie).[1732]

Auch Art. 2 PR CESL enthält keine separate Legaldefinition für Verträge über verbundene Dienstleistungen.[1733] Immerhin definieren aber litt. n, o die daran beteiligten Parteien, den Dienstleister und den Kunden (dazu (1)). Zudem bestimmt lit. m, dass verbundene Dienstleistungen auch auf der Grundlage eines gesonderten Vertrags vereinbart werden können, der zeitgleich mit einem Kaufvertrag oder einem Vertrag über die Bereitstellung digitaler Inhalte geschlossen wird (dazu (2)).[1734] Und schließlich ist gemäß Art. 5 lit. c PR CESL gleich, ob für verbundene Dienstleistungen ein gesonderter Preis vereinbart wird oder nicht (dazu (3)).

(1) Parteien

Ein Dienstleister im Sinne der vorgeschlagenen Verordnung ist ein Verkäufer von Waren oder ein Lieferant digitaler Inhalte,[1735] der sich verpflichtet, für einen Verbraucher eine damit verbundene Dienstleistung zu erbringen (vgl. Art. 2 lit. n PR CESL). Die Verwendung des Begriffs „Verkäufer“ zeigt, dass auch ein Dienstleister Unternehmer sein muss (vgl. Artt. 7 Abs. 1 Satz 1, 2 lit. k PR CESL).[1736] Ein „Kunde“ ist demgegenüber jede Person, die eine verbundene Dienstleistung erwirbt (vgl. Art. 2 lit. o PR CESL). Insofern ist also unerheblich, ob es sich um einen Unternehmer oder einen Verbraucher handelt.

Da verbundene Dienstleistungen auch auf der Grundlage eines gesonderten Vertrags vereinbart werden können,[1737] stellt sich die Frage, ob die Parteien in diesem Fall dieselben sein müssen wie diejenigen des Kaufvertrags bzw. des Vertrags über die Bereitstellung digitaler Inhalte.

In Bezug auf den Dienstleister besteht Klarheit. Er muss der Verkäufer der Waren bzw. digitalen Inhalte sein.[1738] Dies folgt bereits aus dem Wortlaut von Art. 2

1731 Vgl. auch *Mankowski*, IHR 2012, 45.

1732 Vgl. auch Schmidt-Kessel-*ders.*, Art. 2 Rn. 68.

1733 Zum Vertragsgegenstand, der verbundenen Dienstleistung (vgl. Art. 2 lit. m PR CESL) bereits 1. c).

1734 Zum Vertrag über die Bereitstellung digitaler Inhalte noch d).

1735 Zu diesen Vertragsgegenständen bereits 1. a), b).

1736 Dazu bereits a) aa) (2); vgl. auch Schmidt-Kessel-*ders.*, Art. 2 Rn. 36 (dort Fn. 24).

1737 Dazu sogleich (2).

1738 Vgl. Schulze-*Wendehorst*, Art. 5 Rn. 34; Schmidt-Kessel-*ders.*, Art. 2 Rn. 40, 52.

lit. n PR CESL, der den Dienstleister als „Verkäufer von Waren oder Lieferanten digitaler Inhalte" definiert, „der sich verpflichtet, [...] eine [damit] verbundene Dienstleistung zu erbringen" (vgl. oben).[1739] Auch die Legaldefinition der verbundenen Dienstleistung in Art. 2 lit. m PR CESL[1740] setzt voraus, dass diese „vom Verkäufer [...] oder vom Lieferanten [...] erbracht" wird. Dies bestätigen auch Erwgr. (19) PR CESL („vom Verkäufer erbrachte Dienstleistungen") und Erwgr. (20) PR CESL. Danach soll das DCESL nicht für verbundene Verträge zur Verfügung stehen, „auf deren Grundlage der Käufer [...] Dienstleistungen von einem Dritten bezieht" (Satz 1).[1741] Dieser wäre nämlich nicht Partei eines *opt in* bzgl. des Hauptvertrags (Satz 2). Verbundene Verträge mit Dritten sollen daher weiterhin den autonomen Vorschriften unterliegen (Satz 3). Die geforderte Personenidentität bezweckt also die Vermeidung praktischer Probleme im Zusammenhang mit dem *opt in*, das gemäß Art. 8 Abs. 1 Satz 1 PR CESL „von den Parteien", d.h. von allen Parteien, vereinbart werden muss.[1742]

An der Personenidentität fehlt es auch, wenn ein vom Verkäufer beherrschtes Unternehmen Partei des verbundenen Vertrags wird oder das verpflichtete Unternehmen ebenso wie der Verkäufer von einem weiteren Unternehmen beherrscht wird.[1743] In beiden Fällen ist das verpflichtete Unternehmen zwar nicht wirtschaftlich, aber rechtlich vom Verkäufer verschieden. Daher ist unerheblich, ob es der Anwendung des DCESL zustimmt oder der Verkäufer beim Abschluss des verbundenen Vertrags als dessen Stellvertreter handelt. Entscheidend ist vielmehr, ob der Verkäufer selbst Partei des verbundenen Vertrags wird. Dann kann er die verbundene Dienstleistung selbstverständlich auch erbringen, indem er einen Dritten als Erfüllungsgehilfen einschaltet (vgl. Art. 150 DCESL).

In Bezug auf den Kunden enthält Art. 2 lit. o PR CESL keine entsprechende Einschränkung, sondern verweist lediglich auf „jede Person, die eine verbundene Dienstleistung erwirbt" (vgl. oben).[1744] Dies allein stützt aber keinen Umkehrschluss.[1745] Vielmehr bedarf es auch insofern einer Personenidentität, d.h. der Kunde muss der Käufer der Waren bzw. digitalen Inhalte sein.[1746] Auch insofern

1739 Vgl. auch Schmidt-Kessel-*ders.*, Art. 2 Rn. 40.
1740 Dazu bereits 1. c).
1741 Vgl. auch Schulze-*Wendehorst*, Art. 5 Rn. 34.
1742 Dazu bereits C. II. 1. a), 2.; vgl. auch Schulze-*Wendehorst*, Art. 5 Rn. 34.
1743 Vgl. hierzu und zum Folgenden Schulze-*Wendehorst*, Art. 5 Rn. 35.
1744 Vgl. auch Schmidt-Kessel-*ders.*, Art. 2 Rn. 40.
1745 So aber Schmidt-Kessel-*ders.*, Art. 2 Rn. 40.
1746 So zutreffend Schulze-*Wendehorst*, Art. 5 Rn. 34.

drohen praktische Probleme dadurch, dass ein Dritter nicht Partei eines *opt in* bzgl. des Hauptvertrags wäre.

Auf Käuferseite dürfte freilich in den meisten Fällen eine Personenidentität vorliegen, denn eine Qualifikation als verbundene Dienstleistung im Sinne des Art. 2 lit. m PR CESL setzt voraus, dass die Dienstleistung auf einen Umgang mit der Ware bzw. den digitalen Inhalten oder zumindest darauf gerichtet ist, ihren Gebrauch durch den Käufer zu erleichtern oder zu verbessern.[1747] In aller Regel wird der Käufer daher auch Partei des verbundenen Vertrags, zumal dieser zeitgleich mit dem Hauptvertrag geschlossen werden muss:

(2) Zeitgleicher Vertragsschluss

Wird eine verbundene Dienstleistung auf der Grundlage eines gesonderten Vertrags vereinbart, muss dieser zeitgleich mit dem Kaufvertrag oder dem Vertrag über die Bereitstellung digitaler Inhalte geschlossen werden (vgl. Art. 2 lit. m PR CESL). Die Kommission hat dieses Erfordernis in der Legaldefinition des Vertragsgegenstands verortet. Dadurch verwendet die Regelung allerdings systemwidrig den zu definierenden Begriff innerhalb der Definition.[1748] Vorzugswürdig wäre eine separate Legaldefinition des Vertragstyps gewesen.[1749]

Das Erfordernis des zeitgleichen Vertragsschlusses führt dazu, dass der sachliche Anwendungsbereich des PR CESL z.B. nicht mehr eröffnet ist, wenn der Käufer erst später erkennt, dass ihm die Installation der gekauften Ware zu kompliziert ist, und er daher eine entsprechende Dienstleistung mit dem Verkäufer vereinbaren möchte.[1750] Vereinbaren die Parteien hingegen bereits im Hauptvertrag oder zeitgleich in einem gesonderten Vertrag eine verbundene Dienstleistung, ist der Zeitraum unerheblich, über den die Dienstleistung erbracht werden soll.[1751]

Der Fall eines gesonderten Vertrags wirft schließlich nicht nur die Frage nach der Personenidentität der Parteien auf.[1752] Es könnte auch ein weiteres *opt in*

1747 Siehe 1. c) aa).

1748 Vgl. Art. 2 lit. m PR CESL: „'verbundene Dienstleistung' [ist] jede Dienstleistung […], die […] auf der Grundlage eines gesonderten Vertrags über verbundene Dienstleistungen erbracht [wird]".

1749 Kritisch auch Schulze-*Wendehorst*, Art. 5 Rn. 37: „not well drafted", „relationship between the definitions in [Art. 2 PR CESL] and the rule on scope in [Art. 5 PR CESL] is not clear, with part of the rules on scope hidden away in the definitions".

1750 Vgl. Schulze-*Wendehorst*, Art. 5 Rn. 36.

1751 Siehe bereits 1. c) aa).

1752 Siehe soeben (1).

erforderlich sein.[1753] Dies wäre jedoch bloße Förmelei. Die Parteien des verbundenen Vertrags müssen dieselben sein wie diejenigen des Hauptvertrags.[1754] Sie müssen zudem beide Verträge zeitgleich schließen (vgl. oben). Dadurch ist ein einheitlicher Vorgang des Vertragsschlusses sichergestellt, sodass auch ein einheitliches *opt in* genügen muss.[1755] Der Zweck der Artt. 8, 9 PR CESL wird insofern nicht beeinträchtigt, nämlich beteiligten Verbrauchern Klarheit darüber zu verschaffen, dass sie der Verwendung von Vorschriften zustimmen, die sich von ihrer nationalen Rechtsordnung unterscheiden, und sie über die Besonderheiten und wichtigsten Merkmale des DCESL zu informieren (vgl. Erwgr. (22) Satz 3, (23) PR CESL).

(3) Vereinbarung eines gesonderten Preises

Ein Vertrag über verbundene Dienstleistungen setzt nicht voraus, dass die Parteien hierfür einen gesonderten Preis vereinbaren (vgl. Art. 5 lit. c PR CESL). Auch dieser Aspekt hat die Kommission offenbar nicht zu einer separaten Legaldefinition bewogen. Stattdessen hat sie ihn sogar außerhalb des Art. 2 PR CESL verortet. Dadurch wirkt Art. 5 lit. c PR CESL „systemwidrig [...] als Definitionsnorm" und gerät „strukturell in eine Schieflage".[1756]

Die Regelung stellt lediglich darauf ab, ob ein Preis „vereinbart wurde", differenziert also im Gegensatz zu Art. 2 lit. k PR CESL nicht zwischen der Zahlung eines Preises und einer entsprechenden Verpflichtung.[1757] Auch Art. 5 lit. c PR CESL erfasst jedoch beide denkbaren Fälle. Dafür spricht ein Vergleich mit der parallelen Regelung in Art. 5 lit. b PR CESL.[1758] Auch sie differenziert nicht zwischen Zahlung und Zahlungsverpflichtung. Mehr noch: Sie nennt mit der „Zahlung eines Preises" gerade den anderen denkbaren Fall. Es wäre aber widersinnig, folgten aus den abweichenden Formulierungen in litt. b, c unterschiedliche Anforderungen für beide Vertragsarten. Abgesehen davon ist es für die Eröffnung des sachlichen Anwendungsbereichs ohnehin „gleich", ob ein Preis „vereinbart wurde" (lit. c) oder die „Zahlung eines Preises" erfolgt (lit. b).

1753 Vgl. Schmidt-Kessel-*ders.*, Art. 2 Rn. 52; dafür offenbar *Stadler*, AcP 212 (2012), 473, 493.

1754 Siehe (1).

1755 Vgl. auch Schmidt-Kessel-*ders.*, Art. 2 Rn. 52: „wohl im Kaufvertrag".

1756 Vgl. Schmidt-Kessel-*ders.*, Art. 5 Rn. 1 f.

1757 Vgl. Art. 2 lit. k PR CESL: „Vertrag, nach dem [...] [der Käufer] den Preis zahlt oder sich zur Zahlung des Preises verpflichtet"; dazu bereits a) bb) (1).

1758 Zu Verträgen über die Bereitstellung digitaler Inhalte sogleich d).

Der Verzicht auf das Merkmal der Entgeltlichkeit beruht darauf, dass die verbundene Dienstleistung regelmäßig bereits im vereinbarten Preis für die Ware bzw. digitalen Inhalte eingerechnet wird.[1759]

d) Vertrag über die Bereitstellung digitaler Inhalte

Auch Verträge über die Bereitstellung digitaler Inhalte regelt der Verordnungsentwurf als eigenständige Vertragskategorie (vgl. Art. 5 lit. b PR CESL), ohne dass Art. 2 PR CESL hierfür eine separate Legaldefinition enthält.[1760] Auch eine Definition des „Lieferanten" als beteiligter Partei fehlt.[1761] Wer „Käufer" ist, folgt immerhin aus Art. 2 lit. k PR CESL.[1762] Ohnehin regelt der Verordnungsentwurf die Bereitstellung digitaler Inhalte meist zusammen mit dem Kauf von Waren.[1763] Maßgeblich ist demnach, ob der betreffende Vertrag als Pendant zu einem Kaufvertrag erscheint.[1764]

Art. 5 lit. b PR CESL verzichtet jedoch auf das Merkmal der Entgeltlichkeit (dazu dd))[1765] und stellt lediglich auf eine „Bereitstellung" ab (dazu aa)). Zudem ist unerheblich, ob die digitalen Inhalte auf einem materiellen Datenträger bereitgestellt werden (dazu bb)). Für eine Qualifikation bedarf es schließlich bestimmter Möglichkeiten des Nutzers in Bezug auf die digitalen Inhalte (dazu cc)). Art. 5 lit. b PR CESL regelt damit gleich drei Aspekte, die besser in einer separaten Legaldefinition in Art. 2 PR CESL zu verorten gewesen wären. Auch insofern gilt *Schmidt-Kessels* Kritik, die Regelung wirke „systemwidrig [...] als Definitionsnorm" und gerate „strukturell in eine Schieflage".[1766]

1759 Vgl. Schulze-*Wendehorst*, Art. 5 Rn. 32; zu Art. 5 lit. b PR CESL noch d) dd).

1760 Zum Vertragsgegenstand, digitalen Inhalten (vgl. Art. 2 lit. j PR CESL), bereits 1. b); vgl. auch Schmidt-Kessel-*ders.*, Art. 2 Rn. 58, 63; *Zenefels*, K&R 2012, 463, 464.

1761 Vgl. auch Schmidt-Kessel-*ders.*, Art. 2 Rn. 72: „Definitionslücke"; den Begriff „Lieferant" verwenden die Artt. 2 litt. m, n, 7 Abs. 1 Satz 1 PR CESL, 23, 91 DCESL.

1762 Dazu bereits a) aa) (2); den Begriff „Käufer" verwenden die Artt. 9 Abs. 1, 91 lit. d DCESL im Zusammenhang mit Verträgen über die Bereitstellung digitaler Inhalte.

1763 Vgl. auch Schmidt-Kessel-*ders.*, Art. 2 Rn. 38 f.; kritisch *Zenefels*, K&R 2012, 463: „oft gekünstelte Gleichstellung digitaler und körperlicher 'Gegenstände'", bzw. 467: „Die digitalen Inhalte wirken [...] vielfach wie ein eingepflanzter Fremdkörper"; vgl. auch *Leible*, EuZW 2011, 809, 810.

1764 Vgl. Schulze-*Wendehorst*, Art. 5 Rn. 19.

1765 So auch Art. 5 lit. c PR CESL für Verträge über verbundene Dienstleistungen; dazu soeben c) bb) (3).

1766 Vgl. Schmidt-Kessel-*ders.*, Art. 5 Rn. 1 f.; siehe auch bereits c) bb) (3).

aa) Bereitstellung

Den Begriff „Bereitstellung" kritisiert *Wendehorst.*[1767] Sie meint, es wäre einfacher gewesen, parallel zu Art. 5 lit. a PR CESL auf den „Kauf" digitaler Inhalte abzustellen. In der Tat ist die Terminologie des Verordnungsentwurfs insofern uneinheitlich. Art. 91 DCESL definiert etwa den Lieferanten digitaler Inhalte für Teil IV des DCESL doch als „Verkäufer".[1768] Zudem erfasst der Begriff des Verbraucherkaufvertrags (vgl. Art. 2 lit. l PR CESL) offenbar teilweise auch Verträge über digitale Inhalte.[1769] Zumindest zweifelhaft ist indes *Wendehorsts* Erwägung, ein Vertrag über digitale Inhalte erfordere zwar anders als ein Kaufvertrag keine Eigentumsübertragung, eine solche setze der natürliche Wortsinn aber auch nicht notwendig voraus, wie die Anerkennung eines „Kaufs" von Gesellschaftsanteilen zeige.[1770]

Entscheidend gegen eine Verwendung des Begriffs „Kauf" im Zusammenhang mit Verträgen über digitale Inhalte spricht jedenfalls, dass Art. 5 lit. b PR CESL auf das Merkmal der Entgeltlichkeit verzichtet.[1771] Im Gegensatz zu einem Kaufvertrag erfordert ein Vertrag über digitale Inhalte also keine (monetäre) Gegenleistung. Eine solche setzt der natürliche Wortsinn des Begriffs „Kauf" aber notwendig voraus. Verwendete der Verordnungsentwurf diesen Begriff auch für Verträge über digitale Inhalte, müsste die Formulierung in Art. 5 lit. b PR CESL konsequenterweise lauten: „unabhängig davon, ob der Kauf gegen Zahlung eines Preises erfolgt oder nicht". Diese Formulierung widerspräche dem natürlichen Wortsinn und würde gleichfalls – dann freilich zu Recht – kritisiert. *Wendehorsts* Vorschlag ist daher abzulehnen.

Eher überzeugt die Kritik von *Schmidt-Kessel*:[1772] Der Begriff „Bereitstellung" legt nahe, dass der Käufer die digitalen Inhalte auch abrufen muss. Mit Art. 97 DCESL existiert jedoch eine Auffangregelung gerade für den Fall, dass er Waren oder digitale Inhalte nicht annimmt. Die Annahme gehört zwar durchaus zu seinen „Hauptverpflichtungen" (vgl. Art. 123 Abs. 1 lit. b DCESL). *Schmidt-Kessels* Vorschlag, Art. 5 lit. b PR CESL sollte stattdessen auf die „Lieferung" digitaler

---

1767 Vgl. hierzu und zum Folgenden Schulze-*Wendehorst*, Art. 5 Rn. 19.

1768 Vgl. auch Schmidt-Kessel-*ders.*, Art. 2 Rn. 35.

1769 Vgl. z.B. Artt. 99 Abs. 3, 101 Abs. 1, 142 Abs. 1 DCESL; anders hingegen z.B. Art. 94 Abs. 1 lit. a DCESL; vgl. auch Schulze-*Wendehorst*, Art. 5 Rn. 38; *Zenefels*, K&R 2012, 463, 466 f., fordert daher, die Legaldefinition in Art. 2 lit. l PR CESL um digitale Inhalte zu erweitern.

1770 Vgl. Schulze-*Wendehorst*, Art. 5 Rn. 19.

1771 Dazu noch dd).

1772 Vgl. hierzu und zum Folgenden Schmidt-Kessel-*ders.*, Art. 2 Rn. 64.

Inhalte abstellen,[1773] verdient im Ergebnis aber dennoch Zustimmung. Dies wäre im Interesse einer einheitlichen Terminologie, denn der Verordnungsentwurf regelt Verträge über digitale Inhalte meist zusammen mit Kaufverträgen[1774] und verwendet auch insofern den Begriff „Lieferung". Sein natürlicher Wortsinn setzt zudem nicht notwendig voraus, dass das Gelieferte körperlich ist. Im Übrigen bezeichnet der PR CESL auch einen Anbieter digitaler Inhalte als „Lieferanten".

bb) Materieller Datenträger

Gemäß Art. 5 lit. b PR CESL ist gleich, ob die digitalen Inhalte auf einem materiellen Datenträger bereitgestellt werden oder nicht. Der Einsatz eines Datenträgers führt also nicht etwa zu einer Qualifikation als Kaufvertrag im Sinne des Art. 2 lit. k PR CESL. Insofern besteht ein Unterschied zur Verbraucherrechte-Richtlinie, nach deren Erwgr. (19) Satz 3 digitale Inhalte, die auf einem Datenträger bereitgestellt werden, als „Waren" betrachtet werden sollten.[1775] Auch im Rahmen des CISG fällt Software als Bestandteil eines körperlichen Mediums unter den Warenbegriff.[1776]

Eine Legaldefinition des Begriffs „materieller Datenträger" enthält Art. 2 PR CESL nicht. Lit. t definiert lediglich den Begriff des dauerhaften Datenträgers. Dabei handelt es sich um einen Datenträger, der es einer Partei gestattet, an sie persönlich gerichtete Informationen so zu speichern, dass sie sie in der Folge für eine für die Zwecke der Information angemessene Dauer einsehen kann, und der die unveränderte Wiedergabe der gespeicherten Informationen ermöglicht.[1777] Die Begriffe „materiell" und „dauerhaft" sind jedoch keine Synonyme. Ersterer bezieht sich auf eine Körperlichkeit, letzterer auf eine Langlebigkeit. Die abweichende Terminologie beruht auch nicht auf einem Redaktionsversehen der Kommission; der Verordnungsentwurf verwendet beide Begriffe wiederholt.[1778] Die Legaldefinition in Art. 2 lit. t PR CESL kann daher nur bedingt zur Bestimmung des Begriffs „materieller Datenträger" herangezogen werden.

1773 Siehe Fn. 1772.

1774 Siehe d).

1775 Siehe auch bereits 1. a) bb) (4) (bb); näher dazu Schulze-*Wendehorst*, Art. 5 Rn. 7, 17.

1776 Siehe 1. a) bb) (4) (aa).

1777 Näher dazu Schmidt-Kessel-*ders.*, Art. 2 Rn. 24 ff.

1778 Vgl. für den Begriff des materiellen Datenträgers Erwgr. (22) Satz 6, Artt. 5 lit. b PR CESL, 42 Abs. 1 litt. f, g, 45 Abs. 6 lit. b, 91 lit. b, 142 Abs. 1, 2, 4 Halbsatz 1, 173 Abs. 1 Satz 1 DCESL; vgl. für den Begriff des dauerhaften Datenträgers Erwgr. (17) Satz 3, Artt. 8 Abs. 2 Satz 2 PR CESL, 13 Abs. 3 lit. c, Abs. 4 lit. a, 18 Abs. 1, 2, 19 Abs. 4 Satz 2, Abs. 5 Satz 1, 2, Abs. 6, 24 Abs. 4, 40 Abs. 3 lit. d, 41 Abs. 3 Satz 1 DCESL.

Allein die Voraussetzung, dass die unveränderte Wiedergabe von gespeicherten Informationen ermöglicht wird (vgl. Art. 2 lit. t PR CESL a.E.), dürfte auch insofern gelten.

Beispiele materieller Datenträger sind vor allem CDs, DVDs, CD-Rs und Speicherkarten.[1779] Es genügt hingegen nicht, wenn Informationen lediglich auf einem Medium gespeichert werden, das der Empfänger zwar kontrolliert, aber nicht besitzt. Ein Online-E-Mail-Konto und eine Cloud-Anwendung sind daher zwar dauerhafte, aber mangels Körperlichkeit keine materiellen Datenträger. Insofern kommt es auch nicht auf den jeweiligen Server an, denn er wird dem Käufer nicht „bereitgestellt".[1780] Eine genaue Abgrenzung zwischen beiden Begriffen ist letztlich nicht erforderlich, da gemäß Art. 5 lit. b PR CESL ohnehin gleich ist, ob ein materieller Datenträger eingesetzt wird oder nicht (vgl. oben). Das DCESL steht somit auch zur Verfügung, wenn digitale Inhalte in einem Online-E-Mail-Konto oder einer Cloud-Anwendung gespeichert werden sollen.[1781]

Wird ein materieller Datenträger eingesetzt, stellt sich allerdings die Frage nach seiner rechtlichen Behandlung.[1782] Der sachliche Anwendungsbereich des CISG ist für verkörperte Software unabhängig davon eröffnet, ob das körperliche Medium mitverkauft wird.[1783] Demgegenüber führt der Einsatz eines Datenträgers im Rahmen des PR CESL jedenfalls nicht zu einer Qualifikation als Kaufvertrag (vgl. oben). Andernfalls wäre es entgegen Art. 5 lit. b PR CESL gerade nicht „gleich", ob ein materieller Datenträger eingesetzt wird.

Auch eine getrennte Behandlung der Daten als digitale Inhalte und des Datenträgers als Ware ist abzulehnen.[1784] Ein Vertrag über die Bereitstellung digitaler Inhalte könnte sich dann nur auf die Daten selbst beziehen. Soll auch der Datenträger beim Käufer verbleiben, müsste insofern ein Kaufvertrag konstruiert werden, den die Parteien in aller Regel nicht zusätzlich geschlossen haben werden. Das DCESL stieße zudem „schnell an seine Grenzen".[1785] Es regelt Verträge über digitale Inhalte zwar meist,[1786] aber eben nicht stets zusammen mit Kaufverträgen. Würden die Parteien eines B2B-Vertrags etwa vereinbaren, dass der Lieferant für die Beförderung zu sorgen hat, wäre bzgl. der digitalen Inhalte

1779 Vgl. hierzu und zum Folgenden auch Schmidt-Kessel-*ders.*, Art. 2 Rn. 28.
1780 Bzw. „geliefert"; dazu soeben aa).
1781 Vgl. auch *Zenefels*, K&R 2012, 463, 465.
1782 Vgl. *Zenefels*, K&R 2012, 463, 465.
1783 Dazu 1. a) bb) (4) (aa).
1784 Vgl. hierzu und zum Folgenden auch *Zenefels*, K&R 2012, 463, 465.
1785 *Zenefels*, K&R 2012, 463, 465.
1786 Siehe d).

Art. 94 Abs. 1 lit. c DCESL einschlägig. Danach würde der Lieferant seine Lieferpflicht durch die Bereitstellung der digitalen Inhalte erfüllen. Art. 94 Abs. 1 litt. a, b DCESL wäre hingegen nicht anwendbar, denn lit. a gilt nur für B2C-Verträge und lit. b nur für die Beförderung von Waren. Lit. b wäre aber bzgl. des materiellen Datenträgers einschlägig. Danach wäre eine Übergabe an den ersten Beförderer erforderlich. Eine getrennte Behandlung der Daten und des Datenträgers führte demnach zu unterschiedlichen Anforderungen im Rahmen der vereinbarten Beförderung. Zudem stünde die Annahme zweier selbständiger Verträge im Widerspruch zu einem einheitlichen Lebenssachverhalt. Daran änderte sich auch nichts, unterstellte man den Parteien eine konkludente anderweitige Vereinbarung (vgl. Art. 94 Abs. 1 DCESL a.A.: „[s]ofern nicht anders vereinbart") oder wendete gar Art. 94 Abs. 1 lit. a DCESL analog an.

Im Übrigen würde eine getrennte Behandlung der Daten und des Datenträgers den Anwendungsbereich des Art. 5 lit. b PR CESL erheblich einschränken.[1787] Deshalb ist auch dann von einem einheitlichen Vertrag über digitale Inhalte auszugehen, wenn der Lieferant zu ihrer Bereitstellung einen materiellen Datenträger einsetzt.

cc) Möglichkeiten des Nutzers

Für eine Qualifikation bedarf es weiterhin bestimmter Möglichkeiten des Nutzers in Bezug auf die digitalen Inhalte. Maßgeblich ist, dass er sie „speichern, verarbeiten oder wiederverwenden kann oder zu [ihnen] Zugang erhält" (vgl. Art. 5 lit. b PR CESL). Die aufgezählten Merkmale sind technisch zu verstehen und bereiten an sich keine Probleme. Ein Vergleich mit der englischen und der französischen Fassung zeigt jedoch, dass unklar ist, welche Merkmale Art. 5 lit. b PR CESL alternativ und welche kumulativ aufzählt:

Die deutsche Fassung verwendet zur Verbindung der vier Merkmale ein Komma und zweimal das Wörtchen „oder", was für eine alternative Aufzählung spricht.[1788] Die englische Fassung enthält hingegen die Formulierung „digital content [...] which can be stored, processed or accessed, and re-used by the user". Sie nennt die vier Merkmale nicht nur in einer anderen Reihenfolge, sondern lässt bereits ihrerseits zwei verschiedene Auslegungen zu. Entweder sind die Merkmale der Speicherung, der Verarbeitung und des Zugangs Alternativen („stored, processed or accessed"), wohingegen das Merkmal der

---

1787 Vgl. hierzu und zum Folgenden auch *Zenefels*, K&R 2012, 463, 465.

1788 So wohl auch *Zenefels*, K&R 2012, 463, 465; vgl. hierzu und zum Folgenden Schulze-*Wendehorst*, Art. 5 Rn. 20.

Wiederverwendung kumulativ erfüllt sein muss („and re-used"). Dann forderte Art. 5 lit. b PR CESL zwei Möglichkeiten des Nutzers. Er müsste die digitalen Inhalte speichern oder verarbeiten können oder zu ihnen Zugang erhalten, und er müsste sie außerdem wiederverwenden können. Die englische Fassung könnte aber auch nur die beiden Merkmale der Verarbeitung und des Zugangs alternativ nennen und die Merkmale der Speicherung und der Wiederverwendung jeweils kumulativ.[1789] Dann forderte Art. 5 lit. b PR CESL drei Möglichkeiten des Nutzers. Erstens müsste er die digitalen Inhalte speichern können („stored"). Zweitens müsste er sie verarbeiten können oder zu ihnen Zugang erhalten („processed or accessed"). Insofern meint *Wendehorst* zwar, streng genommen sei die Alternative des Zugangs überflüssig, da die Möglichkeit zur Verarbeitung bereits logisch voraussetze, dass der Nutzer zuvor Zugang erhält.[1790] Sie übersieht jedoch offenbar den umgekehrten Fall, dass eben nur der Zugang zu den digitalen Inhalten und nicht auch ihre Verarbeitung ermöglicht werden soll. Insofern bedarf es der Alternative des Zugangs. Schließlich muss der Nutzer drittens die digitalen Inhalte wiederverwenden können („and re-used").

Wie man die englische Fassung auch verstehen will – die deutsche Fassung weicht davon ab, indem sie die vier Merkmale in einer anderen Reihenfolge und zudem durchgehend alternativ aufzählt (vgl. oben). Insofern besteht auch kein Auslegungsspielraum.[1791] Wiederum anders ist die französische Fassung („contenu numérique que l'utilisateur peut stocker, traiter et réutiliser, ou auquel il peut avoir accès"). Sie nennt die vier Merkmale zwar in derselben Reihenfolge wie die deutsche Fassung, zählt sie aber ebenso wie die englische Fassung nicht durchgehend alternativ auf und lässt dadurch ihrerseits zwei verschiedene Auslegungen zu.

Sofern die Kommission auch in künftigen Entwürfen eines europäischen Kaufrechts eine entsprechende Regelung aufnehmen möchte,[1792] muss sie sicherstellen, dass die verschiedenen Sprachfassungen eindeutig und stringent formulieren.

Darüber hinaus wäre eine ausdrückliche Regelung zu der Frage wünschenswert, ob der sachliche Anwendungsbereich auch eine nur vorübergehende Bereitstellung digitaler Inhalte erfasst, vor allem das sog. Streaming, bei dem Daten

---

1789 Dafür Schulze-*Wendehorst*, Art. 5 Rn. 20; vgl. hierzu und zum Folgenden ebda.

1790 Siehe Fn. 1789.

1791 So wohl auch Schmidt-Kessel-*ders.*, Art. 2 Rn. 65.

1792 Die beiden Richtlinienentwürfe KOM(2015) 634 endg. und KOM(2015) 635 endg. (dazu bereits A. I.) enthalten jedenfalls keine entsprechende Aufzählung.

in Echtzeit und nur für die Dauer ihrer Wiedergabe übertragen werden.[1793] Art. 5 lit. b PR CESL fordert zwar, dass der Nutzer die digitalen Inhalte „wiederverwenden kann". Mangels zeitlicher Eingrenzung, etwa auf eine Wiederverwendungsmöglichkeit „während der Vertragslaufzeit", könnte dies gegen eine Eröffnung des sachlichen Anwendungsbereichs für Streaming sprechen. Nach der missverständlichen alternativen Aufzählung der deutschen Fassung genügt es jedoch auch, wenn der Nutzer lediglich „Zugang erhält", ohne die digitalen Inhalte speichern, verarbeiten oder wiederverwenden zu können.[1794] Insofern erfasst der Wortlaut von Art. 5 lit. b PR CESL auch einen nur vorübergehenden „Zugang".[1795]

Einer Anwendung des DCESL auf Streaming könnte allerdings entgegenstehen, dass der Verordnungsentwurf Verträge über digitale Inhalte meist zusammen mit Kaufverträgen regelt[1796] und der Begriff des Kaufvertrags eine endgültige Übertragung voraussetzt.[1797]. Dem widerspräche es, stünde das DCESL auch für eine nur vorübergehende Bereitstellung digitaler Inhalte zur Verfügung.[1798] Auf solche Fälle ist das DCESL auch nicht zugeschnitten. Es enthält z.B. keine Regelungen zu Laufzeit und Kündigungsgründen. *Schmidt-Kessel* fordert daher eine Dauerhaftigkeit des „Zugangs" als ungeschriebenes Tatbestandsmerkmal.[1799] Rechtssicherheit dürfte aber nur eine ausdrückliche Klarstellung bieten.

Abgesehen von den Fragen, die Art. 5 lit. b PR CESL aufwirft, formuliert die Regelung weit und senkt damit die Anforderungen an eine Qualifikation.[1800] Sie erfasst insbesondere jede Möglichkeit, digitale Inhalte aus dem Internet herunterzuladen.[1801] Dadurch drohen aber keine praktischen Probleme, denn das DCESL findet nach wie vor nur Anwendung, wenn die Parteien dies vereinbaren (vgl. Artt. 3, 8 Abs. 1 Satz 1 PR CESL).[1802] Nur dann müssten Online-Anbieter digitaler Inhalte die umfassenden vorvertraglichen Informationspflichten gemäß

1793 Dafür *Mansel*, WM 2012, 1253, 1257; vgl. hierzu und zum Folgenden ebda.

1794 So wohl auch *Zenefels*, K&R 2012, 463, 465.

1795 Vgl. auch Schmidt-Kessel-*ders.*, Art. 2 Rn. 66, auch unter Berücksichtigung der englischen und der französischen Fassungen; kritisch *Stadler*, AcP 212 (2012), 473, 492 f.

1796 Siehe d).

1797 Dazu bereits a) aa) (2), bb); vgl. hierzu und zum Folgenden Schmidt-Kessel-*ders.*, Art. 2 Rn. 66.

1798 A.A. wohl *Zenefels*, K&R 2012, 463, 464 f., 467.

1799 Vgl. Schmidt-Kessel-*ders.*, Art. 2 Rn. 66.

1800 Vgl. hierzu und zum Folgenden Schulze-*Wendehorst*, Art. 5 Rn. 21.

1801 Vgl. auch KOM(2011) 636 endg., S. 9 (unter 2.1); *Mansel*, WM 2012, 1253, 1256.

1802 Dazu C. II. 1. a), 2.

Artt. 13 ff. DCESL beachten. Ein *opt in* werden Online-Anbieter und Nutzer jedoch regelmäßig nicht vereinbaren (wollen).[1803] Ihnen wird häufig noch nicht einmal bewusst sein, dass aufgrund ihres Verhaltens das DCESL zur Verfügung steht, geschweige denn, dass sie durch Anbieten und Herunterladen einen Vertrag mit gegenseitigen Pflichten schließen können. Speziell Verbraucher sind zudem durch die strengeren Anforderungen an ein *opt in* geschützt.[1804]

dd) Zahlung eines Preises

Ebenso wie Art. 5 lit. c PR CESL[1805] verzichtet auch Art. 5 lit. b PR CESL auf das Merkmal der Entgeltlichkeit.[1806] Dass die Regelung nur auf die „Zahlung eines Preises" abstellt und im Gegensatz zu Art. 2 lit. k PR CESL nicht auch auf eine entsprechende Verpflichtung, ist unerheblich; sie erfasst beide denkbaren Fälle.[1807] Ohnehin kann der sachliche Anwendungsbereich „unabhängig davon" eröffnet sein, ob ein Preis gezahlt wird.

Entgegen der Ansicht *Schmidt-Kessels*[1808] folgt nicht erst aus dem Verzicht auf das Merkmal der Entgeltlichkeit in Art. 5 litt. b, c PR CESL, dass auch unentgeltliche Verträge unter den Vertragsbegriff im Sinne des Art. 2 lit. a PR CESL fallen.[1809] Dies ergibt sich vielmehr bereits aus Art. 2 lit. a PR CESL selbst, der lediglich eine Vereinbarung fordert, „die darauf abzielt, Verpflichtungen oder andere rechtliche Wirkungen herbeizuführen." Die Klarstellungen in Art. 5 litt. b, c PR CESL dienen hingegen der Abgrenzung zum Begriff des Kaufvertrags; eine Erweiterung des Vertragsbegriffs liegt darin nicht.[1810]

Die Parteien können somit auch sonstige, andere als monetäre wirtschaftliche Vorteile als Gegenleistung für die Bereitstellung digitaler Inhalte vereinbaren.[1811] Der sachliche Anwendungsbereich erfasst auch eine Schenkung digitaler Inhalte.[1812] Den Grund hierfür nennt Erwgr. (18) PR CESL. Danach

---

1803 Vgl. hierzu und zum Folgenden Schulze-*Wendehorst*, Art. 5 Rn. 21.

1804 Dazu C. II. 2. c).

1805 Dazu c) bb) (3).

1806 Insofern kritisch *Mansel*, WM 2012, 1253, 1256 f.: „Probleme [...] bei der Qualifikation".

1807 Siehe bereits c) bb) (3).

1808 Vgl. Schmidt-Kessel-*ders.*, Art. 2 Rn. 10 f.

1809 Zu Art. 2 lit. a PR CESL bereits a) aa) (2).

1810 Vgl. auch *Mansel*, WM 2012, 1253, 1257.

1811 Vgl. hierzu und zum Folgenden Schmidt-Kessel-*ders.*, Art. 2 Rn. 67.

1812 Kritisch *Stadler*, AcP 212 (2012), 473, 492. Entsprechendes gilt zwar auch für Verträge über verbundene Dienstleistungen. Insofern ist jedoch ein Hauptvertrag

werden digitale Inhalte häufig nicht entgeltlich, sondern in Verbindung mit separat bezahlten Waren oder Dienstleistungen bereitgestellt, wobei der Anbieter entweder eine nichtmonetäre Gegenleistung verlangt, z.B. die Einräumung des Zugangs zu persönlichen Daten, oder auf eine Gegenleistung verzichtet, etwa im Rahmen einer Marketingstrategie, die auf der Erwartung basiert, dass später zusätzliche oder anspruchsvollere digitale Inhalte erworben werden (Satz 1). Angesichts dieser besonderen Marktstruktur und des Umstands, dass mangelhafte digitale Inhalte die wirtschaftlichen Interessen des Nutzers unabhängig von den Bedingungen ihrer Bereitstellung schädigen können, soll das DCESL auch für diese Fälle zur Verfügung stehen (Satz 2).[1813]

Es dürfte insofern allerdings kaum zur Anwendung gelangen. Eine unentgeltliche Bereitstellung digitaler Inhalte kommt nämlich vor allem dann in Betracht, wenn der Anbieter keinen materiellen Datenträger einsetzen muss, etwa weil er kostenlose Software oder Testversionen im Internet zum Download anbietet.[1814] Dann wird den Beteiligten jedoch häufig nicht bewusst sein, dass das DCESL zur Verfügung steht.[1815] Für B2C-Verträge gelten zudem strenge Anforderungen an ein *opt in*. Den damit verbundenen Aufwand werden Anbieter kostenloser digitaler Inhalte scheuen. Einen ausreichenden Anreiz bieten auch die Artt. 100 lit. g Satz 2, 107 DCESL nicht. Die Regelungen senken die Anforderungen an die Vertragsmäßigkeit unentgeltlich bereitgestellter digitaler Inhalte und schränken die Abhilfen des Nutzers erheblich ein.[1816] Es bedürfte darüber hinaus wohl weiterer Maßnahmen. *Zenefels* schlägt etwa vor, unentgeltlich bereitgestellte digitale Inhalte ganz oder teilweise von den vorvertraglichen Informationspflichten gemäß Artt. 13 ff. DCESL auszunehmen.[1817]

e) Anwendungsausschlüsse

Beide Rechtsinstrumente enthalten wiederum Anwendungsausschlüsse. Sie knüpfen an den Verwendungszweck (dazu aa)), die Art und Weise des Zustandekommens (dazu bb)) und den Inhalt des Vertrags an (dazu cc)).

---

erforderlich, und die verbundene Dienstleistung wird regelmäßig im Preis für die Ware eingerechnet; siehe c) bb) (3).

1813 Vgl. auch Schulze-*Wendehorst*, Art. 5 Rn. 24, m.w.Nachw.

1814 Vgl. hierzu und zum Folgenden *Zenefels*, K&R 2012, 463, 468 f.

1815 Siehe soeben cc).

1816 Vgl. auch *Mansel*, WM 2012, 1253, 1257.

1817 Vgl. *Zenefels*, K&R 2012, 463, 469.

aa) Ausschluss aufgrund des Verwendungszwecks

Beabsichtigt der Käufer eine private Verwendung der gekauften Ware, findet das CISG grundsätzlich keine Anwendung (vgl. Art. 2 lit. a CISG). Der Anwendungsausschluss für Konsumentenkäufe wurde bereits im Rahmen des persönlichen Anwendungsbereichs dargestellt.[1818] Der PR CESL enthält hingegen keine entsprechende Regelung. Der sachliche Anwendungsbereich des Verordnungsentwurfs erfasst nicht nur B2B-, sondern auch B2C-Verträge.

bb) Ausschluss aufgrund der Art und Weise des Zustandekommens

(1) CISG

In Bezug auf die Art und Weise des Zustandekommens eines Vertrags enthält das CISG zwei Anwendungsausschlüsse. Es findet keine Anwendung auf Kaufverträge, die bei Versteigerungen (dazu (aa)) oder aufgrund von gerichtlichen Maßnahmen zustande kommen (dazu (bb)).

(aa) Versteigerungen

Für Versteigerungen gelten sehr unterschiedliche nationale Sondervorschriften und häufig auch besondere Regeln und Gebräuche am Versteigerungsort.[1819] Zudem kommt ein Vertrag bei Versteigerungen regelmäßig erst durch die Erteilung des Zuschlags zugunsten des Meistbietenden zustande (vgl. für das deutsche Recht § 156 Satz 1 BGB). Hätten die Beteiligten jedoch erst zu diesem Zeitpunkt Gewissheit über die Anwendbarkeit des CISG, wäre dies vor allem für den Verkäufer unzumutbar spät. Wohl auch deshalb löste die Einfügung eines entsprechenden Anwendungsausschlusses in Art. 2 lit. b CISG während der Vorarbeiten von UNCITRAL und der Wiener Konferenz keine Diskussion aus. Die Haager Kaufgesetze enthielten noch keinen entsprechenden Anwendungsausschluss.[1820]

Der Begriff „Versteigerung" ist autonom auszulegen.[1821] Er setzt eine öffentliche Auktion voraus, bei der Gebote offen abgegeben werden können, sodass

---

1818 Siehe III. 1. a) bb).

1819 Vgl. hierzu und zum Folgenden Schlechtriem/Schwenzer-*Ferrari*, Art. 2 Rn. 30; Staudinger-*Magnus*, Art. 2 Rn. 2, 32; Ferrari [*et al.*]-*Saenger*, Intl. Vertragsrecht, Art. 2 Rn. 8; MüKoHGB-*Benicke*, Art. 2 Rn. 9; ausführlich *Schroeter*, ZEuP 2004, 20, 23 f. m.w.Nachw.

1820 Vgl. Staudinger-*Magnus*, Art. 2 Rn. 5; Schlechtriem/Schwenzer-*Ferrari*, Art. 2 Rn. 27.

1821 Vgl. hierzu und zum Folgenden Staudinger-*Magnus*, Art. 2 Rn. 33; Schlechtriem/Schwenzer-*Ferrari*, Art. 2 Rn. 28; Kröll/Mistelis/Viscasillas-*Spohnheimer*, Art. 2 Rn. 25.

ein Überbieten möglich ist, und bei der ein Kaufvertrag durch die Erteilung des Zuschlags zugunsten des Meistbietenden zustande kommt (vgl. für das deutsche Recht §§ 383 Abs. 3, 156 Satz 1 BGB).[1822] Die Systematik innerhalb des Art. 2 CISG zeigt zudem, dass lit. b nur Auktionen erfasst, die von Privaten durchgeführt werden.[1823] Für öffentlich-rechtliche Zwangsversteigerungen enthält bereits lit. c einen Anwendungsausschluss.[1824]

Demnach schließt Art. 2 lit. b CISG die Anwendung des Übereinkommens insbesondere für Kunstauktionen aus.[1825] Der Anwendungsausschluss ist hingegen nicht einschlägig, wenn der Verkäufer lediglich mehrere Angebote einholt, um das für ihn günstigste anzunehmen, etwa im Rahmen einer internationalen Ausschreibung.[1826] Dann geben Interessenten ihre Angebote in der Regel nicht offen ab, sodass kein Überbieten möglich ist. Der Verkäufer muss auch nicht das Angebot des Meistbietenden annehmen. Ggf. bevorzugt er ein anderes Angebot, z.B. weil er den Bietenden bereits von einer früheren Geschäftsbeziehung kennt.

Art. 2 lit. b CISG greift ebenfalls nicht ein, wenn der Meistbietende den ersteigerten Gegenstand noch während oder unmittelbar nach der Auktion weiterverkauft (sog. freihändiger Nachverkauf).[1827] Dementsprechend sind auch Verkäufe an Warenbörsen (sog. *Commodity Sales*) nicht vom sachlichen Anwendungsbereich ausgenommen.[1828] Dort findet keine Versteigerung statt, sondern es werden kurz nacheinander einzelne Kaufverträge geschlossen.[1829] Freilich sind die Börsenbedingungen bei *Commodity Sales* häufig bereits so

---

1822 Vgl. auch MüKoBGB-*Huber*, Art. 2 Rn. 14.

1823 Vgl. auch BGH IHR 2003, 28, 29; Soergel-*Lüderitz/Fenge*, Art. 2 Rn. 6; *Schroeter*, ZEuP 2004, 20, 22; Staudinger-*Magnus*, Art. 2 Rn. 33, begründet dies hingegen mit der „Entstehungsgeschichte".

1824 Dazu (bb).

1825 Vgl. hierzu und zum Folgenden auch Schlechtriem/Schwenzer-*Ferrari*, Art. 2 Rn. 28; Staudinger-*Magnus*, Art. 2 Rn. 34; MüKoBGB-*Huber*, Art. 2 Rn. 15; *Schmitt*, CR 2001, 145, 146 (dort Fn. 17).

1826 Vgl. auch *Schroeter*, ZEuP 2004, 20, 26.

1827 Vgl. Staudinger-*Magnus*, Art. 2 Rn. 33.

1828 Vgl. hierzu und zum Folgenden Staudinger-*Magnus*, Art. 2 Rn. 35; Kröll/Mistelis/Viscasillas-*Spohnheimer*, Art. 2 Rn. 26; vgl. auch Ferrari [*et al.*]-*Saenger*, Intl. Vertragsrecht, Art. 2 Rn. 8; MüKoBGB-*Huber*, Art. 2 Rn. 15; *Schroeter*, ZEuP 2004, 20, 25 f.; a.A. MüKoHGB-*Benicke*, Art. 2 Rn. 10: analoge Anwendung des Art. 2 lit. b CISG.

1829 Vgl. auch *Schmitt*, CR 2001, 145, 146 (dort Fn. 17).

detailliert, dass ohnehin nur eine ergänzende Anwendung des CISG in Betracht kommt.

Die Frage, ob auch Internetauktionen Versteigerungen im Sinne des Art. 2 lit. b CISG sind, wird nicht einheitlich beantwortet. Die wohl überwiegende Ansicht bejaht dies, sofern ein Überbieten möglich ist und die Erteilung eines Zuschlags erfolgt, etwa durch den Betreiber der Internetseite.[1830] Nach einer anderen Ansicht erfasst Art. 2 lit. b CISG Internetauktionen nicht.[1831]

Auch bei Internetauktionen kommt ein Vertrag zwar in der Regel erst durch die Feststellung des Meistbietenden zustande. Die übrigen Zwecke des Art. 2 lit. b CISG sind jedoch nicht betroffen. Insbesondere gelten für Internetauktionen keine besonderen Regeln und Gebräuche am Versteigerungsort, denn es existiert kein realer Versteigerungsort.[1832] Anders als bei herkömmlichen Versteigerungen erfolgen Vertragsschluss und -abwicklung nicht am selben Ort (sog. Platzgeschäft), sondern die Parteien befinden sich häufig weit voneinander entfernt. Insofern sind Internetauktionen auch nicht nur von lokaler Bedeutung.[1833] Hinzu kommt, dass Art. 2 lit. b CISG aufgrund seines Ausnahmecharakters restriktiv auszulegen ist und sich das CISG zur Regelung von Internetauktionen durchaus eignet.[1834]

Auch der vergleichbar späte Zeitpunkt des Vertragsschlusses und die entsprechend späte Gewissheit über die Anwendbarkeit des CISG (vgl. oben) ist vor allem für den Verkäufer nicht unzumutbar. Bereits bei herkömmlichen Versteigerungen ist es mittlerweile nicht mehr unüblich, dass auch ausländische Interessenten teilnehmen. Jedenfalls bei Internetauktionen ist aber von vornherein klar, dass die angebotene Ware von überall auf der Welt ersteigert werden kann.[1835] Der Verkäufer muss daher mit der Anwendbarkeit des CISG rechnen.

1830 Vgl. Schlechtriem/Schwenzer-*Ferrari*, Art. 2 Rn. 28; Staudinger-*Magnus*, Art. 2 Rn. 33; wohl auch MüKoBGB-*Huber*, Art. 2 Rn. 16; i.E. auch *Schmitt*, CR 2001, 145, 146; die Frage offen lassend Ferrari [*et al.*]-*Saenger*, Intl. Vertragsrecht, Art. 2 Rn. 8.

1831 Vgl. Kröll/Mistelis/Viscasillas-*Spohnheimer*, Art. 2 Rn. 27; *Schroeter*, ZEuP 2004, 20, 29 ff.

1832 Vgl. hierzu und zum Folgenden auch *Schroeter*, ZEuP 2004, 20, 29 ff.

1833 Vgl. hierzu und zum Folgenden auch Kröll/Mistelis/Viscasillas-*Spohnheimer*, Art. 2 Rn. 27.

1834 Dies räumt auch Staudinger-*Magnus*, Art. 2 Rn. 33, ein.

1835 Vgl. hierzu und zum Folgenden auch Kröll/Mistelis/Viscasillas-*Spohnheimer*, Art. 2 Rn. 27.

Diese Belastung[1836] ist auch nicht unangemessen. Der Verkäufer erreicht im Gegensatz zu herkömmlichen Versteigerungen einen größeren Personenkreis, was für ihn einen höheren Verkaufserlös bedeuten kann. Dies gilt auch, wenn er Konsument ist. Wie gezeigt, erfasst der persönliche Anwendungsbereich des Übereinkommens auch Konsumentenverkäufe an Unternehmer (*arg. e* Art. 2 lit. a CISG).[1837] Dass Konsumenten ggf. nicht um die Anwendbarkeit des CISG wissen, veranlasste die Wiener Konferenz offenbar nicht dazu, den Anwendungsbereich über Art. 2 lit. a CISG hinaus einzuschränken. Mit Blick auf Internetauktionen darf indes nichts anderes gelten. Auch insofern obliegt es dem Verkäufer, sich vor einer unerwünschten Anwendung des CISG zu schützen, indem er z.B. in den Versteigerungsbedingungen ein *opt out* vorsieht, dessen konkludente Annahme dann in der Abgabe eines (Höchst-)Gebots liegt. Häufig bieten Online-Plattformen auch die Möglichkeit, den Bieterkreis auf Personen aus dem Inland zu beschränken.[1838] Dann ist aufgrund des „'künstlich' hergestellten Platzgeschäftscharakters"[1839] bereits das Erfordernis der Internationalität nicht erfüllt.[1840] Beteiligt sich in diesem Fall dennoch ein ausländischer Bieter erfolgreich an der Auktion, ist die Internationalität des Sachverhalts für den Verkäufer nicht erkennbar (vgl. Art. 1 Abs. 2 CISG).[1841]

Im Übrigen sind Internetauktionen aber keine Versteigerungen im Sinne des Art. 2 lit. b CISG. Für sie kann der sachliche Anwendungsbereich eröffnet sein.

(bb) Gerichtliche Maßnahmen

Auch für Zwangsvollstreckungs- und andere gerichtliche Maßnahmen existieren sehr unterschiedliche nationale Sondervorschriften.[1842] Art. 2 lit. c CISG nimmt daher Kaufverträge, die aufgrund von solchen Maßnahmen zustande kommen,

---

1836 Vgl. auch Kröll/Mistelis/Viscasillas-*Spohnheimer*, Art. 2 Rn. 27: „burden"; vgl. hierzu und zum Folgenden ebda.

1837 Siehe III. 1. a) bb) (1) (aa).

1838 Vgl. hierzu und zum Folgenden *Schroeter*, ZEuP 2004, 20, 31.

1839 *Schroeter*, ZEuP 2004, 20, 31.

1840 Dazu bereits II. 1. a) aa), b) aa).

1841 Dazu II. 1. c) aa).

1842 Vgl. auch Staudinger-*Magnus*, Art. 2 Rn. 36; Ferrari [*et al.*]-*Saenger*, Intl. Vertragsrecht, Art. 2 Rn. 9; MüKoHGB-*Benicke*, Art. 2 Rn. 11; MüKoBGB-*Huber*, Art. 2 Rn. 17.

vom sachlichen Anwendungsbereich aus.[1843] Eine Anwendung des Übereinkommens wäre in diesen Fällen auch unbillig,[1844] denn während das CISG auf dem Grundsatz der Parteiautonomie beruht, steht bei gerichtlichen Maßnahmen der Vertragsinhalt grundsätzlich nicht zur Disposition der Parteien. Zudem betrifft ihre Durchführung öffentliche Interessen, die im Rahmen des CISG nur bedingt berücksichtigt werden könnten. Bereits die Haager Kaufgesetze enthielten einen entsprechenden Anwendungsausschluss (vgl. Artt. 1 Abs. 6 lit. d ULF, 5 Abs. 1 lit. d ULIS).[1845]

Ein Kaufvertrag „aufgrund von [...] gerichtlichen Maßnahmen" liegt vor, wenn er gemäß der Anordnung einer staatlichen Institution geschlossen wird, die nach nationalem Recht zur Entscheidung in Rechtssachen berufen ist und im Rahmen ihrer Zuständigkeit in einem rechtsstaatlichen Verfahren unter Anwendung von Rechtsnormen mit Bindungswirkung entscheidet.[1846] Insofern ist zwar ein Rückgriff auf das unvereinheitlichte Recht des angerufenen Gerichts erforderlich. Praktische Probleme drohen dadurch aber nicht.

Der Begriff der Zwangsvollstreckungsmaßnahmen bezieht sich vor allem auf Zwangsversteigerungen, sei es infolge einer Einzelvollstreckung, z.B. in verpfändete Sachen, oder eines Insolvenzverfahrens.[1847] Art. 2 lit. c CISG erfasst auch Verwertungsmaßnahmen des Insolvenzverwalters (vgl. für das deutsche Recht §§ 165 ff. InsO), freihändige Verkäufe durch den Gerichtsvollzieher oder auf gerichtliche Anordnung durch einen Dritten (vgl. für das deutsche Recht §§ 817a Abs. 3, 821, 825 ZPO).[1848] Nicht erfasst sind hingegen Kaufverträge, die der Insolvenzverwalter lediglich in Fortführung des Geschäftsbetriebs schließt. Insofern fehlt es an einem unmittelbaren Zusammenhang zu einer gerichtlichen Maßnahme und damit an einem öffentlich-rechtlichen Zwangscharakter. Vielmehr vertritt der Insolvenzverwalter den Schuldner und kann, wie jede andere Person

---

1843 Vgl. hierzu und zum Folgenden Kröll/Mistelis/Viscasillas-*Spohnheimer*, Art. 2 Rn. 29 f.; Soergel-*Lüderitz/Fenge*, Art. 2 Rn. 7.

1844 Vgl. auch Kröll/Mistelis/Viscasillas-*Spohnheimer*, Art. 2 Rn. 30: „unreasonable".

1845 Näher zur Entstehung Staudinger-*Magnus*, Art. 2 Rn. 3; Schlechtriem/Schwenzer-*Ferrari*, Art. 2 Rn. 31.

1846 Vgl. hierzu und zum Folgenden auch Staudinger-*Magnus*, Art. 2 Rn. 36; Kröll/Mistelis/Viscasillas-*Spohnheimer*, Art. 2 Rn. 31.

1847 Vgl. hierzu und zum Folgenden Staudinger-*Magnus*, Art. 2 Rn. 37 f.; Schlechtriem/Schwenzer-*Ferrari*, Art. 2 Rn. 32 f.; Ferrari [*et al.*]-*Saenger*, Intl. Vertragsrecht, Art. 2 Rn. 9; MüKoHGB-*Benicke*, Art. 2 Rn. 12 f.; Kröll/Mistelis/Viscasillas-*Spohnheimer*, Art. 2 Rn. 31.

1848 Vgl. auch MüKoBGB-*Huber*, Art. 2 Rn. 17.

des Privatrechts auch, den Vertragsinhalt weitgehend frei verhandeln. Dementsprechend fällt auch der private freihändige Pfandverkauf durch den Pfandgläubiger nicht unter Art. 2 lit. c CISG (vgl. für das deutsche Recht §§ 1235 Abs. 2, 1221 BGB).[1849]

(2) PR CESL

Im Gegensatz zum CISG enthält der PR CESL keinen Anwendungsausschluss für Käufe bei Versteigerungen (dazu (aa)). Allerdings schließt auch der Verordnungsentwurf Kaufverträge aus, die mit der Ausübung öffentlicher Gewalt verbunden sind (dazu (bb)).

(aa) Versteigerungen

Der PR CESL enthält keinen Art. 2 lit. b CISG entsprechenden Anwendungsausschluss für Käufe bei Versteigerungen. Für sie steht das DCESL daher zur Verfügung.

Dies folgt auch aus Art. 40 Abs. 2 lit. h DCESL. Die Regelung schließt das Widerrufsrecht des Verbrauchers aus Art. 40 Abs. 1 DCESL für Verträge aus, die „auf einer öffentlichen Versteigerung geschlossen werden". Sie setzt damit voraus, dass der sachliche Anwendungsbereich für öffentliche Versteigerungen grundsätzlich eröffnet ist. Dieser Unterschied zum CISG lässt sich mit den abweichenden persönlichen Anwendungsbereichen beider Rechtsinstrumente erklären:[1850] Das CISG ist auf die ausschließliche Beteiligung von gewerbsmäßig handelnden Personen zugeschnitten. Da Versteigerungen jedoch üblicherweise Platzgeschäfte und nur von lokaler Bedeutung sind,[1851] sah die Wiener Konferenz offenbar keinen besonderen Anlass für eine Anwendung des CISG, zumal für Versteigerungen sehr unterschiedliche nationale Sondervorschriften gelten.[1852] Der PR CESL ist hingegen auf B2C-Verträge zugeschnitten.[1853] Gerade wegen der divergierenden nationalen Vorschriften für Versteigerungen und der besonderen Schutzbedürftigkeit von Verbrauchern wollte die Kommission das DCESL offenbar auch insofern zur Verfügung stellen.

Den Begriff „öffentliche Versteigerung" definiert denn auch Art. 2 lit. u PR CESL als Verkaufsmethode, bei der ein Unternehmer einem Verbraucher, der

---

1849 Vgl. auch MüKoBGB-*Huber*, Art. 2 Rn. 17; Soergel-*Lüderitz/Fenge*, Art. 2 Rn. 7.
1850 Näher dazu bereits III.
1851 Siehe (1) (aa).
1852 Siehe (1) (aa).
1853 Siehe bereits III. 3. b).

einer Versteigerung persönlich beiwohnt oder dem diese Möglichkeit gewährt wird, Waren oder digitale Inhalte anbietet, und zwar in einem vom Versteigerer durchgeführten, auf konkurrierenden Geboten basierenden Verfahren, bei dem derjenige, der den Zuschlag erhält, zum Erwerb verpflichtet ist (vgl. für das deutsche Recht auch § 312g Abs. 2 Satz 1 Nr. 10 BGB). Die Notwendigkeit einer separaten Legaldefinition darf bezweifelt werden, knüpft doch allein Art. 40 Abs. 2 lit. a DCESL an den Begriff der öffentlichen Versteigerung an.[1854]

Abgesehen davon, dass sich Art. 2 lit. u PR CESL auf B2C-Verträge bezieht, entspricht der Begriff der öffentlichen Versteigerung weitgehend dem Begriff der Versteigerung im Sinne des Art. 2 lit. b CISG. Insbesondere fordert Art. 2 lit. u PR CESL ausdrücklich eine öffentliche Auktion, die offene Abgabe von Geboten, die Möglichkeit eines Überbietens und einen Vertragsschluss durch Erteilung des Zuschlags zugunsten des Meistbietenden.[1855] Auch erfasst die Regelung nur Auktionen, die von Privaten durchgeführt werden, z.B. einem Testamentsvollstrecker.[1856] Nur insofern steht das DCESL zur Verfügung. Kaufverträge, die mit der Ausübung öffentlicher Gewalt verbunden sind, nimmt Art. 2 lit. k PR CESL hingegen vom sachlichen Anwendungsbereich aus.[1857]

Internetauktionen fallen zwar nicht unter Art. 2 lit. u PR CESL.[1858] Dies ergibt sich zunächst aus den parallelen Regelungen der Verbraucherrechte-Richtlinie: Deren Art. 16. lit. k schließt ebenso wie Art. 40 Abs. 2 lit. h DCESL ein Widerrufsrecht des Verbrauchers für Verträge aus, die auf einer öffentlichen Versteigerung geschlossen werden. Grund hierfür ist ausweislich des Erwgr. (24) der Verbraucherrechte-Richtlinie, dass die Parteien bei öffentlichen Versteigerungen persönlich anwesend sind oder zumindest die Möglichkeit zur persönlichen Anwesenheit erhalten (Satz 1) und die Auktion im Rahmen eines gesetzlich zugelassenen oder gar geregelten Verfahrens durchgeführt wird (Satz 2). Dadurch ist bereits ein erhöhter Schutz beteiligter Verbraucher gewährleistet, sodass es keiner zusätzlichen Widerrufsmöglichkeit bedarf. Etwas anderes gilt jedoch für Internetauktionen. Sie sind keine Platzgeschäfte, sondern die Parteien befinden sich häufig weit voneinander entfernt.[1859] Insofern muss der Verbraucher eine

---

1854 Vgl. auch Schmidt-Kessel-*ders.*, Art. 2 Rn. 88: „in dieser Form und an dieser Stelle überflüssig".

1855 Vgl. auch Schulze-*Wendehorst*, Art. 2 Rn. 55.

1856 Vgl. Schmidt-Kessel-*ders.*, Art. 2 Rn. 62.

1857 Dazu sogleich (bb).

1858 Vgl. hierzu und zum Folgenden Schulze-*Wendehorst*, Art. 2 Rn. 56; Schmidt-Kessel-*ders.*, Art. 2 Rn. 88 f.

1859 Siehe bereits (1) (aa).

Widerrufsmöglichkeit haben. Erwgr. (24) Satz 4 der Verbraucherrechte-Richtlinie stellt deshalb ausdrücklich klar, dass die „Verwendung von Online-Plattformen [...] nicht als öffentliche Versteigerung [...] gelten [sollte]", und bezieht sich damit auf die Legaldefinition des Begriffs „öffentliche Versteigerung" in Art. 2 Nr. 13 der Verbraucherrechte-Richtlinie. Sie entspricht Art. 2 lit. u PR CESL weitgehend.

Das bedeutet allerdings nur, dass Internetauktionen (auch) keine Versteigerungen im Sinne des Art. 2 lit. u PR CESL sind. Die hierbei zustande kommenden Kaufverträge fallen aber ohne Weiteres unter den Kaufvertragsbegriff des Art. 2 lit. k PR CESL. Somit kann nicht nur der sachliche Anwendungsbereich des CISG,[1860] sondern auch derjenige des PR CESL für Internetauktionen eröffnet sein.

(bb) Ausübung öffentlicher Gewalt

Einen Art. 2 lit. c CISG entsprechenden Anwendungsausschluss regelt Art. 2 lit. k PR CESL zusammen mit der Legaldefinition des Kaufvertragsbegriffs. Hiervon nimmt die Regelung Verträge aus, die den Kauf zwangsversteigerter Waren betreffen oder auf sonstige Weise mit der Ausübung öffentlicher Gewalt verbunden sind. Unklar ist, welchen Zweck die Kommission mit dem Anwendungsausschluss verfolgt bzw. ob er ebenso wie Art. 2 lit. c CISG darauf beruht, dass öffentliche Interessen im Rahmen des DCESL nur bedingt berücksichtigt werden könnten.[1861]

Die weitere Formulierung des Art. 2 lit. k PR CESL („auf sonstige Weise mit der Ausübung öffentlicher Gewalt verbunden") gegenüber Art. 2 lit. c CISG („aufgrund von [...] anderen gerichtlichen Maßnahmen") führt zu keinem Unterschied in der Sache. Auch im Rahmen des Verordnungsentwurfs ist maßgeblich, ob der Vertrag gemäß der Anordnung einer staatlichen Institution geschlossen wird, die nach nationalem Recht zur Entscheidung in Rechtssachen berufen ist und im Rahmen ihrer Zuständigkeit in einem rechtsstaatlichen Verfahren unter Anwendung von Rechtsnormen mit Bindungswirkung entscheidet. Zudem erfasst die Regelung, obwohl sie nur auf den Kauf „zwangsversteigerter" Waren abstellt, ebenso wie Art. 2 lit. c CISG auch andere Zwangsvollstreckungsmaßnahmen und gilt insbesondere auch für Verwertungsmaßnahmen des Insolvenzverwalters.[1862]

1860 Siehe (1) (aa).

1861 Nicht eindeutig auch Schulze-*Wendehorst*, Art. 5 Rn. 15: „good reasons".

1862 Vgl. auch Schmidt-Kessel-*ders.*, Art. 2 Rn. 62.

cc) Ausschluss aufgrund des Inhalts

Den Fall, dass Dienstleistungen Vertragsbestandteil sind, berücksichtigt das CISG lediglich in einem Anwendungsausschluss (vgl. Art. 3 Abs. 2 CISG).[1863] Der PR CESL regelt hingegen Verträge über verbundene Dienstleistungen als eigenständige Vertragskategorie.[1864] Außerhalb dieser Qualifikation ist der Anwendungsausschluss für Mischverträge in Art. 6 Abs. 1 PR CESL zu beachten. Die gebotene restriktive Auslegung der Regelung wurde bereits im Zusammenhang mit Mietkaufverträgen dargestellt.[1865]

Zweck des Art. 6 Abs. 1 PR CESL ist die Verhinderung eines gespaltenen Vertragsstatuts.[1866] Das DCESL soll nur für die in Art. 5 litt. a-c PR CESL genannten Verträge zur Verfügung stehen; auf sie ist es zugeschnitten.[1867] Freilich kann dieses Ziel bereits naturgemäß nur insoweit erreicht werden, als der Regelungsbereich des Verordnungsentwurfs reicht.[1868] Er umfasst nicht alle Rechtsfragen im Zusammenhang mit den geregelten Vertragstypen (vgl. z.B. Erwgr. (27) Satz 2 PR CESL). Auch eine lückenfüllende Auslegung gemäß Art. 4 Abs. 2 DCESL ist nicht stets möglich.[1869] Selbst die in Art. 5 litt. a-c PR CESL genannten Verträge kommen daher nicht immer ohne „andere Elemente“ im Sinne des Art. 6 Abs. 1 PR CESL aus.

Mischverträge sind nicht zu verwechseln mit gemischten Verträgen im Sinne des Art. 9 DCESL, zumal die englische und die französische Fassung für beide Vertragsgestaltungen dieselbe Bezeichnung verwendet („mixed-purpose contracts“ bzw. „contrats à objet mixte“).[1870] Ein gemischter Vertrag beinhaltet den Kauf von Waren oder die Bereitstellung digitaler Inhalte und die Erbringung einer verbundenen Dienstleistung (vgl. Art. 9 Abs. 1 DCESL). Er fällt damit insgesamt in den sachlichen Anwendungsbereich. Hingegen beinhaltet ein Mischvertrag im Sinne des Art. 6 Abs. 1 PR CESL neben dem Kauf von Waren, der Bereitstellung digitaler Inhalte oder[1871] der Erbringung einer verbundenen

---

1863 Dazu bereits c) aa).

1864 Dazu c) bb).

1865 Siehe a) bb) (2) (dd) (β).

1866 Vgl. Schmidt-Kessel-*ders.*, Art. 6 Rn. 3.

1867 Vgl. Schulze-*Wendehorst*, Art. 6 Rn. 2; vgl. auch *Staudenmayer*, NJW 2011, 3491, 3494.

1868 Vgl. hierzu und zum Folgenden Schmidt-Kessel-*ders.*, Art. 6 Rn. 3.

1869 Näher zu externen und internen Lücken des DCESL und deren Schließung *Mansel*, WM 2012, 1253, 1265 ff.; *Stadler*, AcP 212 (2012), 473, 498 ff.

1870 Vgl. hierzu und zum Folgenden *Mansel*, WM 2012, 1253, 1257 f.

1871 Sowohl die deutsche („und“) als auch die englische („and“) und die französische („et“) Fassung zählt die drei Vertragsarten kumulativ auf; die Kommission kann insofern aber nur eine alternative Aufzählung gemeint haben.

Dienstleistung noch andere Elemente. Der Anwendungsausschluss nimmt ihn daher insgesamt vom sachlichen Anwendungsbereich aus. Nur wenn die Parteien die betreffenden Regelungen in einem separaten Vertrag vereinbaren, steht das DCESL zumindest für den Hauptvertrag zur Verfügung.[1872] Dieses Vorgehen dürfte aber kaum attraktiv sein, da auf den separaten Vertrag dann die autonomen Vorschriften Anwendung finden.

Auf Rechtsfolgenseite ordnet Art. 6 Abs. 1 PR CESL an, dass das DCESL „nicht [...] verwendet werden [darf]". Das bedeutet nicht, dass Mischverträge insgesamt unwirksam sind, wenn die Parteien sie dem DCESL unterstellen.[1873] Vielmehr hat ihr *opt in* dann lediglich keine kollisionsrechtliche, sondern nur eine materiellrechtliche Wirkung.[1874]

f) Maßgeblicher Zeitpunkt

Sowohl im Rahmen des CISG als auch im Rahmen des PR CESL ist maßgeblicher Zeitpunkt für die Qualifikation des Vertrags als Kaufvertrag (bzw. als Werklieferungsvertrag, Vertrag über verbundene Dienstleistungen oder die Bereitstellung digitaler Inhalte) der Vertragsschluss.[1875] Hingegen ist unerheblich, ob etwa der Käufer seine vertragliche Verpflichtung, Stoffe zur Verfügung zu stellen (vgl. Art. 3 Abs. 1 CISG), erst später erfüllt. Ebenso unerheblich ist, ob ein ursprünglich wesentlicher Teil der Stoffe nachträglich unwesentlich wird oder umgekehrt.[1876] Entsprechendes gilt für das Kriterium des Überwiegens in Art. 3 Abs. 2 CISG.[1877]

3. Zwischenergebnis

Hinsichtlich des Vertragsgegenstands stellen beide Rechtsinstrumente auf die Eigenschaft als Ware ab. Der Warenbegriff des Art. 1 Abs. 1 CISG entspricht der Legaldefinition in Art. 2 lit. h PR CESL („bewegliche körperliche Gegenstände").

1872 Siehe auch bereits a) bb) (2) (dd) (β); vgl. Schulze-*Wendehorst*, Art. 5 Rn. 10, mit Beispielen; vgl. hierzu und zum Folgenden Schulze-*Wendehorst*, Art. 6 Rn. 6.

1873 Vgl. hierzu und zum Folgenden Schulze-*Wendehorst*, Art. 6 Rn. 7.

1874 Dazu bereits C. II. 4.; vgl. auch Schulze-*Wendehorst*, Art. 6 Rn. 7: „incorporation by reference, as if they had written the text of the [DCESL] into their contract".

1875 Vgl. hierzu und zum Folgenden für das CISG auch Staudinger-*Magnus*, Art. 3 Rn. 18, 25; Schlechtriem/Schwenzer-*Ferrari*, Art. 3 Rn. 13, 15; Ferrari [*et al.*]-*Saenger*, Intl. Vertragsrecht, Art. 3 Rn. 4, 6; MüKoHGB-*Benicke*, Art. 3 Rn. 6, 9; MüKoBGB-*Huber*, Art. 3 Rn. 8, 12.

1876 Zum Kriterium der Wesentlichkeit bereits b) bb) (2).

1877 Dazu bereits c) aa) (2).

Unerheblich ist insbesondere, ob der Gegenstand nach dem unvereinheitlichten Recht verkehrsfähig ist bzw. besonderen Verkehrsbeschränkungen unterliegt. Bei den einzelnen Begriffsmerkmalen ergeben sich allerdings Unterschiede. Grund hierfür ist vor allem, dass der PR CESL eine weitere Qualifikation für digitale Inhalte enthält. Sie erfasst insbesondere Software, die im Rahmen des CISG unter den Warenbegriff fällt, sofern sie Bestandteil eines körperlichen Mediums ist. Durch die Ausgliederung digitaler Inhalte ist der Warenbegriff des Verordnungsentwurfs somit enger als derjenige des Übereinkommens.[1878] Im Rahmen des PR CESL sind schließlich auch verbundene Dienstleistungen tauglicher Vertragsgegenstand.

Beide Rechtsinstrumente nehmen bestimmte Gegenstände vom sachlichen Anwendungsbereich aus. In Bezug auf den Warenbegriff besteht vor allem für Wasser- und Luftfahrzeuge ein Unterschied. Im Rahmen des CISG sind diese Fahrzeuge ab einer gewissen Größe nicht mehr als Ware zu qualifizieren (vgl. Art. 2 lit. e CISG), wohingegen sie im Rahmen des PR CESL mangels Anwendungsausschlusses unabhängig von ihrer Größe tauglicher Vertragsgegenstand sein können. Die Ausnahmeregelungen des Verordnungsentwurfs für digitale Inhalte und verbundene Dienstleistungen sind häufig missverständlich formuliert. Insofern drohen Auslegungs- und Abgrenzungsprobleme.

Hinsichtlich der Vertragsart erfassen beide Rechtsinstrumente Kaufverträge und Werklieferungsverträge. Jeweils ergeben sich kaum Unterschiede. Für die Qualifikation als Kaufvertrag ist insbesondere unerheblich, ob das Eigentum bereits durch den Vertrag selbst übergeht oder (später) getrennt davon durch etwaige Erfüllungsakte. Abweichungen ergeben sich vor allem bzgl. der Ausübung eines Wiederkaufs-, Wiederverkaufs- oder Vorkaufsrechts und bzgl. eines Mietkaufs. Grund hierfür sind die Einschränkungen des PR CESL bzgl. seines persönlichen Anwendungsbereichs (vgl. Art. 7 Abs. 1 PR CESL) und der umfassende Anwendungsausschluss für Mischverträge in Art. 6 Abs. 1 PR CESL. Das CISG nimmt dafür bestimmte Werklieferungsverträge vom sachlichen Anwendungsbereich aus.

Den Fall, dass Dienstleistungen Vertragsbestandteil sind, berücksichtigt das CISG lediglich in einem Anwendungsausschluss (vgl. Art. 3 Abs. 2 CISG), während der PR CESL Verträge über verbundene Dienstleistungen als eigenständige Vertragskategorie regelt. Der Verordnungsentwurf enthält zudem eine weitere Qualifikation für Verträge über die Bereitstellung digitaler Inhalte. Jeweils verzichtet er auf das Merkmal der Entgeltlichkeit.

1878 Vgl. auch Schmidt-Kessel-*ders.*, Art. 2 Rn. 43.

Beide Rechtsinstrumente regeln wiederum Ausnahmen. Das CISG findet insbesondere auf Versteigerungen keine Anwendung (vgl. Art. 2 lit. b CISG), wohingegen das DCESL zur Verfügung steht, sofern eine Versteigerung von Privaten durchgeführt wird. Speziell Internetauktionen erfasst der sachliche Anwendungsbereich beider Rechtsinstrumente, nicht hingegen Kaufverträge, die aufgrund gerichtlicher Maßnahmen zustande kommen.

E. Zusammenfassung

Mit dem PR CESL hat sich die Kommission auf einen eigenen Weg der regionalen Vereinheitlichung des Kaufrechts für grenzübergreifende Verträge begeben.[1879] Der Anwendungsbereich ihres Verordnungsentwurfs ist „durch zahlreiche Einschränkungen verengt",[1880] die vor allem rechtspolitisch motiviert sind.[1881] Daher – oder dennoch – wurde der PR CESL ganz überwiegend kritisiert, und zwar gerade auch in Bezug auf die Ausgestaltung seines fakultativen Charakters und seines Anwendungsbereichs.

Dabei hat der Anwendbarkeitsvergleich durchaus große Überschneidungen mit dem CISG aufgezeigt.[1882] In zeitlicher Hinsicht knüpfen etwa beide Rechtsinstrumente die Anwendbarkeit ihrer materiellrechtlichen Vorschriften an den Zeitpunkt ihres Inkrafttretens und bestimmen hierfür eine mehrmonatige Frist. Ihr räumlicher Anwendungsbereich ist trotz abweichender Terminologie und bisweilen unterschiedlicher Regelungstechnik (unmittelbare Bestimmung bzw. Vorschaltlösung) eröffnet, wenn ausschließlich Vertrags- bzw. Mitgliedstaaten betroffen sind, und er kann auch eröffnet sein, wenn eine Partei aus einem Drittstaat beteiligt ist.

In persönlicher Hinsicht ist jeweils eine Abgrenzung zwischen der Privatsphäre und der Berufs- und Geschäftssphäre erforderlich, wenngleich sich im Übrigen Unterschiede ergeben. Für B2B-Verträge fordert der PR CESL die Beteiligung eines KMU, wohingegen das CISG nicht nach der Größe eines Unternehmens differenziert. Insofern besteht nur eine Schnittmenge, sofern ein KMU beteiligt ist oder (irgend-)ein Mitgliedstaat von der Option gemäß Art. 13 lit. b PR CESL Gebrauch macht. Für B2C-Verträge enthält demgegenüber das CISG einen Anwendungsausschluss. Bei Beteiligung eines

1879 Vgl. auch *Magnus*, in: CISG vs. Regional Sales Law, S. 97, 120: „very own and creative path"; *Tamm*, VuR 2012, 3: „Der Ansatz [...] ist neu".

1880 *Basedow*, in: Gemeinsames Europäisches Kaufrecht, S. 3, 4.

1881 Vgl. auch *Stadler*, AcP 212 (2012), 473, 500: „von rechtspolitischem Taktieren [...] gekennzeichnet".

1882 Vgl. auch *Magnus*, in: CISG vs. Regional Sales Law, S. 97, 105: „rather wide overlap".

Konsumenten (bzw. Verbrauchers) wird daher nur selten der persönliche Anwendungsbereich beider Rechtsinstrumente eröffnet sein.[1883]

Schließlich stellen beide Rechtsinstrumente in sachlicher Hinsicht auf die Eigenschaft des Vertragsgegenstands als Ware ab und erfassen Kauf- und Werklieferungsverträge. Der PR CESL enthält darüber hinaus zusätzliche Qualifikationen, die seinen sachlichen Anwendungsbereich gegenüber demjenigen des CISG erweitern, wobei beide Rechtsinstrumente wiederum Ausnahmen für bestimmte Gegenstände und Verträge regeln.

Die festgestellten Unterschiede beruhen häufig auf der Rechtsnatur der beiden Rechtsinstrumente (völkerrechtliches Übereinkommen bzw. Verordnung), der gegensätzlichen Ausgestaltung ihres fakultativen Charakters (Möglichkeit eines *opt out* bzw. Erfordernis eines *opt in*) oder darauf, dass das CISG auf Verträge unter ausschließlicher Beteiligung von gewerbsmäßig handelnden Personen zugeschnitten ist, der PR CESL hingegen auf B2C-Verträge.

Mit Blick auf künftige Textstufen, mit denen sich die Kommission wieder einer umfassenderen Kodifikation des Kaufrechts nähern möchte, wird kein Weg am PR CESL und den dazu gewonnenen Erkenntnissen vorbeiführen. *Stadler* stellt insofern zutreffend fest, der Verordnungsentwurf werde „jedenfalls ein wichtiger Referenzrahmen in der weiteren Diskussion sein und man darf sich sicher sein, dass die Kommission mittelfristig eine Begründung finden wird, aus dem optionalen ein verbindliches Instrument zu machen".[1884] Entscheidend für den Erfolg eines – fakultativen oder verbindlichen – Instruments ist dessen sorgfältige Ausgestaltung. Hierfür bedarf es Zeit, gerade wenn es sich um eine Kernmaterie des Privatrechts handelt. Die Kritik am PR CESL rührt vor allem daher, dass eine ausreichende politische und wissenschaftliche Diskussion nicht stattgefunden habe.[1885]

Erforderlich ist jedoch nicht nur eine umfassende Auseinandersetzung mit den Regelungen des PR CESL, um insbesondere die Unklarheiten bzgl. seines Anwendungsbereichs auszuräumen. Dies ist umso wichtiger, sofern die

1883 Vgl. auch *Magnus*, in: CISG vs. Regional Sales Law, S. 97, 106: „in rare situations".

1884 Vgl. *Stadler*, AcP 212 (2012), 473, 474; vgl. auch *Mankowski*, IHR 2012, 1: „Die Perspektive ist [...] eher mittel- und langs- als kurzfristig".

1885 Vgl. z.B. *Eidenmüller* [*et al.*], JZ 2012, 269, 288: Der PR CESL sei „alles andere als ein ausgereiftes Produkt [...]. Es handelt sich vielmehr um einen offensichtlich mangelhaften Text, der in großer Eile und ohne kritische Evaluation durch unabhängige Experten produziert wurde. Mit einem solchen Rechtsprodukt wird der europäischen Idee kein Dienst erwiesen."

Kommission auch künftige Entwürfe fakultativ ausgestaltet und damit einer Wahl der Parteien überlässt.[1886] Unverzichtbar ist es auch, das Verhältnis zum CISG stärker zu berücksichtigen als bislang, würde doch ein fakultatives europäisches Pendant in unmittelbare Konkurrenz hierzu treten.

1886 Vgl. auch *Stadler*, AcP 212 (2012), 473, 494.

STUDIEN ZUM VERGLEICHENDEN UND INTERNATIONALEN RECHT

Herausgeber: Bernd von Hoffmann (†), Erik Jayme und Heinz-Peter Mansel

Band 1 Ferdinand Henke: Die Datenschutzkonvention des Europarates. 1986.

Band 2 Peter Czermak: Der express trust im internationalen Privatrecht. 1986.

Band 3 Peter Kindler: Der Ausgleichsanspruch des Handelsvertreters im deutsch-italienischen Warenverkehr. Eine rechtsvergleichende und kollisionsrechtliche Untersuchung. 1987.

Band 4 Wilhelm Denzer: Stellung und Bedeutung des Engineers in den FIDIC-Bauvertragsbedingungen. 1988.

Band 5 Marijan-Maximilian Lederer: Die internationale Enteignung von Mitgliedschaftsrechten unter besonderer Berücksichtigung der französischen Enteignungen 1982. 1989.

Band 6 Rainer Esser: Klagen gegen ausländische Staaten. 1990.

Band 7 Chang Jae-Ok: Auf dem Weg zu einer Materialisierung des Immateriellen? Personen-, Persönlichkeitsschutz und Geldersatz des immateriellen Schadens in rechtsvergleichender Hinsicht am Beispiel des koreanischen und japanischen Zivilrechts unter besonderer Berücksichtigung des deutschen Rechts. 1990.

Band 8 Paul-Frank Weise: Lex mercatoria. Materielles Recht vor der internationalen Handelsschiedsgerichtbarkeit.1990.

Band 9 Werner Born: Der Auftrittsvertrag für Musikgruppen im Bereich der Rock- und Popmusik. 1990.

Band 10 Ralf Erich Jürgens: IPR und Verfassung in Italien und in der Bundesrepublik Deutschland. 1990.

Band 11 Rainer Gildeggen: Internationale Schieds- und Schiedsverfahrensvereinbarungen in Allgemeinen Geschäftsbedingungen vor deutschen Gerichten. 1991.

Band 12 Klaus Grabinski: Die kollisionsrechtliche Behandlung des Durchgriffs bei rechtlich verselbständigten Unternehmen in privater oder öffentlicher Hand. 1991.

Band 13 Dieter Stummel: Konkurs und Integration. Konventionsrechtliche Wege zur Bewältigung grenzüberschreitender Insolvenzverfahren. 1991.

Band 14 Joachim Güntzer: Die Rechtsstellung des Geschäftsführers im spanischen Aktienrecht. Die Neuregelung des spanischen Aktienrechts nach dem Beitritt Spaniens zur EG. 1991.

Band 15 Sabine Isenburg-Epple: Die Berücksichtigung ausländischer Rechtshängigkeit nach dem Europäischen Gerichtsstands- und Vollstreckungsübereinkommen vom 27.9.1968. Untersuchungen zum Anwendungsbereich von Art. 21 EuGVÜ unter schwerpunktmäßiger Behandlung der Frage nach der Bestimmung eines europäischen Streitgegenstandsbegriffs. 1992.

Band 16 Ulrich Nickl: Die Qualifikation der culpa in contrahendo im Internationalen Privatrecht. 1992.

Band 17 Theo Rauh: Leistungserschwerungen im Schuldvertrag. Eine rechtsvergleichende Untersuchung des englischen, US-amerikanischen, französischen und deutschen Rechts unter besonderer Berücksichtigung der gerichtlichen Praxis. 1992.

Band 18 Bernadette Chaussade-Klein: Vorvertragliche "obligation de renseignements" im französischen Recht. 1992.

Band 19 Josef Sievers: Verbraucherschutz gegen unlautere Vertragsbedingungen im französischen Recht. Vom Code civil zum "Code de la consommation" – die Entstehung eines Sonderprivatrechts für Verbraucher. 1993.

Band 20 Achim Schäfer: Grenzüberschreitende Kreditsicherung an Grundstücken, unter besonderer Berücksichtigung des deutschen und italienischen Rechts. 1993.

Band 21 Eugenio Hernández-Breton: Internationale Gerichtsstandsklauseln in Allgemeinen Geschäftsbedingungen. Unter besonderer Berücksichtigung des deutsch-südamerikanischen Rechtsverkehrs (dargestellt am Beispiel Argentinien, Brasilien und Venezuela). 1993.

Band 22 Ingo Reng: Unterhaltsansprüche aufgrund nichtehelicher Lebensgemeinschaft – Internationales Privatrecht und ausländisches materielles Recht. 1994.

Band 23 Stefanie Roloff: Die Geltendmachung ausländischer öffentlicher Ansprüche im Inland. 1994.

Band 24 Katharina Ludwig: Der Vertragsschluß nach UN-Kaufrecht im Spannungsverhältnis von Common Law und Civil Law. Dargestellt auf der Grundlage der Rechtsordnungen Englands und Deutschlands. 1994.

Band 25 Malte Diesselhorst: Mehrparteienschiedsverfahren. Internationale Schiedsverfahren unter Beteiligung von mehr als zwei Parteien. 1994.

Band 26 Manfred Kost: Konsensprobleme im internationalen Schuldvertragsrecht. 1995.

Band 27 Wolff-Heinrich Fleischer: Das italienische Wettbewerbsrecht und die Probleme des selektiven Parfümvertriebs unter Berücksichtigung der Rechtslage in Frankreich und Deutschland. 1995.

Band 28 Angelika Fuchs: Lateinamerikanische Devisenkontrollen in der internationalen Schuldenkrise und Art. VIII Abschn. 2 b) IWF-Abkommen. 1995.

Band 29 Jacques Matthias Aull: Der Geltungsanspruch des EuGVÜ: "Binnensachverhalte" und Internationales Zivilverfahrensrecht in der Europäischen Union. Zur Auslegung von Art. 17 Abs. 1 S. 1 EuGVÜ. 1996.

Band 30 Hartmut Ost: EVÜ und fact doctrine. Konflikte zwischen europäischer IPR-Vereinheitlichung und der Stellung ausländischen Rechts im angelsächsischen Zivilprozeß. 1996.

Band 31 Stefan Wagner: Die Testierfähigkeit im Internationalen Privatrecht. 1996.

Band 32 Wolfgang Jakob Hau: Positive Kompetenzkonflikte im Internationalen Zivilprozeßrecht. Überlegungen zur Bewältigung von *multi-fora disputes*. 1996.

Band 33 Markus Schütz: UN-Kaufrecht und *Culpa in contrahendo*. 1996.

Band 34 Volker Geyrhalter: Das Lösungsrecht des gutgläubigen Erwerbers. Ein "vergessener" Kompromiß und die Auswirkungen auf das heutige deutsche Recht unter besonderer Berücksichtigung des internationalen Sachenrechts. 1996.

Band 35 Andreas Kramer: Abwicklungsstörungen bei Kaufverträgen. Die Lieferung vertragswidriger Sachen im deutschen und italienischen Recht. 1996.

Band 36 Petra Krings: Erfüllungsmodalitäten im internationalen Schuldvertragsrecht. 1997.

Band 37 Tonja Gaibler: Der rechtsgeschäftliche Irrtum im französischen Recht. 1997.

Band 38 Dirk Otto: Rechtsspaltung im indischen Erbrecht. Bedeutung und Auswirkungen auf deutsch-indische Nachlaßfälle. 1997.

Band 39 Gregor W. Decku: Zwischen Vertrag und Delikt. Grenzfälle vertraglicher und deliktischer Haftung dargestellt am Beispiel der Berufs- und Expertenhaftung zum Schutze des Vermögens Dritter im deutschen und englischen Recht. 1997.

Band 40 Gregor W. Decku: Zwischen Vertrag und Delikt. Grenzfälle vertraglicher und deliktischer Haftung dargestellt am Beispiel der Berufs- und Expertenhaftung zum Schutze des Vermögens Dritter im deutschen und englischen Recht. 1997.

Band 41 Ulrike Höpping: Auswirkungen der Warenverkehrsfreiheit auf das IPR unter besonderer Berücksichtigung des Internationalen Produkthaftungsrechts und des Internationalen Vertragsrechts. 1997.

Band 42 Helene Boriths Müller: Die Umsetzung der europäischen Übereinkommen von Rom und Brüssel in das Recht der Mitgliedstaaten. Dargestellt am Beispiel Deutschlands und Dänemarks. 1997.

Band 43 Bernd von Hoffmann / Myong-Chang Hwang (eds.): The Public Concept of Land Ownership. Reports and Discussions of a German-Korean Symposium held in Seoul on October 7-9, 1996. 1997.

Band 44 Oliver Heeder: Fraus legis. Eine rechtsvergleichende Untersuchung über den Vorbehalt der Gesetzesumgehung in Deutschland, Österreich, der Schweiz, Frankreich und Belgien unter besonderer Berücksichtigung des Internationalen Privatrechts. 1998.

Band 45 Heinrich Schütt: Deliktstyp und Internationales Privatrecht. Dargestellt an grenzüberschreitenden Problemen der Arzthaftung. 1998.

Band 46 Axel Steiner: Die stillschweigende Rechtswahl im Prozeß im System der subjektiven Anknüpfungen im deutschen Internationalen Privatrecht. 1998.

Band 47 Martina Schulz: Der Eigentumsvorbehalt in europäischen Rechtsordnungen. Rechtsvergleichende Untersuchung des deutschen, englischen und französischen Rechts unter besonderer Berücksichtigung von Erweiterungen und Verlängerungen. 1998.

Band 48 Karin Dreher: Die Rechtswahl im internationalen Erbrecht. Unter besonderer Berücksichtigung des italienischen IPR-Reformgesetzes N. 218 vom 31. Mai 1995. 1999.

Band 49 Giuliano Gabrielli: Das Verhältnis zwischen der Anfechtung wegen Eigenschaftsirrtums und den Gewährleistungsansprüchen im deutschen, österreichischen und italienischen Recht. 1999.

Band 50 Bernd von Hoffmann / Myong-Chan Hwang (eds.): Developments in Land Law. Reports and Discussions of a German-Korean Symposium held in Berlin and Trier on July 21-24, 1997. 1999.

Band 51 Volker Heidbüchel: Das UNCITRAL-Übereinkommen über unabhängige Garantien und Standby Letters of Credit. Vergleiche mit den Richtlinien der Internationalen Handelskammer, dem deutschen, englischen und US-amerikanischen Recht. 1999.

Band 52 Jan Christoph Nordmeyer: Pflichtteilsansprüche und Wiedervereinigung. Eine systematische Analyse der Ausgleichsansprüche nach BGB-Pflichtteilsrecht unter besonderer Berücksichtigung der durch den Wiedervereinigungsprozeß eingetretenen Wertveränderungen. 1999.

Band 53 Bettina Linder: Vertragsabschluß beim grenzüberschreitenden Verbraucherleasing. 1999.

Band 54 Almontasser Fetih: Die zivilrechtliche Haftung bei Vertragsverhandlungen. Eine rechtsvergleichende Studie zum deutschen, französischen, ägyptischen und islamischen Recht. 2000.

Band 55 Sona Rajani: Die Geltung und Anwendung des Gemeinschaftsrechts im Vereinigten Königreich von Großbritannien und Nordirland. Der Grundsatz der Parlamentssouveränität im Wandel. 2000.

Band 56 Joachim Kayser: Gegenmaßnahmen im Außenwirtschaftsrecht und das System des europäischen Kollisionsrechts. Eine Analyse der EU-Abwehrverordnung gegen die Auswirkungen extraterritorialer Rechtserstreckung eines Drittlandes. 2001.

Band 57 Albrecht Conrad: Qualifikationsfragen des Trust im Europäischen Zivilprozeßrecht. 2001.

Band 58 Bernd Borgmann: Die Entsendung von Arbeitnehmern in der Europäischen Gemeinschaft. Wechselwirkungen zwischen Kollisionsrecht, Grundfreiheiten und Spezialgesetzen. 2001.

Band 59 Aleksandar Jaksic: Arbitration and Human Rights. 2002.

Band 60 Islamisches und arabisches Recht als Problem der Rechtsanwendung. Symposium zu Ehren von Professor Emeritus Dr. iur. Omaia Elwan. Veranstaltet vom Institut für ausländisches und internationales Privat- und Wirtschaftsrecht der Universität Heidelberg und der Gesellschaft für Arabisches und Islamisches Recht e.V. Herausgegeben von Herbert Kronke, Gert Reinhart und Nika Witteborg. 2001.

Band 61 Patrick Fiedler: Stabilisierungsklauseln und materielle Verweisung im internationalen Vertragsrecht. 2001.

Band 62 Werner Mangold: Die Abtretung im Europäischen Kollisionsrecht. Unter besonderer Berücksichtigung des spanischen Rechts. 2001.

Band 63 Eike Dirk Eschenfelder: Beweiserhebung im Ausland und ihre Verwertung im inländischen Zivilprozess. Zur Bedeutung des US-amerikanischen discovery-Verfahrens für das deutsche Erkenntnisverfahren. 2002.

Band 64 Bernd Ehle: Wege zu einer Kohärenz der Rechtsquellen im Europäischen Kollisionsrecht der Verbraucherverträge. 2002.

Band 65 Heiko Lehmkuhl: Das Nacherfüllungsrecht des Verkäufers im UN-Kaufrecht. 2002.

Band 66 Jochen Nikolaus Schlotter: Erbrechtliche Probleme in der Société Privée Européenne. IPR-Harmonisierung im einheitlichen Europäischen Rechtsraum. 2002.

Band 67 Konrad Ost: Doppelrelevante Tatsachen im Internationalen Zivilverfahrensrecht. Zur Prüfung der internationalen Zuständigkeit bei den Gerichtsständen des Erfüllungsortes und der unerlaubten Handlung. 2002.

Band 68 Tobias Bosch: Die Durchbrechungen des Gesamtstatuts im internationalen Ehegüterrecht. Unter besonderer Berücksichtigung deutsch-französischer Rechtsfälle. 2002.

Band 69 Ursula Philipp: Form im amerikanischen Erbrecht. Zwischen Formalismus und harmless error. 2002.

Band 70 Christian Stefan Wolf: Der Begriff der wesentlich engeren Verbindung im Internationalen Sachenrecht. 2002.

Band 71 André Fomferek: Der Schutz des Vermögens Minderjähriger. Ein Vergleich des deutschen und des englischen Rechts unter Berücksichtigung des schottischen und irischen Rechts. 2002.

Band 72 nicht erschienen

Band 73 Markus Dreißigacker: Sprachenfreiheit im Verbrauchervertragsrecht. Der Verbraucher im Spannungsfeld zwischen kultureller Identität und Privatautonomie. 2002.

Band 74 Vassiliki Myller-Igknay: Auskunftsansprüche im griechischen Zivilrecht. Auswirkungen im deutsch-griechischen Rechtsverkehr sowie im deutschen internationalen Privat- und Verfahrensrecht. 2003.

Band 75 Stefan Bruinier: Der Einfluss der Grundfreiheiten auf das Internationale Privatrecht. 2003.

Band 76 Nika Witteborg: Das gemeinsame Sorgerecht nichtverheirateter Eltern. Eine Untersuchung im soziologischen, rechtsgeschichtlichen, verfassungsrechtlichen, rechtsvergleichenden und internationalen Kontext. 2003.

Band 77 Peter Stankewitsch: Entscheidungsnormen im IPR als Wirksamkeitsvoraussetzungen der Rechtswahl. 2003.

Band 78 Jan Wilhelm Ritter: Euro-Einführung und IPR unter besonderer Berücksichtigung nachehelicher Unterhaltsverträge. Eine Untersuchung mit Blick auf das deutsche, französische und schweizerische Recht. 2003.

Band 79 Wolf Richard Herkner: Die Grenzen der Rechtswahl im internationalen Deliktsrecht. 2003.

Band 80 Ira Ditandy: Internationale Zuständigkeit. Neuregelung durch die LOPJ 1985. Vergleich mit dem europäischen Vorbild und Auswirkungen auf das spanische internationale Zivilverfahrensrecht. 2003.

Band 81 Andrea Verena Schefold: Werbung im Internet und das deutsche Internationale Privatrecht. 2004.

Band 82 Klaus Herkenrath: Die Umsetzung der Richtlinie 93/13/EWG über missbräuliche Klauseln in Verbraucherverträgen in Deutschland, dem Vereinigten Königreich, Frankreich und Italien. Auswirkungen nationaler Umsetzungstechniken auf dem Harmonisierungserfolg. 2003.

Band 83 Alexander Thünken: Das kollisionsrechtliche Herkunftslandprinzip. 2003.

Band 84 Barbara v. Daumiller: Die Rechtswahl im italienischen internationalen Erbrecht: und ihre Auswirkungen im deutsch-italienischen Rechtsverkehr. 2003.

Band 85 Robert Mödl: Macht, Verantwortlichkeit und Zurechnung im Konzern. Eine rechtsvergleichende Untersuchung auf der Grundlage des deutschen, spanischen und US-amerikanischen Rechts. 2003.

Band 86 Ursula Kerpen: Das Internationale Privatrecht der Persönlichkeitsrechtsverletzungen. Eine Untersuchung auf rechtsvergleichender Grundlage. 2003.

Band 87 Barbara Ploeckl: Umgangsrechtsstreitigkeiten im deutsch-französischen Rechtsverkehr. Bestehende internationale und nationale Regelungen und der geplante *europäische Besuchstitel*. 2003.

Band 88 Katrin Wannemacher: Die Außenkompetenzen der EG im Bereich des Internationalen Zivilverfahrensrechts. Der räumliche Anwendungsbereich des Art. 65 EGV am Beispiel der EuGVO und der EheVO. 2003.

Band 89 Maren B. Eilinghoff: Das Kollisionsrecht der ungerechtfertigten Bereicherung nach dem IPR-Reformgesetz von 1999. 2004.

Band 90 Patrick Niehr: Die zivilprozessuale Dokumentenvorlegung im deutsch-englischen Rechtshilfeverkehr nach der deutschen und der englischen Prozessrechtsreform. 2004.

Band 91 Anna Christina Gördes: Internationale Zuständigkeit, Anerkennung und Vollstreckung von Entscheidungen über die elterliche Verantwortung. Die VO(EG) Nr. 1347/2000, ihre geplanten Änderungen und das Verhältnis beider zum Minderjährigen- und Kinderschutzabkommen. 2004.

Band 92 Martin Rädler: Rechtsbehelfe des Käufers eines Unternehmens oder einer unternehmerischen Beteiligung gegen den Verkäufer im deutschen und französischen Recht. 2004.

Band 93 Marc-Yngve Dietrich: Rechtsstellung und Beteiligung der Gläubiger im französischen Insolvenzverfahren. 2004.

Band 94 Katia Niemann: Die rechtsgeschäftliche und organschaftliche Stellvertretung und deren kollisionsrechtliche Einordnung. Deutschland und England im Vergleich. 2004.

Band 95 Daniel Ludwig: Neuregelungen des deutschen Internationalen Insolvenzverfahrensrechts. Eine Untersuchung unter vergleichender Heranziehung der Europäischen Insolvenzver-ordnung. 2004.

Band 96 Cordelia Faulenbach: Der gemeinschaftsrechtliche Vorbehalt im europäischen Wettbewerbsrecht. Die Herkunftslandanknüpfung der E-Commerce-Richtlinie unter dem Einfluss der Grundfreiheiten. 2004.

Band 97 Ulf Dörner: Der Vertragsgerichtsstand nach dem Protokoll von Buenos Aires. 2004.

Band 98 Martin Schmidhuber: Verhaltenskodizes im nationalen und grenzüberschreitenden elektronischen Geschäftsverkehr. Zur Frage der Integration der Selbstregulierung durch Private in die staatliche Rechtsordnung. 2004.

Band 99 Florian Kienle: Die fehlerhafte Banküberweisung im internationalen Rechtsverkehr. Unter besonderer Berücksichtigung des Artikels 4A US Uniform Commercial Code. 2004.

Band 100 Thomas Alexander Brandt: Die Adoption durch eingetragene Lebenspartner im internationalen Privat- und Verfahrensrecht. 2004.

Band 101 Florian Pulkowski: Subunternehmer und Internationales Privatrecht. Der Subunternehmer als Quasi-Verbraucher im Europäischen Kollisionsrecht. 2004.

Band 102 Ulrich Becker: Grundrechtsschutz bei der Anerkennung und Vollstreckbarerklärung im europäischen Zivilverfahrensrecht. Bestimmung der Grenzen für die Einführung eines europäischen Vollstreckungstitels. 2004.

Band 103 Thomas Badelt: Aufrechnung und internationale Zuständigkeit unter besonderer Berücksichtigung des deutsch-spanischen Rechtsverkehrs. 2005.

Band 104 Florian D. Wagner: Vorvertragliche Aufklärungspflichten im internationalen Franchising. Zur Harmonisierung von Delikts- und Vertragsstatut im internationalen Privatrecht unter besonderer Berücksichtigung der Franchise-Gesetzgebung des US-Bundesstaates Kalifornien. 2005.

Band 105 Vera Heine: Die Umsetzung der *EG-Richtlinie über missbräuchliche Klauseln in Verbraucherverträgen* im englischen und deutschen Recht. 2005.

Band	106	Alexander Franz: Überregionale Effektentransaktionen und anwendbares Recht. Eine kollisionsrechtliche Untersuchung unter besonderer Berücksichtigung der Vorschrift des § 17 a DepotG. 2005.
Band	107	Hanna-Maria Uhlenbrock: Gesetzliche Regelungen für nichteheliche Lebensgemeinschaften in Deutschland und Frankreich. Ein Vergleich des Unterhaltsrechts bei der eingetragenen Lebenspartnerschaft und beim Pacte civil de Solidarité. 2005.
Band	108	Katrin Stieß: Anknüpfungen im internationalen Urheberrecht unter Berücksichtigung der neuen Informationstechnologien. 2005.
Band	109	Hendrik Otto: Der gesetzliche Abschlussprüfer im italienischen Recht. Eine rechtsvergleichende Untersuchung unter besonderer Berücksichtigung der zivilrechtlichen Haftung. 2005.
Band	110	Frauke Stuphorn: Bankhaftung für Kreditauskünfte im deutschen und französischen Recht. 2005.
Band	111	Nina Fürer: Die zivilrechtliche Haftung für Raucherschäden. 2005.
Band	112	Giovanni B. Barillà: *Contratto autonomo di garanzia* e *Garantievertrag*. Categorie civilistiche e prassi del commercio. 2005.
Band	113	Timo Torz: Gerichtsstände im Internationalen Insolvenzrecht zur Eröffnung von Partikularinsolvenzverfahren. 2005.
Band	114	Martina Schmid: Die Grenzen der Auslegungskompetenz des EuGH im Vorabentscheidungsverfahren nach Art. 234 EG. Dargestellt am Beispiel der überschießenden Richtlinienumsetzung. 2005.
Band	115	Stephan Lesage-Mathieu: Dispositives Kollisionsrecht im prozessualen Kontext. 2005.
Band	116	Jürgen Görtz: Die subjektiven Grenzen der Rechtskraft US-amerikanischer Urteile. 2005.
Band	117	Vera Hoppe: Die Einbeziehung ausländischer Beteiligter in US-amerikanische class actions. Unter Berücksichtigung des Class Action Fairness Act 2005. 2005.
Band	118	Silke Pütz: Parteiautonomie im internationalen Urhebervertragsrecht – Eine rechtsdogmatische und rechtspolitische Betrachtung der Grenzen freier Rechtswahl im internationalen Urhebervertragsrecht unter besonderer Berücksichtigung des neuen deutschen Urhebervertragsrechts. 2005.
Band	119	Alice Nieroba: Die europäische Rechtshängigkeit nach der EuGVVO (Verordnung (EG) Nr. 44/2001) an der Schnittstelle zum nationalen Zivilprozessrecht. 2006.
Band	120	Jan Kayser: Alternative Formen gerichtlicher und außergerichtlicher Streitbeilegung im deutschen und französischen Zivilprozess. Les modes alternatifs judiciaires et extrajudiciaires de résolution des conflits en procédure civile allemande et française. 2006.
Band	121	Mirko Ehrich: Der internationale Anwendungsbereich des deutschen und französischen Rechts gegen irreführende Werbung. Freie Wahl von Form und Mittel, Rom II und Herkunftslandprinzip. 2006.
Band	122	Daniel Thelen: Die Haftung des Sekundärschädigers für Gewalttaten anderer im US-amerikanischen Deliktsrecht ausgehend von dem Problem rechtsextremistisch motivierter Gewalttaten. 2006.

Band 123 Anne Winterling: Die Entscheidungszuständigkeit in Arbeitssachen im europäischen Zivilverfahrensrecht. 2006.

Band 124 Sarah Gerling: Die Gleichstellung ausländischer mit inländischen Vollstreckungstiteln durch die Verordnung zur Einführung eines Europäischen Vollstreckungstitels für unbestrittene Forderungen. Im Vergleich zum bisherigen Recht und zur Rechtslage in den USA. 2006.

Band 125 Christian Bank: Präventivmaßnahmen börsennotierter Gesellschaften zur Abwehr feindlicher Übernahmeversuche in Deutschland und Großbritannien. Eine rechtsvergleichende Untersuchung des deutschen und britischen Rechts unter Berücksichtigung der Europäischen Übernahmerichtlinie. 2006.

Band 126 Christian Weis: Kaufrechtliche Gewährleistung und Garantievergabe in Deutschland und Spanien. Unter besonderer Berücksichtigung des Unternehmenskaufs. 2006.

Band 127 Emilio Maus Ratz: Der Nacherfüllungsanspruch nach UN-Kaufrecht. Im Lichte der deutschen, spanisch-mexikanischen und US-amerikanischen Rechtswissenschaft. 2006.

Band 128 Constanze Jacobs: Die Sachmängelgewähr im deutschen und belgischen Kaufrecht nach Umsetzung der Verbrauchsgüterkauf-Richtlinie. 2006.

Band 129 Ulrike Teichert: Lückenfüllung im CISG mittels UNIDROIT-Prinzipien – Zugleich ein Beitrag zur Wählbarkeit nichtstaatlichen Rechts. 2007.

Band 130 Sascha Reichardt: Internationale Zuständigkeit im Gerichtsstand der unerlaubten Handlung bei Verletzung europäischer Patente. 2006.

Band 131 Bilgehan Cetiner: Die Sachmängelhaftung des Verkäufers im UN-Kaufrecht und im neuen deutschen Schuldrecht. Eine rechtsvergleichende Studie. 2006.

Band 132 Jan Streer: Die Umsetzung der Verbrauchsgüterkaufrichtlinie im englischen Recht durch die Sale and Supply of Goods to Consumer Regulations 2002. 2007.

Band 133 Kathrin Wannenmacher: Einstweilige Maßnahmen im Anwendungsbereich von Art. 31 EuGVVO in Frankreich und Deutschland: Eine Betrachtung ausgesuchter Verfahren des einstweiligen Rechtsschutzes im internationalen Zivilverfahrensrecht – gerichtliche Zuständigkeit, Anerkennung und Vollstreckung. 2007.

Band 134 Wim Kreytenberg: Die individuelle Schwerpunktbestimmung internationaler Schuldverträge nach der Ausweichklausel des Artikel 4 Absatz 5 Satz 2 EVÜ. Ein Beitrag zur Förderung von Rechtssicherheit und Einzelfallgerechtigkeit im europäischen Kollisionsrecht der Schuldverträge. 2007.

Band 135 Nikolaus Geiben: Der Vorvertrag im Internationalen Privatrecht. Unter besonderer Berücksichtigung des Immobilienerwerbs im portugiesischen und brasilianischen Recht. 2007.

Band 136 Predrag Maksimovic: Der Kapitalschutz im europäischen, serbischen und deutschen Recht der Gesellschaft mit beschränkter Haftung. 2007.

Band 137 Alexander Rathenau: Die Anwendung des EuGVÜ durch portugiesische Gerichte unter Berücksichtigung des autonomen internationalen Zivilverfahrensrechts. 2007.

Band 138 Matthias Creydt: Die Besicherung von Weltraumvermögenswerten. Ein neues einheitliches internationales Sicherungsrecht und dessen Vergleich zum US-amerikanischen Mobiliarsicherungsrecht. 2007.

Band 139 Oliver Borkhardt: Registerpublizität und Kollisionsrecht besitzloser Mobiliarsicherheiten nach dem neuen Art. 9 UCC. 2007.

Band 140 Jens Engelmann-Pilger: Deliktische Haftung für das Fehlverhalten Dritter im Common Law. 2007.

Band 141 Bastian Rotmann: Der Schutz des Dritten in der europäischen Mobiliarzwangsvollstreckung. Eine rechtsvergleichende Untersuchung vor dem Hintergrund der Verordnung (EG) Nr. 805/2004 zur Einführung eines Europäischen Vollstreckungstitels für unbestrittene Forderungen. 2007.

Band 142 Oliver Ratzel: Die Präklusion isolierter Unterhaltsverfahren durch den ausländischen Scheidungsverbund. Zugleich ein Beitrag zur internationalen Verbundszuständigkeit im Lichte der Quellenveränderung. 2007.

Band 143 Bettina Maria Stade: Die Konstitutionalisierung des Zivilprozessrechts in Spanien und Deutschland vor dem Hintergrund der Europäisierung des Zivilprozessrechts. 2007.

Band 144 Julia El-Bitar: Der deutsche und der französische Kulturgüterschutz nach der Umsetzung der Kulturgüterrückgaberichtlinie. Eine materiellrechtliche und kollisionsrechtliche Untersuchung. 2007.

Band 145 Aris Kaschefi: Sachmängelhaftung im französischen Kaufrecht vor und nach Umsetzung der Verbrauchsgüterkaufrichtlinie. Mit rechtsvergleichenden Hinweisen zum deutschen Recht unter besonderer Berücksichtigung von Weiterfressersachverhalten. 2007.

Band 146 Isabel Roth: Die internationale Zuständigkeit deutscher Gerichte bei Persönlichkeitsrechtsverletzungen im Internet. 2007.

Band 147 Theresa Wilhelmi: Das Weltrechtsprinzip im internationalen Privat- und Strafrecht. Zugleich eine Untersuchung zu Parallelitäten, Divergenzen und Interdependenzen von internationalem Privatrecht und internationalem Strafrecht. 2007.

Band 148 Alice Halsdorfer: Privat- und kollisionsrechtliche Folgen der Verletzung von Kulturgüterschutznormen auf der Grundlage des UNESCO-Kulturgutübereinkommens 1970. 2008.

Band 149 Thomas Müller-Froelich: Der Gerichtsstand der Niederlassung im deutsch-amerikanischen Rechtsverkehr. Eine Untersuchung zu Fragen der Entscheidungs- und Anerkennungszuständigkeit. 2008.

Band 150 Christopher Luhn: Privatautonomie und Inhaltskontrolle von Eheverträgen. Ein kritischer Vergleich des deutschen und des australischen Rechts mit Bezügen zum Internationalen Privatrecht. 2008.

Band 151 Kristin Kohler: Die grenzüberschreitende Verbraucherverbandsklage nach dem Unterlassungsklagengesetz im Binnenmarkt. 2008.

Band 152 Dorothee Maria Kaulen: Die Anerkennung von Gesellschaften unter Artikel XXV Abs. 5 S. 2 des deutsch-US-amerikanischen Freundschafts-, Handels- und Schiffahrtsvertrags von 1954. 2008.

Band 153 Birka Vanessa Stroschein: Parteizustellung im Ausland. Eine systemvergleichende Untersuchung des Gemeinschafts- und Staatsvertragsrechts unter Einbeziehung des deutschen, französischen, englischen und US-amerikanischen Zustellungsrechts. 2008.

Band 154 Nancy Gruschinkse: Das europäische Kollisionsrecht der Aufrechnung unter besonderer Beachtung des Insolvenzfalles. 2008.

Band 155 Hans-Christian Frick: Sprachrisiko im Zeitalter des Ethnomarketings. US-amerikanische Erfahrungen und europäische Rechtsentwicklung. 2009.

Band 156 Stephan Mangold: Verbraucherschutz und Kunstkauf im deutschen und europäischen Recht. 2009.

Band 157 Robert Beier: Die gesetzlichen Rechte des überlebenden Ehegatten nach dem deutschen und spanischen Kollisionsrecht. Unter besonderer Berücksichtigung der *viudedad aragonesa*. 2009.

Band 158 Julia-Marie Oppermann: Internationale Handelsschiedsgerichtsbarkeit und Verjährung. 2009.

Band 159 Stephan Boese: Strukturprinzipien im Gläubigerschutz. Eine rechtsvergleichende Untersuchung zur GmbH und zur englischen Limited Company. 2009.

Band 160 Thomas Rosa: Das Kaufrecht nach dem Zivilgesetzbuch der Tschechischen und Slowakischen Republik. Eine rechtsvergleichende Darstellung im Lichte des deutschen Bürgerlichen Gesetzbuches. 2009.

Band 161 Roland Weis: Rechnungslegungspflichten von EU-Scheinauslandsgesellschaften im Land ihrer tatsächlichen wirtschaftlichen Betätigung. Insbesondere im Hinblick auf in Deutschland tätige englische Limiteds. 2009.

Band 162 Henning Frase: "Leoninische Vereinbarungen" und Ergebnisbeteiligungspflicht im deutschen und italienischen Gesellschaftsrecht. Zum *patto leonino* des italienischen Rechts und möglichen Entsprechungen im deutschen Recht. 2010.

Band 163 Christiane Tödter: Europäisches Kindschaftsrecht. Nach der Verordnung (EG) Nr. 2201/ 2003. 2010.

Band 164 Edda Gampp: *Perpetuatio fori internationalis* im Zivilprozeß und im Verfahren der freiwilligen Gerichtsbarkeit. 2010.

Band 165 Mei Wu: Die Reform des chinesischen Beweisrechts vor dem Hintergrund deutscher und US-amerikanischer Regelungsmodelle. 2010.

Band 166 Corina Leimert: Stand und Entwicklung des italienischen Rechts der Unternehmenszusammenschlüsse (gruppi di società / gruppi di imprese). 2010.

Band 167 Kasim Özen: Die Scheidungsgründe im türkischen Zivilgesetzbuch. 2010.

Band 168 Helena Isabel Maier: Marktortanknüpfung im internationalen Kartelldeliktsrecht. Eine internationalzuständigkeits- und kollisionsrechtliche Untersuchung unter Einbeziehung rechts-vergleichender Überlegungen zum englischen Recht. 2011.

Band 169 Thomas Spernat: Die gleichgeschlechtliche Ehe im Internationalen Privatrecht. Unter besonderer Berücksichtigung des Einflusses des EG-Vertrags. 2011.

Band 170 Max Johann Lipsky: Statutenwechsel im italienischen Sachenrecht – Auswirkungen auf den Im- und Export von Mobiliarsicherheiten. Eine Untersuchung der rechtlichen Beständigkeit dinglicher Kreditsicherheiten im deutsch-italienischen Rechtsverkehr. 2011.

Band 171 Silvia Karolina Seilstorfer: Die Umsetzung der Verbrauchsgüterkaufrichtlinie in Portugal mit rechtsvergleichenden Hinweisen zum deutschen Recht. 2011.

Band 172 Stephan Georg Knöchel: Anerkennung französischer Urteile mit Drittbeteiligung. Eine Untersuchung der Anerkennung von Drittbindungswirkungen nach der EuGVVO und autonomem deutschem Recht. 2011.

Band 173 Kristina Menzel: Vollstreckungsschutz zugunsten privater Altersvorsorge. Eine rechtsvergleichende Untersuchung zum deutschen und schweizerischen Recht. 2011.

Band 174 Manuela Krach: Scheidung auf Mexikanisch. Das materielle Recht der Scheidung im Mehrrechtsstaat Mexiko unter Berücksichtigung von Eheschließung und Ehewirkungen. 2011.

Band 175 Vanessa Sofia Wagner: Verkehrsschutz beim redlichen Erwerb von GmbH-Geschäfts-anteilen. Ein Vergleich des Rechts für Gesellschaften mit beschränkter Haftung in Deutschland, England und Italien. 2011.

Band 176 Alexander Swienty: Der Statutenwechsel im deutschen und englischen internationalen Sachenrecht unter besonderer Betrachtung der Kreditsicherungsrechte. 2011.

Band 177 Kathrin Süß: Streitbeilegungsmechanismen im Verbraucherrecht. Unter besonderer Berücksichtigung der australischen Rechtsordnung. 2011.

Band 178 Efe Direnisa: Die materielle Rechtskraft im deutschen und türkischen Zivilverfahrensrecht. 2012.

Band 179 Julia Faenger: Leistungsunabhängige Nebenpflichten zum Schutz des Integritätsinteresses im deutschen und französischen Recht. Eine rechtsvergleichende Betrachtung ausgehend von den Rücksichtspflichten des § 241 Abs. 2 BGB. 2012.

Band 180 Dorothea Heine: Das Kollisionsrecht der Forderungsabtretung. UNCITRAL-Abtretungs-konvention und Rom I-Verordnung. 2012.

Band 181 Lisa B. Möll: Kollidierende Rechtswahlklauseln in Allgemeinen Geschäftsbedingungen im internationalen Vertragsrecht. 2012.

Band 182 Jutta Jasmin Uusitalo: Einbeziehung von AGB im unternehmerischen Geschäftsverkehr zwischen Deutschland und Finnland. 2012.

Band 183 Darya Alikhani Chamgardani: Der Allgemeine Teil des iranischen Schuldvertragsrechts. Im Spannungsverhältnis zwischen rezipiertem französischen und traditionellem islamischen Recht. 2013.

Band 184 Volker Anton: Aktuelle Entwicklungen des Bankgeheimnisses im Rechtsvergleich unter besonderer Berücksichtigung seiner exterritorialen Wirkungen. Deutschland, Luxemburg, Österreich, Schweiz und Liechtenstein. 2013.

Band 185 Charlotte Wilhelm: Die Regelung der Geld- und Warenkreditsicherheiten nach dem deutschen Recht im Vergleich zum Draft Common Frame of Reference (DCFR). 2013.

Band 186 Michael Nehmer: Erbunwürdigkeit und Elternunterhalt im Internationalen Privatrecht. Eine historisch-rechtspolitische Betrachtung. 2013.

Band 187 Pınar Şamiloğlu-Riegermann: Türkisches und deutsches Vertragshändlerrecht im Rechtsvergleich. 2014.

Band 188 Elvan Er: Realsicherheiten des türkischen Mobiliarsachenrechts. Eine Darstellung des geltenden türkischen Rechts unter vergleichender Berücksichtigung des deutschen und schweizerischen Kreditsicherungsrechts. 2014.

Band 189 Maya Mandery: Party Autonomy in Contractual and Non-Contractual Obligations. A European and Anglo-Common Law perspective on the freedom of choice of law in the Rome I Regulation on the law applicable to contractual obligations and the Rome II Regulation on the law applicable to non-contractual obligations. 2014.

Band 190 Gregor Nikolas Rutow: Rechtsvergleich über die Zulässigkeit von Haftungsausschlüssen, Haftungsbeschränkungen und pauschaliertem Schadensersatz in einzelnen arabischen Rechtsordnungen. 2014.

Band 191 Christoph Rödter: Das Gesellschaftskollisionsrecht im Spannungsverhältnis zur Rom I- und II-VO. Eine Untersuchung zur Reichweite des Gesellschaftsstatuts in Abgrenzung zu den Kolligionsregeln der Rom I- und II-VO. 2014.

Band 192 Melanie Kaspers: Die gemischten und verbundenen Verträge im Internationalen Privatrecht. 2015.

Band 193 Tong Xue: Parteiautonomie im chinesischen Internationalen Privatrecht. Am Beispiel der Rechtswahl im Internationalen Vertrags-, Delikts-, und Sachenrecht. 2016.

Band 194 Martin Metz: US-Menschenrechtsklagen und Neoterritorialismus. 2017.

Band 195 Matthias A. Sauter: Mitveräußerungspflichten im deutschen und italienischen Recht. 2018.

Band 196 Daniel Brauner: Die Anwendungsbereiche von CISG und PR CESL im Vergleich. 2018.

www.peterlang.com

www.ingramcontent.com/pod-product-compliance
Ingram Content Group UK Ltd.
Pitfield, Milton Keynes, MK11 3LW, UK
UKHW021125041026
8980IPUK00026B/450

9 783631 770450